Heine-Jahrbuch

Heine-Jahrbuch 2025

Sabine Brenner-Wilczek (Hrsg.)
Heinrich-Heine-Institut der Landeshauptstadt Düsseldorf

64. Jahrgang

 **J.B. METZLER**

Anschrift der Herausgeberin:
Sabine Brenner-Wilczek
Heinrich-Heine-Institut
Düsseldorf, Deutschland

Redaktion: Martin Willems
Herausgegeben in Verbindung mit der
Heinrich-Heine-Gesellschaft

ISSN 0073-1692   ISSN 2628-5312   (electronic)
Heine-Jahrbuch
ISBN 978-3-662-72326-5   ISBN 978-3-662-72327-2   (eBook)
https://doi.org/10.1007/978-3-662-72327-2

Die Deutsche Nationalbibliothek verzeichnet diese Publikation in der Deutschen Nationalbibliografie;
detaillierte bibliografische Daten sind im Internet über https://portal.dnb.de abrufbar.

Einbandgestaltung: Willy Löffelhardt

Planung/Lektorat: Oliver Schuetze

J.B. Metzler ist ein Imprint der eingetragenen Gesellschaft Springer-Verlag GmbH, DE und ist ein Teil
von Springer Nature.
Die Anschrift der Gesellschaft ist: Heidelberger Platz 3, 14197 Berlin, Germany

Wenn Sie dieses Produkt entsorgen, geben Sie das Papier bitte zum Recycling.

Inhaltsverzeichnis

Reden zur Verleihung des Heine-Preises 2024

Heinrich-Heine-Institut. Sammlungen und Bestände.
Aus der Arbeit des Hauses

Nachrufe

Buchbesprechungen

Siglen

B	Heinrich Heine: Sämtliche Schriften. Hrsg. v. Klaus Briegleb. Bd. 1–6. München 1968–1976.
DHA	Heinrich Heine: Historisch-kritische Gesamtausgabe der Werke. In Verbindung mit dem Heinrich-Heine-Institut hrsg. v. Manfred Windfuhr im Auftrag der Landeshauptstadt Düsseldorf. Bd. 1–16. Hamburg 1973–1997.
Galley/Estermann	Heinrich Heines Werk im Urteil seiner Zeitgenossen. Hrsg. v. Eberhard Galley und Alfred Estermann. Bd. 1–6. Hamburg 1981–1992.
Goltschnigg/Steinecke	Heine und die Nachwelt. Geschichte seiner Wirkung in den deutschsprachigen Ländern. Texte und Kontexte, Analysen und Kommentare. Hrsg. v. Dietmar Goltschnigg und Hartmut Steinecke. Bd. 1–3. Berlin 2006–2011.
HJb	Heine-Jahrbuch. Hrsg. vom Heinrich-Heine-Institut Düsseldorf (bis 1973: Heine-Archiv Düsseldorf) in Verbindung mit der Heinrich- Heine-Gesellschaft. Jg. 1–32 Hamburg 1962–1994; Jg. 33 ff. Stuttgart, Weimar 1995–2019; Jg. 59 ff. Berlin, Heidelberg 2020 –.
Höhn	Gerhard Höhn: Heine-Handbuch. Zeit, Person, Werk. Stuttgart, Weimar [1]1987, [2]1997, [3]2004.
auf der Horst/Singh	Heinrich Heines Werk im Urteil seiner Zeitgenossen. Begründet v. Eberhard Galley und Alfred Estermann. Hrsg. v. Christoph auf der Horst und Sikander Singh. Bd. 7–13. Stuttgart, Weimar 2002–2006.

HSA   Heinrich Heine: Werke, Briefwechsel, Lebenszeug-
                            nisse. Säkularausgabe. Hrsg. v. den Nationalen
                            Forschungs- und Gedenkstätten der klassischen
                            deutschen Literatur in Weimar (seit 1991: Stiftung
                            Weimarer Klassik) und dem Centre National de la
                            Recherche Scientifique in Paris. Bd. 1–27. Berlin, Paris
                            1970 ff.

Mende   Fritz Mende: Heinrich Heine. Chronik seines Lebens
                            und Werkes. 2. bearb. u. erw. Aufl. Stuttgart, Berlin,
                            Köln, Mainz 1981.

Werner/Houben   Begegnungen mit Heine. Berichte der Zeitgenossen.
                            Hrsg. v. Michael Werner in Fortführung v. H. H.
                            Houbens „Gespräche mit Heine". Bd. 1, 2. Hamburg
                            1973.

Aufsätze

Die Erfindung des Kulturjournalismus Eine neue Sicht auf Heinrich Heines „Lutezia"

Stefan Lüddemann

Heinrich Heine ist unübertroffener Meister darin, Sätze überaus fein zu schleifen und zuzuspitzen. Man möchte sie wie funkelnde Kristalle in die Hand nehmen und sich an ihrem Glanz erfreuen und läuft zugleich Gefahr, sich die Finger an ihren scharfen Kanten blutig zu ritzen. Die feine Politur seines Stils scheint das Vergnügen an eleganter Sprache zu favorisieren. In Wirklichkeit fokussieren gerade Heines schlagend schöne Formulierungen oft ernüchternde Einsichten. Der elegante Stil avanciert bei Heine zum Medium radikaler gedanklicher Klarheit.

Eine Formulierung dieser Güte führt in das Zentrum der Frage nach medialer Stellung und gesellschaftlicher Funktion von Heines Publizistik, auch wenn sie sich in einem anderen Kontext findet. Heinrich Heine publiziert seine „Vorläufige Erklärung" am 7. Juli 1841, als er jene Korrespondenzartikel aus Paris verfasst, die er Jahre später für seine letzte Buchpublikation unter dem Titel „Lutezia" zum Musterbeispiel einer erhellend neuen Form literarischer Publizistik komponieren, ja, verschweißen wird.

In der „Vorläufigen Erklärung" verteidigt Heine seinen Ruf im Kontext einer Duell-Affäre.[1] Um die Details dieser Affäre soll es hier nicht gehen. Als bezeichnend, weil weiterführend, ist jedoch jene Bemerkung zu werten, mit der Heine vom aktuellen Geschehen abstrahiert und über den Tagesumult hinausblickt:

> Zugleich aber auch bemerke ich ausdrücklich, daß die Vornehmheit der literarischen Kunstperiode mit dieser selbst jetzt ein Ende hat, und der königlichste Genius gehalten sein muß, dem schäbigsten Lumpazio Satisfaktion zu geben, wenn er etwa über den Weichselzopf desselben nicht mit dem gehörigen Respekt gesprochen. Wir sind jetzt, Gott erbarm sich unser, alle gleich! Das ist die Konsequenz jener demokratischen Prinzipien, die ich selber all mein Lebtag verfochten. (B V, 90)

S. Lüddemann (✉)
Universität Osnabrück, Institut für Germanistik, Osnabrück, Deutschland
E-Mail: slueddem@uni-osnabrueck.de

© Der/die Autor(en), exklusiv lizenziert an Springer-Verlag GmbH, DE, ein Teil von Springer Nature 2026
S. Brenner-Wilczek (Hrsg.), *Heine-Jahrbuch 2025*, Heine-Jahrbuch,
https://doi.org/10.1007/978-3-662-72327-2_1

Warum soll sich Gott jener Menschen erbarmen, die endlich in Freiheit leben
können, weil für sie eine historische Hoffnung Wirklichkeit geworden ist? Weil
ihr Leben mit der Freiheit unbehaust geworden ist, weil sie ihr gesellschaftliches
Miteinander ab diesem Zeitpunkt im Modus permanenter Unsicherheit kommuni-
kativ immer neu auszuhandeln und auszutarieren haben – und dies mit einem bis
dahin ungewohnten, als Stress wahrgenommenen Tempo.[2]

Freie und plurale Gesellschaften setzen Mobilität frei, geben der Agilität Raum.
Damit sind sie Gesellschaften, die ihre Mitglieder in Ständen und höfischen Rang-
ordnungen fixiert hatten, weit überlegen. Die neue Gesellschaft muss ihre Offenheit aber unentwegt moderieren und kommentieren, auch wenn diese Offenheit
heutigen Vorstellungen einer pluralen Mediengesellschaft nicht einmal entsprechen mag. Heinrich Heine trägt – und das zeigt die zitierte Textstelle in tragischer
Deutlichkeit – den Grundkonflikt dieser neuen Zeit ganz persönlich aus, gesellschaftlich als Paria und Exilant, literarisch als Figur eines Übergangs, die dem
verlorenen, aber als heimatlich empfundenen Diskurs der Romantik nachtrauert,
zugleich aber neue Idiome des Literarischen erkundet und präfiguriert.

Heinrich Heine erfindet den Kulturjournalismus. Das ist die These dieses Beitrags. Mit dem Begriff muss, um diese These zu rechtfertigen, viel mehr gemeint
sein als bloß eine neue Bindestrich-Disziplin des Journalismus. Sicher, Heine
setzt als Kunstkritiker mit seinen Sichtungen der Ausstellungen des Pariser Salons
ebenso neue Maßstäbe wie als Theaterkritiker, der unter dem Titel „Über die französische Bühne" seine Kommentare zu Pariser Aufführungen versammelt. Das
alles mag als Kulturjournalismus angesprochen werden.

Der Begriff gewinnt aber erst dort seine zeit- wie literaturgeschichtliche
Schärfe und Dringlichkeit, wo er ein wirklich neues Genre bezeichnet. Es verwirklicht sich als Medium und Methode, als Optik und Schreibweise, vor allem aber
als jene „Hermeneutik des Gesellschaftskörpers"[3], die die zentrale Leistung dieses
neuen Genres des Kulturjournalismus ausmacht. Genau um diese Leistung geht
es Heinrich Heine, als er sich ab 1851 an die Arbeit macht, aus seinen zwischen
1840 und 1843 verfassten Tagesberichten für die „Allgemeine Zeitung" ein Buch
in jedem Sinn des gefügten Werkes zu komponieren.[4]

Kulturjournalismus wird hier im Sinn der mitlaufenden Interpretation und Dechiffrierung der medialen Repräsentationen von Gesellschaft verstanden. Als
Genre übersteigt der so positionierte Kulturjournalismus jede nur auf eine einzelne
Kunstgattung gerichtete Kritik oder das ästhetische Räsonnement. Heine gibt deshalb mit „Lutezia" das Beispiel einer grundsätzlich neuen Schreibweise mit bei-
spiellos geweiteter Optik, die Debatten etwa um das Feuilleton als journalistische
Gattung oder um die weltanschauliche Loyalität des Autors hinter sich lässt.

„Ohne Heine kein Feuilleton. Das ist die Franzosenkrankheit, die er uns einge-
schleppt hat"[5]: Der berühmte Heine-Verriss von Karl Kraus, in seiner bitteren Un-
gerechtigkeit selbst ein brillantes Feuilleton, hat für lange Jahre den Ton gesetzt,
wenn es um Heines Publizistik ging. Das Feuilleton als „gefährlicher Vermittler"[6]
zwischen Kunst und Leben, das Genre als „modernste Impressionsjournalistik"[7]:
So ist Heinrich Heines Kulturjournalismus lange als Kunsthandwerk einer hübsch
zu lesenden, aber letztlich nachrangigen Prosa missverstanden worden. Das

Feuilleton als Chamäleon der literarischen Gattungen, als Plauderei – so und ähnlich lauten die Vorurteile.[8]

Sie verschwistern sich mit Ludwig Börnes Vorwurf, Heinrich Heine sei in Fragen politischer Anschauungen wetterwendisch, ja, opportunistisch gewesen. „Wie kann man je dem glauben, der selbst nichts glaubt?"[9]: In seinem 109. Brief aus Paris macht Börne seinem Kollegen, aber eben nicht Alter Ego, den Vorwurf, kein Agitator, sondern ein Künstler zu sein. Ludwig Börne eröffnet damit in der Auseinandersetzung mit Heinrich Heine seinen Formalismus-Streit, um einen Begriff aus der Kulturpolitik der DDR adaptierend zu benutzen. Er spielt Wirklichkeit gegen Kunst, Engagement gegen Form aus.

Damit trassiert er jene Debatte nach, die das Junge Deutschland im Spannungsfeld einer literarischen Übergangszeit zwischen dem Ende der sogenannten Kunstperiode der Goethe-Zeit und der eigenen literarischen wie vor allem politischen Positionierung führt. „Die Notwendigkeit der Politisierung unserer Literatur ist unleugbar"[10], formuliert Karl Gutzkow in seinem Manifest „Tendenzpoesie" bezeichnenderweise in Goethes Todesjahr 1832 die Losung einer ganzen Bewegung. Gutzkow benennt, was dieser Forderung entgegensteht: „Die Eitelkeit der Originalität".[11] Wer sich ästhetisch unterscheiden will, konterkariert eine Intention, die Literatur am Ende im guten Leben aufgelöst sehen möchte. Das Schreiben könne sich am Ende ganz erübrigen: Diese radikale Quintessenz Heinrich Laubes[12] visiert jenes Ende einer Textproduktion an, die in emanzipierten, am Ende demokratisch verfassten Gesellschaften eben nicht eintreten wird. Im Gegenteil.

Heinrich Heines Modernität bemisst sich gerade nicht an der Eindeutigkeit einer weltanschaulichen Parteinahme für eine als richtig erkannte politische Sache. „[K]ünstlerische Form hielt er für Gemütlosigkeit" (B IV, 11), kommentiert Heine die Anwürfe Börnes später in seiner Schrift „Ludwig Börne", in der er in die Kontur des Widersachers unentwegt das Profil der eigenen schriftstellerischen wie journalistischen Identität einzeichnet. Der sich nur über sein Engagement definierende Autor verliert sich im hitzigen Tumult, konstatiert Heine in seiner Analyse Ludwig Börnes weiter. (vgl. ebd., 71) Ein Autor, der so verfährt, nimmt sich selbst aus dem Spiel – zumindest dann, wenn er das erreichen möchte, was wichtiger sein sollte als die angeblich richtige Parteinahme: die Analyse seiner Gegenwart.

Die Innovation des Kulturjournalismus

Was also ist jener Kulturjournalismus, den Heinrich Heine erfindet? Er ist jedenfalls mehr als eine Textgattung, die sich über Kultur als bloßes Sujet definiert, weit mehr auch als das angeblich nur elegant unterhaltende Feuilleton oder die Kritik als wertende Stellungnahme zu Ereignissen und Hervorbringungen der Künste. Heinrich Heine verwarf die von Ludwig Börne aufgeworfene Unterscheidung von Charakter und Dichter (vgl. B IV, 131), weil er etwas im Sinn hatte, das über die Verwendung von Literatur als Sturmgeschütz frühdemokratischer Freiheitsbewegungen hinausführen sollte.

Heine konzipierte Kulturjournalismus als mitlaufende Beobachtung der Gesellschaft und verwirklichte damit paradigmatisch und deshalb folgenreich, was Literatursoziologie der Literatur grundlegend zuschreibt: ein Erkenntnismedium der Gesellschaft zu sein.[13] Diese Erkenntnis erschöpft sich nicht im journalistischen Kommentar oder in der Mitteilung möglichst exklusiver Nachrichten. Sie verwirklicht sich in Lektüren des Sozialen, die seine Signatur in den medialen Manifestationen des gesellschaftlichen Lebens aufscheinen lassen. Heinrich Heine verschrieb sich dieser grundlegend neuen Aufgabe des Kulturjournalismus nicht als weltanschaulich fest verorteter Kommentator, sondern als flexibler Beobachter, dessen Schreiben sich in einer fluiden und gleichsam mit den Ereignissen mitlaufenden Interpretation erfüllte.

Kulturjournalismus meint dabei mehr als eine Textsorte oder eine journalistische Fertigkeit. Kulturjournalismus ist als soziale Institution zu verstehen[14], in der drei Faktoren interagieren: erstens die Produktion von Publikationen, zweitens das Programm von Kultur als Lektüren einer Gesellschaft und drittens die Praxis mitlaufender Beobachtung und Interpretation.

Dieses innovative Konzept entwirft Kulturjournalismus als soziale Institution, also als ein auf Dauer gestelltes Konstrukt. Die Dauer dieser Institution verdankt sich dabei nicht allein harmonischer Interaktion, sondern auch dem Konflikt, der als permanenter Austrag von Interessengegensätzen ebenfalls eine stabilisierende Funktion haben kann. Der Briefwechsel zwischen Heinrich Heine und seinem Verleger Julius Campe[15] belegt das eindrucksvoll, weil er aufzeigt, wie Akteure ihre professionalisierten, also ausdifferenzierten Rollen einnehmen und fortlaufend ihre Interaktion navigieren und moderieren.

Zum Kulturjournalismus als Institution gehört die materiale Basis der Arbeit an Publikationen, an der unterschiedliche Hände teilhaben, die von Verlegern, Redakteuren, Zensoren und weiteren. Dieser Arbeitsbereich der Produktion umfasst jene Praktiken, die eingesetzt werden, um Publikationen zu produzieren. Sie konstituieren zugleich einen Bedingungsrahmen für das eigentlich operative Geschäft des Kulturjournalisten: Seine Aktivität gilt dem Programm einer Gesellschaft, an dem der Journalist ständig mitschreibt. Dafür benötigt er eine zentrale Praxis – die der mitlaufenden Beobachtung und Interpretation.

Heinrich Heine erfindet diese kulturelle Institution, weil er ihre Faktoren reflektiert und bewusst gestaltet. Er weiß, dass er die Interaktion dieser Faktoren nicht nur miterleben darf, sondern auch versuchen muss, sie in seine eigene Regie und Verfügung zu bringen: die Kopplung der an der Produktion von Publikationen beteiligten Akteure, Produktionsorte und Ablaufroutinen, die Praxis des Schreibens als Hermeneutik der Gesellschaft und schließlich die aktive Modulation und Moderation der Kultur als Programm einer Gesellschaft. Es versteht sich, dass diese Faktoren nicht separiert, sondern in Interdependenzen und Rückkopplungen operieren.

Diese komplexe Struktur setzt den Autor, sein Beziehungsgefüge und den Text unter Spannung. Der Autor hat seine Unabhängigkeit gegenüber Verlegern, Redakteuren und Zensoren permanent zu verteidigen, damit er seinem Text eine Gestalt geben kann, die, wenn schon nicht als autonom, dann doch wenigstens als authentisch angesprochen werden kann. Als Publizistik unter den Bedingungen der Zensur[16] kann Kulturjournalismus immer nur in einem ausgesprochenen Spannungsfeld produziert werden. Es charakterisiert dieses neue Genre der Literatur, dass sich seine Produktionsbedingungen mit einer paradoxen Struktur stabilisieren – jenem Ineinander von Konflikt und Kooperation, das mit seiner Pendelbewegung gerade für Kontinuität sorgt.[17]

Mit dieser Skizze des Kulturjournalismus als sozialer Institution wird bereits klar, dass Heines Autorschaft nicht nur im Hinblick auf den Text, sondern auch mit Blick auf Beziehungsgestaltungen und Bedingungsgefüge zu sehen ist. Heinrich Heines Modernität besteht ja darin, diese komplexe Struktur als Produktionsort zu begreifen und konsequent in seinem Sinn zu bearbeiten. Dass er dabei nicht mit allen Vorstellungen durchdringt, nimmt dem Konzept nichts von seiner Wirksamkeit.

Heinrich Heine forciert seine Bemühungen gerade im Hinblick auf seine letzte Publikation. Mit „Lutezia" will er ein Werk vorlegen, das als „Geschichtsquelle" (B V, 239) den dauerhaften Nachweis für die Leistungsfähigkeit des Kulturjournalismus als Medium historischer Erkenntnis erbringen soll. Dafür nimmt Heine eine neue, von ihm inaugurierte Autorenrolle ein. Sie kann nur gelingen, wenn er mehr ist als einer der „heutigen Gesinnungspoeten" (ebd., 241) vom Schlage eines Ludwig Börne oder anderer.

Heinrich Heine verfügt im Hinblick auf die Faktoren des Kulturjournalismus über ein ausgeprägt klares Bewusstsein. Die Belege finden sich in seinem letzten Buch, in „Lutezia" selbst. In Bezug auf Napoleon und den Politiker Adolphe Thiers heißt es:

> Nein, zu solcher Höhe des Fusionssystems konnte sich Napoleon nicht erheben, nur die Personen und Interessen wusste er zu vermitteln, nicht die Ideen, und das war sein großer Fehler und auch der Grund seines Sturzes. [...] Und dennoch begreift er mehr die materiellen als die idealen Bedürfnisse der Menschheit; er kennt den letzten Ring nicht, womit die irdischen Erscheinungen an den Himmel gekettet sind: er hat keinen Sinn für große soziale Institutionen. (ebd., 250)

Die Institution stellt die Erscheinungswelt und den Ideenhaushalt einer Gesellschaft auf Dauer. In der Institution verwirklicht sich das grundlegende Gesetz einer als Praxis verstandenen Kultur: Sie besitzt immer eine materiale Basis, operiert nicht in bloßer Intellektualität. Der Kulturjournalismus spiegelt dieses Verhältnis, weil er selbst die Basis einer Produktion, die Praxis einer Interpretation und das Programm einer Bedeutung aufweist. „Heines ‚Lutezia' ist so gesehen Exempel eines für den Begriff der Literatur konstitutiven Zusammenstoßes verschiedener, am Entstehungsprozess beteiligter Institutionen und Akteure".[18] Diese Aufstellung muss als Provokation einer Vorstellung autonomer Literatur verstanden werden.

Heinrich Heine bearbeitet bei der Produktion von „Lutezia" nicht allein einen Text, sondern immer auch ein Beziehungsgefüge. Er visiert nicht den autonomen, sondern den authentischen Text an, der sich als Interpretationsleistung beglaubigen soll. Er will ein Buch, also einen in sich stimmigen Sinnzusammenhang, keine Addition bloßer Einzelheiten. In seiner Schrift „Ludwig Börne" unterscheidet Heine

die Bibel als „Notizenbuch[]", in das die „Tagesvorfälle" eingezeichnet sind, von
Homers Epen als „Produkt der Kunst". (B IV, 46) Die Kunst markiert den Unterschied. Sie meint jenen geistigen Prozess, in dem die Einzelheiten des Stoffes
„umgeschmolzen im Tiegel des menschlichen Geistes" (ebd.) als eine Struktur erscheinen, die Erkenntnis ermöglicht.

Heinrich Heine formuliert mit dieser Unterscheidung seinen eigenen Anspruch
an den Text und das Buch – und macht nicht nur an dieser Stelle gleichsam nebenbei deutlich, in welcher Weise „Ludwig Börne" nicht allein als Porträt des Auto-
renkollegen, sondern vor allem als Programmschrift in eigener Sache zu verstehen
ist. Er will die vereinzelten Texte des Tagesjournalismus in eine höhere Synthese
umschmelzen, jene eines Kulturjournalismus, der sich als Medium einer Erkenntnis versteht, die über den Tag hinausgeht und damit die Welt der tagespolitischen
Erscheinungen auf ihre Bedeutungsebene hin transzendiert.

Es gehört zur Geschäftsgrundlage einer literatursoziologischen Analyse literarischer Texte, sie nicht als Spiegel einer von ihnen unterschiedenen Wirklichkeit
zu nehmen. Literarische Texte sind keine Reflektoren von Wirklichkeit, sie konstituieren selbst Wirklichkeit und das in doppelter Weise: Als Resultate einer Produktion werden sie selbst als soziale Tatsachen sichtbar. Zudem geben sie Gesellschaft nicht wieder, sondern konstituieren sie überhaupt erst – als Text. Heine ist
sich bereits darüber klar, dass „Literatur nicht nur in der Gesellschaft vorkommt,
sondern zugleich ein Medium ist, das auf Textebene das Bild von Gesellschaft
überhaupt erst entwirft".[19] Literatur leuchtet den sozialen Erfahrungsraum neu aus,
indem sie Gesellschaft dort erkennt, wo sie sichtbar wird – in ihren sozialen Praktiken und medialen Repräsentationen. Heine sieht in dieser Funktion die Leistung
der Texte des Kulturjournalismus.

Gesellschaft als Schauseite medialer Repräsentationen

Mit der Erfindung des Kulturjournalismus reagiert Heine auf seine Einsicht, dass
Gesellschaft im Stadium ihrer Modernisierung eigentlich nur noch über ihre medialen Repräsentationen greifbar wird. „Wo jedes Reklameschild ein Gedicht wird
und die Chiffre für eine gelebte Welt, jedes Prospekt eine unbekannte Vegetation,
jeder Abfall das Fossil eines Moments der Zivilisation"[20], da avanciert der Kulturjournalist zum Spurenleser und Hermeneutiker. Dieses Bild bringt den scheinbar
nur ziellos schweifenden Flaneur neu in Stellung. Er ist nicht länger ein bloßer
Hedonist und Genießer, sondern vor allem ein Spurensucher und Zeichenleser im
urbanen Raum.[21] Er erkennt die Welt als „riesiges Gewebe von Zeichen"[22], die
dechiffriert werden wollen. Kulturjournalismus etabliert die dazugehörige In-
terpretationspraxis und die aus ihr resultierende Schreibweise. Beide basieren auf
einer Optik, die im Fall Heines als soziologisch avant la lettre und deshalb als unbedingt modern zu bezeichnen ist.

Diese Optik wird nicht als bloßes Abbildverfahren etabliert, sondern als eine
Kopplung von Registrieren und Interpretieren, von Wahrnehmen und Sortieren.

Heines Wort von seiner Berichterstattung als „ehrliches Daguerreotyp" (B V, 239) darf nicht im Sinn einer naturalistischen Abschilderung missverstanden werden. Auch wenn es, wie es im Zueignungsbrief von „Lutezia" heißt, „das Bild der Zeit selbst in seinen kleinsten Nüancen zu liefern" (ebd.) versucht, dann ist damit bestenfalls die halbe Leistung des Kulturjournalismus erreicht, die nicht allein in einer mikroskopisch feinen Registrierung des angeblich Wirklichen besteht.[23] Die bloße Wahrnehmung markiert nur den Beginn einer mindestens zweistelligen Operation.

Dabei lenkt die Metapher der Daguerreotypie in der Epoche Heines die Wahrnehmung in eine neue Richtung. Mit dieser neuen Technik würden die Gegenstände „sich selbst in unnachahmlicher Treue mahlen", schreibt Alexander von Humboldt 1839 aus Paris an den preußischen König.[24] Diese Evidenzerlebnisse einer neuen Abbildtechnik ähneln verblüffend jenem aktuellen Ansatz, die Wahrnehmung für kulturjournalistische Texte nach der Operationsweise einer Webcam operieren zu lassen.[25] Die Daguerreotypie liefert Abbilder von allem, gerade von jenen Details der Wirklichkeit, die dem immer schon nach Relevanzen vorsortierendem Blick des Menschen entgehen. Die Frühform der fotografischen Abbildung evoziert das Ideal eines parteilosen Registrierens, das unterschiedslos alles ans Licht hebt, was die Wirklichkeit anzubieten hat – auf die Gefahr hin, in jener „Wüste von Einzelheiten"[26] zu ertrinken, die Robert Musil in seinem „Mann ohne Eigenschaften" als Schreckbild einer an ihrem schieren Aufkommen an Details erstickenden Wahrnehmung beschwört.

Heinrich Heine, der sich selbst übrigens nicht fotografieren lässt, weiß nur zu gut, dass mit bloßer Detailfülle noch nicht viel gewonnen ist. Als Kulturjournalist möchte er eben nicht nur das Notizbuch der Tagesvorfälle sein, sondern jene Instanz, die fähig ist, jede Einzelheit auf einen größeren Sinnzusammenhang hin zu deuten. Heinrich Heine beschreibt dieses Verfahren in „Lutezia" anhand einer scheinbaren Nebensächlichkeit und stellt eben damit unter Beweis, dass in einer Welt, die als Versammlung von Chiffren angesehen wird, alles auf eine Bedeutung hin gelesen werden kann.

Er schließt den Artikel LVI. mit einer Anekdote über einen Herrn Schindler aus Köln, der eine Visitenkarte mit dem Zusatz „ami de Beethoven" vorgelegt und eine weiße Krawatte, ein steifes Ungeheuer, getragen haben soll. (vgl. B V, 447) Heine gesteht ein, dass es nur mit der modisch scheußlichen und deshalb völlig deplatzierten Krawatte seine faktische Richtigkeit gehabt haben soll. Das Detail der Visitenkarte habe er von einem parallelen Fall in das Profil des Herrn Schindler hineininterpoliert. Wichtiger als die verbürgte Einzelheit sei das stimmige Charakterbild, „wie es denn bei allem in der Welt mehr auf die Wahrscheinlichkeit als auf die Wahrheit selbst ankommt." (ebd.)

Heinrich Heine lässt die beobachteten Details der Welt nicht an ihrem Platz, an den sie eine Reproduktionstechnik gestellt hat, er verschiebt und kombiniert sie zu stimmigen Bildern, die eine Bedeutung haben und deshalb viel mehr sind als ein Register sorgsam registrierter Einzelheiten. Heine agiert in seinen Korrespondenzartikeln aus Paris immer wieder wie ein alerter Reporter, der die Geschicklichkeit besitzt, im richtigen Augenblick an der richtigen Stelle des Zeitgeschehens zu sein. Seine eigentliche Qualität besteht jedoch darin, „das kleinste Bruchstück der Erscheinungswelt als Indiz seines universellen Zusammenhangs aufzufassen".[27]

Heines Formulierung vom „große[n], gemeinnützige[n] Beleuchtungsverdienst" (B V, 352) der Journalisten rechtfertigt viel mehr als die Forderung nach einer angemessenen Entlohnung für ihre Texte. In Wirklichkeit liegt im „Beleuchtungsverdienst" die eigentliche Legitimation des von Heine erfundenen Kulturjournalismus, den er zum Medium einer völlig neuen Erkenntnis gesellschaftlicher Wirklichkeit macht. Heines Innovation mag als eine jener literarischen Mischgattungen angesehen werden, wie sie typisch erscheinen für historische Umbruch- und soziale Transformationsphasen.[28] Diese Gattung integriert jedenfalls journalistische Formen der Reportage und Rezension, Formen einer literarischen Narration sowie reflektierenden Essayismus zu einer neuen Gattungsform.

Heinrich Heine steuert diese neue literarische Form über eine Praxis hermeneutischer Operationen, die nicht allein vorgefundene Realität ebenso überraschend wie amüsant aufschlüsselt, sondern Gesellschaft überhaupt dort wahrnehmbar macht, wo sie noch Konsistenz gewinnen kann – im Text. Das scheint der zentrale Innovationsschritt Heines zu sein. Er folgt konsequent aus jener eingangs zitierten Einsicht in die neue Egalität der Bürgergesellschaft – mit ihren Optionen und ihren Zwängen.

Heines Kulturjournalismus abstrahiert vom „tollen Tagesstrudel" (ebd., 466), weil er die Fülle der konkreten Erscheinungen durchleuchtet, ordnet, strukturiert, kurz, weil er Lektüren der Gegenwart anbietet, die Gesellschaft sichtbar werden lassen. Ein Beispiel soll diese Operationsweise verdeutlichen. Es bezieht sich auf den Konflikt zwischen König und Kammer, den Heine im Zueignungsbrief von „Lutezia" als konstituierend für die Regierungszeit Louis-Philippes ansieht: „Diese beiden Kämpen der parlamentarischen Periode mahnen mich an ein Bildwerk, das ich einst zu Münster in dem großen Saale des Rathauses sah, wo der Westfälische Frieden geschlossen worden". (ebd., 237) Heine verknüpft zwei auf den ersten Blick denkbar weit voneinander liegende Phänomene der Geschichte, um dann in seiner Beschreibung des Friedenssaales weiter auszuführen:

> Auf einem dieser Holzstühle sind zwei Figuren dargestellt, welche in einem Zweikampf begriffen; sie sind ritterlich geharnischt, und haben eben ihre ungeheuer großen Schwerter erhoben, um aufeinander einzuhauen – doch sonderbar! jedem von ihnen fehlt die Hauptsache, nämlich der Kopf, und es scheint, daß sie sich in der Hitze des Kampfes einander die Köpfe abgeschlagen haben und jetzt, ohne ihre beiderseitige Kopflosigkeit zu bemerken, weiter fechten. (ebd., 237 f.)

Im Friedenssaal wird weiter gefochten, ähnlich wie in der Friedensperiode der Regierungszeit Louis-Philippes, die von Heine gleichwohl als Periode fortdauernder politischer Kämpfe und sozialer Konflikte demaskiert wird. Das Bild der hölzernen Figuren illustriert den in einer Frontstellung arretierten Kampf, die Kopflosigkeit der Figuren den Starrsinn der am Konflikt beteiligten Akteure. Politik stellt sich als Kampf dar, nicht als Diskurs, der zu einer Einsicht führen könnte. Es geht um Dominanz, um Macht – und wenn es den eigenen Kopf kosten sollte.

Diese Textstelle ist deshalb aufschlussreich, weil sie Heines hermeneutisches Verfahren an einem punktuellen Vergleich aufscheinen lässt. Dieses Verfahren bietet sich als Abfolge der folgenden Operationen dar:

In einem ersten Schritt werden Partikel des Wirklichen wahrgenommen und aus dem Strom der immer neuen Details herausgehoben. In diesem ersten Schritt werden Einzelheiten als relevant identifiziert. Ihre Relevanz ergibt sich aus der Option, sie im zweiten Schritt der hermeneutischen Operation einsetzen zu können.

Im zweiten Schritt werden Ausschnitte des Wirklichen miteinander assoziiert. Heinrich Heine ist brillant in seiner Technik des feinen Vergleichs. Er vollzieht damit eine der Grundoperationen des hermeneutischen Verstehens. Vergleichen lässt sich, was Ähnlichkeiten der Struktur aufweist – so wie die Konfliktsituationen in dem zitierten Beispiel.

Im dritten Schritt strukturiert Heine den Vergleich zu einer gedanklichen Figur. Er fixiert den Vergleich über die aufgewiesenen Strukturähnlichkeiten zur Vorstellung einer Konstellation des politischen und sozialen Lebens, die erst mit dem Vergleich evident wird.

Im vierten Schritt verknüpft Heine Assoziation, Vergleich und Struktur in einer Codierung, die sich als Text bereitstellen lässt. Heine weist dem Resultat seiner hermeneutischen Operation eine kulturelle Bedeutung zu. Er codiert sein literarisches Konstrukt und stellt es so als Lesart des Sozialen für die Rezeption und damit für kommunikative Anschlüsse zur Verfügung.

Diese Operation entspricht in ihrem Resultat Max Webers berühmter Definition von Kultur. „Ein vom Standpunkt des *Menschen* aus mit Sinn und Bedeutung bedachter endlicher Ausschnitt aus der sinnlosen Unendlichkeit des Weltgeschehens"[29]: Das ist für den Klassiker der Soziologie gemeint, wenn wir von Kultur sprechen. „Kultur ist ein Gefüge aus Bedeutungskomplexen, das Sinnangebote bereitstellt. Diese Sinnangebote sind Konstrukte".[30] Heinrich Heine verbindet seine Beobachtungen zu solchen Sinnangeboten, indem er sie interpretativ in einer Folge von Operationen mit den aufgeführten Teilschritten verdichtet. Kulturjournalismus ist viel mehr als nur ein Journalismus über Kultur. Kulturjournalismus ist ein Journalismus als Kultur. Das ist modern gedacht und konzipiert – von Heinrich Heine in seinem publizistischen Gipfelwerk „Lutezia".

Diese Perspektive auf Heines „Lutezia" hat drei Konsequenzen. Die erste Konsequenz: Es reicht nicht aus, in der Metapher der Daguerreotypie bereits das komplette Verfahren Heines erkennen zu wollen. Dieses Abbildungsverfahren aus der Frühgeschichte der Fotografie[31] etablierte eine starre Achse zwischen Aufnahmegerät und Gegenstand. Heine dagegen operiert mit einer beweglichen, also mit den Ereignissen stets mitlaufenden Optik. Schon in seinem Verfahren erkennt er an, was er als Grundzug der Gesellschaft der Moderne ausmachen wird – dass sie transitorisch ist und in keinem Augenblick ihrer Beobachtung mit sich identisch zu sein scheint.

Der zweite Punkt betrifft das Verhältnis zu einer so erscheinenden Wirklichkeit und der Perspektivierung der Textproduktion, mit der Heine auf diese Wirklichkeit reagiert. Es gehört zu den geläufigen Lesarten Heines, in ihm vor allem einen Autor des Engagements zu sehen, der zu stilistischen Listen und Kniffen greifen musste, um angesichts allgegenwärtiger Zensur seine zentrale Absicht durchsetzen zu können – mithilfe seiner Texte die politische Wirklichkeit zu verändern.

Ich mußte das Schiff meines Gedankens oft mit Flaggen bewimpeln, deren Embleme nicht eben der rechte Ausdruck meiner Gesinnung waren. Aber den publizistischen Freibeuter kümmert es wenig, von welcher Farbe der Lappen war, der am Mastbaum seines Fahrzeugs hing und womit die Winde ihr lustiges Spiel trieben: ich dachte nur an die gute Ladung, die ich an Bord hatte und in den Hafen der öffentlichen Meinung hineinschmuggeln wollte. (B V, 230)

Diese oft zitierte Passage aus der Vorrede scheint das Schreibprojekt mit dem Titel „Lutezia" auf eine zentrale Operation festzulegen – die der verdeckten Einflussnahme zugunsten eines politischen Anliegens. Das sagt Heine ja auch dort selbst, wo er seine Leser versichert, er werde „die strengste Einheit der Ansichten und unwandelbare Liebe für die Sache der Menschheit und ein Beharren in meinen demokratischen Grundsätzen" (ebd.) in jeder Passage des Textes gespiegelt finden. Wer jedoch Heinrich Heine als Erfinder des Kulturjournalismus verstehen möchte, wird ihn auf diese Funktion nicht festlegen dürfen. Das gilt vor allem für seine in „Lutezia" versammelten Texte, die als bloße Manifeste einer Parteinahme unterschätzt wären.

Deshalb trifft es auch nicht zu, wenn man Heine auf eine Schreibhaltung des beständigen Verbergens festlegen möchte.[32] Es fragt sich sehr, ob man Heines Verfahren gerecht werden kann, wenn man es ausschließlich als Kunst der Verstellung auffassen wollte. Die Metapher der Ladung, die sich als Schmuggelgut im Bauch eines Schiffes befindet und an Kontrollen vorbei an einen Bestimmungsort gebracht werden soll, setzt eine klare Identität dieser Ladung voraus. Anders gesagt: Der Text muss dann eine eindeutig identifizierbare Botschaft enthalten.

Aber ist das der Fall? Literatur wäre verengt, wenn sie nur als Organ einer politischen Meinung aufgefasst würde. Das Politische selbst, jedenfalls als Anliegen der Literatur verstanden, verwirklicht sich ja in dem Anliegen „neue Objekte und Subjekte auf die Bühne des Gemeinsamen"[33] zu bringen, damit also Räume des Sichtbaren zu erweitern, sie neu zu konstituieren. Heine ist als Schriftsteller vor allem deshalb engagiert, weil er sich daranmacht, diese Räume konsequent zu erweitern und aufzuzeigen, wie sich eine Gesellschaft in der Transformation fortlaufend neu strukturiert.

Auf die Fährte dieser Intention und ihres leitenden Verfahrens gelangt, wer bei der Lektüre von „Lutezia" auf die vielen Stellen aufmerksam wird, an denen von Symptomen und Chiffren die Rede ist, die es zu lesen und zu verstehen gelte. (vgl. B V, 353) Der Baron de Rothschild erscheint als „politische[s] Thermometer", ja, als „Wetterfrosch" (ebd., 355) gesellschaftlicher Klimaveränderung. In „Lutezia" wird fortlaufend angezeigt, signalisiert, gemessen, verglichen. Es sind andauernd Signale zu lesen, zu dechiffrieren. Dies geschieht aber nicht nach jenem einfachen Flaggenalphabet, das Heine in seiner Vorrede scheinbar als alleinige Lektürehaltung nahelegen möchte. Nicht nur Heine ist wohl intelligenter als dieses einfache Verfahren. Vor allem sein Text ist um vieles klüger als die Einschätzung von Literatur als schlichtem Engagement für eine Sache.

Kultur als Medium und Struktur der Gesellschaft

Gesellschaft entsteht durch Beobachter. Wenn man „Lutezia" eine Lehre entnehmen möchte, dann gehört diese Einsicht unbedingt in das Zentrum einer so informierten und damit veränderten Weltsicht. „Thiers geht ab und Guizot tritt wieder auf. Es ist aber dasselbe Stück und nur die Akteure wechseln." (B V, 322) Heinrich Heine versteht, dass die heraufziehende Bürgergesellschaft der Gleichen vor allem eine Gesellschaft sein wird, die sich nur über ihre fluiden medialen Manifestationen beobachten lässt. Aufgabe der Literatur ist nicht die Parteinahme, sondern das Verfahren einer „symptomatischen Lektüre", die es ermöglicht, dem „unbewussten Gesellschaftstext"[34] auf die Spur zu kommen.

Heines „Lutezia" ist in diesem Sinne doppelt zu verstehen, als Produktion von Lesarten der Gesellschaft und in der Form des literarischen Textes selbst wieder als ein Stück präsenter Gesellschaft und ihrer Kultur. Heinrich Heines Sicht auf die Kultur ist deshalb so modern, weil er nicht nur erkennt, wie über kulturelle Manifestationen Sinn gebildet und codiert, sondern auch die Formation der Gesellschaft fortlaufend strukturiert wird. Im fünften Kapitel schildert Heine die Theatererfolge George Sands und kommt in diesem Zusammenhang auf die Schauspielerinnen zu sprechen, die die dramatischen Texte auf die Bühne bringen. Diese Darstellerinnen finden sich in einer Doppelrolle der Kunstübung und des Liebesdienstes wieder.

> Man weiß daher selten hier, wo die Aktrice und die Kurtisane ihre Rolle wechseln, wo die Komödie aufhört und die liebe Natur wieder anfängt, wo der fünffüßige Jambus in die vierfüßige Unzucht übergeht. Diese Amphibien von Kunst und Laster, diese Melusinen des Seinestrandes, bilden gewiß den gefährlichsten Teil des galanten Paris, worin so viele holdselige Monstra ihr Wesen treiben. (ebd., 259)

Mit Textpassagen wie diesen löst Heinrich Heine seinen Anspruch ein, mit „Lutezia", so die Formulierung in einem Brief an Julius Campe vom 7. Juni 1854, eine „Chrestomathie guter publizistischer Prosa"[35] liefern zu wollen. Wichtiger als die boshafte Spitze, die in dem Wortspiel mit dem Wort Füße liegt, ist der Erkenntnisgewinn, den Heine mit seinem Text hervorbringt. Sein Spiel mit dem Gegensatz von Natur und Kunst, von Ästhetik und Körperlichkeit verdeutlicht die Virtuosität der gesellschaftlichen Akteure, mit Pierre Bourdieu gesprochen, kulturelles in ökonomisches und soziales Kapital und umgekehrt zu transferieren. Kultur ist keine hübsche Schauseite der Gesellschaft, sondern der Ort, an dem sie sich repräsentiert und reproduziert.

Heine führt das Zusammenspiel der Akteure im Medium der gegenseitigen Übersetzung kultureller Idiome vor, indem er das durch die Melusine repräsentierte Märchenreich der Romantik mit dem Paris der Ära des Bürgerkönigs Louis-Philippe überblendet. In der auf die Moderne vorausweisenden Medienwelt sind alle Phänomene in viele Richtungen anschlussfähig. Das gilt für kulturelle Idiome und künstlerische Ausdrucksformen ebenso wie für die Akteure, die schnell die Rollen wechseln können – je nachdem, ob sie Füße als Einheiten von Versmaßen oder als Teile nackter Menschenkörper verstehen wollen.

Heine denkt die Verhältnisse, wie immer, auch in dieser Textpassage bis zu ihrem gefährlichen Ende. Die Melusinen sind nicht nur Opfer der gesellschaftlich geachteten und finanziell bestens gestellten Männer, sie sind auch selbst auf Beutezug, also aktiv und nicht nur passiv hingegeben. Die Kultur funktioniert ebenso als Signalsystem wie als Strukturplan einer Gesellschaft, die sich über kulturelle Codierungen und ihre Interpretation verständigt. Heines Methode einer Hermeneutik der Gesellschaft wendet die Operationsweise der medial verfassten Gesellschaft zu deren Dechiffrierung an. Heines Text produziert keine Camouflagen von politischen Botschaften, die nur verdeckt an der Zensur vorbei zu transportieren sind, er liefert im Gegenteil immer wieder Lektüren des Sozialen als luziden Klartext.

Heine expandiert seinen Bericht der Uraufführung von George Sands Theaterstück „Cosima" (vgl. B V, 255 ff.) zur interpretativen Studie einer Kultur, die sich zur umgebenden Gesellschaft in einem doppelten Verhältnis befindet. Kultur verwirklicht sich ebenso als Ästhetik wie als Betrieb, als Kunst und Sozialität. Kultur ist ebenso medial wie materiell, sie funktioniert als Interpretationsmaschine wie als Strukturform. Heine weist in der genannten Textpassage diesen Doppelcharakter dadurch auf, dass er das Betriebssystem Theater als Sozialstruktur deutet, die gesellschaftliche Machtverhältnisse eher abspiegelt, als ihnen per Kunst eine Alternative entgegenzusetzen. Wer mag, entweicht in die Kunstwelt der Melusinen der Romantik. Die gesellschaftlichen Akteure neigen aber eher dazu, im Kulturbetrieb ihr Streben nach sozialer Dominanz auszuleben.

Heinrich Heine leistet viel mehr, als nur daguerreotypisch präzise erfasste Realitätssplitter darzubieten. Als Beobachter verfügt er über eine mit den Ereignissen mitlaufende Optik, die nicht nur Elemente für den Report sammelt, sondern diese auch für die Operationen einer interpretierenden Verknüpfung bereitstellt. Heine identifiziert die Bühnendichter als eigene soziale Klasse, die als mittelmäßige Texthandwerker ihre Stellung im Kulturbetrieb gegen die Invasion der ihnen künstlerisch überlegenen Autoren verteidigen.

> ,Was wollt ihr bei uns,' rufen sie, ,bleibt in eurer Literatur und drängt euch nicht zu unsern Suppentöpfen! Für euch der Ruhm, für uns das Geld! Für euch die langen Artikel der Bewunderung, die Anerkenntnis der Geister, die höhere Kritik, die uns arme Schelme ganz ignoriert! Für euch der Lorbeer, für uns der Braten!' (B V, 256)

Das Stakkato der Ausrufezeichen signalisiert die Heftigkeit des Kampfes, der auch im Reich des Schönen und angeblich nur Symbolischen um Einflusszonen und handfeste Vorteile ausgefochten wird. Heines Interpretationen verweisen ebenso auf Honoré de Balzacs kritischen, zwischen 1837 und 1843 publizierten Medienroman „Illusions perdues", wie auf die Kultursoziologie Pierre Bourdieus und seines Diktums der „feinen Unterschiede". Heine transponiert die bloße Aufführungskritik in eine Sozialstudie der kulturellen Welt, macht aus der Kunstbeurteilung eine Analyse der Signalwirkungen und Abhängigkeitsstrukturen des Theaterbetriebs. Das Theater selbst avanciert zur Metapher – für die Aushandlung sozialer Beziehungen und für die Darbietungsformen des Politischen. Heines raffinierte Pointe: Das Theater seiner Zeit ist künstlerisch deshalb so mittelmäßig, weil die Politik die besten schauspielerischen Talente absorbiert. (vgl. ebd., 258) Touché!

Kultur als Karte: Heine und seine Mapping Culture

Literatur bildet Gesellschaft nicht ab, Literatur ist selbst eine soziale Erscheinung, die das mitprozessiert und -strukturiert, was Wirklichkeit genannt wird. Diese Grundeinsicht der Literatursoziologie bildet die Grundlage für Heines Kulturjournalismus, der Kultur immer doppelt adressiert: als Gegenstand und als eigenen Prozess. Heines Text darf nicht nur als Schilderung und Analyse der Kultur genommen werden, er ist selbst Kultur, weil er beobachteten Phänomenen Bedeutungen zuweist. Wir erkennen „Lutezia" als literarisches Phänomen auf der Grenze der Gattungen und an der Schnittstelle der Epochen, also an genau jenem geschichtlichen und systematischen Ort, an dem sich gesellschaftliche Transformationen in Literatur im Moment der Veränderung ihrer Gattungen abbilden.[36]

Heine nimmt diese historische Entwicklung dadurch auf, dass er Kultur nicht allein als System und Betrieb versteht, sondern als fluides Medium neuer Bedeutungszuweisungen. Als Strom der Zeichen und Netz der Bedeutungen und ihrer Verweise arbeitet Kultur permanent als Apparat der Übersetzungen. Kultur ist deshalb immer neu zu entwerfen und in wechselnden Metaphern zu imaginieren. Gesellschaft wird als „Zusammenwirken von Soziolekten und Diskursen"[37] sichtbar – und als Struktur, in der mehrere soziokulturelle Muster zusammenwirken.

Eines dieser Strukturmuster, das Heine in „Lutezia" sichtbar macht, ist das der Kartierung. Weit über die Identifikation einzelner Wirklichkeitsdetails im Sinn der daguerreotypischen Wahrnehmung hinaus erkennt Heine in den Beziehungsnetzen des Kulturbetriebs Muster einer Kartierung, die mit Akteuren auch bestimmten Themen, Sujets und kulturellen Vermittlungsformen ihren Platz zuweist und danach Einfluss und Wirkungsmöglichkeiten bemisst.

In seinem Text „Spätere Notiz" (B V, 261 ff.) fokussiert Heine die Autorin George Sand als ein Phänomen der kulturellen Grenzüberschreitung. An ihrer Person lassen sich, weit über Sensationen des Tagesgeschehens hinaus, Fragen der sozialen Verortung analysieren. Heine lüftet das männlich klingende Pseudonym der Autorin, verweist damit auf ihren Rollenentwurf, der die Grenzen der Geschlechter überschreitet. George Sand hat sensationellen Erfolg auf den Theaterbühnen und sie zentriert ein ganzes Beziehungsnetzwerk. Mapping Culture: Am Beispiel dieser Autorin führt Heine mustergültig vor, wie Akteure der Kultur deren Netzwerk unter Spannung setzen und neu kartieren.

> George Sand, die größte Schriftstellerin, ist zugleich eine schöne Frau. Sie ist sogar eine ausgezeichnete Schönheit. Wie der Genius, der sich in ihren Werken ausspricht, ist ihr Gesicht eher schön als interessant zu nennen; das Interessante ist immer eine graziöse oder geistreiche Abweichung vom Typus des Schönen, und die Züge von George Sand tragen eben das Gepräge einer griechischen Regelmäßigkeit. (ebd., 262)

Heine beschreibt mit George Sand einen neuen Typus auf der gesellschaftlichen Bühne und zugleich eine Figur, an der sich unterschiedliche Formen des Schönen kreuzen und gegenseitig brechen. Diese neue Akteurin, die unter der Maske eines Pseudonyms die kulturelle Bühne betritt, bringt mit den Begrifflichkeiten der Ästhetik auch die gewohnten Zuordnungen des Kulturbetriebes und der mit ihnen trassierten Wahrnehmungen durcheinander. Heine diskutiert die Autorin als Akteurin von gehöriger sozialer Energie und Durchsetzungskraft – und als Brechungspunkt ästhetischer Kategorien.

Heine kartiert um die Figur George Sands herum Kultur als ein Gravitationsfeld der Einflusszonen. Diesem Muster entsprechen ästhetische Diskurse und deren gesellschaftliche Signalfunktion. Die Frau als Fixstern im Zentrum, Männer als um sie herum kreisende Trabanten: So ließe sich das Netzwerk beschreiben, das Heine um George Sand herum aufbaut. Wir finden dort mit dem Pianisten und Komponisten Frédéric Chopin und dem Dichter Alfred de Musset nicht allein Freunde und Liebhaber der Sand, sondern auch Repräsentanten jener Kategorie, die Debatten um künstlerische Darbietungen und deren Qualität mehr dominiert als ein starres Kategoriensystem der Ästhetik: Geschmack.

An George Sand lassen sich Fragen der Idealität und der Sinnlichkeit, des Interessanten und eben des Geschmacks bestens diskutieren. Das macht sie als Typus so attraktiv, weil repräsentativ. Heine überblendet Beziehungsklatsch und Kunstdebatte. Darin liegt nicht allein eine Raffinesse der journalistischen Textstrategie, sondern vor allem ein Reflex auf das Funktionieren einer Gesellschaft, das Beziehungsmuster unentwegt in mediale Repräsentation übersetzt – und umgekehrt.

Heine baut seinen Text gekonnt auf eine Klimax hin, in der er George Sand gegen Victor Hugo ausspielt. Dessen Größe sei nichts als Anmaßung und Behauptung, kritisiert Heine. Allein George Sand besitze „Wahrheit, Natur, Geschmack, Schönheit und Begeisterung" (B V, 267), schreibt Heine und verweist mit seiner Kritik der Autoren und ihrer Werke auf jenen ästhetischen Paradigmenwechsel, der sich zu seiner Zeit rund um die Kategorie des Geschmacks ereignet.[38] Die Kartierung der Kultur funktioniert bei Heine stets in doppelter Hinsicht, als Aufweis eines Netzwerks der Akteure und den mit und von ihnen gesetzten Kreuzungspunkten der ästhetischen Debatte.

Kultur als Taumel: Heine und seine Kategorien der Bewegung

Heine beschreibt Kultur mit mehr als nur einer Metapher. Neben dem Bild des Netzes drängt sich vor allem der Tanz als Chiffre auf, nicht allein als jener Hinweis auf soziale Instabilität, der sich in der Formel vom „Tanz auf dem Vulkan" (vgl. B V, 390) kaum kaschiert verbirgt. „Wie dem auch sei, es ist immer schlimm, wenn das Publikum Zweifel hegt über die Festigkeit der Dinge" (ebd., 380), schlussfolgert Heine aus der tagesaktuellen Beobachtung, der auf der Place de la Concorde platzierte Obelisk von Luxor könne womöglich nicht ganz fest auf seinem Postament stehen.[39] Das Wahrzeichen höchster Macht, Symbol der Unwandelbarkeit selbst, soll in seiner Stabilität gefährdet sein: Heine generalisiert die Chiffre von einer Instabilität aller Dinge, um in ihr ein Anzeichen für gesellschaftliche Krisen zu erblicken. Das kulturelle Zeichen als Verweis auf historische Tiefenstrukturen – so wird Heines Schreibweise immer wieder gelesen.[40]

Sein kulturjournalistisches Verfahren funktioniert jedoch anders. Die ästhetischen Praktiken funktionieren nicht nur als Verweise, sie bringen selbst die sozialen Phänomene hervor. Kultur besitzt eine performative Energie, die gesellschaftliche Formationen verändert und neu zu strukturieren vermag. Heine entwickelt eine entschiedene Aufmerksamkeit für die Performanz der Kultur.

Das wird in „Lutezia" am Beispiel des Tanzes ganz besonders deutlich.[41] Im 52. Stück von „Lutezia" baut er die Metapher vom Tanz auf dem Vulkan zu einem Komplex kultureller Analysen aus. Der Tanz changiert in seiner Bedeutung zwischen sozialem Reglement und jener Archaik, die ihn als unzuverlässig und gefährlich erscheinen lassen mag – zumindest aus der Sicht der katholischen Kirche als Musterinstitution sozialer Kontrolle. Heine fügt ein Netz von Verweisen rund um den Tanz. Die Elementargeister der Romantik seien ebenso als tanzende Wesen zu imaginieren wie irrlichternde Elfen und Heiden bei ihren Tempeldiensten. Tanz, das ist das generell Unverfügbare. (vgl. B V, 390 f.)

Heine weitet seinen Text zu einem Essay über die Kulturgeschichte des Tanzes in Frankreich. Tanz funktioniert als Bewegung zwischen Regelsystem und Anarchie. Mit dieser Doppeldeutigkeit reflektiert er eine Kulturgeschichte als Gesellschaftsgeschichte. In einer gedanklichen Bewegung, die mit ihren Schritten an seine Schrift „Zur Geschichte der Religion und Philosophie in Deutschland" erinnert, entwickelt Heine seine Geschichte des Tanzes selbst als schaukelnde Tanzbewegung. Die jeweils Herrschenden versuchen den Tanz ihrem sozialen Reglement zu unterwerfen. Die performative und damit körperliche Energie der Bewegung konterkariert dieses Vorhaben immer wieder.

> In der Tat, die Form und das Wesen des französischen Balletts ist keusch, aber die Augen der Tänzerinnen machen zu den sittsamsten Pas einen sehr lasterhaften Kommentar, und ihr liederliches Lächeln ist in beständigem Widerspruch mit ihren Füßen. (B V, 392)

Es sind die Körper selbst, die den Widerspruch zwischen Regel und Chaos, der im Tanz liegt, immer wieder neu hervorbringen. Heines Text entfaltet das subversive Potenzial der Künste und damit der Kultur – stets etwas anzuzeigen, was von den Machthabern der Gesellschaft nicht gewollt ist. Kulturelle Formationen und ihre medialen Repräsentationen werden von gegenläufigen Energien durchzogen und angetrieben. Dem ästhetischen Reiz der Künste entspricht ihre politische Unzuverlässigkeit.

Heinrich Heine synchronisiert in dieser essayistischen Textpassage die historische Entwicklung einer Kunstform mit der Gesellschaftsgeschichte, die von der Epoche der adligen Ständegesellschaft bis zu der sich liberalisierenden Gesellschaft jener Ära reicht, die Heine als Augenzeuge miterlebt. Heine ist für solche Übergänge sensibilisiert, erlebt er doch selbst seine Epoche als eine Schwellenzeit eines ästhetischen Umbruchs von paradigmatischer Tragweite.[42] Die „Kunstrevoluzion" trennt die aristokratische Epoche von der bürgerlichen Ära.

Heines Typologie des Tanzes führt nicht nur in einer diachronen Bewegung durch die Geschichte, sie legt auch einen synchronen Schnitt durch die Schichtungen der Gesellschaft der Zeit. Heine spottet über die „Gesellschaftsbälle[]" (ebd.) jener Bürgerschicht, die sich als Inbegriff eines nicht mehr umkehrbaren gesellschaftlichen Fortschritts begreift. Ihre Welt der Gleichheit führt jedoch in einen Kosmos ermüdender Gleichförmigkeit. Den Frauen „Flitterstaat und Gefallsucht" (ebd., 393) als Medium einer Darstellung des sozialen Status, den die Männer mit der Uniformität ihrer schwarzen Fräcke bezahlen. Wer arriviert ist, steckt schließlich in jener Stagnation fest, die immer schon Vorbote eines historischen Wandels ist.

Heine weiß auch, wo sich dieser Wandel abzeichnet: In jenen Tanzvergnügungen der Unterschichten, die sich zu den Veranstaltungen der etablierten Schichten wie eine Unter- und Gegenwelt verhalten.

> [D]er Cancan ist ein Tanz, der nie in ordentlicher Gesellschaft getanzt wird, sondern nur auf gemeinen Tanzböden, wo derjenige, der ihn tanzt, oder diejenige, die ihn tanzt, unverzüglich von einem Polizeiagenten ergriffen und zur Tür hinausgeschleppt wird. […] So viel wird schon aus jener Definition zu merken sein, daß die vom seligen Vestris angepriesene Tugend hier kein notwendiges Requisit ist, und daß das französische Volk sogar beim Tanzen von der Polizei inkommodiert wird. (ebd., 393 f.)

Tanzvergnügungen sind niemals unschuldig, sie bergen immer die eruptive Potenz des sozialen Aufstandes in sich. Zu dieser Schlusspointe führt Heine seine Analyse und entdeckt scheinbar nebenbei, was in der Moderne zu einem Bewegungsgesetz der künstlerischen Bewegung avancieren wird – dass ihre Innovationen immer von den Rändern, niemals aus dem Zentrum kommen.

Kultur als Archiv: Heine und der Kampf gegen das Vergessen

Heines „Lutezia" gehört zu dieser Sorte von Innovationen, als Text, der zwischen den Gattungen oder, ganz nach Blickpunkt, an ihren Rändern und Kreuzungspunkten entsteht. Heinrich Heine hat aus Korrespondenzartikeln, die für den Tag bestimmt waren, ein Buch gefügt, das den Tag überdauern und seinen Autor in das kulturelle Archiv einschreiben sollte. Heine wollte als Autor nicht sterben, nicht in jene Tiefen des kulturellen Archivs absinken, in die kein Licht der Erinnerung mehr hinableuchtet.

Heine wollte nicht wie der Opernkomponist Gaspare Spontini verzweifelt gegen das Vergessen ankämpfen müssen (vgl. B V, 290 ff.) und wie ein Gespenst seiner selbst durch eine Zeit irrlichtern, die auf seine Texte nicht mehr zugreifen wollte. Kultur ist kein Container, kein statisches Gebilde, sondern ein fluides Netzwerk, dessen Vitalität von der Intensität jener Praktiken abhängt, die Anschlüsse herstellen und so für Fortsetzungen sorgen. Heine arbeitet so entschieden an „Lutezia" als vollendetem Werk, weil er in der Kultur und ihren Archiven weiterleben wollte – über das physische Ende seines Lebens hinaus.

Kultur mag ein Segment sein, ein Betrieb, ein Beziehungsgefüge. Vor allem aber funktioniert Kultur als Maschine, die unablässig codiert und nicht codiert, die Bedeutung zuschreibt und wieder aberkennt. In diesem Strom gibt es keinen festen Punkt, es gibt nur die Bewegung des mitlaufenden Beobachters und eines

Produzenten, der diese produktive Operation des Codierens in seinen eigenen Text hineinkopiert, ihn zu einem Medium macht, an dem sich diese Grundoperation der Kultur der Moderne in Aktion selbst wiederum beobachten lässt.

Die Pointe des von Heine erfundenen Kulturjournalismus besteht darin, diese Operation als unablässigen Vollzug nicht nur zu schildern, sondern im Text selbst vorzuführen. Heinrich Heine etabliert Kulturjournalismus eben als einen Journalismus, der selbst eine kulturelle Operation darstellt. Um diese fluide Operationsweise im Text herstellen zu können, muss die Rahmung der Produktion auf Dauer gestellt, also zur Institution verfestigt werden.[43] Heine hat dieses Ziel deshalb so konsequent verfolgt, weil es ihm darum gehen musste, als Autor und in Fragen der Textgestalt wenigstens zeitweise zum Souverän der eigenen Sache zu werden. Als ein „Medienintellektueller"[44] avant la lettre begreift Heinrich Heine die Produktionsbedingungen seines journalistischen Schreibens als konstitutiv für die neue Textgattung, die er erfinden wird.

> Die Gegenwart ist weniger robust, aber mobiler. Sie ist aus Papier gemacht, und damit eine leichte Beute der Zensur. Oder sie steht auf Brouillons, liegt in Zeitungsredaktionen, zirkuliert zwischen Sekretären, Postämtern und Verlegern.[45]

Darin liegt mehr als die materiale Basis von Heines Textproduktion. Diese Zirkulation bestimmt nicht allein die Textgestalt wesentlich mit, sie bildet auch genau jene Rotation der kulturellen Codierungen ab, die Heine als Bewegungsgesetz der heraufziehenden Medienmoderne erkannt hat.

Sein Kulturjournalismus konstituiert ein neues Textgenre, das Reportage und Kritik, Essay und Narration in einem einzigen Textfluss amalgamiert. Er entspricht jenen Fluktuationen kultureller Codierungen, die den Operationsmodus medial verfasster Gesellschaften ausmachen. Es ist die womöglich wichtigste Leistung Heinrich Heines, genau diesen Mechanismus erkannt und in „Lutezia" kongenial abgebildet und inszeniert zu haben. Ob Heinrich Heine mit seinem letzten großen Werk womöglich auch das Genre des Zeitromans frisch konturiert und auf eine für seine Epoche ungeahnte Höhe gebracht hat?

„Lutezia" wird noch unter einer Reihe weiterer Aspekte ganz neu zu lesen sein – als eines der wichtigsten Bücher deutscher Sprache im 19. Jahrhundert. Heine schließt sein großes Buch mit einer Reportage aus der Sitzung der Akademie im Palais Mazarin. Heine dechiffriert das Ritual des Geschäftsberichts, den der Akademiesekretär Mignet verliest, als vergeblichen Kampf gegen das Vergessen. Nichts sei schlimmer, als Bücher geschrieben zu haben, „die niemand liest und jeder lobt" (B V, 494), wie Heine bissig bemerkt. Heute ist klar, dass, auf Heine selbst gewendet, sein Hauptwerk „Lutezia" kaum genug zu lesen und zu loben ist.

Anmerkungen

1 Vgl. Höhn [3]2004, S. 434.
2 In Heinrich Heines „Ludwig Börne" heißt es bezeichnenderweise: „O Freiheit! du bist ein böser Traum!" (B IV, 39)

3 Jacques Rancière: Politik der Literatur. Hrsg. v. Peter Engelmann. Wien [2]2011, S. 35.

4 Vgl. zur Entstehungsgeschichte Höhn [Anm. 1], S. 468–472.

5 Karl Kraus: Heine und die Folgen. – In: Ders.: Ausgewählte Werke. Hrsg. v. Christian Wagenknecht. Darmstadt 2020, Bd. 2, S. 510.

6 Ebd.

7 Ebd.

8 Vgl. Gunter Reus: Ironie als Widerstand. Heinrich Heines frühe Feuilletons „Briefe aus Berlin" und ihre Bedeutung für den modernen Journalismus. – In: Literatur und Journalismus. Theorie, Kontexte, Fallstudien. Hrsg. v. Bernd Blöbaum u. Stefan Neuhaus. Wiesbaden 2003, S. 162 f.

9 Ludwig Börne: Briefe aus Paris. – In: Ders.: Sämtliche Schriften. Neu bearb. u. hrsg. v. Inge u. Peter Rippmann. Dreieich 1977, Bd. 3, S. 812.

10 Karl Gutzkow: Tendenzpoesie. – In: Das Junge Deutschland. Texte und Dokumente. Hrsg. v. Jost Hermand. Stuttgart 1966, S. 101.

11 Ebd.

12 Ebd., S. 103.

13 Vgl. Christian Kirchmeier: Die Literatur der Gesellschaft und die Gesellschaft der Literatur. „Der Sandmann" aus der Sicht der Literatursoziologie (Bourdieu, Luhmann). – In: Zugänge zur Literaturtheorie. 17 Modellanalysen zu E.T.A. Hoffmanns „Der Sandmann". Hrsg. v. Oliver Jahraus. Stuttgart [3]2019, S. 173.

14 „Heine war jedoch der erste, der die Existenz des freien Schriftstellers als Amt und Institution verstand": Marcel Reich-Ranicki: Der Fall Heine. München [5]2006, S. 39.

15 Vgl. „Der Weg von Ihrem Herzen zu Ihrer Tasche ist sehr weit". Aus dem Briefwechsel zwischen Heinrich Heine und seinem Verleger Julius Campe. Hrsg. v. Gerhard Höhn u. Christian Liedtke. Hamburg 2007. Siehe auch Höhn [Anm. 1], S. 18–20.

16 Vgl. Bodo Plachta: Zensur. Stuttgart 2006, S. 106–113.

17 Der beste Beleg für diese ebenso komplexe wie paradoxe Struktur findet sich in dem Briefwechsel von Heinrich Heine und seinem Verleger Julius Campe [Anm. 15].

18 Claas Morgenroth: Bleistiftliteratur (Zur Genealogie des Schreibens, Bd. 30). Hrsg. v. Davide Giuriato, Martin Stingelin u. Sandro Zanetti. Paderborn 2022, S. 220.

19 Kirchmeier: Die Literatur der Gesellschaft und die Gesellschaft der Literatur [Anm. 13], S. 164.

20 Rancière: Politik der Literatur [Anm. 3], S. 32.

21 Vgl. Aleida Assmann: Im Dickicht der Zeichen. Berlin 2023, S. 273 ff.

22 Rancière: Politik der Literatur [Anm. 3], S. 33.

23 Ich teile die Reserve, mit der Wolfgang Preisendanz die Metapher der Daguerreotypie behandelt. Vgl. Ders.: Heinrich Heine. Werkstrukturen und Epochenbezüge. München 1973, S. 73 ff.

24 Zit. n.: Frank Hartmann: Mediologie. Ansätze einer Medientheorie der Kulturwissenschaften. Wien 2003, S. 33.

25 So bei Stephan Porombka: Kritiken schreiben. Ein Trainingsbuch. Konstanz 2006, S. 52 ff.

26 Robert Musil: Der Mann ohne Eigenschaften. Roman. Hamburg 1952, S. 40.

27 Preisendanz: Heinrich Heine [Anm. 23], S. 40.

28 Vgl. Peter V. Zima: Textsoziologie. Eine kritische Einführung in die Diskurssemiotik. Berlin [2]2021, S. 45.

29 Zit. n. Georg Neugebauer: Die Religionshermeneutik Max Webers. Berlin 2017, S. 52.

30 Stefan Lüddemann: Kultur. Eine Einführung. Wiesbaden [2]2019, S. 5.

31 Vgl. Boris von Brauchitsch: Kleine Geschichte der Fotografie. Stuttgart 2002, S. 30–33.

32 Vgl. die Beschreibung von Heines Schreibhaltung mithilfe der rhetorischen Figuren der simulatio und der dissimulatio bei Bodo Morawe: Höllische Reklame für die Republik. Zur Form-Inhalt-Dialektik der Lutezia. – In: Zu Heinrich Heines Spätwerk „Lutezia". Kunstcharakter und europäischer Kontext. Hrsg. v. Arnold Pistiak u. Julia Rintz. Berlin 2007, S. 278 ff.

33 Rancière: Politik der Literatur [Anm. 3], S. 14.
34 Ebd., S. 37.
35 Zit. n.: Roland Berbig: Le personnage in „Lutezia". Figuration und Personarium in Heines Pariser Berichten über Politik, Kunst und Volksleben (1840–43/1854). – In: Zu Heinrich Heines Spätwerk „Lutezia" [Anm. 32], S. 61.
36 Vgl. Erich Köhler: Gattungssystem und Gesellschaftssystem. – In: Literatursoziologische Perspektiven. Gesammelte Aufsätze. Hrsg. v. Henning Krauss. Heidelberg 1982. S. 18.
37 Zima: Textsoziologie [Anm. 28], S. 67.
38 Vgl. zu dieser Diskussion: Rudolf Lüthe, Martin Fontius: Geschmack/Geschmacksurteil. – In: Ästhetische Grundbegriffe. Historisches Wörterbuch in sieben Bänden. Hrsg. v. Karlheinz Barck u. a. Stuttgart 2001, Bd. 2, S. 806 f.
39 Vgl. Morgenroth: Bleistiftliteratur [Anm. 18], S. 215.
40 Vgl. Preisendanz: Heinrich Heine [Anm. 23], S. 89.
41 Vgl. Roger W. Müller Farguell: Tanz. – In: Ästhetische Grundbegriffe [Anm. 38], S. 8.
42 Vgl. Sabine Bierwirth: Naturästhetik als Teil der Kunstrevolution. Heines „Lutezia" als „Produkt der Natur und Kunst". – In: Zu Heinrich Heines Spätwerk „Lutezia" [Anm. 32], S. 42.
43 Vgl. Zima: Textsoziologie [Anm. 28], S. 75.
44 Ich greife hier jenen Terminus auf, mit dem der Historiker Axel Schildt in seinem nachgelassenen Hauptwerk Intellektuelle der frühen Bundesrepublik Deutschland wie Theodor W. Adorno, Hans Magnus Enzensberger oder Alfred Andersch als Vertreter eines neuen historischen Typus beschrieben hat. Vgl. Axel Schildt: Medien-Intellektuelle in der Bundesrepublik. Hrsg. u. m. e. Nachw. vers. v. Gabriele Kandzora u. Detlef Siegfried. Göttingen 2020.
45 Morgenroth: Bleistiftliteratur [Anm. 18], S. 161 f.

Heines aufregende Reimkunst jenseits „klingelnder Gewohnheit" Wassersuppe bei Xantuppe, leiern auf Liebes-Eiern, Esel im Gedöhsel und andere Tollheiten

Eckart Pastor

In seinem „Heine-Handbuch" verweist Gerhard Höhn in den Erläuterungen und Analysen zu Heines „Deutschland. Ein Wintermährchen"[1] auf die so oft entfesselte Reimkunst Heines, gibt hierfür einige humorvolle Beispiele wie „Franzosen" / „Saucen", „Strohwisch" / „philosophisch" oder „Gotte" / „Sprotte" und nennt in diesem Kontext Heines Vorwort-Entwurf zur französischen Fassung des gleichen Werkes unter dem Titel „Germania". Da bedauert der Dichter nämlich, dass in der Prosa-Übertragung das „Wintermährchen" mit seiner im Original zugleich „melodiösen und possenhaften" Versform, den „drolligen" Reimen und „burlesken" Wortspielen seinen „brillantesten Teil" einbüße.[2] Einige solcher „brillanten" Fügungen im Bereich der Reime und Wortspiele (nicht allein im „Wintermährchen") sollen im Folgenden eingehender betrachtet werden, um Heines Humor, aber auch und vor allem seine intellektuelle Treffgenauigkeit noch deutlicher aus seiner Schreibweise hervortreten zu lassen.

> Ein jeder denkt in seinem Dunst,
> Andrer Verdienst sei winzig klein.
> Bewahre jeder die Vergunst,
> Auf seine Weise toll zu sein.[3]

Diese großmütigen Verse hat der alte, allseits verehrte Goethe, der „Kunstgreis", wie Heine ihn einmal nannte, zu Papier gebracht. Mit der Aussage in diesem Gedicht musste der junge Dichter sich nur in einer Hinsicht angesprochen fühlen: Dass er „Andrer Verdienst" als „winzig klein" veranschlage, brauchte er sich bei aller stolzen Selbsteinschätzung nicht vorzuwerfen; aber „[a]uf seine Weise toll zu sein", diese „Vergunst" hat er mit Vergnügen und auch Verzweiflung, hoffend und bisweilen hoffnungslos, sein Leben lang in Anspruch genommen. Es ist hier nicht der

E. Pastor (✉)
Banneux (Sprimont), Belgien
E-Mail: E.Pastor@uliege.be

S. Brenner-Wilczek (Hrsg.), *Heine-Jahrbuch 2025*, Heine-Jahrbuch,
https://doi.org/10.1007/978-3-662-72327-2_2

23

Ort, von Heines zwiespältigem Verhältnis zu Goethe zu handeln. Vielleicht war es ja Zufall, dass er das Wort „Dunst", mit dem sich Goethe in seinem Spruch über Dichterlinge lustig gemacht hat, ausgerechnet dessen Weimarer Kreis zuschreibt, als er seinem Freund, dem Juristen und einst „rasenden Göthianer[]" (HSA XX, 163) Rudolf Christiani die folgenden, wunderbar gereimten Verse widmet, weil dieser im Gegensatz zu früher neuerdings „entschieden liberale Positionen vertrat"[4]:

> Hast du wirklich dich erhoben
> Aus dem müßig kalten Dunstkreis,
> Womit einst der kluge Kunstgreis
> Dich von Weimar aus umwoben? (DHA II, 111)

Um solche erstaunlichen Reime soll es uns gehen, und zwar um lauter Reime, in denen sich Heines schöpferischer Wortschatz und seine kreative Schreibweise in besonders bemerkenswerter Weise „austollen". Im vorliegenden Fall umreißt „Kunstgreis" – eines seiner zahlreichen „Erschaffnisse" (DHA VII, 160), wie er solche Neuschöpfungen nennt – gemeinsam mit dem geläufigen „Dunstkreis" und den Epitheta „müßig kalt" und „klug" in knappester Form seine eigene enttäuschende Weimar-Erfahrung und sein jetziges Goethe-Bild. Die Intelligenz des „Kunstgreises" wird nicht infrage gestellt, aber die „Kälte" des Empfangs schmerzlich erinnert, und mit dem Adverb „müßig" spießt Heine die seines Erachtens im Weimarer „Dunstkreis" lähmend herrschende Verharrnis im Herkömmlichen auf. Diesen Zusammenhang erhellend, zitiert Christian Liedtke[5] Heines Brief an Varnhagen von Ense vom 28. Februar 1830, in dem der junge Dichter mit wiederum erstaunlichen „Erschaffnissen" Goethe die „Kunstbehaglichkeit des großen Zeitablehnungsgenies, der sich selbst letzter Zweck ist", nachsagt. (HSA XX, 389) Es gehört schließlich auch in unseren Zusammenhang, dass im eben genannten Heine-Gedicht die Reimkunst sich am Ende noch einmal tollkühn überschlägt und damit dem Christiani-Lob ehrlich und ironisch zugleich die Krone aufgesetzt wird:

> In der Fern' hör ich mit Freude,
> Wie man voll von deinem Lob ist,
> Und wie du der Mirabeau bist
> Von der lüneburger Heide! (DHA II, 111)

„… deinem Lob ist" auf „Mirabeau bist" zu reimen, das ist schon „toll" im doppelten Sinne.

Dass eigenwilliger Wortschatz und Neologismen besonders auffallen, wenn sie in den Reim gestellt sind, belegt schon der zitierte „Kunstgreis" und werden die hier noch zu behandelnden Heineschen Reim-„Tollheiten" eingehender dokumentieren. Umgekehrt können selbst originale Wörter dieser Art, wenn sie im Versinnern stehen, weniger bemerkt, wenn nicht gar übersehen werden. In einem der „Zeitgedichte" in den „Neuen Gedichten" unter dem Titel „Zur Beruhigung" tollt sich Heines Reimlust besonders schön aus: Da reimt sich des Volkes „Größe" auf „die besten Klöße" und zu den „Fürsten" gesellt sich „Sauerkraut mit Würsten". Aber gerade dieses letztere Reimpaar scheint so mitreißend, dass ein pfiffiges Neuwort unverdient in den Hintergrund rückt. Da ist von Deutschlands „sechsunddreißig Herrn" die Rede:

> Wir nennen sie Väter, und Vaterland
> Benennen wir dasjenige Land,
> Das erbeigenthümlich gehört den Fürsten;
> Wir lieben auch Sauerkraut mit Würsten. (DHA II, 126)

„[E]rbeigenthümlich" ist ein „Kofferwort" par excellence: So nennt Almuth Grésillon in ihrer bemerkenswerten Monografie zu den sogenannten „mots-valise" solche Neuwörter, in denen immer wieder bei Heine, aber auch sonstwo, zwei oder mehrere eigentlich semantisch nicht zusammenpassende Wörter beziehungsweise Lexeme „monströs" zusammengekoppelt worden seien wie etwa „Antipodex" aus „Antipode" und „Podex" und das berühmte „famillionär" aus „familiär" und „Millionär".[6] Aufschlussreich in unserem Zusammenhang: Die durchweg so sorgfältig lesende Almuth Grésillon hat das den rasanten Reimen „Fürsten" / „Würsten" gewissermaßen unterlegene „erbeigenthümlich" im Versinnern nicht als den Kofferwörtern zugehörig wahrgenommen und folglich nicht in ihren Korpus aufgenommen! Und dabei sind hier gleich mehrere Wörter beziehungsweise Wortteile zusammengefügt: „erblich", „Eigentum", „Erbeigentum", und, diese „erblichen" Ansprüche infrage stellend, „eigentümlich". So ist „erbeigenthümlich" nicht allein in seiner sprachlichen Komplexität als Kofferwort bewundernswert, sondern auch, wie Heine sagen würde, ein potenziell „[e]rschießliches" (DHA III, 101) Kampfwort gegen die Fürstenherrschaft. Womöglich hätte es, beispielsweise als Antwort auf „dümmlich" ans reimende Wortende gesetzt, doch mehr Beachtung und so auch die Aufmerksamkeit der Kofferwort-Jägerin Almuth Grésillon erlangt.

Bevor wir uns eingehender den zielgerichteten Reim-„Tollheiten" zuwenden, sollen noch einige Eigentümlichkeiten der Heineschen Reimkunst herausgestellt werden. Mit den meisten Lyrikern der Zeit teilt er eine gewisse Lässigkeit bei der Verwendung sogenannter „unreiner" Reime – Höhn nennt sie „unreine und dilettantische Reime".[7] Goethe reimte „Röslein stehn" / „morgenschön" / „nah zu sehn"; „Freuden" / „Heiden"; „Blick" / „Glück"; „stillest" / „füllest"; später sogar „unmöglich" / „unerträglich" – und so unbeirrt bis hin zum zweiten Teil des „Faust". Eichendorffs berühmte „Mondnacht" beginnt nicht mit einem Reim, sondern einer berückenden Assonanz, in der „Blütenschimmer" auf den die Erde küssenden „Himmel" antwortet. Und auch sonst scheut der Romantiker sich nicht, „nieder" auf „Brüder", „Wolkenhülle" auf „stille" und „Gehölz" auf „Pelz" zu reimen. Immer wieder wird der reimgebende Vokal oder Diphtong leicht abgetönt. So finden wir bei Mörike „wickeln" auf „zerstückeln" gereimt, „lösen" auf „gewesen" und „Götter" auf „Retter", und schließlich bei Storm „düster" auf „Geschwister", „Linden" auf „zünden" und „betrübt" auf „geliebt". Aufschlussreich ist freilich, dass der Erfolgslyriker des späteren 19. Jahrhunderts, Emanuel Geibel, der hochgelobte „Sänger des Reichs", nach seinen Jugendgedichten darauf aus ist, regelgetreue Perfektion zu produzieren und derlei „unreine" Reime weitestgehend zu vermeiden: „Das Problem seiner Lyrik liegt jedenfalls eher in einem Zuviel als in einem Mangel an formaler Glätte und Vollendung." (P. Sprengel[8]) Ohne zu übertreiben lässt sich wohl behaupten, dass Heinrich Heine das Gegenteil solcher „Goldschnittlyrik" (W. Killy[9]) geliefert hat, nicht nur weil er, anders als

Geibel, überall in seine Verse solche „Unreinlichkeiten" eingestreut hat – allein im prächtigen Gedicht „Disputazion" (DHA III, 158–172) zähle ich mehr als ein Dutzend –, sondern auch und vor allem, weil er immer wieder über solche letzten Endes banalen „Verstöße" noch hinausgeht. Letztere begegnen uns im genannten Gedicht einerseits wie üblich von „führen" / „demonstrieren" und „füge" / „unterliege" über „Kröten" / „zertreten" und „entsetzlich" / „plötzlich" bis hin zu „wenig" / „König" und „bedünken" / „stinken". Dazwischen aber werden Wörter reimgerecht umgebogen (ganz so wie die gleich zu behandelnde „Xantuppe"), und so wird aus „Christen" das Neuwort „Christianer", damit es auf „Franziskaner" reimt, und zu „getroffen" muss sich das komische „davongeloffen" fügen. Darüber hinaus halten auch andere „schlimm unreine" Versenden die Aufmerksamkeit des Lesers wach: „Grandezza" / „jetzo", „Rosinensauce" / „Frater Jose", und dann und wann verblüfft, immer noch in „Disputazion", allein der in den Reim platzierte ungewöhnliche, bis dahin gedichtuntaugliche Wortschatz: „Kühlein" / „Rindviehlein", „Lämmerschwänzchen" / „Faselhänschen", „Räucherfässer" / „Beschneidungsmesser", „Ochsen" / „Orthodoxen", „Vorhäute" / „Streite", „Zeter! Zeter" / „Uebelthäter". Aus anderen Texten seien nur einige wenige zitiert: „aristokrätzig" / „widersetzig", „ärschig glatte" / „platte", „Mönchen" / „Denunziatiönchen", „Französchen" / „weiße Höschen", „Maulwurfglücks" / „Armenbüchs", „Papierverkäufer" / „Johannes der Täufer", „Glaube und Hoffnung" / „Sangesverstopfung".

„Welches Feingefühl in diesen Reimen, wo sie ‚rein' und erst recht, wo sie ‚unrein' sind", kommentierte seinerzeit Ferdinand Avenarius begeistert.[10] Die Lebendigkeit der dergestalt dauernd wechselnden Reimqualitäten allüberall in der Heineschen Lyrik macht einen der Reize seines Dichtens aus, das auch in dieser Hinsicht für künftige Lyriker neue Wege außerhalb der glatten akademischen Regelhaftigkeiten geöffnet hat.

Die Besonderheiten des Heineschen Reimens hat bereits mit beeindruckender Kompetenz Wilhelm Solms behandelt und den Dichter dabei gegen die „beckmesserischen" Nörgeleien etwa von Bert Nagel und Ulrich Pretzel gebührend in Schutz genommen. Sehr einleuchtend beschreibt Solms die Entwicklung von Heines Reimkunst von den Anfängen bis zu den späten Gedichten:

> Er hat die weichen, süßen, zarten Reime aus dem „Buch der Lieder" endgültig durch harte, saure, freche Reime ersetzt und sich dabei von den Reimregeln der Verslehren befreit. […] Je ‚schlechter' Heine reimt, desto besser geraten ihm seine Gedichte.[11]

Meine Überlegungen sollen keineswegs Solms' vorbildliche Darstellung ersetzen, sondern lediglich ergänzen. Besonders was das Spätwerk betrifft, bezeichnet Solms zu Recht den „Reim als Stachel".[12] Wen oder was und zu welchem Zweck und wie treffsicher dieser Stachel sticht, soll an einzelnen frappierenden Beispielen aufgezeigt werden.

Zielpunkt: Philosophie („Xantuppe")

Unter Heines späten Gedichten aus den Jahren 1853 und 1854 trägt eines den Titel „Himmelfahrt". Dort bemüht sich ein eben verstorbener Philosoph und Berliner Privatdozent, von Petrus in den Himmel eingelassen zu werden.

> Sankt Peter rief: „O weh! o weh!
> Die Philosophie ist ein schlechtes Metièr.
> Wahrhaftig, ich begreife nie,
> Warum man treibt Philosophie.
> Sie ist langweilig und bringt nichts ein,
> Und gottlos ist sie obendrein;
> Da lebt man nur in Hunger und Zweifel,
> Und endlich wird man geholt vom Teufel.
> Gejammert hat wohl deine Xantuppe
> Oft über die magre Wassersuppe,
> Woraus niemals ein Auge von Fett
> Sie tröstend angelächelt hätt'" (DHA III, 209)

Abgesehen von dem Spaß und Ernst durcheinanderwirbelnden Inhalt dieser Verse, springt uns sogleich ein Wort aus dem ansonsten „ordentlichen" Vokabular entgegen: der Eigenname „Xantuppe". Heine brauchte einen Reim auf „Wassersuppe", auf das eindrückliche Zeichen dafür also, dass laut Petrus Philosophie „nichts einbringt", ein Hungerleidermetier sei. Er hätte wie etwa im letzten berückenden Gedicht an die Mouche „Puppe" als Reimwort wählen können:

> Worte! Worte! keine Thaten!
> Niemals Fleisch, geliebte Puppe,
> Immer Geist und keinen Braten,
> Keine Knödel in der Suppe! (DHA III, 396)

Heine entscheidet sich hier jedoch, den Namen der sprichwörtlich widerspenstigen Ehefrau reimgerecht umzuzwingen, und zwar gewinnbringend, denn „Xantuppe" lässt aufhorchen, durchweg ein wichtiges Motiv bei des Dichters vielgestaltigen „Tollheiten": Über „Ehepuppe", „Haushaltspuppe" oder ähnliches hätte man, vielleicht schmunzelnd, hinweggelesen, „Xantuppe" aber mit dem „falschen" u bannt in den Text hinein und lässt die magere Wassersuppe unter dem Gejammer der verbogenen Xanthippe noch jämmerlicher erscheinen. Wichtiger aber ist wohl, dass Petrus mit der verfälschenden Einbringung der legendären Ehefrau des Sokrates den philosophischen Bittgänger zum modernen und heruntergekommenen Sokrates macht, an dem sich die elend falsche, „niemals … tröstend[e]" und „magre Wassersupp[igkeit]" der neuen Philosophie veranschauliche.

„Schlafrockfetzen"

> Zu fragmentarisch ist Welt und Leben!
> Ich will mich zum deutschen Professor begeben,
> Der weiß das Leben zusammen zu setzen,

Und er macht ein verständlich System daraus;
Mit seinen Nachtmützen und Schlafrockfetzen
Stopft er die Lücken des Weltenbau's. (DHA I, 271)

Lange vor jener „Himmelfahrt" hatte ein „Heimkehr"-Gedicht bereits eine gewisse zeitgenössische deutsche Philosophie aufs Korn genommen (Nr. LVIII.) und
dabei auch den Reim trefflich eingesetzt: „das Leben zusammen zu setzen ... mit
seinen Nachtmützen und Schlafrockfetzen ...". Solche Bilder fielen dem Dichter
immer wieder ein, wenn er seinem „Überfluß-Ekel vor dem musealen Warenhaus"
Universität[13] und deren „hochgelahrte[m] Philisterthum" (DHA XII, 131) einpräg-
samen Ausdruck verleihen wollte, insbesondere wenn er die Göttinger Philosophische Fakultät ins Visier nahm, etwa anlässlich der Ereignisse im Jahre 1830:

> Wie mußten sie erschrecken, diese friedlichen Leute, als sie eines frühen Morgens die
> Köpfe zum Fenster hinaussteckten und den Umsturz des Staates und ihrer Kompendien
> erblickten, und trotz der Schlafmützen[14] die Töne der Marseiller Hymne in ihre Ohren
> drangen. Wahrlich, daß 1830 die dreyfarbige Fahne einige Tage lang auf den Thürmen
> von Göttingen flatterte, das war ein burschikoser Spaß, den sich die Weltgeschichte gegen
> das hochgelahrte Philisterthum der Georgia Augusta erlaubt hat. In dieser allzu ernsten
> Zeit bedarf es wohl solcher aufheiternden Erscheinungen. (ebd.[15])

Über seine Reise nach England 1827 schreibt Heine in den „Reisebildern":

> Kaum verlor ich den Anblick der deutschen Küste, so erwachte in mir eine kuriose Nach-
> liebe für jene teutonischen Schlafmützen- und Perückenwälder, die ich eben noch mit Un-
> muth verlassen, und als ich das Vaterland aus den Augen verloren hatte, fand ich es im
> Herzen wieder. (DHA VII, 212)

Auch da wird der Rückständigkeit Deutschlands, den „engen Dummheiten und
Verkehrtheiten der Heimath" (ebd., 211), die „Schlafmützigkeit" angehängt, nur,
dass dabei dem Vaterland doch fast sehnsüchtig sein Platz „im Herzen" zugestanden wird, der dem „hochgelahrte[n] Philisterthum" Göttingens hartnäckig verweigert wird. In der „Legende" vom „Tannhäuser" heißt es dazu:

> Zu Göttingen blüht die Wissenschaft,
> Doch bringt sie keine Früchte. (DHA II, 60)

Zielpunkt: Politik („zebräisch")

Ein nicht mehr zu Heines Lebzeiten veröffentlichtes und auch hinreißend hämi-
sches Gedicht trägt in Anspielung auf das Frankfurter Parlament von 1848 den
Titel „Die Wahlesel". Dort treten die deutsch-nationalen Parteigänger als Esel
auf und die Deutschtümelei als „alte[], liebe[] Eseley". (DHA III, 342) Bei der
Kandidatenaufstellung für die Wahl führen die Esel das Wort, und ihr Anführer,
einst ausdrücklich „mit deutscher Eselsmilch gesäugt", macht „mit Zeter" den

Vorschlag nieder, einen Kandidaten aus der „kleine[n] Pferdeparthey" (ebd., 340) aufzustellen.

In seiner Brandrede gegen den, der „die Candidatur [d]es Rosses empfahl" (ebd.), lassen zwei in die Reime eingelassene Neologismen aufhorchen – „zebräisch" und „Gedöhsel". (ebd., 341) Mit ihnen werden zwei Esel-Gewissheiten aufgerufen und Leute wie Heine ausgeschlossen aus dem Eselskreis, welcher „[b]egehrte, daß ein einz'ger Regent / Sie absolut regiere". (ebd., 340)

Du bist ein Verräther, es fließt in dir
Kein Tropfen vom Eselsblute;
Du bist kein Esel, ich glaube schier,
Dich warf eine welsche Stute.

Du stammst vom Zebra vielleicht, die Haut
Sie ist gestreift zebräisch;
Auch deiner Stimme näselnder Laut
Klingt ziemlich egyptisch-hebräisch.

Und wärst du kein Fremdling, so bist du doch nur
Verstandesesel, ein kalter;
Du kennst nicht die Tiefen der Eselsnatur,
Dir klingt nicht ihr mystischer Psalter.

Ich aber versenkte die Seele ganz
In jenes süße Gedöhsel;
Ich bin ein Esel, in meinem Schwanz
Ist jedes Haar ein Esel. (ebd., 341)

In der ersten hier zitierten Strophe wird dem Angegriffenen seine undeutsche Fremdheit vorgehalten („Dich warf eine welsche Stute"), die dann in der nächsten Strophe antisemitisch radikalisiert wird, und zwar erneut mit einer frappierenden Wortschöpfung, „zebräisch", die den späteren Reim „hebräisch" herbeirufen wird. „[Z]ebräisch" ist wiederum ein „monstre", ein Wortmonstrum im zitierten Sinne von Almuth Grésillon[16] – in diesem Fall aus „Zebra" und „hebräisch". Menschen mit hebräischen Wurzeln seien gestreift wie Zebras, sowohl schwarz-afrikanisch als auch weiß-europäisch, keines von beiden wirklich, vor allem aber nicht deutsch-„planzenwüchsig" (Vers 40 im gleichen Gedicht), sondern eher „egyptisch", also afrikanisch. Und als typisch jüdisch fügt der Autor Heine, der seine Antisemiten kennt, den angeblich „näselnden Laut" des jüdischen Sprechens ins Feld. In der plump „eselhaften" Übernahme des allgegenwärtigen antisemitischen Diskurses profiliert sich Heine, wie auch anderswo „in den dissonanten, ‚plebejischen' und modernen Impulsen seines Werkes, zum genauen Gegenteil des ‚Deutsch-Fühlens'" (Paul Peters[17]), und zu diesem Gegenteil gehört sowohl die ihm immer wieder vorgeworfene Nähe zu Frankreich („welsche Stute") als auch sein „zebräisches" Judentum und nicht zuletzt seine un- und schließlich antiromantische Prägung durch die Aufklärung („Verstandesesel, ein kalter").

„Gedöhsel"

Die nächste Schmähung im gleichen Gedicht greift auch ein besonderes Klischee auf, das in Deutschland im 19. Jahrhundert immer wieder als angebliche deutsche Qualität hervorgeholt wird: die deutsche Tiefe, hier parodierend „die Tiefen der Eselsnatur", die dem Antrāger, sprich: Heine und Konsorten, für immer verschlossen seien. Zitiert sei nur ein Beispiel für ein solches Stereotyp, nicht zufällig aus der Feder eines Romantikers, Joseph von Eichendorff, der in seiner „Geschichte der poetischen Literatur Deutschlands" mittelalterliche Troubadours und Minnesänger miteinander vergleicht und den Unterschied dann auch auf die neueste Zeit bezieht:

> Der Minnegesang der Troubadours mag [...] immerhin reicher, künstlicher, beweglicher und mannigfaltiger sein; der deutsche dagegen ist bei weitem intensiver, keuscher, inniger, natürlicher und gedankenvoller [...] Wir finden bei den Troubadours im Grunde schon alle Eigenschaften, die uns bei den heutigen Franzosen, je nach der individuellen Ansicht anwidern oder blenden: Nationaleitelkeit, maßlose Ruhmredigkeit, Frivolität, dialektische Virtuosität und sehr viel Politik. Da aber die Lyrik eben die Geschichte der Seele ist, so entscheidet hier nicht die noch so reich auf der Oberfläche glänzende Äußerlichkeit, sondern einzig die Tiefe, und diese ist ohne Zweifel auf deutscher Seite.[18]

„Französische Höflichkeit und deutsche Tiefe", diesen Klischees hat Christoph Grubitz seinen Beitrag im Sammelband „Nation als Stereotyp" gewidmet[19], und ganz ähnlich betitelt Ruth Florack ihre beeindruckende Textsammlung „Tiefsinnige Deutsche, frivole Franzosen", in deren Einleitung zu lesen ist:

> Es kommt vor, daß einige Muster in literarischen Texten allererst entwickelt werden. So ist beispielsweise das Stereotyp von der ‚deutschen Tiefe' in alten Völkercharakteristiken nicht zu finden. Vielmehr taucht ‚deutsche Tiefe' in der Frühaufklärung in polemischer Abgrenzung gegen französische ‚Oberflächlichkeit' auf, gemünzt auf die Orientierung der deutschen Oberschicht am französischen Hof. In Gedichten des Göttinger Hains wird sie zur Diskreditierung der Franzosen selbst eingesetzt, die, so heißt es, mit ihrer Sittenlosigkeit Deutschland zu ‚infizieren' drohten [...] Wer keine Tiefe hat, ist moralisch verkommen.[20]

Dieses so verbreitete Stereotyp also greift Heine auf, verulkt es als „Tiefe[] der Eselsnatur" und lässt den Eselskapitän obendrein erklären, in was er denn da seine Seele in der deutschen Tiefe ganz versenke: in das halbwegs auf „Esel" reimende „Gedöhsel" – kein Monsterwort im Sinne Grésillons, weil nicht mehrere Wörter oder Lexeme zusammengekoppelt werden, ein Neologismus aber, der mit der vorgeblichen deutschen Tiefe den allerdrolligsten Kontrast bildet: Schon das Verb „dösen" wird im „Grimmschen Wörterbuch" als „stille sein, schlummern, betäubt, verwirrt sein" definiert. Dem „Tiefsinn" wird mit der Anspielung auf dieses Verb nicht gerade eine respektable Qualität zugeschrieben, aber mit dem Präfix „Ge-" und dem Suffix „-el" wird die Herabwürdigung auf die Spitze getrieben und das „Gedöhsel" Wörtern wie „Gefasel", „Gewusel", „Gewimmel", Geschreibsel" u. ä. an die Seite gestellt[21] – selbst das Wort „Gedöns", das wie „blöde" und „öde" die oft vom Laut ö ausgehende „blöde Dösigkeit" ausnutzt, kennt das „Grimmsche Wörterbuch" bereits. „Gedöhsel" reimt sich nicht nur auf den „Esel", es passt also auch zu ihm und mithin zu den deutsch-nationalen Politikern.

„Gleichheits-Flegel"

Im Gedicht „Jetzt wohin?" aus dem „Romanzero" stellt der Dichter „traurig" die Frage, die der Titel festhält. Für Deutschlands „Kriegsgerichte" habe er zu „viel Erschießliches geschrieben" (was für ein Wort!), aber auch nach England, Amerika oder Russland kann oder will er sich nicht wenden, und so wird er weiterhin von Frankreich aus, das mit keinem Wort erwähnt wird, seinen „eignen Stern" zu erblicken suchen. Während ihn von England „Kohlendämpfe" (sicher im doppelten Sinne zu verstehen) und die angeblich stinkenden Engländer selbst abhalten, sind die Einwände gegen Russland politischer Art:

> Doch im Winter könnte ich
> Dort die Knute nicht ertragen. (DHA III, 102)

Ganz politisch aber ist seine Ablehnung Amerikas:

> Manchmal kommt mir in den Sinn
> Nach Amerika zu segeln,
> Nach dem großen Freyheitstall,
> Der bewohnt von Gleichheits-Flegeln – (ebd.)

Das Gedicht „Jetzt wohin?" ist die in Verse gebrachte Fassung eines „Helgoland-Briefes" vom 1. Juli 1830 aus der „Börne-Denkschrift". „Wo soll ich hin?" wurde auch dort gefragt und als erste Möglichkeit noch das Land in Erwägung gezogen, „wo die Zitronen blühen und die Goldorangen". Aber: „Ach! vor jedem Zitronenbaum steht dort eine östreichische Schildwache und donnert dir ein schreckliches Werda! entgegen." (DHA XI, 35)

Daraufhin geht es um England und die Engländer, und auch da bereits um Gestank:

> Daß die Insel Helgoland unter brittischer Herrschaft steht, ist mir schon hinlänglich fatal. Ich bilde mir manchmal ein, ich röche jene Langeweile, welche Albions Söhne überall ausdünsten. In der That, aus jedem Engländer entwickelt sich ein gewisses Gas, die tödtliche Stickluft der Langeweile [...] (ebd., 36)

Frankreich, das der Dichter ja bald zu seiner endgültigen Heimat machen wird, kommt vor der Revolution von 1831 noch nicht infrage: „Die Jesuiten floriren dort und singen Triumpflieder. Die dortigen Machthaber sind dieselben Thoren, denen man bereits vor 50 Jahren die Köpfe abgeschlagen". (DHA XI, 37) Dann kommt zum Abschluss der Heimsuche Amerika an die Reihe:

> Oder soll ich nach Amerika, nach diesem ungeheuren Freyheitsgefängniß, wo die unsichtbaren Ketten mich noch schmerzlicher drücken würden als zu Hause die sichtbaren, und wo der widerwärtigste aller Tyrannen, der Pöbel, seine rohe Herrschaft ausübt! Du weißt wie ich über dieses gottverfluchte Land denke, das ich einst liebte, als ich es nicht kannte ... Und doch muß ich es öffentlich loben und preisen, aus Metièrpflicht ... Ihr lieben deutschen Bauern! geht nach Amerika! dort giebt es weder Fürsten noch Adel, alle Menschen sind dort gleich, gleiche Flegel ... mit Ausnahme freylich einiger Millionen, die eine schwarze oder braune Haut haben und wie die Hunde behandelt werden! Die eigentliche Sklaverey, die in den meisten nordamerikanischen Provinzen abgeschafft, empört mich nicht so sehr wie die Brutalität womit dort die freyen Schwarzen und die Mulatten

behandelt werden. Wer auch nur im entferntesten Grade von einem Neger stammt, und
wenn auch nicht mehr in der Farbe, sondern nur in der Gesichtsbildung eine solche Ab-
stammung verräth, muß die größten Kränkungen erdulden, Kränkungen die uns in Europa fabelhaft dünken. Dabey machen diese Amerikaner großes Wesen von ihrem Chris-
tenthum und sind die eifrigsten Kirchengänger. (DHA XI, 37)

In dem „Helgoland-Brief" heißt es noch, „alle Menschen sind dort gleich, gleiche Flegel"; mit dem Neologismus und Reimwort „Gleichheits-Flegeln" wird die
Beschimpfung des schlechten Benehmens („gleiche Flegel") an hervorgehobener
Stelle (eben im Reim) politisch zugespitzt und präzisiert, weil die „Flegel" nun
nicht mehr nur gleich und ungezogen sind, sondern mit einem Ideal der Französischen Revolution „flegelhaft", will sagen scheinheilig umgehen, was ja auch mit
dem vorangehenden „Freyheitstall" (nicht im Reim, aber immerhin am Versende)
virtuos denunziert wird. Mit solchen Oxymora sind Anspruch (Freiheit, Gleichheit) und Realität (Stall, Flegel) in triftig entlarvende Komposita gebracht – wie so
oft im Heineschen Werk.

Zielpunkt: eigene Dichtung („Liebes-Eier")

„Theurer Freund! Was soll es nützen,
Stets das alte Lied zu leiern?
Willst du ewig brütend sitzen
Auf den alten Liebes-Eiern!

„Ach! das ist ein ewig Gattern,
Aus den Schaalen kriechen Küchlein,
Und sie piepsen und sie flattern,
Und du sperrst sie in ein Büchlein." (DHA I, 257)

Ungefähr in der Mitte der durchnummerierten Gruppe „Heimkehr" im „Buch der
Lieder", als Nr. XLII. von 88 Gedichten, finden sich diese zwei Strophen wie eine
Ermahnung des Dichters an sich selbst, er möge doch nun aufhören, „stets das alte
Lied zu leiern". Gemeinsam mit den beiden folgenden Gedichten bilde dieser Text
eine „Schaltstelle" des Zyklus, stellt Gerhard Höhn fest.[22] Hinter dem leichten Ton
und den drolligen Bildern aus dem Hühnerhof versteckt sich freilich ein heiteres
und zugleich ernst zu nehmendes Dichtungsprogramm, das sich um das originelle
Kompositum von den „alten Liebes-Eiern" kristallisiert – und dies natürlich zunächst einmal, weil wiederum das Neuwort im Reim, nicht anders als „Xantuppe"
oder „Gedöhsel", aufhorchen lässt.

In seiner Vorrede zur zweiten Auflage des „Buchs der Lieder" im Jahre 1837
spricht Heine von dem „Unbehagen", das ihn nun bei der Wiederbegegnung mit
seinen Versen aus den 1820er Jahren heimsuche, das ihm aber, wie er sich ent-
sinnt, bereits „bey der ersten Publikazion[,] die Seele beklemmte". (DHA I, 564)
Dieses „Unbehagen" drückte sich auch damals schon in manchem Vers aus, wie
etwa in den „Jungen Leiden" im Gedicht 18, „Gespräch auf der Paderborner

Heide", wo das romantische „Singen" und „Läuten" auch mit Hilfe von Haustieren infrage gestellt wurde:

> Hörst du nicht die Glocken läuten,
> Wunderlieblich, wunderhelle?
> Fromme Kirchengänger schreiten
> Andachtsvoll zur Dorfkapelle.
>
> „Ey, mein Freund, das sind die Schellen
> Von den Ochsen, von den Kühen,
> Die nach ihren dunklen Ställen
> Mit gesenktem Kopfe ziehen." (DHA I, 110)

Und doch scheint mir, dass es mit den „Liebes-Eiern" eine andere Bewandtnis hat. Da geht es nicht mehr um die Blind- und Taubheit eines weltvergessenen Romantikers, sondern um einen Dichter, der sich über seine eigene Schreibweise Gedanken macht und sich Fragen stellt. Auf der Paderborner Heide wurde in Rede und Gegenrede die romantische Schwärmerei ins Lächerliche gezogen. In dem hier zur Rede stehenden Gedicht spricht jedoch nur eine Person, eine Art Über-Ich, das den Umgang des „theuren Freundes" mit seiner lyrischen Leier als „Leiern" verhöhnt.

Ein kurzer Umweg drängt sich auf: Ins Jahr 1829, also kurz nach dem „Heimkehr"-Zyklus, datieren Verse[23], die später unter dem Titel „Warnung" in die „Zeitgedichte" aufgenommen wurden:

> Solche Bücher läßt du drucken!
> Theurer Freund, du bist verloren!
> Willst du Geld und Ehre haben,
> [m]ußt du dich gehörig ducken.
>
> Nimmer hätt' ich dir gerathen
> So zu sprechen vor dem Volke,
> So zu sprechen von den Pfaffen
> Und von hohen Potentaten!
>
> Theurer Freund, du bist verloren!
> Fürsten haben lange Arme,
> Pfaffen haben lange Zungen,
> Und das Volk hat lange Ohren! (DHA II, 110)

Wieder die Anrede „theurer Freund", hier durch die Wiederholung in der dritten Strophe offensichtlich noch dringlicher, weil Gefahr droht („du bist verloren") – im ersteren Gedicht stand lediglich die Nützlichkeit infrage („was soll es nützen …?"). In beiden Fällen aber wird dem „theuren Freund" sein falsches, weil zweckloses beziehungsweise unvorsichtiges Schreiben vorgehalten. Im zweiten Gedicht ist die Kernaussage des Mahners – „… [m]ußt du dich gehörig ducken" – für den „theuren Freund", wenn wir ihn, wie wohl statthaft, mit dem „ungehörigen" Heine identifizieren, bekanntermaßen unannehmbar: Bis an sein Lebensende wird er sich nicht ducken – trotz mancher Konzession an die Zensur und obschon ihm so oft „die Ohren lang gezogen wurden". Wäre vielleicht im ersten Fall der Verzicht auf das brütende Sitzen „auf den alten Liebes-Eiern" für den Dichter ebenso inakzeptabel, ginge also auch hier schon der Mahner fehl mit seinem Ruf?

Jener Umkehr fordernde Sprecher tut dies ja in typisch Heineschen Versen, deren Komik in dem originellen Kompositum „Liebes-Eier" kulminiert. Und dieses frappierende Bild wird dann in der zweiten Strophe in bewusst lächerlicher Weise breitgetreten, gewissermaßen eine „Sünde", die auf den Sprecher zurückfällt, nimmt doch der Vergleich von Heine-Versen mit Küken und ihrem „Gattern" und „Piepsen" und „Flattern" und die Gleichsetzung von Heines Liederbuch („Büchlein") mit einem Hühnerstall die vorangegangenen „Liebes-Eier" lachhaft wörtlich.

Aber eine zentrale Eigenheit von Heines Dichten erfasst der (Selbst-)Kritiker sehr wohl: Schon im 19. Jahrhundert bezeichnete „brüten" natürlich nicht allein das Hocken der Vögel auf ihrem Gelege, sondern wie heute „nachdenken", „grübeln": Bei Heine sitzt William Ratcliff in der Diebesherberge „brütend in einer Ecke des Zimmers" (DHA V, 78), und in der Pantomime „Die Göttinn Diana" sitzt auch ein Ritter da, „brütend und melancholisch". (DHA IX, 70) In unserem Gedicht von den „Liebes-Eiern" geht das Brüten, also das Überdenken, der Geburt der Verse voraus, womit die Distanz zwischen Liebeserleben und Dichten bezeichnet ist und die Liebeslieder nicht mehr das sind, was heute noch die Forschung bestimmten Formen der Lyrik etwa seit der Empfindsamkeit zuschreibt, nämlich „Erlebnisgedichte":

> Ein Erlebnisgedicht, so kann man definieren, ist ein Gedicht, das mit den Mitteln sprachlicher Gestaltung im Leser die Illusion erzeugt, als sei es unmittelbar aus einem Erlebnis hervorgegangen und als habe der Leser an diesem Erlebnis unmittelbar Anteil. (Lohmeier[24])

Die Illusion der Unmittelbarkeit ist Heines Sache nicht, auch wenn bei der Rezeption besonders seiner frühen Lyrik manche seiner Zeitgenossen ja begeistert derlei Illusionen in die Texte hineinlasen.[25]

Es hat zunächst nicht den Anschein, als wolle der Dichter weiter im Hühnerhof bleiben, denn in den beiden diesen Versen folgenden Gedichten (Nr. XLIII. und XLIV.) rafft sich das Ich auf, verspricht in Nr. XLIII., dass bald „ein neuer Liederfrühling" den „alten Leidensklängen" den Garaus machen werde, und ruft dann in Nr. XLIV. den Dichter dazu auf, sich doch endlich seines Verstandes zu bedienen:

> Nun ist es Zeit, daß ich mit Verstand
> Mich aller Thorheit entled'ge;
> Ich hab' so lang als ein Komödiant
> Mit dir gespielt die Komödie. (DHA I, 256)

„Aber der doppelte Befreiungsakt mißlingt", meint Gerhard Höhn: „Eine Stimmungsänderung und ein künstlerischer Neuansatz erfolgen dann tatsächlich erst in den Harz- und Seebildern."[26] Und doch sollten wir das „ewig[e] Gattern" der „Küchlein" und ihr „Piepsen" nicht einfach ad acta legen und in die Schublade der irgendwann abgelebten Sonderlichkeiten räumen. In eine ganz ähnliche Bildlichkeit kleidet Heine Jahre später das, wie wir nicht leugnen können, durchgängig gelungene Neben- und Ineinander von „zwitschernder" Fröhlichkeit und

„schlimmer" Gefährlichkeit in seinen Gedichten und in seiner Prosa: Als der
Dichter im „Wintermährchen" die deutsche Grenze überquert, „Ward von den
preußischen Douanièrs / Mein Koffer visitiret." (DHA IV, 93)

> Ihr Thoren, die Ihr im Koffer sucht!
> Hier werdet Ihr nichts entdecken!
> Die Contrebande, die mit mir reist,
> Die hab' ich im Kopfe stecken.
>
> [...]
>
> Und viele Bücher trag' ich im Kopf!
> Ich darf es Euch versichern,
> Mein Kopf ist ein zwitscherndes Vogelnest
> Von konfiszirlichen Büchern.
>
> Glaubt mir, in Satans Bibliothek
> Kann es nicht schlimmere geben;
> Sie sind gefährlicher noch als die
> Von Hoffmann von Fallersleben! – (ebd., 93 f.)

Zwar sind aus den „Büchlein" voll „piepsender Küchlein" nun „konfiszirli-
che Bücher" geworden, aber bei aller „satanischen Gefährlichkeit" „zwitschert"
es auch in ihnen noch lustig daher wie in einem „Vogelnest". Die beiden Verse
„Mein Kopf ist ein zwitscherndes Vogelnest / Von konfiszirlichen Büchern" kann
schlicht und einfach als ein eindrückliches Selbstporträt des heiter lebendigen und
todernsten Dichters Heinrich Heine angesehen werden.

Fazit

Die so oft in der Vergangenheit Heines Schreibweise zu Unrecht nachgesagte
oberflächliche „Virtuosität dessen, der die Sprache gleichwie auf einer Klaviatur
nachspielte" (Adorno[27]), greift an Heines buchstäblicher *Kunst*fertigkeit vorbei.
„Die Individualität und Inhalte des Heineschen Stils kennen keine konformi-
stischen Rücksichten"[28]: Diese Diagnose von Paul Peters zu Heines „unbefange-
ne[m] Sprechen" trifft auch auf seine Reimkunst zu. Wie seine gesamte Lyrik ist
sie alles andere als das Produkt „einer fertigen, präparierten Sprache" (wiederum
Adorno[29]), sondern, so oft außerhalb der „klingelnde[n] Gewohnheit des Reims"
(DHA I, 15), wesentlicher Teil seiner großen Dichtkunst. Ihre Kreativität artet
nämlich nicht in beliebige Spielerei aus, um Leser und Hörer bei der Stange zu
halten (ein Kollateralertrag immerhin), sondern bringt in oft schalkhafter Form
bedenkenswerte Befunde treffsicher ins anvisierte Ziel. Paul Peters konstatiert
zu Recht: „Nicht nur Heines Prosa, auch sein Gedicht ist gekennzeichnet durch
‚Genauigkeit'"[30], und seine Reime sind, wie gezeigt, aufregend „genau" und nicht
aufgeregt, weil durchweg gründlich „brütend" durchdacht. Mancher Reim sei „eigentlich unzulässig", meint Wilhelm Solms, aber, fügt er hinzu, „erkennt man den
durch ihn erzeugten Sinn, kann man ihn nur bewundern."[31]

Solch gewissenhaft überdachte und komplexe Sinnhaftigkeit verlangt natürlich einen gewissenhaft aufmerksamen Leser, dem sonst die trefflichsten Hintergedanken, eben „Sinne", entgehen. Etwa wenn der Dichter im Gedicht LXXIX. der „Heimkehr" frustrierte Kastraten singen lässt:

[…]

Sie sangen von Liebessehnen,
Von Liebe und Liebeserguß;
Die Damen schwammen in Thränen,
Bei solchem Kunstgenuß. (DHA I, 293)

Beim seltenen Reimwort „Liebeserguß"[32] haben möglicherweise die wohlerzogenen und in Tränen schwimmenden Damen der Zeit nicht an andere ersehnte Ergüsse gedacht (wer weiß?); aufmerksamen Leserinnen und Lesern freilich werden derlei Vieldeutigkeiten ihren „Kunstgenuß" mit Sicherheit nur noch intensivieren. Da stoßen wir wieder einmal, mit Wilhelm Solms zu reden, auf den „Einfluß von Heines verändertern Reimen auf die Lyrik des 20. Jahrhunderts".[33]

Anmerkungen

1 Höhn [3]2004, S. 120 f.
2 „En retranchant les effets d'une versification à la fois mélodieuse et bouffonne, avec ses rimes drôlatiques, ses calembours burlesques, et ses mille et une allusions aux localités et aux événemènts du jour, ce conte d'hyver a dû perdre la plus brillante partie de son charme, mais il en reste assez pour faire deviner au lecteur intelligent les intentions de l'auteur et je crois que ces folles feuilles volantes vous initient dans la pensée allemande plus intimement que ne sauraient le faire les traités spéciaux les plus élaborés." (DHA IV, 303)
3 Johann Wolfgang Goethe: Gedichte 1800–1832. Hrsg. v. Karl Eibl. Berlin 2010, S. 720.
4 Bernd Kortländer in den Kommentaren zu seiner Reclam-Ausgabe Heinrich Heine: Sämtliche Gedichte. Kommentierte Ausgabe. Hrsg. v. Ders. Ditzingen 1997, S. 258.
5 Christian Liedtke: Heinrich Heine (Rowohlt Monographien 50685). Hamburg [4]2021, S. 73.
6 Almuth Grésillon: La règle et le monstre: le mot valise. Interrogations sur la langue, à partir d'un corpus de Heinrich Heine. Tübingen 1984, S. 51.
7 Höhn [Anm. 1], S. 121.
8 Peter Sprengel: Geschichte der deutschsprachigen Literatur 1870–1900. Von der Reichsgründung bis zur Jahrhundertwende (= Geschichte der deutschen Literatur von den Anfängen bis zur Gegenwart, begründet von H. de Boor und R. Newald. Bd. X,1). München 1998, S. 542.
9 Walther Killy: Wandlungen des lyrischen Bildes. Göttingen [6]1971, S. 111. Es ist hier nicht der Ort, auf Killys Einschätzung des Lyrikers Heine einzugehen, die weitgehend einer inzwischen glücklicherweise überholten Germanistik verschrieben ist.
10 Ferdinand Avenarius: Heinrich Heine. – In: Kunstwart 13 (1899/1900), zit. v. Paul Peters: Die Wunde Heine. Zur Geschichte des Heine-Bildes in Deutschland. Darmstadt 1997, S. 226.
11 Wilhelm Solms: Reine und unreine Reime von Heine. – In: „… und die Welt ist so lieblich verworren". Heinrich Heines dialektisches Denken. Festschrift für Joseph A. Kruse. Hrsg. v. Bernd Kortländer und Sikander Singh. Bielefeld 2004. S. 293–307, hier S. 306.
12 Ebd. S. 296.

13 Ludwig Marcuse: Heinrich Heine in Selbstzeugnissen und Bilddokumenten (rowohlts monographien, 41). Hamburg 1960. S. 44.

14 In einer seiner eher seltenen kritischen Äußerungen zu Heine greift Theodor Storm das Heinesche Schlafmützenbild auf: „H[eine] ist der Dichter einer Uebergangsperiode, die das alte Falsche wegzuräumen sucht, aber noch nichts Neues an die Stelle zu setzen weiß. Daher wittert er in allem die alte Schlafmütze, auch im Heiligsten, mit seiner übermüthigen Zersetzungslust löst er alles auf, rüttelt an Allem." Theodor Storm – Constanze Esmarch: Briefwechsel. Kritische Ausgabe. Hrsg. v. Regina Fasold. Berlin 2002, Bd. II, S. 446.

15 Schon in der „Harzreise" von 1824 wird die „Schlafmützigkeit" der Göttinger Professorenschaft in ein vernichtendes Bild gebracht: „In solch einer Universitätsstadt ist ein beständiges Kommen und Abgehen, alle drey Jahre findet man dort eine neue Studentengenerazion, das ist ein ewiger Menschenstrom, wo eine Semesterwelle die andere fortdrängt, und nur die alten Professoren bleiben stehen in dieser allgemeinen Bewegung, unerschütterlich fest, gleich den Pyramiden Egyptens – nur daß in diesen Universitätspyramiden keine Weisheit verborgen ist." (DHA VI, 86)

16 Grésillon: La règle et le monstre [Anm. 6], S. 166.

17 Peters: Die Wunde Heine [Anm. 10], S. 98.

18 Joseph von Eichendorff: Geschichte der poetischen Literatur Deutschlands. – In: Ders.: Neue Gesamtausgabe der Werke und Schriften. Hrsg. v. Gerhard Baumann. Stuttgart 1957, Bd. 4, S. 65 f.

19 Christoph Grubitz: Deutsche Tiefe und französische Höflichkeit. Zur Politisierung einer Leitunterscheidung in den Paris-Berichten des Vormärz. – In: Nation als Stereotyp. Fremdwahrnehmung und Identität in deutscher und französischer Literatur. Hrsg. v. Ruth Florack. Tübingen 2000, S. 305–318.

20 Ruth Florack: Tiefsinnige Deutsche, frivole Franzosen. Nationale Stereotype in deutscher und französischer Literatur. Stuttgart/Weimar 2001. S. 45. In dem auch von Florack dargebotenen Text „Sur la manière essentiellement différente dont les poètes français et les allemands traitent l'amour" von Charles de Villers aus dem Jahre 1806 finden wir auf französischer Seite die gleichen kontrastiven Stereotype, wenn den Deutschen im Sinne von Madame de Staël „la jouissance intérieure du sentiment" und ihren Nachbarn „la jouissance du monde et des objets extérieurs" zugeschrieben werden. (Ebd., S. 813)

21 Auf Ähnliches zielt mit vergleichbaren Mitteln das seltene Wort „Gerülle" („Des Mittelalters Gerülle", DHA III, 231) im Gedicht „Kobes I." ab, das ebenfalls das Frankfurter Parlament aufs Korn nimmt. Es handelt sich dabei zwar nicht um Heines „Erschaffnis", aber mit dem Präfix „Ge-" und hier dem Suffix „-e" sowie dem aufmerksam machenden ü statt ö (wie „Geröll") werden „Kaiserinsignia" und Zepter und Krone abfällig als „Plunder" tituliert: „Das Alles stinkt entsetzlich!" (Vers 32) Angesichts dieses Gedichtes fällt es schwer, der Aussage von Hartmut Reinhardt in seinem im Übrigen sehr instruktiven Beitrag zu Heines Verhältnis zur Monarchie uneingeschränkt zuzustimmen: „Auf den Flügeln der dichterischen Phantasie schätzt Heine das alte ‚Königtum' hoch, glaubt es in der historischen Ferne des 17. Jahrhunderts noch anzutreffen und will ihm seinen Glanz unvermindert erhalten." (Hartmut Reinhardt: „Ich liebe das Königtum". Heinrich Heines Verhältnis zur Monarchie zwischen poetischer Verklärung und politischer Reflexion. – In: HJb 62 (2023), S. 196 f. Schließlich bringt das „Kobes"-Gedicht im gleichen Sinne ein Heinesches Selbstzitat aus dem „Wintermährchen", das man, auch wenn man wie immer Ironie in Rechnung stellen will, nicht übersehen darf: „Mit Recht sprach auch der deutsche Poet / Zum Rothbart im Kyffhäuser: / ‚Betracht' ich die Sache ganz genau, / So brauchen wir gar keinen Kaiser!'" (DHA III, 232)

22 Höhn [Anm. 1], S. 61.

23 Vgl. Heine: Sämtliche Gedichte [Anm. 4], S. 958.

24 Dieter Lohmeier: Das Erlebnisgedicht bei Theodor Storm. – In: Schriften der Theodor-Storm-Gesellschaft 30 (1981), S. 12.

25 Wie gerade die Verweigerung des Genres „Erlebnislyrik" durch Heine zu einem der An-
    satzpunkte für die abscheuliche Heine-Kritik von Karl Kraus wurde, wird sehr einleuchtend
    dargestellt von Peters: Die Wunde Heine [Anm. 10], S. 125 ff.

26 Höhn [Anm. 1], S. 62.

27 Theodor W. Adorno: Die Wunde Heine. – In: Ders.: Noten zur Literatur (Gesammelte
    Schriften). Hrsg. v. Rolf Tiedemann. Frankfurt a. M. 1974, Bd. 11, S. 98. Vgl. hierzu:
    Eckart Pastor: ‚Wöhnlich' nur in der Sprache. Zu einigen schöpferischen Schreibarten
    Heinrich Heines. – In: HJb 62 (2023), S. 203–228.

28 Peters: Die Wunde Heine [Anm. 10], S. 59.

29 Adorno: Die Wunde Heine [Anm. 27], S. 97. Und dabei passt eine Aussage Adornos so
    schön zu Heines Werk: Den Prolog von Schillers „Wallenstein" heranziehend, stellt der
    Philosoph die Frage „Ist die Kunst heiter?" und konstatiert, freilich ohne jede Bezugnahme
    auf unseren Dichter, aber die Bedeutung solchen Dichtens stichhaltig umreißend: „[Es]
    kommt der Platitude von der Heiterkeit der Kunst ihr Maß an Wahrheit zu. Wäre sie nicht,
    wie immer vermittelt, für die Menschen eine Quelle von Lust, so hätte sie in dem bloßen
    Dasein, dem sie widerspricht und widersteht, nicht sich erhalten können. Das aber ist ihr
    nichts Äußerliches sondern ein Stück ihrer eigenen Bestimmung." (Ebd., S. 600)

30 Peters: Die Wunde Heine [Anm. 10], S. 177.

31 Solms: Reine und unreine Reime von Heine [Anm. 11], S. 300.

32 Als „Liebesergusz" im „Grimmschen Wörterbuch" mit nur einem einzigen anderen Nach-
    weis neben dem Heine-Zitat, und zwar aus Bettina von Arnims „Goethe's Briefwechsel mit
    einem Kinde".

33 Solms: Reine und unreine Reime von Heine [Anm. 11], S. 307.

Das Exil der Götter als Comicstrip Herman Grimms Beiträge zu einem Heine-Thema

Peter Sprengel

Unlängst wurde ein farbig illustrierter Comicstrip publiziert, den Gisela von Arnim in den Jahren um 1850 verfertigt hat.[1] Die vordergründig sentimentale Weihnachtsgeschichte enthält latente politische Anspielungen; so findet darin die Niederschlagung einer ‚Revolution' im Wohnzimmer statt. Der Herausgeber bringt auch bereits Herman Grimm (1828–1901) ins Spiel, den Sohn Wilhelm Grimms, frühen Freund und späteren Ehemann Giselas; ihm werden die arabesken Einfassungen der Bilder zugeschrieben.[2] Niemand ahnte aber bisher, dass Herman Grimm direkt nach der Unterdrückung der Berliner Märzrevolution, nämlich im Dezember 1848, einen eigenen Comicstrip gezeichnet hat.[3] Unter dem Titel „Die neue Religion" handelt dieser von den Schwierigkeiten eines Religionsgründers, der sich schließlich selbst zum Gott aufwirft, aber auch als solcher an Grenzen stößt. Dabei lässt sich für die Hauptfigur zunächst alles so leicht an: Dem Religionsstifter „Friede" (so genannt nach seinem Vorbild Friedmund von Arnim) stellen sich spontan sogar die antiken Götter als Mitarbeiter zur Verfügung.

Diese erste Episode aus dem Comicstrip soll hier aus Anlass der Edition[4] näher beleuchtet und auf ihr Verhältnis zu verwandten Ideen und Erfindungen Heinrich Heines überprüft werden. Dabei ergibt sich bald, dass weder der Rekurs auf die antike Götterwelt noch die Idee ihres Abstiegs im Frühwerk Grimms ohne Parallele ist. Es sieht vielmehr ganz so aus, als würden sich hier schon Themen und Motive ankündigen, die für die künftige Entwicklung Grimms zum viel gelesenen Essayisten und Michelangelo-Biografen, Kunstgeschichtsprofessor und ‚Kulturpapst' des Kaiserreichs von erheblicher Bedeutung waren.[5]

P. Sprengel (✉)
Institut für deutsche und niederländische Philologie,
Freie Universität Berlin, Berlin, Deutschland
E-Mail: sprengel@zedat.fu-berlin.de

S. Brenner-Wilczek (Hrsg.), *Heine-Jahrbuch 2025*, Heine-Jahrbuch, https://doi.org/10.1007/978-3-662-72327-2_3

Die Brüder Grimm im „Salon"

Es gibt wohl wenige Aspekte im Werk Heines, die in den letzten Jahren so viel
Aufmerksamkeit auf sich gezogen haben wie seine Arbeit am Mythos mit allen
zugehörigen intertextuellen, poetologischen und weltanschaulichen Implikatio-
nen.[6] Grundlegende Bedeutung besitzt demnach seine These von der unvollständi-
gen Verdrängung der heidnischen Götterwelt durch das Christentum, aus der sich
gleichzeitig ein politischer und ein ästhetischer Auftrag herleitet. Denn mit dem
Kampf für eine erfülltere Sinnlichkeit der Menschheit in dieser Welt verbindet
sich für den „Hellenen" und dezidierten Nicht-„Nazarener" Heine zwangsläufig
der künstlerische Widerstand gegen die asketischen Tendenzen christlicher Moral
und moderner Rationalität, erstmals grundsätzlich formuliert in einem freirhyth-
mischen Gedicht seines „Nordsee"-Zyklus (1825), dessen Titel ein Schiller-Zitat
darstellt.

Unter der Überschrift „Die Götter Griechenlands" hatte schon Friedrich Schiller den Sinnlichkeitsverlust der christlich-modernen Welt beklagt, letztlich aber
in der Aussicht auf eine Kompensation durch die Kunst akzeptiert: „Was unsterb-
lich im Gesang soll leben, / Muß im Leben untergehn."[7] Der Lyriker Heine stellt
diese Scheidewand zwischen Kunst und Leben infrage, wenn er in den fantastischen Wolkengebilden über der See die Gestalten antiker Götter wiedererkennt
und sich im welthistorischen Konflikt zwischen nachantiker Verzichtmoral und
heidnischer Sinnlichkeit auf die Seite der Besiegten stellt, die seit der Einführung
des Christentums freilich nie ganz aus der Welt geschieden waren. Vielmehr zeigt
sich Heine von einer fortdauernden Präsenz der griechischen Götter im Unter-
grund, etwa in Form des Dämonen- und Aberglaubens sowie des christlichen (!)
Teufelswesens überzeugt. In diesem Sinne ließ er die Göttin Diana in der „wilden Jagd" seines „Atta Troll" (1843) und in einem Ballett-Entwurf („Die Göttinn
Diana", entstanden 1846) auftreten.[8] Noch 1853 illustriert er die Metamorphosen
der „Götter im Exil" in einer viel beachteten Zeitschriftenpublikation an mehreren
skurril-grotesken Episoden und verknüpft damit den leicht veränderten Wiederabdruck seines Essays „Elementargeister" aus dem dritten Band des „Salon" (1837).

Schon auf der dritten Seite des deutschen Erstdrucks bekannte sich Heine dankbar zu den Vorarbeiten Jacob und Wilhelm Grimms („Deutsche Sagen", 1816–
1818), im Falle Jacobs nicht ohne hyperbolische Pointierung, die als Teufelsbund
gewissermaßen zum Thema gehört:

> Die Gebrüder Grimm erzählen diese Geschichte [sc. die Flucht Wittekinds] in ihren deut-
> schen Sagen; die gewissenhaften fleißigen Nachforschungen dieser wackeren Gelehrten,
> werde ich in den folgenden Blättern zuweilen benutzen. Unschätzbar ist das Verdienst
> dieser Männer um germanische Alterthumskunde. Der einzige Jacob Grimm hat für die
> Sprachwissenschaft mehr geleistet, als Eure ganze französische Akademie seit Riche-
> lieu. Seine deutsche Grammatik ist ein kolossales Werk, ein gothischer Dom, worin alle
> germanischen Völker ihre Stimmen erheben, wie Riesenchöre, jedes in seinem Dialekte.
> Jacob Grimm hat vielleicht dem Teufel seine Seele verschrieben, damit er ihm die Ma-
> terialien lieferte und ihm als Handlanger diente, bey diesem ungeheuren Sprachbauwerk.
> (DHA IX, 11 f.)

Eine eigentümliche Art zu loben! Dem 19-jährigen Herman Grimm kann die Erwähnung seines Vaters und Onkels kaum entgangen sein, als er in Wiepersdorf
Heines „Salon" in die Hand bekam, und er dürfte dabei selbstverständlich auch
die Grundthese des Aufsatzes vom verdeckten Weiterleben der antiken Gottheiten,
eben als „Elementargeister", zur Kenntnis genommen haben. Er notiert darüber
am 26. August 1847 – und das ist wohlgemerkt das einzige konkrete Zeugnis, das
wir überhaupt von seiner Heine-Lektüre besitzen –: „Dazu laß ich Heines Salon
und bewunderte die Reinlichkeit der Sprache in der er den Schmutz seiner Seele
ausdrückt."[9] Als Heine-Anhänger dürfen wir Grimm demnach nicht einstufen, im
Gegenteil. Im Streit mit August von Platen hat er nachträglich für die Gegenseite
Partei ergriffen: mit zwei Lobgedichten auf den verstorbenen Lyriker, in denen die
einstigen Vorwürfe gegen ihn schon vom Winde verweht erscheinen und – ein run-
des Jahr vor Heines Tod – der Anschein erweckt wird, als wären auch Platens damalige Gegner längst verblichen.[10] Übrigens wurde Grimms Tragödie „Demetrius"
1854 auf ausdrücklichen Wunsch des von Heine unermüdlich bekämpften Preußen-
königs Friedrich Wilhelm IV. im Berliner Hoftheater aufgeführt; allein schon diese
Nähe der Familien Grimm[11] und von Arnim[12] zum Königshaus macht deutlich, wie
groß der politisch-gesellschaftliche Abstand zwischen Grimm und Heine einzu-
schätzen ist.

Amor vor der Kirchentür

Umso mehr Interesse verdienen die evidenten Parallelen. In seinem Hochzeitsgedicht für den befreundeten Historiker und künftigen Wolfenbütteler Bibliothekar
Ludwig Conrad Bethmann[13] malt sich Grimm das ,Elend' (im alten Sprachge-
brauch, der auch Verbannung meint) des Liebesgottes Amor aus, der in christlichen Landen von der sakralen Besiegelung des von ihm selbst gestifteten Lie-
besbundes ausgeschlossen wird und frierend vor der Kirchentür ausharren muss.
Unter der Überschrift „An Bethmann"[14] erzählt der Sprecher zunächst, wie er
abends durch die Stadt wandert und eher zufällig auf eine Kirche stößt (zur Hochzeit ist er bzw. war Grimm offenbar nicht eingeladen); die anschließenden Strophen lauten in der typisch Grimmschen Kleinschreibung:

> Die fenster waren dürftig helle;
> neugierig wandt' ich mich zur thür,
> und denk', auf ihrer heilgen schwelle
> sah ich – und rieb die augen mir, –
> da saß der kleine schalk, der heide
> mit pfeil und bogen säuberlich,
> in Adam's unschuldsvollem kleide
> und ein laternchen neben sich.

> An seinem aufgeworfnen mäulchen
> hing eine wolke von verdruß,
> er gähnte, spielte mit den pfeilchen,

traf [lies: trat] heftig auf mit kleinem fuß;
ich kam heran, mit leiser zunge
begann ich zu Cytheren's sohn
„du dauerst mich mein arme junge
τι δη ποιεις ἐρημος ὠν;"[1]

„ὠ μοι δυστηνῳ!"[2] rief der kleine,
„so geht es mir zu allerletzt;
man hat mich auf die kalten steine
hier draussen vor die thür gesetzt.
um ihnen auf dem weg zu leuchten
ging ich mit meinem licht voran,
nun lässt man mich allein im feuchten
weil man mich jetzt entbehren kann.

Was scheer' ich mich um ihre götter,
ich weiß es doch daß *ich* es war;
nein, daß ich hier im kalten wetter,
und daß *sie* drinnen am altar,
das ärgert mich." „O sei zufrieden",
versetzt ich als ein guter christ,
„du weißt ja wohl wie stets hienieden
undankbarkeit die losung ist.

S' sind schwache menschen. laß dich rühren,
bleib ihnen dennoch hold und treu,
oft liegt das gute vor den thüren
und keine hand winkt es herbei.
man muß den mensch zu allem zwingen,
zu seinem glücke wohl zumeist,
drum wende nicht die goldnen schwingen,
μη φευγε[3] wie es griechisch heißt."

Ich schwieg. die schlüssel hört' ich drehen,
und aus der kirche heilgem thor,
stolz wie ein feldherr ob trophäen,
tratst du, und nicht allein hervor.
ein mädchen ging mit dir zusammen,
ihr antlitz raubte mir die nacht,
nur Amor's augen sah ich flammen
als sie ihn freundlich angelacht.

Ich folgte nach ganz aus der ferne;
wo wollt er hin der kleine zug,
vor dem gott Amor die laterne
gehorsam und bedächtig trug?

---

[1] („ti dä poieis erämos ohn? was thust du da allein?") [Zusatz von Grimm].

[2] („oh moi düstänoh. o ich armer") [Zusatz von Grimm].

[3] („mä pheuge. fliehe nicht") [Zusatz von Grimm].

vor einem hause blieb man stehen,
sie trat zuerst dann du hinein;
da wollte Amor wieder gehen,
doch diesmal ludet ihr ihn ein.[15]

In der nachfolgenden Schlussstrophe entschuldigt sich der Sprecher für die Eitelkeit, mit der er sich einen Anteil am künftigen Eheglück zuschreibt – aufgrund eben seines aufmunternden Dialogs mit dem heidnischen Gott. Dass in diesem interkonfessionellen Dialog – der Sprecher bezeichnet sich ja ausdrücklich als „Christ" – mehrfach Altgriechisch gesprochen wird, und zwar so, dass die griechischen Worte sich dem akzentuierenden deutschen Versmaß einfügen (also nicht nach Silbenlänge bemessen werden), ist natürlich eine Verbeugung vor der klassischen Bildung des Adressaten, auf dessen Buch über die Geschichtsschreibung der Langobarden – ein Nebenprodukt seiner Arbeit an der Edition der „Historia Langobardorum" des Paulus Diaconus[16] – Grimm Simrock 1850 nachdrücklich hinwies.[17] Die doppelte Erläuterung der griechischen Stellen (Übertragung der griechischen in lateinische Buchstaben und deutsche Übersetzung) in der hier zitierten vorläufigen Fassung erklärt sich nur daraus, dass es sich um eine Abschrift für Gisela von Arnim handelt, die gegebenenfalls Verbesserungsvorschläge machen sollte und als Frau keine altsprachlichen Kenntnisse besaß, ja nicht einmal regulär die Schule besucht hatte.[18]

Die Mehrsprachigkeit[19] des Hochzeitscarmens hat in unserem Zusammenhang aber noch einen zweiten Sinn: sie weist den Liebesgott, den Grimms Federzeichnung über der Reinschrift als graziösen Wegbeleuchter mit durchaus unantiker Laterne imaginiert (s. Abb. 1), als Ausländer aus. Das lyrische Ich spricht mit ihm wie ein wohlwollender Muttersprachler zu einem Touristen oder Immigranten, dem man sprachlich entgegenkommt – mit dem Nebeneffekt, dass man auf

Abb. 1 Herman Grimm: Federzeichnung zum Hochzeitsgedicht für Ludwig Conrad Bethmann (1850)

diese Weise auch die eigene Partizipation an dessen Herkunftskultur demonstrieren kann. Der Sprecher in Grimms Gedicht verhält sich gewissermaßen inklusiv
zum Sohn der griechischen Liebesgöttin. Dass aber vom Autor hier überhaupt eine
zweite, noch dazu ausgestorbene, Sprache bemüht wird, lässt für die Rezipienten allererst die Alterität des sonst doch in unseren Breiten längst eingebürgerten,
ins Standardrepertoire der abendländischen Kulturkonventionen aufgenommenen
Amor wahrnehmbar werden.

Ein ähnlicher Effekt ergibt sich in Paul Heyses Novelle „Der letzte Zentaur"
(1871), wenn die vom Maler und Grafiker Genelli vorgetragene Binnenerzählung
zur Begegnung mit dem letzten Vertreter dieser Fabelwesengattung auf bayeri-
schem Boden vorstößt:

> Erlauben Sie, Herr Genelli, unterbrach ihn der Wirth, der gleich uns Anderen begierig ge-
> lauscht hatte, in welcher Sprache unterhielten Sie sich mit dem antiken Herrn?
> Im reinsten Griechisch, Herr Schimon; Sie mögen es nun glauben oder nicht. Er sprach es
> natürlich etwas fließender, als ich, aber mit einem Anflug an den jonischen Dialekt, der
> mir hie und da das Verständniß erschwerte.[20]

Minerva im Kontor

Herman Grimms zeichnerisches Talent ist schon in früher Jugend durch seinen
Onkel, den Kasseler Maler Ludwig Emil Grimm, gefördert worden. Als Schüler
und Student hat er sich mindestens so häufig bildkünstlerisch wie dichterisch er-
probt; dabei verstärkt sich um und nach 1848 seine schon früh hervortretende Neigung zur Karikatur. Sie bestimmt seine Illustrationen zur Buchausgabe von Armgart von Arnims Märchen „Heimelchen" (1848)[21] und findet ihre freiste Entfaltung in einem Comicstrip aus vierzig Federzeichnungen, den er in Anlehnung an
die fantastischen Bildgeschichten Rodolphe Töpffers[22] und die seriellen Beisele-
und-Eisele-Karikaturen der „Fliegenden Blätter"[23] im Dezember 1848 zu Papier
bringt – möglicherweise als humoristisches Weihnachtsgeschenk für Gisela von
Arnim oder auch für ihren Bruder Friedmund, einen schriftstellernden Gutsbesit-
zer von großem Reformeifer, der sich so intensiv mit den Ideen des französischen
Frühsozialismus auseinandersetzte, dass er in den Augen des jungen Grimm schon
selbst ein halber Sozialist oder Kommunist geworden war. Das galt auch für die
religiöse Komponente, die bei Saint-Simon und seinen Gefolgsleuten stark vertreten war; Friedmund von Arnims politische Broschüren trugen Titel wie „Die gute
Sache der Seele" (1843) oder „Vernunft-Religion und Vernunft- oder Hülfsstaat"
(1849) und erproben – mit manchen kleineren Abstürzen – eine Gratwanderung
zwischen Theologie und Volkswirtschaft.[24]

Herman Grimm war im April 1848 nach Frankfurt gereist: in Begleitung seines Onkels Jacob, der in der Nationalversammlung einen Ehrenplatz einnahm,
aber keine entscheidende Rolle spielte und seinen Parlamentssitz im Herbst ganz
aufgab.[25] Auch Grimm, der das Sommersemester 1848 nach väterlichem Wil-
len in Bonn – aber hauptsächlich mit Zeitungslesen – verbrachte[26], zog es früh

nach Berlin zurück, wo er die Zerfallserscheinungen und aggressiven Zuspitzungen der Märzrevolution aus nächster Nähe erlebte sowie schließlich ihre drakonische Unterdrückung durch Wrangels Truppen im November 1848. Wenn er wenige Wochen danach in einem Comicstrip von der Einführung und dem Scheitern einer „neuen Religion" erzählt, ist der Bezug auf das im März gestartete Experiment Weltveränderung eindeutig. Das junge Medium der Karikatur, das nach dem Ausbruch der Revolution 1848 seinen größten Aufschwung erlebte, wandte sich damals gegen den eigenen Nährboden, betrieb zunehmend – das zeigen auch die etwa gleichzeitigen „Thaten und Meinungen des Abgeordneten Piepmeyer" (1848/49) von Johann Hermann Detmold (Text) und Adolph Schroedter (Bild)[27] – eine gnadenlose Abrechnung mit den Ursachen für das Scheitern der Bewegung.

Grimm allerdings lieferte eher einen Anti-Piepmeyer. Wenn Detmold/Schroedter einen Opportunisten und Karrieristen entlarven, zeichnet Grimm – nach dem Urbild seines Freundes und späteren Schwagers Friede/Friedmund – das liebenswürdige Porträt eines hoffnungslosen Idealisten mit einigen Schrullen (wie der Vorliebe für wetterfeste Stiefel, Socken und Regenmäntel). Wenn die von ihm erhoffte Weltverbesserung durch Einführung einer neuen Religion trotzdem nicht den rechten Erfolg zeitigt, liegt das vielleicht auch an den unzureichenden Ausgangsbedingungen: der Unvollkommenheit von Menschen und – hier höchst ‚menschlich' gezeichneten – Göttern.

In diesem Zusammenhang kann man vielleicht an ein paar Verse des 14-jährigen Grimm erinnern. In der handschriftlichen „Heringszeitung", die er während eines Sommerurlaubs in Heringsdorf an der Ostsee zusammen mit Gisela von Arnim und dem Komponisten Gebhard von Alvensleben entwirft und in der die beiden männlichen Mitarbeiter schon die Decknamen ausprobieren, unter denen sie sich später am Berliner Kaffeter-Verein beteiligen[28], kommt es zu einem Wechselgesang von „Apollo Plüsch" (Alvensleben) und „Laban" (Herman Grimm). Ersterer erzählt in Versen, „wie Labans Rock begraben und wiederaufgefunden wird"; letzterer dankt mit einem „Loblied auf den Wittwer Plüsch", das mit dem Ausruf „Apollo! o" beginnt und im Übrigen die fortschreitende Degradation von Götter- und Menschengeschlecht in Parallele setzt:

Die Weisen haben zwar gesagt
Immer schlechter wird's Menschengeschlecht
Aber den Göttern sei's geklagt!
Seht euch selbst, hab ich nicht recht?

Wie schrecklich kommet ihr zurück,
Wenn Deiner Lyra Saiten doch schwingen
Ist es nicht ein erbärmlich Stück,
Für Apollo, einen Rock zu besingen?[29]

„Erbärmlich" geht es auch den Göttern, die sich dem Religionsstifter „Friede" zur Mitarbeit anbieten. In ihrer Darstellung lassen sich drei Kerne ausmachen, die die Rezeption der antiken Götterwelt in Literatur und Kunst allgemein und teilweise auch bei Heine bestimmen: Die Götterversammlung, das Paris-Urteil und die Annäherung an die moderne Wirtschaftswelt.

Jener schenkte nunmehr auch der übrigen Götterversammlung,
Rechtshin, lieblichen Nektar dem Mischkrug emsig entschöpfend.
Doch unermeßliches Lachen erscholl den seeligen Göttern,
Als sie sahn, wie Hefästos im Saal so gewandt umherging.
Also den ganzen Tag bis spät zur sinkenden Sonne
Schmausten sie [...] (DHA VII, 172)

Mit diesen Versen aus Homers „Ilias" in Voß' Übersetzung eröffnet Heine das
VI. Kapitel der „Stadt Lukka", nur um die Vision eines glücklich-üppigen Göt-
terlebens sogleich mit der Erinnerung an Jesu Passion („ein bleicher, bluttrie-
fender Jude" – ebd., 173) zu konfrontieren. In Grimms Comicstrip wird Friede,
kaum nachdem er im Tiergarten seine Idee einer neuen Religion überdacht hat,
von einem Unbekannten angesprochen, der sich an Merkursflügeln und Äskulap-
stab leicht als Entsprechung zum Götterboten Homers identifizieren lässt, und zu
einer „versammlung gleichgesinnter" geführt. (s. Abb. 2) Im Jahr 1848, in dem
der Berliner Tiergarten vielfach als Treffpunkt oppositioneller Gruppierungen und
Schauplatz von Wahlversammlungen diente, klingt das nach einer konspirativen
Verabredung. Die „unbekannte gesellschaft" in einem nur vage umrissenen Innen-
raum zu ebener Erde, in die der an seinem Hut kenntliche Friede darauf geführt
wird, hat nun wenig Ähnlichkeit mit einem Jakobinerklub, erinnert aber auch nicht
an ein olympisches Gelage. An einem abgerundeten länglichen Tisch mit leeren
Tellern und einer Flasche haben sich vier Männer (einer stehend) und zwei Frauen
höheren Alters und wenig gepflegter Haartracht versammelt; alle haben den Kopf
dem neu Eintretenden zugewandt, der ganz links sitzende Mann mit mächtigem
Bart scheint sich, trotz der Serviette in seiner Rechten, zur Begrüßung zu erheben.

Wir dürfen in ihm Zeus/Jupiter vermuten, zumal dieselbe Figur auf dem nächsten Bild dem ehrerbietig vor ihr stehenden Friede eine Erklärung abgibt. Der Bild-
text lautet:

nachdem das essen vorbei ist eröffnet der vorsitzende Frieden daß die versammelten
sämmtlich keine capitalisten seien. da sie von seiner absicht gehört eine neue religion
zu stiften so könnten sie sich dazu als sachverständige dienstkundige leute empfehlen. er
wolle sie ihm einzeln vorstellen.

Abb. 2 Herman Grimm: „ein unbekannter herr kommt auf ihn zu und läd ihn in eine versammlung gleichgesinnter ein. / Friede findet eine unbekannte gesellschaft vor."

Mit „Capitalist" ist hier natürlich nicht der Anhänger einer bestimmten Wirtschaftsform, sondern der Eigentümer von Kapitalien gemeint, die ihn vom Zwang zur Erwerbsarbeit befreien. Die Götter Grimms dagegen sind wie Proletarier zum Verkauf der eigenen Arbeit gezwungen, für die sie sich allerdings in einer sehr persönlichen Weise qualifizieren. Denn wer sollte mehr von Religion verstehen als ein Gott?

Die „sachverständigen" potenziellen Dienstleute stellen sich anschließend dem hier wie ein Arbeitgeber auftretenden Religionsgründer vor: nacheinander, aber nicht immer „einzeln", sondern auch in Zweier- oder Dreiergruppen, was dem Comicstrip-Autor, der zu diesem Behuf die weiblichen und männlichen Bewerbungen trennt, eine parodistische Wiederholung des Mythologems vom Paris-Urteil ermöglicht. Auch in dieser gern gemalten Szene ist es einem Sterblichen erlaubt, ja auferlegt, Göttinnen miteinander zu vergleichen und eine Wahl unter ihnen bzw. unter den Angeboten zu treffen, mit denen die Konkurrentinnen ihn zu bestechen versuchen. Bekanntlich entscheidet sich Paris für Aphrodite und gegen Hera und Athene, weil ihm die Liebesgöttin den Besitz der schönsten Frau (Helena) verspricht. Die erotische Lockung wird auch bei Grimm angedeutet: Venus lüpft das Kleid (s. Abb. 3), und Amphitrite (auf dem nächsten Bild) tänzelt in üppigen Formen. Der Comicstrip zerlegt das Paris-Urteil nämlich in drei Einzelbilder oder Einstellungen mit abnehmender Präsenz des Schiedsrichters: In der ersten Einstellung schaut Friede verkrampft nach unten, weil ihn der majestätische Auftritt der Göttermutter anscheinend eher abschreckt. In der zweiten Einstellung ist nur der vorderste Teil seines Gesichts zu erkennen – wie der Kopf eines Voyeurs, der durch den Vorhang guckt. Bei Amphitrite schließlich fehlt der neue Paris ganz. Er hat sich im Grunde schon entschieden: nämlich für Minerva, die auf dem mittleren Bild zwischen der gefälligen Venus und der nonnenhaften Vesta steht und demnach eine Art Balance zwischen Sinnlichkeit und Moral verkörpert.

Vergeblich stellen sich danach noch einige männliche Bewerber vor. „Mars und Neptun kommen zusammen und beanspruchen einen guten mittagstisch."

Abb. 3 Herman Grimm: „Madam Juno imponirt durch ein erhabenes äußere. / Venus Minerva und Vesta presentiren sich ebenfalls"

Abb. 4 Herman Grimm: „Herr Bachus scheint ein würdiger vertreter der neuen religion"

Ersterer wirkt wie ein pensionierter Offizier mit gewölbter Brust und federwisch-
geschmücktem Hut unter dem Arm; Neptun hat den Dreizack in einer Schärpe ste-
cken und raucht eine riesige Wasserpfeife. Danach wird im Rollstuhl eine dickli-
che Person mit Lockenkopf und geröteter (?) Nase hereingefahren: „Herr Bachus
scheint ein würdiger vertreter der neuen religion." Das ist offenkundig ironisch
und würde wohl nicht einmal von Heine in dieser Form unterschrieben; beim Sohn
des Gottes, der den Rollstuhl schiebt (man kann eine starke Familienähnlichkeit
feststellen), guckt übrigens ein Satyr-Schwänzchen hinten aus der Hose heraus.
(s. Abb. 4)

Das Casting ist damit beendet. Die restlichen Bilder der Götter-Episode gehören Minerva, die als einzige angestellt wird und neben der Funktion einer Sekre-
tärin („Friede dictirt ihr sein Heldengedicht: der Tod des letzten der Capitalisten")
und Kontoristin auch die einer Ehefrau zu übernehmen scheint. Es heißt jedenfalls,
dass sie Friede „eine erklärung" mache; er schenkt ihr Stiefel (in seinen Augen
ein wertvolles Geschenk) und lässt sie seinen Schlafrock tragen. Die Göttin der
Weisheit scheint hier aber besonders für wirtschaftliche Rationalität und unter-
nehmerische Strategie zu stehen. Sie verhält sich ablehnend zu Neptuns bettelnder
Bewerbung um Anstellung als Gott „bei den billigsten bedingungen" und ist wahrscheinlich für das Plakat der Firma „Friede u. Comp." verantwortlich, das „eine
neue religion reell und gut zu liefern" verspricht und mit dem Rest seines Textes
eher auf eine Konfektionshandlung zu passen scheint. Vor allem aber sitzt sie im
längsten bzw. breitesten Bild (s. Abb. 5) des ganzen Comicstrips links am Kon-
tortisch, vor sich den „Comtoir Calender" und einige Aktenordner. Rechts von ihr
erstreckt sich ein langer Gang bis zur Eingangstür, auf der „Religions Comtoir"
steht und durch die man auf ein Wartezimmer blickt. Ein wartender Kunde in un-
tersetzter Figur und demütiger Haltung hat sich gerade durch diese Tür zu ihr auf
den Weg gemacht: Er muss dabei an sieben Götterporträts vorbei, die an der Wand
aufgehängt sind wie in den Büros alteingesessener Firmen die Bilder der Gründer

Abb. 5 Herman Grimm: „Comtoir Scene"

und früheren Chefs. Eine Anspielung darauf, dass die Götterwelt insgesamt der Vergangenheit angehört und nur in solchen Verkörperungen überlebt, die sich dem Wandel der Zeiten anpassen?

Die Einbettung Minervas in ein perfektes, geradezu hyperbolisch gezeichnetes kaufmännisches Ensemble weist jedenfalls größte Ähnlichkeit mit einer Metamorphose auf, von der Heine in „Die Götter im Exil" berichtet (und die in letzter Zeit vermehrt Beachtung gefunden hat[30]) – der Sage von dem friesischen Fischer, bei dem eines Tages Hermes Psychopompos in Gestalt eines gravitätischen Kaufmanns erscheint:

> Daß der Fremde ein holländischer Kaufmann ist, bezeugt nicht bloß seine Kleidung, sondern auch die merkantilische Genauigkeit und Umsicht, womit er das Geschäft so vortheilhaft als möglich für den Committenten abzuschließen weiß. Er ist nemlich, wie er sagt, Spediteur und hat von einem seiner Handelsfreunde den Auftrag erhalten, eine bestimmte Anzahl Seelen, so viel in einer gewöhnlichen Barke Raum fänden, von der ostfriesischen Küste nach der weißen Insel zu fördern […]. Der holländische Kaufmann (dieses ist eigentlich ein Pleonasmus, da jeder Holländer Kaufmann ist) macht diesen Antrag mit der größten Unbefangenheit, als handle es sich von einer Ladung Käse […]. (DHA IX, 134)

Freilich fehlt Grimms Minerva das dämonische Zwielicht, in das Heine die verkappte Fortexistenz der antiken Götter zu tauchen pflegt. Das fantastische Element in Grimms Comicstrip konzentriert sich auf den Fortgang der Haupthandlung: Friedes Aufstieg zum höchsten Gott, sein Schalten und Walten im Himmel und seinen misslingenden Versuch einer neuen verbesserten Schöpfung.

Venus von Milo und neue Religion

Ein eigentlich religiöses Anliegen wird man in der „Neuen Religion" nicht erkennen. Grimm scherzt über das sozialutopische Engagement seines künftigen Schwagers, indem er ihn als scheiternden Religionsstifter darstellt. Um „neue Religion" geht es hier allenfalls in dem Sinn, den Heine dem Begriff zu Anfang und Ende seiner „Englischen Fragmente" gibt: „Ja, ich wiederhole die Worte, womit ich diese Blätter eröffnet: die Freyheit ist eine neue Religion, die Religion unserer Zeit". (DHA VII, 269)

Und doch ist es eine griechische Götterstatue, an der sich Grimm und Heine in den nächsten Jahren abarbeiten und die sie sehr ernsthaft auf Glaubensfragen beziehen: die 1820 auf der Kykladeninsel Melos entdeckte und bald danach im Louvre aufgestellte Aphroditestatue, bekannt als Venus von Milo. Heine versieht sie mit Attributen aus dem Marienkult, wenn er im Nachwort zum „Romanzero" (1851) melodramatisch seine Rückkehr zum Glauben an einen persönlichen Gott inszeniert:

> Ich habe nichts abgeschworen, nicht einmal meine alten Heidengötter, von denen ich mich zwar abgewendet, aber scheidend in Liebe und Freundschaft. Es war im May 1848, an dem Tage, wo ich zum letzten Male ausging, als ich Abschied nahm von den holden Idolen, die ich angebetet in den Zeiten meines Glücks. Nur mit Mühe schleppte ich mich bis zum Louvre, und ich brach fast zusammen, als ich in den erhabenen Saal trat, wo die hochgebenedeite Göttin der Schönheit, Unsere liebe Frau von Milo, auf ihrem Postamente steht. Zu ihren Füßen lag ich lange und ich weinte so heftig, daß sich dessen ein Stein erbarmen mußte. Auch schaute die Göttin mitleidig auf mich herab, doch zugleich so trostlos als wollte sie sagen: siehst du denn nicht, daß ich keine Arme habe und also nicht helfen kann? (DHA III, 180 f.)

Herman Grimm unternimmt im April 1855 den Versuch, die Physiognomie des Gottesbilds zeichnerisch (s. Abb. 6) und literarisch zu erfassen. Er entwirft eine zunächst ganz auf den Kopf fokussierte Beschreibung[31], die großenteils ein Jahr später in Cottas „Morgenblatt" erscheint[32], allerdings unter Verzicht auf ekphrastische Experimente wie diese:

> aber blicken wir ganz von vorn in das antlitz und verfolgen dieselbe linie zur höhe, da läuft sie weiter über die schläfen geht in die augenbrauen über und schlingt sich zwischen augen und nase hindurch, die breite der nase von der wange trennend und in sie verlaufend, oder verfolgen wir eine andre linie die den nasenflügel an der wange umschreibt und in den mundwinkel sich senkt, dann wieder aufsteigt und die unterlippe überfliegend sich um das kinn windet. ich sage linien, es sind nur schwingungen der modellirung deren gange [!] das auge nachverfolgt, und so unzählige in jeder neuen stellung.[33]

Grimm studiert die Feinheiten der Gesichtsbildung anhand eines Zinkabgusses des Venuskopfs in der Bibliothek seines Vaters[34]; für den Gesamteindruck der Statue war er auf die wirkungsvoll in einer Nische aufgestellte Gipskopie im Neuen Museum angewiesen. Freilich gelingt es ihm nicht – das zeigt unser Zitat aus den gestrichenen Passagen –, die erotisch-sakrale Aura des Götterbilds glaubhaft zu vergegenwärtigen. Grimm fügt daher bei der abschließenden Redaktion allgemeine Reflexionen über den unvermeidlichen Wirkungsverlust antiker Kultstatuen im Auge des modernen Betrachters hinzu:

> Die, welche damals lebten, sahen die Göttin anders als wir, die wir die verstümmelte Gestalt betrachten, deren Tempel und Altäre verschwunden sind, von der wir nicht wissen, von wem und wann sie vollendet ward, wo sie stand, nicht einmal, wie ihre Arme geformt waren, deren Schönheit wir trotzdem zu ahnen meinen im Anblick der herrlichen Schultern, denen sie geraubt sind. Gewiß, sie ist schön. Bewunderung und Staunen weckt sie, die Phantasie trägt sie mit Macht zurück zu ihren Zeiten, aber fremd bleibt sie uns, und während wir im Anschauen verloren sind, sagt uns eine leise Stimme, es sey für uns kein Herz mehr in dieser Schönheit.[35]

Abb. 6 Herman Grimm: Kopf der Venus von Milo (nach Zinkabguss in Maskenform, April 1854)

Selten wohl war Grimm sich so einig mit Heine. Freilich war der Stellenwert dieser Feststellung für Grimm ein anderer als für Heine. Bezog sich dieser auf die antike Statue im Sinne eines Abschlusses und Abschieds, so stand Grimms Essay „Die Venus von Milo" am Anfang einer langen Reihe ähnlicher Veröffentlichungen, die im Anschluss an Carlyle und Emerson einem breiten Publikum einen neuen idealistischen Zugang zu Kunst und Dichtung und dem Genie der großen Meister (Michelangelo, Raffael, Goethe) erschlossen.

Anmerkungen

1 Friedrich Weltzien: „Von der armen kleinen Cousine und den bösen Tanten". – In: Deutsche Comicforschung 19 (2023), S. 6–19. Vgl. URL: https://goethehaus.museum-digital.de/object/36641, letzter Zugriff: 6.8.2025. Zur wahrscheinlichen Datierung der Bildgeschichte auf den Anfang der 1850er Jahre vgl. das Nachwort des Herausgebers zu der in Endnote 4 genannten Edition.

2 Weltzien: „Von der armen kleinen Cousine und den bösen Tanten" [Anm. 1], S. 10.
3 Staatliche Schlösser und Gärten Hessen, Bad Homburg v.d.H., Inv.-Nr. 1.3.461–475.
4 Herman Grimm: Die neue Religion. Ein Comicstrip von 1848. Hrsg. v. Peter Sprengel.
   Wiesbaden 2025.
5 Vgl. Bernhard Lauer: Herman Grimm (1828–1901) als Dichter, Zeichner, Kritiker – Eine
   bio-bibliographische Übersicht. – In: Jahrbuch der Brüder Grimm-Gesellschaft 17/18
   (2015), S. 9–48; Peter Sprengel: Ein Amerikaner als Romführer. Herman Grimms Roman-
   fragment „Der Landschaftsmaler" (1858/59) und die Wende zur Kunstgeschichte. – In:
   Jahrbuch des Freien Deutschen Hochstifts 2024, S. 293–343.
6 Vgl. u. a. Ralph Martin: Die Wiederkehr der Götter Griechenlands. Zur Entstehung des
   „Hellenismus"-Gedankens bei Heinrich Heine. Sigmaringen 1999; Christoph Bartsche-
   rer: Heinrich Heines religiöse Revolte. Freiburg u. a. 2005; Harry … Heinrich … Henri …
   Heine. Deutscher, Jude, Europäer. Hrsg. v. Dietmar Goltschnigg, Charlotte Grollegg-Edler,
   Peter Revers. Berlin 2008, S. 131–161; Michael Auer: Auf die Verlierer. Heines „Nord-
   see"-Oden. – In: HJb 53 (2014), S. 1–12; Thomas Höffgen: Heines „Götter im Exil". Ein
   Satyrspiel. – In: Euphorion 111 (2017), S. 61–73; Sikander Singh: „Man sagt Homer habe
   die griechischen Götter erfunden." Heinrich Heines Homer. – In: Homer und Homer-
   Rezeption. Hrsg. v. Peter Riemer u. Ders. Hannover 2023, S. 263–284.
7 Schillers Werke. Nationalausgabe. Historisch-Kritische Ausgabe. Hrsg. v. Julius Petersen,
   Gerhard Fricke, Benno von Wiese u. Norbert Oellers. Weimar 1943 ff., I, 376.
8 Vgl. Marie-Ange Maillet: Götter im Exil im Frankreich der 1840er und 1850er Jahre:
   Heinrich Heines „Göttin Diana" im Kontext. – In: Götter-Exile. Neuzeitliche Figurationen
   antiker Mythen. Hrsg. v. Ralph Häfner u. Markus Winkler. Heidelberg 2020, S. 17–31.
9 Holger Ehrhardt: Das Tagebuch Herman Grimms aus dem Jahre 1847. – In: Jahrbuch der
   Brüder Grimm-Gesellschaft 5 (1995), S. 33–105, hier S. 77.
10 Vgl. Peter Sprengel: Rosen auf Platens Grab. Künstlertum, Italienträume und Platen-Vereh-
   rung in Herman Grimms Lyrik. – In: Zeitschrift für deutsche Philologie 144 (2025), S. 195–
   212.
11 Vgl. Steffen Martus: Die Brüder Grimm. Eine Biographie. Berlin 2009, S. 417–420.
12 Vgl. Bettine von Arnim: Dies Buch gehört dem König. Berlin 1842 sowie Die Welt um-
   wälzen – denn darauf läuft es hinaus. Der Briefwechsel zwischen Bettina von Arnim und
   Friedrich Wilhelm IV. Hrsg. v. Ursula Püschel. 2 Bde. Bielefeld 2001; Bettines Schwestern
   Armgart und Maximiliane überreichten dem Königspaar 1843 eine hochartifizielle Huldi-
   gungsarabeske und ein weiteres Geschenk zur Silberhochzeit 1848.
13 Vgl. Werner Arnold: Ludwig Conrad Bethmann (1812–1867). – In: Wolfenbütteler Beiträge 8 (1988), S. 405–416. Zur langjährigen freundschaftlichen Beziehung Grimm-
   Bethmann vgl. Herman Grimms Briefe an Bethmann aus dem Zeitraum 1841–1857 in:
   Herzog August Bibliothek Wolfenbüttel, BA II, 26, 293–296. Ich danke Dr. Christian
   Heitzmann, HAB Wolfenbüttel, für wertvolle Auskünfte.
14 So die Überschrift der nachfolgend zitierten Entwurfsfassung mit Übersetzungshilfen für
   Gisela von Arnim. Die an einigen Stellen leicht abweichende endgültige Reinschrift (Herzog August Bibliothek Wolfenbüttel, BA II, 394) ist überschrieben: „Hochzeitsgedicht für
   meinen freund und gönner Bethmann".
15 Staatsbibliothek zu Berlin – Preußischer Kulturbesitz, Nl Grimm 620, 236 f. (Brief Herman
   Grimms an Gisela von Arnim, 12.11.1850).
16 Der Band der „Monumenta Germaniae Historica" erschien posthum 1875, vollendet von
   Georg Waitz; vgl. Arnold: Ludwig Conrad Bethmann (1812–1867) [Anm. 13], S. 410.
17 Herman Grimm an Karl Simrock, 10.1.1850 (Goethe- und Schiller-Archiv Weimar,
   88/135,1); vgl. L[udwig] C[onrad] Bethmann: Paulus Diaconus und die Geschichtsschreibung der Langobarden. Hannover 1849.
18 Vgl. Eva Mey: Ich gleiche einem Stern um Mitternacht. Die Schriftstellerin Gisela von
   Arnim, Tochter Bettinas und Gattin Herman Grimms. Stuttgart 2004, S. 17–19 u. 23–25.

19 Zum aktuellen Diskussionsstand vgl. den von Till Dembeck betreuten Themenschwerpunkt in: Jahrbuch der deutschen Schillergesellschaft 68 (2024), S. 425–476.

20 Paul Heyse: Ein neues Novellenbuch. Berlin 1871, S. 265 f.

21 Vgl. Allerlei Rauh [d. i. Armgart von Arnim]: Das Heimelchen. Dämmermährchen. Berlin ²1848, nach S. 26 (Koch und Küchengeister in Positur) und nach S. 62 (Pastor Rabe).

22 Vgl. David Kunzle: The History of the Comic Strip: The Nineteenth Century. Berkeley, Los Angeles, London 1990, Bd. 1, S. 28–71.

23 Vgl. ebd., S. 219–226.

24 Die utopische Orientierung verband Friedmund eng mit seiner Mutter; vgl. In allem einverstanden mit Dir. Bettine von Arnims Briefwechsel mit ihrem Sohn Friedmund. Hrsg. v. Wolfgang Bunzel u. Ulrike Landfester. Göttingen 2001.

25 Vgl. Martus: Die Brüder Grimm [Anm. 11], S. 459–468.

26 Vgl. Brüder Grimm. Briefwechsel mit Herman Grimm. Hrsg. v. Holger Ehrhardt. Kassel, Berlin 1998, S. 98–131.

27 Einsehbar unter: URL: https://archive.org/details/gri_33125008508976/page/n5/mode/2up, letzter Zugriff: 6.8.2025. Vgl. Alina Bock: Humor im Bild bei Adolph Schroedter (1805–1875). Petersberg 2024.

28 Vgl. den Artikel von Brita Baume in: Handbuch literarisch-kultureller Vereine, Gruppen und Bünde 1825–1933. Hrsg. v. Wulf Wülfing, Karin Bruns u. Rolf Parr. Stuttgart, Weimar 1998, S. 223–225.

29 Freies Deutsches Hochstift/Frankfurter Goethe-Museum, Hs 15472.

30 Vgl. Lothar Müller: Poseidons Büro. – In: Gespenster des Wissens. Für Josef Vogl. Hrsg. v. Ute Holl, Claus Pias u. Burkhardt Wolf. Zürich 2017, S. 271–276.

31 Zunächst unter dem Titel „Kopf der Venus von Melos". (Hessisches Staatsarchiv Marburg, Bestand 340 Grimm, Ms 193, Digitalisat 14)

32 Herman Grimm: Die Venus von Milo. – In: Morgenblatt für gebildete Leser, 3.2.1856, S. 105–107. – Wieder in: Herman Grimm: Essays. Hannover 1859, S. 39–45.

33 „Kopf der Venus von Melos" [Anm. 31], Digitalisat 16 f.

34 Vgl. Martus: Die Brüder Grimm [Anm. 11], S. 425.

35 Grimm: Die Venus von Milo [Anm. 32], S. 107.

Die Göttin im Exil
Eine lyrische Heine-Adaption von Nina Gaillard und Emmanuel des Essarts als Bildprogramm für Manets „Olympia"

Frank Stückemann

1865 sorgte Édouard Manet mit der Ausstellung seines Gemäldes „Olympia" im Pariser Salon für einen der größten Skandale der Kunstgeschichte. Edmond Bazire, sein erster Biograf, widmete diesem Ereignis ein ganzes Kapitel.[1] Mit Rückgriff auf die „Schlummernde Venus" von Giorgione (1510) und Tizians „Venus von Urbino" (1538) hatte es Manet gewagt, eine bis auf die Pantoffeln unbekleidete und auf dem Kanapee liegende Frau mit Armreif und einem schmalen schwarzen Halsband mit Perle darzustellen. Sie stützt sich mit dem rechten Ellenbogen auf einem Kissen ab und bedeckt mit der linken Hand ihren Schoß, wobei sie den Betrachter in selbstbewusster Weise mit geöffneten Augen frontal anblickt, das dunkle Haar über dem linken Ohr ist mit einer rosa Schleife oder Blume geschmückt. Ihre schwarze Kammerzofe präsentiert ihr hinter dem Lager vor ebenfalls dunklem Hintergrund einen üppigen Blumenstrauß der Kundschaft in Seidenpapier, am Fußende buckelt sich eine schwarze Katze mit gelbgrünen Augen und erhobenem Schwanz.

Der Skandal entzündete sich weniger an der Nacktheit als vielmehr an der Tatsache, dass es sich bei der Dargestellten um keine idealisierte Liebesgöttin, sondern um eine Frau aus dem täglichen Leben, genauer gesagt um eine Dame vom Gewerbe handelte. Hierauf zielt auch der Titel des Gemäldes: Olympia war zum einen die Rivalin der Kameliendame im gleichnamigen Roman von Alexandre Dumas aus dem Jahr 1848, zum anderen eine damals gängige Bezeichnung für Prostituierte. Während die Namen der Modelle für Manets „Olympia" und deren schwarzer Zofe der Kunstgeschichte bekannt sind, gibt es bis auf ein paar unverbindliche Baudelaire-Reminiszenzen und den Fünfzeiler „Olympia" des mit Manet

F. Stückemann (✉)
Soest-Meiningsen, Deutschland
E-Mail: partisander@gmx.de

S. Brenner-Wilczek (Hrsg.), *Heine-Jahrbuch 2025*, Heine-Jahrbuch,
https://doi.org/10.1007/978-3-662-72327-2_4

befreundeten Dichters Zacharie Astruc[2] aus dem Jahr 1864 keinen eindeutigen und in sich schlüssigen Hinweis auf das ikonologische Programm des Bildes und auf die Wahl von dessen Titel.

Indessen erschien im Oktober 1861 das aus elf Quintetten bestehende Gedicht „Olympia" eines gewissen Georges Marcy in der Zeitschrift „L'Artiste" von Arsène Houssaye. Es ist schon aus formalen wie aus zeitlichen Gründen als Inspirationsquelle von Manets Gemälde anzusehen: Titel, Form, Metrum und Reimschema sind bei Marcy und dem vier Jahre jüngeren Gedicht von Astruc identisch, und erst nach der Veröffentlichung dieser Verse machte sich der Maler auf die Suche nach einem Modell für sein 1863 fertiggestelltes Meisterwerk.

Gerahmt wird Marcys Gedicht „Olympia" durch die Sonette „Réminiscence" und „Apothéose". Die gemeinsame Sinneinheit kommt im Obertitel „Poésies païennes" für den dreiteiligen, mit römischen Zahlen versehenen Zyklus zum Ausdruck; das zentrale Gedicht „Olympia" ist ebenfalls in die Teile I–IV gegliedert. Es versteht sich, dass die Gesamtlektüre dieses Gedichtes jeder weiteren Analyse voranzugehen hat; anschließend stellt sich die Frage nach dem Verfasser und der Bedeutung für das Entstehen der französischen Moderne.

Poésies païennes I : Réminiscence

Quand, du marbre divin à peine détaché,
Jaillit ce monde enfant que l'on nomme la Grèce,
Il me souvient encor de ma lointaine ivresse,
D'un bonheur primitif à nos regards caché.

Et c'est en vain depuis que mon âme a cherché
Sous de nouveau soleils une telle allégresse,
Et rien ne m'a rendu la brise qui caresse
La tête d'Adonis ou le sein de Psyché.

Héros, mortel ou dieu, qu'étais-je ? Je l'ignore.
Hôte de l'univers fêté par l'air sonore,
Par l'onde souriante et le ciel indulgent,

Je vivais et j'allais par les bois et les plaines,
Libre et fier de sentir entre mes mains hautaines
La lyre aux cordes d'or, l'épée aux clous d'argent.

II : Olympia

I.

Si nous vivions au siècle où l'art vénitien
Dans son manteau royal drapait la Renaissance,
Elle aurait inspiré Giorgione et Titien,
Dont l'ardente couleur et la magnificence
Auraient divinisé son idéal païen.

Cellini sculpterait sa tête constellée ;
Ronsard lui tresserait un fin collier de vers
Pour orner de son cou la neige immaculée ;
Et Shakespeare, écoutant les voix de l'univers,
Lui donnerait pour sœur Imogène voilée.

Les poëtes, amants des bois mélodieux,
Ceux qui suivant Platon sous l'austère portique,
Ils reconnaîtraient tous son type radieux,
Et chanteraient en chœur, selon le monde antique :
« Io Pæan, ils sont revenus les grands dieux ! »

II.

Ces dieux jeunes et forts, ces dieux fous d'allégresse,
Qu'un monde adolescent adora trois mille ans,
Ces dieux avec lesquelles s'évanouit la Grèce,
Aigles olympiens qu'outragent les milans
Et qui pleurent dans l'ombre une trop longue ivresse.

Fait-il croire aujourd'hui les songeurs allemands ?
Vient-elle ramener dans un monde sceptique
Des rois sans royauté, des fantômes charmants ?
Dira-t-elle aux humains, prophétesse mystique :
« Rendez Paros, rendez Cythère aux dieux aimants ! »

Non ! car les dieux sont morts et couchés dans leur tombe,
Sous leurs temples déchus, linceul marmoréen,
Ils dorment abattus ainsi qu'une hécatombe,
Et ta religion, pâle Nazaréen,
Étend sur l'univers ses ailes de colombe.

III.

Mais un nouvel amour naquit avec le Christ.
Elle n'est pas déesse ... elle est mieux, elle est femme !
Les immortels étaient matière, elle est esprit,
Et peut illuminer, par la candeur de l'âme,
Le poëme divin sur son visage écrit.

Elle a de l'idéal les deux signes féeriques,
La forme éblouissante au prestige vainqueur,
Et la pensée ouverte aux extases lyriques.
Païenne par le corps, chrétienne par le cœur,
Elle unit notre siècle aux siècles homériques.

La forme et la pensée, ô merveilleux accord,
Qui seul peut t'accomplir, perfection humaine !
C'est l'urne et la liqueur, c'est le son et le cor.
Chez elle c'est la Vierge et l'Anadyomène,
C'est Marie et Psyché ... mais écoutez encor.

IV.

Lorsque j'ai ciselé dans le blanc Pentélique
Cette ode, mon hommage à sa divinité,
J'ai senti dans mon cœur l'effroi mélancolique
Et le trouble, en doutant que la réalité
Daignât se reconnaître au portrait symbolique.

Acceptez cet encens offert à vos trépieds ;
Laissez sur votre front luire cette auréole ;
N'exilez pas mes vers, oiseaux expatriés :
Car ils revoleraient à vous d'une aile folle,
Pour vivre à vos côtés ou mourir à vos pieds !

III : Apothéose

J'admire de ton front la pâleur sidérale
Où ne se mêle pas un vulgaire carmin,
La neige qui se moule en nacre sur ta main,
Et toutes ces blancheurs qui défieraient le hâle.

La Vénus de Milo ravit le genre humain
Par un contour moins pur que ta forme idéale,
Et n'a point les rayons de ce regard romain
Qui soumet le poëte à ta splendeur fatale.

C'est que tu fus jadis une divinité,
Souriant à l'espoir de son éternité,
Dans le calme enfantin et la première ivresse.

Eros s'est envolé devant Jésus vainqueur !
Mais toujours on t'admire, et l'ardente jeunesse
Fait ton apothéose à l'autel de son cœur.[3]

(vgl. Übersetzung, S. 70–72)

Die Geschlossenheit des Zyklus wird nicht nur durch die Rahmenkomposition und das in allen Teilen gleiche Versmaß des Alexandriners, sondern vor allem durch die stark an Heinrich Heines „Elementargeister" oder „Die Götter im Exil" erinnernde Thematik deutlich. Schon das erste Sonett „Réminiscence" thematisiert die Sehnsucht nach der verloren gegangenen Welt der „Götter Griechenlands" – auch dies ein Titel Heines – als Voraussetzung einer Renaissance bzw. Auferstehung derselben. Es ist eine Welt der Heiterkeit und Jugend, worin der Geist der Antike das Haupt des Adonis und den Busen der Psyche umweht, Anspielung auf den antiken Mythos von Venus und Adonis im zehnten Buch von Ovids „Metamorphosen", V. 503–739, und das Märchen „Amor und Psyche" in dem gleichnamigen Werk von Apuleius, Buch 4,28 bis 6,24. Egal ob man nun zu den Heroen, Sterblichen oder Göttern zählt: Die Welt der Antike befreit und ertüchtigt bei der eigenen Lebensführung zum Schlagen der Lyra bzw. zum Führen des Degens.

Der erste Teil des Gedichtes „Olympia" behandelt zunächst die olympische Liebesgöttin, welche Giorgione und Tizian, die direkten Vorbilder für Manets „Olympia", zu ihren Werken inspiriert hat. Auch hierzu gibt es eine entsprechende Passage Heines.[4] Ferner wird auf die Götterstatuen von Benvenuto Cellini, Ronsards Liebesgedichte und die Königin Imogen aus Shakespeares „The Tragedy of Cymbeline" als Inspirationsquellen verwiesen.[5] Solche Schöpfungen veranlassen die Dichter in der Nachfolge Platons, das Entstehen derartiger Ikonen als Rückkehr der starken Götter zu preisen. Der nach der Ankunft des Nazareners erfolgte Tod oder das Exil der Götter scheint durch die Kunst revidiert.

Das Entschwinden der antiken Gottheiten aus einer skeptischen und christlichen Welt, ihre Degeneration zu reizenden Phantomen oder ihr Tod unter den Marmortrümmern der Tempel beklagt der zweite Teil des Gedichts; die durchaus nicht antike, sondern dezidiert christliche Grundhaltung des Mitleids ist bereits bei Heine in „Die Götter Griechenlands" als auch in „Elementargeister" vorgeprägt.[6] Das Dahinsiechen der vom Blut Christi besprengten Götter und den Tod des großen Gottes Pan hatte Heine in einer Passage von „Ludwig Börne. Eine Denkschrift" gestaltet[7] und den Rückzug der übrigen in den verwunschenen Bereich in seinen bereits genannten Schriften „Die Götter im Exil" und „Elementargeister".

In erstgenannter erscheinen Apoll als Viehzüchter in Oberösterreich, Mars als Landsknecht bei der Sacco di Roma, Bacchus, Silen und Faun erscheinen als geile Mönche in der Funktion von Abt, Küchen- und Kellermeister, der Seelenführer Merkur sorgt als holländischer Kaufmann an der ostfriesischen Küste für die Überfahrt der Toten nach Helgoland, und Jupiter betreibt auf der Kanincheninsel im russischen Polarmeer Fellhandel mit den Walfängern. Neptun und Pluto werden in ihren alten Wirkungskreisen belassen, Venus und ihr Gewerbe bleiben ausgespart, finden sich aber in folgender Passage aus Heines „Elementargeister":

> Transformazion der altheidnischen Götter […] Diese sind keine Gespenster, denn, wie ich mehrmals angeführt, sie sind nicht todt; sie sind unerschaffene, unsterbliche Wesen, die nach dem Siege Christi, sich zurückziehen mußten in die unterirdische Verborgenheit, wo sie mit den übrigen Elementargeistern zusammenhausend, ihre dämonische Wirthschaft treiben. Am eigenthümlichsten, romantisch wunderbar, klingt im deutschen Volke die Sage von der Göttinn Venus, die, als ihre Tempel gebrochen wurden, sich in einen geheimen Berg flüchtete, wo sie mit dem heitersten Luftgesindel, mit schönen Wald- und Wassernymphen, auch manchen berühmten Helden, die plötzlich aus der Welt verschwunden, das abentheuerlichste Freudenleben führt. Schon von weitem, wenn du dem Berge nahest, hörst du das vergnügte Lachen und die süßen Cytherklänge, die sich wie eine unsichtbare Kette um dein Herz schlingen, und dich hineinzuziehen in den Berg.[8]

Nicht zufällig folgt dieser Passage bei Heine eine anonyme Tannhäuser-Dichtung, die am Vorabend des Dreißigjährigen Krieges von Heinrich Kornmann überliefert wurde, gefolgt vom Hinweis auf eine weitere, von Ludwig Bechstein überlieferte Version sowie eine eigene satirische Adaption dieses Sagenstoffes.[9] Die erstgenannte diente zusammen mit „Der Tannhäuser" der Brüder Grimm aus dem ersten Band der „Deutschen Sagen" und weiteren Überlieferungen aus der Zeit der Romantik als Anregung für die gleichnamige Oper Richard Wagners aus dem Jahr 1845, die im März 1861 eine polarisierende Aufführung in Paris erlebte.[10]

Nur ein halbes Jahr später erschien Marcys Gedicht. Es nimmt durch den Vers „Faut-il croire aujourd'hui les songeurs allemands" direkten Bezug auf die kollektive Überlieferung zum Exil der Göttin Venus im Hörselberg; die religionsgeschichtliche Einbettung verweist dabei eindeutig auf Heinrich Heine, der unter den Inspirationsquellen zu Wagners „Tannhäuser" eher selten genannt wird. Doch im Gegensatz zum Düsseldorfer Dichter stehen Antike und Christentum bei Marcy weniger gegensätzlich als vielmehr komplementär gegenüber. Die beiden Schlussverse des zweiten Teils, „Et ta religion, pâle Nazaréen / Étend sur l'univers ses ailes de colombe", bedienen sich des Symbols der Taube für den Heiligen Geist, der über der Welt schwebt wie zu Beginn der Schöpfung über dem Wasser.

Der dritte Teil des Gedichts enthält das eigentliche Programm für Manets „Olympia". Ganz im Sinne Heines hat der Künstler die Aufgabe, den Göttern im Exil zu begegnen und unter ihrer alltäglichen Verkleidung ihren Wert und ihre menschliche Würde zu erkennen. Dies geschieht nicht, indem man sich vom Geist des „blassen Nazareners" abwendet, sondern indem man seine Kenosis akzeptiert,

d. h. die künstlerische Entäußerung der göttlichen Figur und die Darstellung der Gottheit im Alltag. Der Menschwerdung Gottes entspricht die Fleischwerdung der Frau.

Anders als die Figur des Tannhäuser braucht der Künstler nicht in Rom zu Kreuze kriechen und auf das grüne Ausschlagen des Pilgerstabs zu warten. In der Nachfolge Christi und im Geist von dessen Religion wendet er sich der Venus zu und erlöst sie aus den „antres malsaines"[11] des Hörselbergs, indem er sie nicht mehr auf die traditionelle Rolle des Lustobjekts, der Ware oder des Eigentums reduziert, sondern als Frau mit eigenem Geist und eigenen Bedürfnissen wahrnimmt, gerade in ihrem Recht auf sexuelle Selbstbestimmung. Das mit Christus geborene neue Verständnis der Liebe, welches die Angebetete nicht als Göttin, sondern als Frau mit paganem Leib und christlicher Seele akzeptiert und als Gegenüber gelten lässt, macht den Inhalt des dritten Gedichtteils aus. Den Kulminationspunkt bildet die Parallelisierung der Jungfrau Maria mit der Schaumgeborenen und mit der Gestalt der Psyche in den beiden Schlussversen.

Die Darstellung Olympias als starke, emanzipierte und inspirierende, das heroische Zeitalter Homers wieder herauführende Frau findet sich sowohl in dem programmatischen Gedicht Marcys als auch in dem gleichnamigen Gemälde Manets. Die bis heute aktuelle Modernität dieser Konzeption wurde gleichzeitig zum Stein des Anstoßes für die Entrüstungsorgien des Bürgertums, wie sie sich bei der Ausstellung des Gemäldes im Salon 1865 zeigen sollten. Der vierte und letzte Gedichtteil von „Olympia" hegt bereits Zweifel daran, „que la réalité / Daignât se reconnaître au portrait symbolique", und fordert die Leser auf, die heimatlosen Verse nicht zu exilieren, weil sie auf tollen Flügeln wiederkehren würden, um bei ihnen zu leben oder zu ihren Füßen zu sterben; Ausdruck für die Unabweisbarkeit der Moderne, welche immer mit einem hohen Wagnis verbunden ist. Durchaus mit Bezug auf den „Olympia"-Skandal von 1865 monierte etwa Joris-Karl Huysmans unter dem Titel „Le Salon de Poésie" die mangelnde Risikobereitschaft bei den Dichtern des Parnasse contemporain im Blick auf ihr traditionalistisches und sentimentales Frauenverständnis:

> O Dieu ! Il ne se trouvera donc pas, parmi tous les débutants, un homme qui me campe sur ses pieds une vraie femme, qu'elle suit blanchisseuse ou princesse, artisane en godailles, ou fille honnête, une femme enfin dont le ventre tendu de peau rose ne soit pas rempli de son et dont les yeux d'émail ne soient pas trempés de larmes ! Je demande que les travailleurs effacent de leur échoppe cette enseigne : « fait de neuf ! »[12]

Entsprechend verwundert eine zögerliche Haltung des Malers gerade gegenüber diesem späteren Meisterwerk keineswegs. Sie wird auch von dem oben genannten Biografen Edmond Bazire dokumentiert:

> Car ce téméraire eut ses timidités. La fameuse Olympia en fut une preuve concluante, et, si Manet eût été isolé, s'il eût obéi à ses seules préoccupations, très probablement elle ne serait pas encore elle n'eut jamais été livrée à cet ogre la foule.[13]

Vor diesem Hintergrund dürfte man nicht fehlgehen, das Gedicht „Olympia" von Marcy als entscheidendes Bildprogramm, Impulsgeber und Inspirationsquelle bei der Titelwahl des gleichnamigen Gemäldes Manets anzusehen.

Die aufgezeigte Linie findet in dem abschließenden Sonnet „Apothéose" seine Fortsetzung. Die Quartette nehmen das strahlende Weiß des Körpers auf dem Gemälde Manets und das dem Betrachter zugewandte Gesicht in seiner sternenhaften Blässe ebenso vorweg wie dessen Abweichung vom klassischen Formideal. Mit der Vermenschlichung geht der Verlust der fatalen Aura der Liebesgöttin einher, wie sie etwa in Heines „Die Götter Griechenlands" zu finden ist.[14] Aus der Gottheit ist eine junge Frau geworden, die auf die Ewigkeit ihres ersten Liebesrausches hofft und ihm mit kindlicher Ruhe entgegenlächelt. Sie findet nach der Flucht des Eros vor dem siegreichen Jesus ihre Verehrung und Apotheose auf den Herzensaltären der Jugend. Der Mensch nimmt somit als Mann und als Frau die schöpfungsgemäße Bestimmung zum Bilde Gottes ein.

Nun zur Verfasserfrage: Die „Poésies païennes" bilden den Abschluss einer Reihe von insgesamt fünfzehn Gedichttiteln, die zwischen Januar und Oktober 1861 in den Zeitschriften „L'Artiste", „Revue fantaisiste" und „Le Papillon" unter dem Namen Georges Marcy erschienen.[15] Jules Cauvin (1826–1879) vermutete am 31. März 1861 im „Figaro", dass es sich um ein Pseudonym des jungen Erfolgsautors Emmanuel des Essarts handelt, der von seiner Schule mit Publikationsverbot belegt worden sei. Die Möglichkeit eines befreundeten Co-Autors hält er indessen offen:

> Cependant nous soupçonnons Georges Marcy d'être l'ami intime de M. des Essarts fils. Sous un pseudonyme ou non, il se propose d'éditer *Amours et rêveries*, un volume des poésies sérieuses, et le *Journal d'un Elève de l'École normal*, un volume des rimes funambulesques. Il a en outre en portefeuille des comédies proverbes, « genre Musset, » et des comédies fantastiques, « genre Shakespeare ».[16]

Es blieb die einzige Aussage über Georges Marcy in der zeitgenössischen Presse. Des Essarts hatte 1861 an allen drei Zeitschriften teilgenommen, in denen auch Marcy veröffentlichte.[17] Die von Cauvain erwähnten Gedichtbände in Planung wurden nie veröffentlicht, und die meisten der Marcy-Gedichte finden sich unter dem Namen von Emmanuel des Essarts schon in dessen erster Sammlung „Poésies parisiennes" von 1862 oder in Zeitschriftenpublikationen aus demselben Jahr wieder, einige davon überarbeitet oder mit geänderter Überschrift.[18] Erst 1864 übernahm des Essarts Marcys „Poésies païennes" in seine zweite Sammlung „Les Élévations". Dabei löste er die ursprüngliche Einheit der drei Gedichte auf, zwei von ihnen benannte er um und verwendete den frei werdenden Obertitel „Poésies païennes" für den vierten Abschnitt seiner „Élévations".

Aus „Olympia" wurde „L'Olympienne". Der Titel firmiert als sechster von vierzehn in der zweiten Sektion „Symboles et Tableaux" dieser Sammlung, der Bezug zum gleichnamigen Gemälde von Manet wird somit verschleiert. Die vier Abschnitte des Gedichts weisen ferner einige Ergänzungen und Varianten auf. Die wichtigste ist wohl die Einfügung der Strophen 2 und 3 im ersten Abschnitt:

Car ils devineraient quelle métempsycose
À transmis jusqu'à nous ce type de beauté,
Fleur au tendre parfum sous des brouillards éclose,
Et se diraient pensifs ! « C'est Vénus Astarté
Qui vient renouveler sa blanche apothéose. »

Michel-Ange ébloui dans le marbre vivant
Taillerait les contours de sa forme immortelle,
Et le blond Raphaël, admirateur fervent,
La peindrait sur l'autel chrétien, vierge si belle
Que le lévite irait la prier en rêvant.[19]

Die Veränderungen sind keineswegs Verbesserungen: Die klare Struktur des Gedichts wird durch historisierenden Bildungsplunder überfrachtet, die Anspielungen
auf die genannten Titel Heines und auf Wagners „Tannhäuser" rücken in den Hintergrund. Ähnliches gilt für die beiden Sonette „Réminiscence" und „Apothéose".
Ersteres eröffnet den bereits genannten vierten und letzten Abschnitt „Poésies
païennes" der „Élévations", als dessen zehnter Titel dann das in „À Antoinette"
umbenannte Sonett „Apothéose" firmiert. Beide haben ihre ursprüngliche Funktion als Rahmen für das zentrale Gedicht „Olympia" verloren und sind willkürlich
voneinander getrennt.[20]

Die Ungeschicklichkeit des Verfassers von „Les Élévations" bei der Redaktion
der „Poésies païennes" aus „L'Artiste" vom 1. Oktober 1861 ist derart offensichtlich, dass man sich fragt, ob hier die ursprüngliche Einheit vorsätzlich zur Ver-
wischung von unliebsamen Spuren auseinandergerissen wurde. Anders gefragt:
Sind die Gedichte von Georges Marcy, die Emmanuel des Essarts in Gänze für
sich reklamiert, überhaupt in Gänze von ihm geschrieben worden?

Stéphane Mallarmé, eng mit Emmanuel des Essarts befreundet, gibt hierzu in
seiner Rezension der „Poésies parisiennes" eine ebenso eindeutige wie plausible
Antwort. Unmissverständlich verweist er auf den großen Anteil von Nina Gaillard
bei der Entstehung dieser Gedichtsammlung seines Freundes, ohne dass ihr Name
genannt wird:

« À Paris, derrière le million qu'on ambitionne, il y a toujours une figure de femme qui
sourit et qui vous appelle avec le geste délicieux des sirènes, » a dit dans ses *Esquisses parisiennes* Th. de Banville. Aussi l'amour règne-t-il en maître dans deux parties du volume,
la première et la dernière, qu'on pourrait intituler la vie amoureuse et la vie galante, et se
glisse-t-il toujours dans les deux autres, qui sont un reflet de la vie mondaine (*high-life*)
et de la vie artistique. […] Ce n'est pas à dire pourtant que ce livre n'ait son côté frivole ;
il eût été incomplet, si le poëte ne l'avait enrubanné de strophes en falbalas, et ne s'était
fait parfois le Watteau de la mode. Pour que sa Muse fût une Parisienne, elle devait savoir
parler chiffons au besoin, et chanter la ceinture régente et les petits chapeaux de velours
azuline [sic].[21]

Tatsächlich ist diese Gedichtsammlung von Emmanuel des Essarts nicht weniger
durch die junge Dame geprägt als später etwa „Le Coffret de Santal" ihres langjährigen Liebhabers Charles Cros. Dieses zeigt sich nicht nur in den von Mallarmé
als Beispiel angeführten Titeln „Danse idéale", „Nuit d'hiver" oder „Parisienne de
Watteau". Selbst die Kosenamen besagter Muse, „Ninette" oder „Ninon", tauchen
beiläufig auf, ebenso wie ihr damaliger Wohnort in der Rue Bréda.[22] Mit den Worten Mallarmés: „Je sais que la Muse d'E. des Essarts doit être brune; les brunes
ont seules cette vivacité, et seules peuvent inspirer ces vers frappés et nerveux."[23]
Demgegenüber fällt der Band „Les Élévations" in antikisierende Schemata zurück
und ist – wie auch die spätere Lyrik von des Essarts – an Modernität und Lebendigkeit keineswegs mit seinem Erstling zu vergleichen.

Umgekehrt nimmt die Ankündigung einer Gedichtsammlung „Poésies parisiennes" von Émile Villars alias Nina im Jahr 1869, die lediglich in vier Lieferungen zu „L'Artiste" und nicht als Buch erscheinen sollte, selbstbewusst Bezug auf den gleichnamigen Titel von Emmanuel des Essarts.[24] 1862 ließ Mallarmé keinen Zweifel daran aufkommen, dass es sich um eine aktive Beteiligung an der Entstehung der Gedichtsammlung „Poésies parisiennes" handelte, die seinen Inhalt vor allem der Muse und die Form ihrem Freund Emmanuel des Essarts verdankte:

> Quoique le poëte soit dans son livre entier, il n'est pas entier dans son livre ; et pourtant, chose rare, son premier livre – oh ! le premier volume de vers ! – s'appartient, et son début n'est pas un essai. De grands esprits ont commencé par le pastiche : Emmanuel des Essarts doit être fier d'avoir trouvé sa forme. Et cela, je crois qu'il doit à la sincérité : il n'a glané nulle part, il a semé chez lui. Ses croyances sont dans son livre, et sa jeune expérience aussi. De là il a senti que toute être *lyrisée* [sc.: par Nina], et a compris qu'on pouvait chercher hors de l'antiquité, du moyen-âge, de la renaissance ou du Pompadour, dans la consciencieuse étude de son âme et dans la franche observation de son temps.[25]

Mallarmé selbst zollte der Dame Tribut mit dem Sonett „Placet" und einem Quartett in dem gemeinsam mit des Essarts verfassten Gedicht „Le Carrefour des Demoiselles", welches Nina vor allem als Wagner-begeisterte Musikerin darstellt.[26]

Mehr als dem Publikationsverbot der Schulverwaltung dürften sich die unter „Georges Marcy" veröffentlichten Titel also der Koproduktionen von Emmanuel des Essarts mit seiner dunkelhaarigen Muse verdanken. Ähnliche Zusammenarbeiten sind auch zwischen Nina und Charles Cros sowie zwischen ihr und Anatole France oder Léon Valade dokumentiert.[27] Das Zertrümmern des Zyklus „Poésies païennes" und die Umbenennung zweier daraus entnommener Gedichte in den „Élévations" zeigen den hohen Grad ihrer Mitwirkung bei dem Titel deutlich an.

Das Verhältnis zwischen Emmanuel des Essarts und Nina wurde bereits 1933 von Auriant (Pseudonym von Alexandre Hadjivassiliou, 1895–1990) im „Mercure de France" behandelt.[28] Er verweist vor allem auf die Gedichte „Portrait de Femme" und „Villanelle", die Emmanuel des Essarts 1859 und 1860 in „L'Abeille impériale" jeweils mit der Widmung „À mademoiselle N[ina] G[aillard]" veröffentlichte. Am 7. Juni 1863 ließ des Essarts erstgenanntes Gedicht unter dem Titel „Portrait à Mlle Nina Gaillard" erneut in „Le Papillon" erscheinen und pünktlich zu Ninas zwanzigstem Geburtstag „Apothéose, à Antoinette".[29] Es ist keineswegs unwahrscheinlich, dass er im September 1861 auch das Liebesgedicht „Nina" unter dem Namen „Malbousquet" in „Le Papillon" veröffentlichte, sofern sich nicht Mallarmé hinter diesem ähnlich klingenden Pseudonym verbirgt.[30]

Obwohl Nina Ende 1863 Hector de Callias kennen und lieben lernte und mit ihm zwischen 1864 und 1868 eine zunehmend unglückliche Ehe führte, blieb des Essarts ihrem Salon noch lange verbunden. Drei Einträge in ihrem Album zeugen davon: „Le Jardin des Racines Parisiennes renouvelé de Port-Royal (sans A)" vom 1. November 1863 und „Nouveau Jardin des Racines Parisiennes de plus en plus renouvelé de Port Royal" vom 4. Oktober 1868 bieten jeweils eine Gästeliste in Versen, während das Gedicht „Rimembrezza" vom 4. Oktober 1868 auf eine gemeinsame Theateraufführung im Jahr 1864 anspielt sowie auf die Trennung des Paares „Andromaque" [Nina] und „Hector" [de Callias] vier Jahre später.[31] Noch

1873 widmete ihm Charles Cros das Gedicht „Promenade" in „Le Coffret de Santal"; des Essarts scheint also weiterhin den Salon Ninas frequentiert zu haben.[32]

Die Zusammenarbeit zwischen Nina und ihrem Verehrer endete mit der Veröffentlichung der „Poésies parisiennes" 1862, spätestens aber mit Ninas Verlobung im darauffolgenden Jahr, da der kleinwüchsige und kurzsichtige Emmanuel des Essarts für sie weder als Liebhaber noch als Ehepartner infrage kam.[33] Doch verdankte sie ihm den Zugang zu Literatenkreisen und einigen unter ihren späteren Salongästen.[34] Emmanuel des Essarts thematisierte das Ende seines Werbens um Nina in den Gedichten „Après l'Amour" und „La première Maîtresse"[35], vor allem aber in „La Boite de Pandore":

> Tu m'as ensorcelé, perfide : je t'adore,
> Jettatrice ! et malgré l'exorcisme aux vains mots,
> Nos amours sont liés ainsi que des jumeaux ;
> Et qu'on les désunisse, ils se joindront encore !
>
> Car ton cœur est pour moi la boite de Pandore
> Qui cache en ses replis l'essaim trompeur des maux
> L'envie et la colère y croisent leurs émaux,
> La luxure y sourit aux baisers qu'elle implore.
>
> La gourmandise y dort, prompte à se réveiller ;
> La paresse s'y fait un charmant oreiller ;
> L'orgueil s'y dissimule avec indifférence.
>
> Et pourtant j'ai rêvé d'ouvrir ce cœur fatal ...
> C'est qu'au fond de la boite, avec un doux signal.
> – Un signal amoureux, – m'appelle l'espérance,[36]

Um den Anteil von Nina Gaillard an dem Zyklus „Poésies païennes" von 1861 zu evaluieren, gilt es folgendes zu bedenken: Die oben genannten Schriften Heines, insbesondere „Die Götter im Exil" und „Elementargeister", lagen nicht in den französischen Ausgaben der „Reisebilder – Tableaux de voyage" (Paris, Lévy, 1856, Hg.: Théophile Gautier) und „De l'Allemagne" (Paris, Renduel, 1835) vor. Ihre Lektüre setzt gute Deutschkenntnisse und ein hohes Interesse am Dichter des „Intermezzos" voraus. Nina Gaillard, die beim Entstehen besagter Gedichte zwischen siebzehn und achtzehn Jahre alt war, verfügte dank eines privaten Hauslehrers über beide Eigenschaften.[37] Entsprechende Kenntnisse neuerer Sprachen besaß Emmanuel des Essarts nicht; er war vor allem Gräzist.

Ninas Salon öffnete Anfang 1862 seine Pforten und war von Beginn an ein Kulminationspunkt der französischen Heine-Rezeption. Ihm gehörten Heines langjähriger Freund und Herausgeber der erwähnten „Reisebilder", Théophile Gautier, an sowie Ninas poetischer Ziehvater Théodore de Banville.[38] Seine Hommage an Heine, die er eine Woche nach dessen Tod im „Figaro" veröffentlichte, lässt an Wertschätzung nichts zu wünschen übrig.[39]

Im direkten Umfeld von Ninas Salon entstanden gleich zwei Übersetzungen von Heines „Lyrischem Intermezzo". Die erste des Autorengespanns Albert Mérat und Léon Valade erschien 1868 bei Alphonse Lemerre.[40] Quantitativ und qualitativ ist der Anteil von Léon Valade höher, zwölf Jahre später folgte „Nocturnes: Poëmes imités de Henri Heine" (Paris, Patey, 1880). Die Kritiken zu beiden Titeln verdanken sich Ninas Salongästen; persönliche Beziehungen und Publikations-netzwerke sind kommunizierende Röhren.[41]

Heines „Lyrisches Intermezzo" wurde ferner durch Charles Tabaraud und Er-nest Vaughan übersetzt, Letzterer bekannt als Herausgeber der Tageszeitung „L'Aurore", worin Émile Zola seinen offenen Brief „J'accuse" zur Dreyfus-Af-färe veröffentlichte. Weitaus wörtlicher und naturalistischer als das frühere Un-ternehmen von Mérat und Valade erschien die Übersetzung zunächst 1877 in der belgischen Zeitschrift „L'Artiste" von Théodore Hannon, an der auch Nina alias Émile Villars unter den üblichen Kürzeln „E. V." beteiligt war.[42] Die erst 1884 er-folgte Buchpublikation wurde von Ninas zeitweiligem Liebhaber Edmond Bazire (1846–1892) und Julien Sermet (1855–1906), dem Sekretär ihres Salongastes Camille Pelletan, rezensiert.[43]

Darüber hinaus unterhielt Nina Kontakte zu Elise Krinitz (1825–1896), besser bekannt als „Mouche"; sie pflegte Heine in seiner Matratzengruft zu besuchen. Später arbeitete sie gemeinsam mit Nina in der Redaktion der Wochenzeitung „La Vie parisienne". Krinitz schrieb dort bis 1868 unter ihrem Pseudonym Camille Selden, Nina bis 1884 sukzessive unter den Decknamen Émile Villars, Claude, In-authentique und Ina.[44] Die Rezension zu Camille Seldens „Les derniers jours de Henri Heine" (Paris, Lorenz, 1884) ist ihre letzte nachweisbare Veröffentlichung. Sie schätzte den deutschen Dichter vor allem als Musiker; für sie ist Heine:

> le plus grand poëte lyrique de l'Allemagne qui allait prendre place entre Goëthe, Rüchert [sic; recte: Rückert] et Lenau, du prosateur du critique comparable à Burne [sic; recte: Börne]. L'admirable *Buch der Lieder* a alimenté la musique. Toutes les poésies contenues dans ce volume sont devenues de véritables chants populaires. Henri Heine a eu l'unique honneur d'inspirer à Mendelssohn, à Schubert, à Schumann, à Liszt, à Robert Franz, à Rubinstein la plupart de leurs chefs d'œuvres, jamais poëte n'a été plus mis en musique, et par quels musiciens ![45]

Vergleichbares fehlt bei Emmanuel des Essarts, und auch in den übrigen Gedich-ten von „Georges Marcy" zeugt etliches für einen hohen Anteil Ninas bei der Entstehung. Die dreiteilige Suite „Chansons de Voyageur", am 1. Januar 1861 in „L'Artiste" erschienen, umfasst die Titel „I: Chanson catalane", „II: Chanson espagnol" und „III: Dernière Chanson".[46] Es sind gekonnte Pastiches von Musset, ähnlich wie „Au Bœuf gras", „Los Oyos de mi Morena", „Rondeña, Castagnette", „Fleur-de-Lis: Variations sur la ‚Chanson de Fortunio'" und „Brune et Blonde" von Émile Villars in „Le Roman de la parisienne"[47], oder die anonymen „Paroles sur un air espagnol" in „La Vie parisienne" vom Februar 1863.[48] Wie die meisten dieser Titel scheinen die „Chansons de Voyageur" Marcys (Selbst-)Porträts Ninas in spanischer Kleidung zu sein.

Die beiden „Ballades de la rue d'Antin: I Le dieu Caprice; II: Brunes et Blon-des" Marcys in der „Revue fantaisiste" sind Charles C. und Henri C. gewidmet. Sollte es sich hierbei um das Brüderpaar Charles und Henri Cros handeln? Die Anrede „Toi qui sais tout" in der ersten Ballade würde jedenfalls sehr gut zu dem Erfinder und Wissenschaftler passen und der Refrain der zweiten Ballade „Mon amoureuse n'est pas blonde" zu Ninas Haarfarbe.[49] Der Straßenname im Titel spielt auf den Wohnort von Marguerite Gauthier an (Nr. 9), der Heldin des Romans „Die Kameliendame" von Alexandre Dumas fils, ein Lieblingsbuch Ninas. Die Widmungen an die zwei späteren Stammgäste ihres Salons ersetzte Emmanuel des Essarts in den „Poésies parisiennes" 1862 durch solche an Albert de Cheppe (1838–1871) bzw. Charles Lucas (1803–1889) aus seinem Umfeld. In der „Ballade des petites fleurettes" aus „Le Papillon" spricht folgende Passage eher für eine Autorin: „Moi qui suis né pour voler / Dans le jardin des amourettes, / Au reste du monde étranger, / J'aime les petites fleurettes."[50]

Das „Sonnet à Madame la princesse de Solms" richtet sich an Marie-Laetitia Bonaparte-Wyse, die 1848 den Elsässer Frédéric-Joseph de Solms in zweiter Ehe geheiratet hatte; das Paar trennte sich jedoch kurz darauf. Sie verkehrte in Schriftstellerkreisen und unterhielt ein kompromittierendes Verhältnis mit Eugène Sue. Napoleon III. verbannte sie deswegen 1852 nach Aix-les-Bains (Savoyen). Nach der Annexion Savoyens durfte sie 1860 nach Paris zurückkehren und heiratete 1863 Urbano Rattazzi. Unter diesem Namen gehörte sie lange zu den Stammgästen im Salon von Nina, während nähere Beziehungen von Emmanuel des Essarts zu dieser Nichte des Kaisers nicht belegt sind.

Das Gedicht „L'éternel Gulliver" scheint autobiografischer Natur zu sein und thematisiert im Spiegel der ersten beiden Bücher von Swifts Roman die Neigung Ninas, die Dinge entweder zu groß oder zu klein zu sehen. Dieser Charakterzug wird auch von ihren Zeitgenossen bezeugt. Adolphe Racot, Salongast der ersten Stunde, schrieb in einer Kritik ihrer posthum veröffentlichten „Feuillets parisiens": „C'était un rare tempérament d'artiste, tout cerveau et tout nerfs, affamé d'étrange et de bizarre, aimant la force et la grâce, et horripilant le convenu et le banal."[51] Noch direkter ist der anonyme Nachruf aus der Tageszeitung „La Gironde": „C'était une femme fort intelligente et bonne musicienne, mais un cerveau mal équilibré."[52] Die Verse 37–39 – „Il baptise Marco du surnom de Philis; / Pour deux camélias il compterait vingt lis, / Et cherche une Marcelle au fond du demi-monde"[53] – scheinen bereits auf das Gedicht „Marco" aus Verlaines „Poèmes saturniens" sowie auf die Muse „Marcelle" in Corbières „Les Amours jaunes" zu verweisen. Auch der ungewöhnliche Plural „pensers" in Vers 28 gehört zu den lexikalischen Eigenheiten der Dichterin.[54]

Wie „L'éternel Gulliver" zeigt auch „Invitation au bois" eine Vorliebe für fremdsprachige oder exotische Ausdrücke ähnlich denen, die später in den Gedichten von Villars-Villard zu finden sind (z. B.: doña Sol, tryblis). Metaphern werden zu emblematischen Symbolen verdichtet („Le vent fera jouer l'orgue des peupliers; / Concert universel et vagues symphonies / Dont l'ange de la nuit note les harmonies; / Grand oratorio fait des sons et de vers, / Que pour le Créateur compose l'univers"); sie lassen auf eine Musikerin mit religiöser Bindung schließen.[55] Emmanuel des Essarts zeigt in seinem Gedicht „Luther à Erfurth"[56] zwar auch protestantische Neigungen – Nina war Hugenottin –, doch ein tieferes musikalisches Verständnis fehlte ihm.

„Émaux et Camées" war in der Fassung der „Poésies parisiennes" schon am 10. April 1859 unter dem Titel „Critique: Émaux et Camées, nouvelle édition" in „L'Artiste" erschienen. Die gekürzte Version von Georges Marcy in „Le Papillon" vom 25. Juli 1861 würde nur für die Bezeichnung des Anteils von Nina Gaillard einen Sinn ergeben.[57] Marcys Prosagedicht „Watteau" vom 10. März 1861 publizierte Emmanuel des Essarts nicht unter seinem Namen. Es verweist bereits auf Verlaines „Fêtes galantes"; der Titel der späteren Gedichtsammlung erscheint im zweiten Satz kursiviert mit großen Anfangsbuchstaben. Die Kulisse der französischen Parklandschaft Watteaus wird dort um das Dekor von Shakespeares Komödien, der italienischen Commedia dell'arte und sogar um spanisches Lokalkolorit erweitert. Das passt eher zu Nina als zu ihrem antikisierenden Freund.[58]

Beim Nachweis von Kontakten zu Édouard Manet fällt das Ergebnis ebenfalls zugunsten von Nina aus. Er gehörte zu ihren Salongästen und findet in zwei ihrer Gedichte Erwähnung, so am Ende von „Partie de Champagne", erstmals am 1. Oktober 1882 in „La Vie artistique" erschienen[59], ferner im Sonett „Le Rhythme" vom November 1868; dort heißt es: „On n'est / Pas parfait – sauf Monsieur Manet".[60] Zwischen beiden Daten liegt die Entstehung von Manets Gemälde „Dame mit Fächern" in den Jahren 1873/74, in dem Nina de Villard als Modell posiert. Es ist das letzte in einer Reihe von Porträts von Damen auf einem Diwan, die mit „Olympia" begonnen hatte.

Charles Cros, Ninas langjähriger Geliebter, thematisierte eine der Sitzungen in seinem Sonett „Scène d'Atelier", das er zusammen mit Manets Skizze „Une Parisienne" Anfang 1874 in „La Revue du Monde nouveau" veröffentlichte und in der zweiten Ausgabe von „Le Coffret de Santal" (Tresse, 1879) dem Maler widmete.[61] In den Quartetten erscheint das Modell als „futile"; ihr Kragen wird als „fraise" bezeichnet und mit einem „papier d'un bouquet" verglichen. In der Tat erscheint „Une Parisienne" im Gegensatz zur „Dame mit Fächern" in einer kleinen Halskrause, die aber keineswegs mit dem Seidenpapier eines Blumenstraußes vergleichbar ist. Auch das Beiwort „futile" passt denkbar schlecht zu Nina. Als versteckte Reminiszenzen an „Olympia", das Urbild dieser Bildserie, würde beides hingegen durchaus Sinn ergeben. Bei dem im 10. Vers erwähnten „Club des Mirlitons" handelt es sich wie beim „Hôtel du Dragon bleu" um Decknamen für Ninas Salon.[62]

Neben „Scène d'Atelier" widmete Cros dem Maler das Gedicht „Transition" in besagtem Band. Es besteht aus drei Septetten mit dem Reimschema abababa in Alexandrinern. Die Abfolge von männlichen und weiblichen Reimen ändert sich von Strophe zu Strophe nicht.[63] Das Gedicht thematisiert den Übergang vom Winter zum Frühling; die Eindrücke der erwachenden Natur mit den entsprechenden Wetterveränderungen erscheinen wie folgt personifiziert: „La nature a comme dix-sept ans, / Jeune fille énervée, oscillant sur ses hanches, / Riant, pleurant, selon ses caprices flottants."[64] Sollte es sich wie in „Scène d'Atelier" um die gleiche Person handeln, würde hier das genaue Alter von Nina bei der Entstehung des Gedichts „Olympia" angegeben. Der an launisches Aprilwetter erinnernde Charakter der jungen Frau spricht für diese Lesart.[65]

Vor allem aber scheint Nina selbst ihre Beziehung zu Emmanuel des Essarts und Édouard Manet in der Verserzählung „Louise, un conte" auf recht ironische Weise thematisiert zu haben. Sie erschien unter dem Hapaxlegomenon Émile Rub am 15. Februar und am 1. März 1861 in der „Revue fantaisiste" und besteht aus 479 Versen. Diese sind in zwanzig unregelmäßige Strophen von zehn bis fünfund-

sechzig Versen unterteilt. Das Metrum wechselt willkürlich zwischen Alexandrinern und Achtsilbern, ein festes Reimschema fehlt. Von allen Gedichtbeiträgen
zur „Revue fantaisiste" ist „Louise, un conte" am weitesten vom parnassischen
Formideal entfernt. Die unerhörte Länge machte eine Veröffentlichung in zwei
aufeinanderfolgenden Ausgaben der Zeitschrift erforderlich, was ohne Fürsprache
des Herausgebers Catulle Mendès kaum denkbar gewesen wäre.[66]

In der Verserzählung versucht ein junger Jurastudent, seine Geliebte im Milieu
der Bohème loszuwerden, indem er sie von einem befreundeten Maler porträtie-
ren und verführen lässt. Bei dem vereinbarten Treffen lehnt die Dame die Annä-
herungsversuche des Künstlers ab. Dies führt dazu, dass der Student die Treue
seiner Freundin erkennt, sich in sie verliebt und sie schließlich heiratet, während
der Maler auf der Barrikade endet. Die Darstellung ist mit geistreichen bis sar-
kastischen Kommentaren gespickt, die Namen der Protagonisten Arthur und Hippolyte sind Argotausdrücke für Zuhälter (Arthur und Polyte) und markieren deren
wurmstichigen Charakter. Mit dem Begriff „lazzi" für Lazzaroni in Strophe XII
und dem Verweis auf das Restaurant Léfour gibt es weitere für Nina typische Beispiele von Salonargot in dieser Dichtung.

Man ist geneigt, den Jurastudenten Arthur mit Emmanuel des Essarts und den
Maler Hippolyte mit Édouard Manet zu identifizieren (dessen revolutionäre Mal-
weise ihn in der Tat für einen solchen Tod infrage kommen ließ). Autobiografische
Elemente sind in den Erzählungen Ninas nicht selten und trotz Stilisierung leicht
erkennbar. So verarbeitete sie beispielsweise ihre Beziehungen zu Charles und
Henri Cros 1869 in den Feuilletons „L'Archet" und „La Statue" oder das Scheitern
ihrer Ehe in „André Laval".[67] „Louise, un conte" zeigt zudem eine große Nähe
zu der aus 353 Alexandrinern bestehenden Verserzählung „Un aventure au Bal de
l'Opéra" aus dem „Roman de la Parisienne" von Émile Villars, ebenfalls in un-
regelmäßigen Strophen aufgeteilt, aber durchgehend in Alexandrinern verfasst.[68]
1861 gab es hingegen noch metrische Defizite.

Dass es sich bei Émile Rub tatsächlich um ein Pseudonym Ninas handelt, geht
aus vier Sonetten hervor, die Catulle Mendès im November unter der Gesamtüber-
schrift „Reflets" in seiner Zeitschrift veröffentlichte; die ersten drei davon unter
dem Titel „Louise". Schon das erste hebt ab auf die Beziehung zwischen dem
Herausgeber der „Revue fantaisiste" und der Autorin von „Louise, un conte".
Mendès bietet hier ein sehr frühes und psychologisch interessantes Charakterpor-
trät von Nina und ihrem „Harem", was später in den Sonetten „Une Tulipe" von
François Coppée (1866) und „Fleur exotique" von Armand Renaud (1869) wort-
wörtlich ein direktes Echo fand.[69]

Im zweiten Sonett wird das Alter von Louise bzw. der Autorin mit sechzehn
Jahren angegeben, was zum Zeitpunkt der Abfassung von „Louise, un conte" stim-
mig ist. Dass es sich bei den Sonetten um Liebesgedichte an die nunmehr 18-jäh-
rige handelt, wird am Ende des dritten deutlich.[70] Das vierte, „Bella" betitelt, handelt vom Besuch einer Kathedrale, den der Autor in Begleitung einer deutschen
Dame unternimmt; er endet wie folgt: „Je te dis: *Liebs*[t] *du mich?* Tu me répon-
dis: *Ia* [sic; recte: *Ja*]!". Trotz des separaten Titels gehört das Sonett zu den vor-

angegangenen und scheint auf Ninas ausgezeichnete Deutschkenntnisse anzuspielen.[71]

Doch solche Avancen von Catulle Mendès wurden von Nina weder auf Deutsch noch auf Französisch erhört. Bei Erscheinen seines ersten Gedichtbands „Philoméla" (Paris, Hetzel, 1863) veröffentlichte sie vielmehr unter dem lateinischen Pseudonym Mærula (die Amsel) eine amüsante „Critique bibliographique", die einen Ehrenplatz unter den „Réparties de Nina" einnimmt: Nicht nur die Form verweist auf Gautiers „Émaux et Camées", sondern auch die Verballhornung des Namens seines zukünftigen Schwiegersohns zu „Crapule m'embête" findet sich im Schlussvers wieder: „Femmes qui truffez de vertiges / Les beaux reins tarabiscotés / De nos poètes callipyges, / – Vous m'embêtez! Vous m'embêtez!"[72] Trotz solcher Neckereien blieb Mendès dem Salon Ninas bis zu dessen gesundheitsbedingter Schließung Ende 1882 verbunden.

Vorstehende Ausführungen dürften belegen, dass es sich bei den Gedichten von „Georges Marcy" um Koproduktionen von Nina Gaillard und Emmanuel des Essarts und bei „Louise, un conte" von Émile Rub um eine ihrer ersten eigenständigen Gedichtproduktionen handelt. Ihr Anteil an den 1862 erschienenen „Poésies parisiennes" ihres Verehrers ist nach Mallarmé keineswegs gering zu veranschlagen und konnte bezüglich des Textbestandes durch Zuweisung eines gemeinsamen Pseudonyms erheblich präzisiert werden. Vor allem die „Poésies païennes" von 1861 sind zu einem ganz überwiegenden Teil als ihr geistiges Eigentum zu betrachten. Zuzutrauen sind Emmanuel des Essarts weder die für eine entsprechende Heine-Rezeption erforderlichen Deutschkenntnisse noch das in den Gedichten entwickelte und auf weibliche Emanzipation zielende Programm der künstlerischen Moderne; schon die spätere Spoliierung des zusammengehörenden Zyklus, die Redaktion, Umbenennung und voneinander isolierte Stellung der einzelnen Gedichte in den historisierend-antikisierenden „Les Élévations" von 1864 sprechen dagegen.

Dass die „Poésies païennes" vom Oktober 1861 Programm und Titel für Manets „Olympia" lieferten, erschließt sich nicht zuletzt aus dem seltsamen Umgang des Malers mit dem Porträt seiner mutmaßlichen Muse und der Co-Autorin besagter Verse: Er stellte die „Dame mit Fächern" bis zu seinem Ableben niemals aus und entzog das Gemälde den neugierigen Blicken, indem er es verhüllt in seinem Atelier aufbewahrte. Edmond Bazire, der diskrete Liebhaber Ninas, beschrieb es erstmals bei der Inventarisierung:

> Telle la *Femme aux éventails*. Elle est à demi étendue sur un divan te bras gauche, appuyé sur des coussins azur, soutient la tête intelligente et chercheuse d'une musicienne très distinguée, qui ajouta à ses succès de pianiste et de compositeur des succès de poète. Des cheveux, très hauts, s'élance une gerbe de filigrane d'or. Le buste s'enferme en un corsage turc à paillettes, et les jambes se perdent dans un fouillis de tulle noir. Un pied, chaussé d'une babouche, passe hors de la jupe vaporeusement chiffonnée, qui coupe de ses tons sombres les clartés du lit de repos. Derrière, un griffon montre son museau éveillé et, tout autour, sur la muraille, sont appliqués des écrans japonais.[73]

Bislang wurde Manets Verhalten mit einem schikanösen Verbot von Ninas getrennt lebenden Ehemanne Hector de Callias aus dem Jahr 1874 begründet.[74] Doch wahrscheinlicher ist, dass der Maler das Porträt von Anfang an nur für sich selbst wollte: Die Ikone einer Inspirationsquelle eignet sich nicht für Ausstellungen oder andere Formen der Profanierung.

Georges Marcy (Nina Gaillard, Emmanuel des Essarts): „Heidnische Gedichte"

I. Reminiszenz

Wenn sie aus göttlichem Marmor durch ihr Geschick
Die Kinderwelt, bekannt als Griechenland, begründen,
Erinnert es mich noch an Räusche, die entschwinden,
An ursprüngliches Glück jenseits von unsrem Blick.

Vergebens suchte mein Gemüt ein solches Glück
Von neuem Sonnenlicht beschienen aufzufinden,
Denn ich erhielt durch die Liebkosungen von Winden
Weder Adonis' Haupt noch Psyches Brust zurück.

War ich ein Sterblicher, ein Gott, ein Held gewesen?
Als Gast des Alls war ich vom Klang der Luft besessen,
Vom lächelnden Quell und vom Himmel, der mir hold.

Ich lebte, um mich Wald und Weiten zuzuwenden,
Frei und stolz spürte ich in hochmütigen Händen
Schwerter mit Silberzier, Leiern, bespannt mit Gold.

II. Olympia

I.

Giorgione hätte sie und Titian inspiriert,
Die sie mit prächtigen und glutvollen Farbtönen
Zu einem Götterbild der Heiden stilisiert,
Befände man sich in Venedig, wo durch jenen
Königsornat der Kunst die Renaissance drapiert.

Cellini würde ihr bestirntes Haupt gestalten,
Ronsard aus Versen ihr ein Flechtwerk um den Hals
Aus unbeflecktem Schnee als Goldkette entfalten,
Von Shakespeare hätte, lauscht den Stimmen er des Alls,
Zur Schwester Imogen im Schleier sie erhalten.

Der tönende Wald hat es Dichtern angetan;
Sie folgten Platon in der strengen Säulenhalle,
Erkannten ihren Typ und dessen Aura an,
Und nach antiker Art sangen im Chor sie alle:
„Die großen Götter sind zurück: Io Päan!"

II.

Den Göttern, jung und stark, den Göttern voller Freuden
Gab drei Jahrtausende die Jugend ihr Gebet,
Mit diesen Göttern wird auch Griechenland verscheiden,
Den Adlern des Olymps, die der Milan geschmäht
Und die im Schatten an zu langem Rausche leiden.

Ob deutsche Träumer sie als glaubhaft dargestellt?
Bringt sie liebreizende Gespenster und verjagte
Könige wiederum in die skeptische Welt?
Ob sie als mystische Prophetin Menschen sagte,
Dass die Gottheit Paros und Kythera erhält?

Nein! Tot sind Götter, die in ihren Gräbern lagen,
Tempel verfielen zum marmornen Grabtuch schon,
Wie Hekatomben sind die Schlummernden erschlagen,
Auf Taubenfittichen lässt sich die Religion
Des Nazareners bleich durchs Universum tragen.

III.

Was Christus neuerdings an Liebe uns verheißt,
Ist eine Frau … die mehr als eine Göttin zählte!
Sind die Unsterblichen leibhaftig, ist sie Geist,
Wodurch sich ihr Gesicht vor Leidenschaft beseelte
Und auf das göttliche Gedicht darin verweist.

Das Ideal begabt sie mit zwei Fertigkeiten:
Formale Perfektion, stets um Erfolg bemüht,
Und wache Sinne, die an Dichtung sich erfreuten.
Heidnisch durch ihren Leib, christlich durch ihr Gemüt,
Vereint sie unsre Zeit mit homerischen Zeiten.

Form und Gedanke, die als höchst erhabener
Akkord der menschlichen Vollkommenheit genügen!
Sie ist der Klang, das Horn, die Urne, der Likör.
Sie ist die Jungfrau und sie ist dem Schaum entstiegen,
Maria und Psyche … doch höre man noch mehr.

IV.

Als ich zur Huldigung an diese Göttin jenen
Gesang aus Marmor vom Pentelikon kreiert,
Da fragte sich mein Herz erschrocken unter Tränen
Und von Verzweiflung ganz gepeinigt und verwirrt:
Wird man die Wirklichkeit des Sinnbildes erkennen?

Nehmt den eurem Dreifuß bestimmten Weihrauch an
Und eure Stirnen lasst von diesem Nimbus strahlen;
Setzt meine Verse nicht wie Zugvögel in Bann:
Wild flatternd würden sie erneut bei euch einfallen,
Bis ihr sie akzeptiert oder sie abgetan!

III. Apotheose

Ich mag auf deiner Stirn die sternenhafte Blässe,
Die kein gewöhnliches Karminrot je bemalt,

Den Schnee, der wie Perlmutt auf deinen Händen strahlt,
Dies Weiß, das nur zu gern an Bräune nichts besäße.

Die Form der Venus von Milo weckt das Interesse
Der Menschheit, reiner ist jedoch deine Gestalt,
Und dein römischer Blick treibt auch nicht mit Gewalt
Den Dichter durch fatalen Glanz zur Proskynese.

Es kommt daher, weil du einst eine Göttin warst
Und auf die Ewigkeit getrost und lächelnd harrst
In erster Trunkenheit und in kindlicher Stille.

Auch wenn Eros vor dem siegreichen Jesus wich,
Bewundert immer noch die Glut der Jugend dich
Und macht zur Göttin dich in ihrer Herzensfülle.

Übersetzung: Frank Stückemann

Anmerkungen

1   Vgl. Edmond Bazire: Olympia crucifiée. – In: Ders.: Manet. Paris 1884, S. 43–46. Neuere
    Literatur: Theodore Reff: Manet – Olympia. University of Michigan 1976; Oskar Bätsch-
    mann: Olympia und Jésus insulté: Edouard Manet im Salon von 1865. – In: Bildgefälle:
    die Moderne im Zwielicht. Hrsg. v. Beat Wyss. Zürich 1990, S. 21–29; Jennifer Münster:
    Über „Venus von Urbino" und „Olympia" von Manet. Profanität der Blicke. Ein Vergleich.
    München 2020.
2   Vgl. Bazire: Manet [Anm. 1], S. 25: „Quand, lasse de songer, Olympia s'éveille, / Le prin-
    temps entre au bras du doux messager noir; / C'est l'esclave à la nuit amoureuse pareille
    / Qui vient fleurir le jour délicieux à voir / L'auguste jeune fille en qui la flamme veille."
    Kommentar Bazires (ebd.): „Ah! damc, on ne m'a jamais conté que Baudelaire eût recom-
    mandé cette épigraphe." Zu Astruc als Verfasser vgl. ebd., S. 30. – Auch Astruc arbeitete an
    der Zeitschrift „L'Artiste" mit.
3   Georges Marcy: Poésies païennes. – In: L'Artiste, 1.10.1861, S. 165.
4   Vgl. DHA VIII, 134: „Die Maler Italiens polemisirten gegen das Pfaffenthum vielleicht
    weit wirksamer als die sächsischen Theologen. Das blühende Fleisch auf den Gemälden des
    Tizian, das ist alles Protestantismus. Die Lenden seiner Venus sind viel gründlichere The-
    sen, als die welche der deutsche Mönch an die Kirchenthüre von Wittenberg angeklebt."
5   Wichtiger als das Drama Shakespeares scheint folgender Verweis auf Heinrich Heines
    „Shakespeares Mädchen und Frauen" (DHA X, 124): „Hat Shakspear hier eine Jüdin schil-
    dern wollen? Wahrlich nein; er schildert nur eine Tochter Evas, einen jener schönen Vögel,
    die, wenn sie flügge geworden, aus dem väterlichen Neste fortflattern zu den geliebten
    Männchen. So folgte Desdemona dem Mohren, so Imogen dem Postumus. Das ist weibli-
    che Sitte."
6   Vgl. Heinrich Heine: Die Götter Griechenlands (DHA I, 414 ff.): „Ich hab' Euch niemals
    geliebt, Ihr Götter! / Denn widerwärtig sind mir die Griechen, / Und gar die Römer sind mir
    verhaßt. / Doch heil'ges Erbarmen und schauriges Mitleid / Durchströmt mein Herz, / Wenn
    ich Euch jetzt da droben schaue, / Verlassene Götter, / Todte, nachtwandelnde Schatten, /
    Nebelschwache, die der Wind verscheucht – / Und wenn ich bedenke, wie feig und windig
    / Die Götter sind, die Euch besiegten, / Die neuen, herrschenden, tristen Götter, / Die Scha-
    denfrohen im Schafspelz der Demuth – / O da faßt mich ein düsterer Groll, / Und brechen
    möcht' ich die neuen Tempel, / Und kämpfen für Euch, Ihr alten Götter, / Für Euch und Eu'r

gutes, ambrosisches Recht, / Und vor Euren hohen Altären, / Den wiedergebauten, den opferdampfenden, / Möcht' ich selber knien und beten, / Und flehend die Arme erheben […]." Vgl. ferner: Heinrich Heine: Elementargeister (DHA IX, 44 f.): „Ja, ich muß gestehen, daß mich endlich für die Reste des Heidenthums, jene schönen Tempel und Statuen, ein schauerliches Mitleid anwandelte; denn sie gehörten nicht mehr der Religion, die schon lange, lange vor Christi Geburt, todt war, sondern sie gehörten der Kunst, die da ewig lebt."

7 Vgl. Heinrich Heine: Ludwig Börne. Eine Denkschrift (DHA XI, 43).

8 Heine: Elementargeister [Anm. 6], 52.

9 Vgl. Ebd., 54 ff.; 57–64. Vgl. ferner Heinrich Kornmann: Mons Veneris, Fraw Veneris Berg: Das ist, Wunderbare vnd eigentliche Beschreibung der alten Haydnischen vnd Newen Scribenten Meynung von der Göttin Venere, ihrem Vrsprung, Verehrung, vnd Königlicher Wohnung, vnd deren Gesellschaft, wie auch von den Wasser, Erd, Lufft vnd Fewer, Menschen, sampt vielen anderen wunderbaren Geschichten; In vnd auff den Bergen vnd Hölen hin vnd wider in der Welt, so am folgenden Blat zu ersehen, ganz lustig vnd mit Verwunderung zulesen, / newlich zusammen getragen, vnd allen der Natur Heymligkeiten Erforschern vnd Liebhabern zu gutem an Tag geben durch Henricum Kornmannum. Frankfurt a. M 1614. S. 77 ff.; Ludwig Bechstein: Die Sagen von Eisenach und der Wartburg, dem Hörselberg und Rheinhardsbrunn. Hildburghausen 1835, S. 135–140 („Die Mähr von dem Ritter Dannheüser") und S. 141–145 („Das Lied von dem Dannheüser").

10 Vgl. Jakob und Wilhelm Grimm: Der Tannhäuser. – In: Dies.: Deutsche Sagen, Berlin 1816, Bd. 1, S. 246 f.; Achim von Arnim, Clemens Brentano: Der Tannhäuser. Venus-Berg von Kornmann, dann in Prätorii Bloksberg-Verrichtung. Leipzig 1668, S. 19–25. – In: Dies.: Des Knaben Wunderhorn. Alte deutsche Lieder. Heidelberg, Frankfurt a. M. 1806, Bd. 1, S. 86–90; Ludwig Tieck: Der getreue Eckart. – In: Ders.: Phantasus. Eine Sammlung an Mährchen, Erzählungen, Schauspielen und Novellen. Berlin 1812, S. 196–238; Zur Tannhäuser-Aufführung in Paris 1861 vgl. Charles Baudelaire: Richard Wagner et Tannhauser à Paris. Paris 1861. Vgl. ferner: Martine Kahane, Nicole Wild: Wagner et la France. Paris 1983.

11 „Les Antres malsaines" ist ein Gedicht von Ninas späterem Salongast Albert Glatigny aus „Les Vignes folles" von 1860; vgl. A. Glatigny: Œuvres complètes. Paris 1879, S. 75–84. Es thematisiert in naturalistischer Manier einen Bordellbesuch und wurde von Joris-Karl Huysmans im Vorwort zu Théodore Hannon: Rimes de Joie. Brüssel 1881, S. XV als bahnbrechende Leistung der Moderne gefeiert: Der Band Hannons sei, „somme toute, depuis Baudelaire et après les *Antres malsaines* et certaines autres pièces de Glatigny, le seul qui se voit attaqué aux grâces maladives de la femme, aux névroses élégantes des grandes villes."

12 Joris-Karl Huysmans: Le Salon de Poésie. – In: La République des lettres, 20.4.1876, S. 145.

13 Bazire: Manet [Anm. 1], S. 25.

14 Vgl. Heine: Die Götter Griechenlands [Anm. 6], 415: „Auch dich erkenn' ich, auch dich, Aphrodite, / Einst die goldene! jetzt die silberne! / Zwar schmückt dich noch immer des Gürtels Liebreiz, / Doch graut mir heimlich vor deiner Schönheit, / Und wollt' mich beglücken dein gütiger Leib, / Wie andere Helden, ich stürbe vor Angst – / Als Leichengöttin erscheinst du mir, / Venus Libitina!"

15 Vgl. Georges Marcy: Chansons de Voyageur; I: Chanson catalane; II: Chanson espagnole; III: Dernière chanson. – In: L'Artiste, 1.1.1861, S. 113 ff.; Ders.: Watteau. – In: Le Papillon, 10.3.1861, S. 108; Ders.: Invitation au bois, nocturne. – In: Ebd., 25.1.1861, S. 129 f.; Ders.: Sonnet à madame la princesse de Solms. – In: Ebd., 25.6.1861, S. 269; Ders.: Émaux et Camées. – In: Ebd., 25.7.1861, S. 319; Ders.: Ballade des petites fleurettes. – In: Ebd., 10.8.1861, S. 338; Ders.: Ballades de la rue d'Antin I. Le dieu Caprice; II. Brun et Blonde. – In: Revue fantaisiste, 1.8.1861, S. 370–374; Ders.: L'éternel Gulliver. – In: Ebd., 1.8.1861, S. 374–377.

16 Jules Cauvin: Les Transfuges de l'École normale. – In: Le Figaro, 31.3.1861, o. S.

17 Zu Emmanuel des Essarts vgl. Melva Lind: Un parnassien universitaire: Emmanuel des Essarts. Paris 1928.

18 Vgl. Emmanuel des Essarts: L'éternel Gulliver. – In: Ders.: Poésies parisiennes. Paris 1862, S. 69–72; Ders.: À Madame la princesse de Solms. – In: Ebd., S. 78 f.; Ders.: Ballades du temps présent: Le dieu Caprice; Brunes et Blondes; Les petites Fleurettes. – In: Ebd., S. 81–85; Ders.: Emaux et Camées. – In: Ebd., S. 107–110; Ders.: Chanson catalane. – In: Le Papillon, 10.3.1862, S. 99 f.; Ders.: Apothéose; à Antoinette. – In: Ebd., 12.7.1862, S. 444 f.; Ders.: Ægri somnia [ex. Chanson espagnole]. – In: Ebd., 27.9.1863, S. 598.

19 Emmanuel des Essarts: Olympienne. – In: Ders.: Les Élévations. Paris 1864, S. 90. – Sonstige Varianten: V. 3: Elle kursiv; V. 5: idéal ancien (statt: païen); V. 10: Desdémone (statt: Immogène); V. 12: Zénon (statt: Platon); V. 13: galbe (statt: type); V. 18: un jour mourut la Grèce (statt: s'évanouit la Grèce); V. 20: une trop courte ivresse (statt: un trop longue ivresse); V. 22: Veut-elle (statt: Vient-elle); V. 27: L'oubli les a couverts (statt: Sous leurs temples déchus); V. 28: Leurs temples sont tombés (statt: Ils dorment abattus); V. 48–50: J'éprouvais un frisson doux et mélancolique. / Le poète avait peur de sa témérité / Et n'osait achever ce portrait symbolique. (statt: J'ai senti dans mon cœur l'effroi mélancolique / Et le trouble, en doutant que la réalité / Daignât se reconnaître au portrait symbolique.); V. 52: Daignez sur votre front poser cette auréole (statt: Laissez sur votre front luire cette auréole).

20 Vgl. Emmanuel des Essarts: Réminiscere. – In: Ders.: Les Élévations [Anm. 19], S. 133 f.; Ders.: À Antoinette. – In: Ebd., S. 167 f.

21 Stéphane Mallarmé: Les Poésies parisiennes. – In: Le Papillon, 10.1.1862, S. 8 f. – „Petit chapeau de velours azuline" ist ein Zitat aus Emmanuel des Essarts' „Frivolités" in „Poésies parisiennes" [Anm. 18], S. 80.

22 Vgl. Emmanuel des Essarts: Aux petits poètes. – In: Ders.: Poésies parisiennes [Anm. 18], S. 103; Ders.: Le Petite céleste. – In: Ebd., S. 143 („Non ! c'était cet Amour très-sujet au contrôle, / Colon de Breda-street et parfait citadin.") – Zum damaligen elterlichen Wohnsitz Ninas vgl. Lefrère, Packenham, Wagneur: Préface. – In: Catulle Mendès: La Maison de la Vieille, roman contemporain. Seyssel 2000, S. 11.

23 Mallarmé: Les Poésies parisiennes [Anm. 21], S. 9.

24 Vgl. Émile Villars: Au coin du feu. – In: L'Esprit follet, 13.11.1869, S. 214. Zur Zuschreibung dieser Gedichte an Nina de Villard vgl. Frank Stückeman: La Vie parisienne – ein vergessener Gedichtband von Nina de Villard in Arsène Houssayes „L'Artiste" und Schlüssel zu ihrem pseudonymen Werk. – In: Germanisch-Romanische Monatsschrift 72 (2022), S. 301–348.

25 Mallarmé: Les Poésies parisiennes [Anm. 21], S. 9.

26 Vgl. Stéphane Mallarmé: Placet. – In: Le Papillon, 25.2.1862; Stéphane Mallarmé, Emmanuel des Essarts: Le Carrefour des Demoiselles. – In: Stéphane Mallarmé: Œuvres complètes. Hrsg. v. Bertrand Marchal. Paris 1998, Bd. 1, S. 53.

27 Vgl. Pierre Dufay: Une collaboration d'Anatole France et de Nina de Villard. – In: Mercure de France, 1.7.1837, S. 190–194; Louis-Xavier de Ricard: Anatole France et le Parnasse contemporain. – In: La Revue des revues, 1.2.1902, S. 301–319. Zur Zusammenarbeit von Nina de Villard und Léon Valade bei diversen Gazettes rimées ist Literatur in Vorbereitung.

28 Vgl. Auriant: Nina Gaillard, la muse brune d'Emmanuel des Essarts. – In: Mercure de France, 1.8.1933, S. 759–761.

29 Vgl. Emmanuel des Essarts: Portrait à Mlle Nina Gaillard. – In: Le Papillon, 7.6.1863, S. 364; Ders.: Apothéose, à Antoinette. – In: Ebd., 12.7.1863, S. 444 f.

30 Voir Malbousquet: Nina. – In: Le Papillon, 25.9.1861, S. 412.

31 Emmanuel des Essarts: Le Jardin des Racines Parisiennes renouvelé de Port-Royal (sans A). – In: Album Nina de Villard. Hrsg. v. Jean-Jacques Lefrère, Micael Packenham, Jean-Didier Wagneur. – In: Mendès: La Maison de la Vieille, roman contemporain [Anm. 22], S. 563 f.; Ders.: Nouveau Jardin des Racines Parisiennes de plus en plus renouvelé de Port Royal. – In: Ebd., S. 571; Ders.: Rimembrezza. – In: Ebd., S. 570. – Dieser Titel bezieht sich auf einen Theaterbesuch Ende März 1864, zu dem Emmanuel des Essarts Nina und Hector de Callias

eingeladen hatte, um sich zu verabschieden, da er eine Stelle als Lehrer in Avignon antreten sollte. Damit löste er bei Hector de Callias eine heftige Eifersuchtsszene aus. Nina beschreibt das Ereignis in einem Brief an ihre Jugendfreundin Louise Ledieu in Arras; vgl. Manoël de Grandfort: Nina de Villard. – In: La grande Revue du Paris et Saint-Petersbourg, 1888, Bd. 1, S. 68.

32 Vgl. Charles Cros: Promenade. – In: Ders.: Œuvres complètes [mit den Werken von Tristan Corbière; künftig: O. C.]. Hrsg. v. Louis Forestier, Pierre-Olivier Walzer. Paris 1970, S. 110–112.

33 Vgl. Maurice Dreyfous: Ce que je tiens à dire, un demi-siècle de choses vues et entendues (1862–1872). Paris 1912, S. 37.

34 In den „Poésies parisiennes" finden sich Widmungen an Marie-Lætitia Bonaparte-Wyse, Olympe Audouard, Charles Asselineau, Théodore de Banville, Philoxène Boyer, Henri Cazalis, Jules Champfleury, Léon Cladel, Charles Coligny, Émile et Anthony Deschamps, Alcide Dusolier, Alfred des Essarts, Théophile Gautier, Arsène Houssaye, Jules Janin, Stéphane Mallarmé, Catulle Mendès, Joseph Méry, Louis Ulbach und Auguste Vacquerie.

35 Vgl. Emmanuel des Essarts: Après l'Amour. – In: Le Papillon, 10.11.1862, S. 469 f.; Ders.: La première Maîtresse. – In: L'Artiste, 15.9.1866, S. 283 f.

36 Emmanuel des Essarts: La Boite de Pandore. – In: Ders.: Poésies parisiennes [Anm. 18], S. 139–149.

37 Vgl. Marie Boisvert: La Dame aux éventails. Nina de Villard, musicienne, poète, muse, animatrice de salon. Toronto 2013, S. 96 f. Zur Rezeption Heines in Frankreich vgl. Kurt Weinberg: Henri Heine, romantique défroqué, héraut de symbolisme. New-Haven, Paris 1954; Oliver Boeck: Heines Nachwirkung und Heine-Parallelen in der französischen Dichtung. Göppingen 1972; Elisabeth Déculot: La Réception de Heine en France entre 1860 et 1960. – In: Revue Germanique International 9 (1998), S. 167–190; Michael Werner: La Reception de Heine en France. – In: Cahiers d'Études Germaniques 34 (1998), S. 11–25; Elisabeth Andreani: Heinrich Heine: Traductions et mises en musique en France et Italie. Paris 2015.

38 Zu den dichterischen Anfängen Ninas vgl. Charles Baude de Maurceley: La vérité sur le salon de Nina de Villard. – In: Le Figaro, 2.4.1929, S. 10: „La jeune fille, prise de littérature et musicienne dans l'âme, écrivait des vers, encouragé par Théodore de Banville, et jouait merveilleusement du piano, instruite par les meilleurs maîtres du Conservatoire. […] Poète discipliné et précieusement soumis à la prosodie de Banville, elle publiait, elle aussi, des monologues en vers et des saynètes agréables et délicatement ciselés." – Banville trat 1862 mit Nina in Kontakt; vgl. Louise d'Alq: Souvenirs d'antan, Consuelo (Nina de Villard). Paris 1902, S. 120: „M. de Banville que je ne connais pas, qui ne me ne connait que de réputation, vraiment les grands poètes ont des hommes charmants."

39 Vgl. Théodore de Banville: À Henri Heine. – In: Le Figaro, 24.2.1856, o. S. Vgl. ebenfalls: Théodore de Banville: Henri Heine. – In: Ders.: Mes Souvenirs. Paris 1882, S. 439–445.

40 Vgl. Albert Mérat, Léon Valade: Intermezzo: Poème traduit de Henri Heine. Paris 1868. Albert Mérat und Léon Valade (1841–1884) waren Stammgäste bei Nina; vgl. Mendès: La Maison de la Vieille, roman contemporain [Anm. 22], S. 588–590. Im Jahr zuvor hatte Mérat Vorabveröffentlichungen einiger seiner übersetzten Gedichte in der Zeitschrift „Le Hanneton" platziert; vgl. Albert Mérat: Poèmes imités de l'Intermezzo. – In: Le Hanneton, 22.11.1867, o. S. Es handelt sich um die Stücke VII, IX, XXI, XXIV, XXX, XLII, L.

41 Vgl. Thimothée Trimm: Les Bruits de Paris. – In: Le Petit Journal, 30.6.1868, o. S.; PP: Bulletin. – In: Paris-Caprice, 5.12.1868, o. S.; Anon.: Tribunaux. – In: L'Ordre de Paris u. Le Soleil, 30.11.1879, o. S.; Anon.: Les On-Dit. – In: Le Rappel, 4.12.1879, o. S.; Anon.: Tribunaux. – In: Ebd., 30.5.1880, o. S.; Anon.: Les Nocturnes de Henri Heine. – In: Le Réveil sociale, 13.6.1880, o. S.; Émile Blémont: Les Livres. – In: Le Rappel, 9.6.1880, o. S. [Kritik von „Les Nocturnes"]; Eugène Bertol-Graivil: Bibliographie: Nocturnes, poëmes de Léon Valalde. – In: L'Union littéraire des poètes et des artistes, 25.6.1880, S. 161–164 (vgl. zu Heinrich Heine Léon Valade: Harald Harfagar. – In: Ebd., 10.3.1880, S. 69); Émile

Blémont: Nocturnes, par Léon Valade. – In: La Chanson, 26.6.1880, S. 54 f.; François Coppée: Revue dramatique. – In: La Patrie, 2.8.1880, o. S.; Camille Pelletan: Les Livres: Les Nocturnes. – In: La Justice, 22.6.1880, o. S.; Frédéric Plessis: Causerie littéraire. – In: La Presse, 28.6.1880, o. S.; Armand Silvestre: Revue dramatique. – In: L'Estafette, 6.7.1880, o. S.; Fabrice W.: Livres. – In: La République Française, 12.7.1880, o. S.; Eugène Bertol-Graivil: Nocturnes. – In: La Chanson, 29.8.1880, S. 125 f.; Jules Claretie: Souvenirs littéraires: Léon Valade. – In: Les Annales politiques et littéraires, 29.7.1906, S. 66 f., mit Briefauszügen von Jules Michelet, Banville, Sully Prudhomme (undatiert) sowie Victor Hugo (17.1.1874) an Valade, ferner ein Kondolenzbrief an dessen Mutter von Stéphane Mallarmé.

42   Vgl. Frank Stückemann: Heinrich Heine, der Naturalismus und das junge Belgien. Zu „L'Intermezzo. Poème d'après H. Heine" von Vaughan und Tabaraud (1877/1884). – In: HJb 57 (2018), S. 48–62. Die Brüsseler Zeitschrift „L'Artiste" ist nicht mit dem gleichnamigen Pariser Pendant von Arsène Houssaye zu verwechseln.

43   Vgl. Edmond Bazire: Ernest Vaughan et Charles Tabaraud, L'Intermezzo Poème d'après Henri Heine, Paris, Messager, 1884. – In: L'Intransigeant, 1.2.1884, o. S.; Julien Sermet: Les Livres. – In: La Justice, 21.2.1884, o. S.; Anon.: Les Livres. – In: Le Petit Parisien, 31.1.1884, o. S.; Anon.: Bulletin bibliographique. – In: Gil Blas, 29.1.1884, o. S.; A. G.: Bibliographie. – In: Le Crie du Peuple, 5.2.1884, o. S.

44   Frank Stückemann: „Vénus aujourd'hui met un bas d'azur / Et chez Marcellin conte des histoires": Konturen einer Werkbibliographie von Nina de Villard. – In: Germanisch-Romanische Monatsschrift 73 (2023), S. 157–190.

45   Ina: Livres à lire. – In: La vie parisienne, 19.1.1884, S. 39. Weitere Übersetzungen bzw. Rezensionen deutscher Literatur: Max Sulzberge: Alfred Stevens. – In: L'Art universel, 4.6.1874, S. 124 f. (übersetzt von E[mile] V[illars]); E. V.: Les Livres nouveaux: Les trente-six Ballades joyeux, par Théodore de Banville, Un Romancier Allemand, Robert Waldmüller. – In: L'Art universel, 15.11.1873, S. 164 f. (darin werden auf S. 164 Heine und Berthold Auerbach erwähnt)

46   Marcy: Chansons de Voyageur [Anm. 15], S. 113–115.

47   Vgl. Émile Villars: Castagnette. – In: Ders.: Le Roman de la parisienne. Paris 1866, S. 30 f.; Ders.: Au Bœuf gras. – In: Ebd., S. 165 f.; Ders.: Los oyos de mi Morena. – In: Ebd., S. 184; Ders.: Rondeña. – In: Ebd., S. 284 f.; Ders.: Fleur-de-Lis: Variations sur la ‚Chanson de Fortunio'. – In: Ebd., S. 286 f.; Ders.: Brune et Blonde. – In: Ebd., S. 288 ff.

48   Voir Anon.: Paroles sur un air espagnol. – In: La Vie parisienne, Februar 1863, S. 110.

49   Marcy: Ballades de la rue d'Antin [Anm. 15], S. 370–374.

50   Marcy: Ballade des petites fleurettes [Anm. 15], S. 338.

51   Dancourt (Adolphe Racot): Courrier de Paris. – In: La Gazette, 8.6.1885, o. S.

52   M.: Lettres parisiennes du dimanche. – In: La Gironde, 29.7.1884, o. S.

53   Marcy: L'éternel Gulliver [Anm. 15], S. 374–377.

54   Zu den lexikalischen Besonderheiten von Nina wird ein besonderes Kapitel in der Dissertation des Verfassers erscheinen („J'au fait beaucoup de vers dont on se souvient peu": Das pseudonyme Werk von Nina de Villard).

55   Marcy: Invitation au bois, nocturne [Anm. 15], S. 129 f.

56   Vgl. Emmanuel des Essarts: Luther à Erfurth. – In: Ders.: Les Élévations [Anm. 19], S. 53–57.

57   Vgl. Emmanuel des Essarts: Critique: Émaux et Camées, nouvelle édition. – In: L'Artiste, 10.4.1859, S. 235.

58   Voir Marcy: Watteau [Anm. 15], S. 108.

59   Cf. Nina de Villard: Partie de champagne. – In: Dies.: La Vie artistique, 1.10.1882, S. 60. Ferner in: Dies.: Les Feuillets parisiens. Paris 1885, o. S.

60   Émile Villars: Le Rhythme. – In: L'Artiste, 1.11.1868, S. 224.

61   Vgl. Charles Cros: Scène d'Atelier. – In: Revue du Monde nouveau, 1.1.1874, S. 30 f.; ferner in: Ders.: O. C. [Anm. 32], S. 130.

62 Vgl. Anon. (Paul Arène, Charles Bataille, Jehann du Boys, Alphonse Daudet, Alfred Del-
vau, Gustave Matthieu, Charles Monselet): Le Parnassiculet contemporain; Recueil de vers
nouveaux, précédé de l'Hôtel du Dragon bleu. Paris 1866; Catulle Mendès: La Légende du
Parnasse contemporain. Brüssel 1884, S. 171–180. Vgl. außerdem die Karikatur von Félix
Régamey: La Muse. Frontispice humblement offert à M. Lemer pour sa prochaine édition
du Parnasse contemporain. – In: La Parodie, 19.7.1869, S. 59, welche Nina mit geschürz-
ten Röcken auf dem Rücken liegend beim Balancieren einer überdimensionierten Rohrflöte
(mirliton) darstellt.

63 Voir Charles Cros: Transition. – In: Ders.: O. C. [Anm. 32], S. 59.

64 Ebd.

65 Charles Cros war eng mit Manet befreundet. 1874 publizierte er sein Kurzepos „Le Fleuve"
bei Richard Lesclide in der Librairie de l'Eau-forte mit acht Radierungen von Manet. Es
war dessen erste Buchillustration. Im nächsten Jahr folgten die Illustrationen zur Pro-
sa-Übersetzung des Gedichts „The Raven" von Edgar Allan Poe aus der Feder von Stéphane
Mallarmé und 1876 Frontispiz, Vignette und Cul-de-lampe von „L'Après-midi d'un Faune".
Charles Cros entwickelte Verfahren für die Farbfotografie und testete sie, indem er Bilder
von Manet fotografierte. Der Maler war 1878 neben dem Dichter Banville Trauzeuge bei
der Hochzeit von Cros, wie dieser vier Jahre später Manets Sterbeurkunde unterzeichnete;
vgl. Cros: O. C. [Anm. 32], S. 1087.

66 Vgl. Émile Rub: Louise, un conte. – In: Revue fantaisiste, 15.2. u. 1.3.1861, S. 35–44; 95–
108.

67 Vgl. Nina de Callias: L'Archet. – In: La Reforme politique et sociale, 25.–27.11.1869,
o. S.; Dies.: La Statue. – In: La Reforme politique et sociale, 1.–3.12.1869, o. S.; Nina Villard, Claude Émile: André Laval. – In: La Suisse radicale, 14., 15., 17., 20., 22., 24., 27.,
29.3. sowie 2. u. 4.4.1872, o. S.

68 Voir Émile Villars: Une Aventure au Bal de l'Opéra. – In: Ders.: Le Roman de la Parisienne
[Anm. 47], S. 254–265.

69 Vgl. Catulle Mendès: Louise I. – In: Revue fantaisiste, 15.11.1861, S. 54: „Lueur faite de
nuit, perle faite de boue, / Remords de la vertu, sérénité du mal, / Morsure qui caresse et
baiser qui tatoue, / Créature divine et basse, être anomal, // O Louise, mon cœur t'aime
et mon vers te loue, / Car ton souffle est plus pur que le vent aromal, / Et le long pleur
d'amour dont se mouilla ta joue / Te lava du péché comme un flot baptismal. // C'est mon
rêve divin pendant la nuit songeuse: / Voir resplendir les soirs ton épaule neigeuse / Comme
un lys, dans le fond du boudoir endormi, // Et plus tard, quand le temps aura roulé ses
ondes, / Au-delà de la mort, nous égarer parmi / Les poëtes épars dans le harem de blon-
des!" Vgl. François Coppée: À une Tulipe. – In: Ders.: Poésies 1864–1869: Le Reliquaire.
– Intimités. – Poèmes modernes – Le Grève des forgerons. Paris 1879, S. 53 f. Vgl. Armand
Renaud: Fleur exotique Tulipe. – In: Sonnets et eaux-fortes. Hrsg. v. Philippe Burty. Paris
1869, o. S.

70 Vgl. Catulle Mendès: Louise III. – In: Revue fantaisiste, 15.11.1861, S. 56: „Je te voudrais
sans tache et je te sais infâme, / O Louise ! charme âpre et douceureux vainqueur ! / C'est
mon destin d'aller me brûler à ta flamme, // Je subis gravement l'arrêt du sort moqueur. /
Et je dirai plus tard, insoucieux du blâme: / Elle n'avait pas d'âme et n'avait pas de cœur, /
Mais elle avait des sens qui valaient mieux qu'une âme!"

71 Catulle Mendès: Bella. – In: Ebd., S. 57.

72 Maerula: Critique Bibliographique: Philomèla. – In: La Vie parisienne, 29.1.1864, S. 99.

73 Edmond Bazire: L'Atelier vide. – In: Ders.: Manet [Anm. 1], S. 129 f.

74 Hector de Callias: Brief an Édouard Manet, 1874. – In: Mendès: La Maison de la Vieille,
roman contemporain [Anm. 22], S. 27: „Pardonnez-moi de venir vous parler d'une petite
affaire qui me concerne. Madame Nina Gaillard a fait peindre son portrait par vous, ce dont
elle a le droit, à condition que ledit portrait ne sorte pas de chez elle ou de votre atelier. – Je
vois dans un numéro du Gaulois déjà un peu ancien qu'elle fait annoncer cette toile comme
portrait de Mme de Callias. – Vous avez assez bonne opinion de moi pour ne pas croire que

je me prêterai à ces sortes des fantaisies. Depuis longtemps, il était intervenu un arrange-
ment entre cette personne et moi, par l'intermédiaire de mon notaire, et dans lequel il était
convenu qu'elle prendrait tous les noms qu'elle voudrait, excepté le mien. – Puisque vous
le voyez, et que je n'ai pas son adresse, veuillez lui rappeler cette convention, à l'exécution
de laquelle je tiens absolument. Dites-lui aussi qu'un manquement à cet égard m'amènerait
à prendre immédiatement conte elle les mesures les plus énergiques: c'est une chose que je
dois à moi-même, à ma famille et à tout le monde."

Grenzsprengungen, gesetzmäßig
Juri Tynjanovs formalistische Heine-Rezeption

Sebastian Triebel

1. Eingrenzung

Die Kleinstadt Rēzekne liegt, etwa 60 Kilometer von der Grenze zu Russland entfernt, im äußersten Osten Lettlands. Die Grenze lässt sich nicht passieren. Seit diesem Jahr wird in den drei baltischen Staaten Estland, Lettland und Litauen an der sogenannten baltischen Verteidigungslinie gebaut, einer Grenzsicherungsanlage aus Minen und Panzersperren, die einen russischen Angriff verhindern soll. Rēzekne gehört zu jenen Städten entlang der Grenze, die im Kriegsfall zu den wahrscheinlich ersten Zielen einer angreifenden Armee würden.

Als der Literaturwissenschaftler, Schriftsteller und Heine-Übersetzer Juri Nikolajewitsch Tynjanov, der in den 1920er Jahren zu einem zentralen Mitglied der formalen Schule der Literaturwissenschaft werden sollte, im Jahr 1894 in Rēzekne geboren wurde, war die Stadt noch ein wichtiger Knotenpunkt im baltisch-russischen Personen- und Warenverkehr. Mit den Bahnhöfen Rēzekne I und II bediente sie gleich zwei wichtige Eisenbahnlinien im Westen Russlands, Petrograd–Warschau und Moskau–Riga. Von 1802 bis zur lettischen Unabhängigkeit im November 1918 war die lettgallische Stadt ein Teil des russischen Gouvernements Witebsk, der östlichsten Verwaltungseinheit des Zarenreichs. Im Jahr 1940 wurde sie von der Roten Armee und ein Jahr darauf von der Wehrmacht besetzt. Von diesen Ereignissen dürfte der schon schwer kranke Tynjanov, seit 1912 in St. Petersburg ansässig, noch erfahren haben, bevor er 1943 verstarb.[1]

„Wenn ich meine Kindheit nicht hätte, würde ich die Geschichte nicht verstehen. Hätte es die Revolution nicht gegeben, so verstünde ich die Literatur nicht"[2],

S. Triebel (✉)
Freiburg, Deutschland
E-Mail: sebastiantriebel@gmail.com

S. Brenner-Wilczek (Hrsg.), *Heine-Jahrbuch 2025*, Heine-Jahrbuch, https://doi.org/10.1007/978-3-662-72327-2_5

schrieb Tynjanov 1939 in seiner Autobiografie, einem sechzehnseitigen Text, der
von seiner Kindheit in Rēzekne bis zum Anfang des OPOJAZ erzählt, dem wissenschaftlichen Kreis in St. Petersburg um Tynjanov, Viktor Šklovskij und Boris
Eichenbaum, der neben dem Moskauer Linguistenkreis um Roman Jakobson das
Zentrum des russischen Formalismus (1916–1927) war. Diese systematische Beschäftigung mit Literatur kam Ende der 1920er Jahre vorerst zum Erliegen, als sie
den Streit um die Deutungshoheit in literarischen Belangen mit der marxistischen
Doktrin verlor.[3] Der OPOJAZ wird in Tynjanovs Autobiografie nur am Rande erwähnt. Dass er sein Literaturverständnis – wie oben zitiert – im Revolutionsgedan-
ken grundiert, muss indes kaum als politisches Zugeständnis interpretiert werden,
wenn man sich seine Bedeutung als Epochensignatur vergegenwärtigt, der sich
auch der Formalismus „als ein zwar etwas exzentrisches, aber durchaus legitimes
Kind der Revolutionszeit, als unabtrennbarer Teil ihrer geistigen Atmosphäre"[4]
verschreibt. Analogien zur Revolution sind im Formalismus keine Seltenheit:
„Jede neue literarische Schule ist eine Revolution, etwas in der Art einer Klasse"[5],
behauptete Viktor Šklovskij.

Akute Momente dialektischer Grenzverschiebungen sind nicht nur ein realhis-
torisches, sondern ein durch und durch ästhetisches Phänomen – so könnte eine
Annäherung an die auf dem Verfremdungspostulat aufgebaute Theorie der literarischen Evolution, die Tynjanov in den 1920er Jahren herausbildete, lauten. Tynjanov, neben Boris Eichenbaum der bedeutendste Literaturhistoriker der formalen
Schule, entwickelte ein systematisches Modell diachroner Prozesse von literari-
schem Wandel, den er grundlegend – und hierin liegt ein wesentlicher Aspekt seiner Innovation – als keine „planmäßige Evolution, sondern Sprung, nicht Entwicklung, sondern Verschiebung"[6] verstand. In nuce ging es dabei um eine Systema-
tisierung des frühformalistischen Verfremdungspostulats im diachronen Bereich.
Dabei kommt der Metaphorik des Kartografischen bei Tynjanov immer wieder
die Funktion zu, seinen antiessenzialistischen Literaturbegriff zu forcieren, der die
Vorstellung einer „‚festen', ‚ontologischen' Definition von Literatur als eines ‚We-
sens'"[7], wie sie das 19. Jahrhundert noch gesucht habe, zurückweisen soll. „Jeder
beliebige Zeitgenosse [wird] mit dem Finger darauf weisen können, was ein literarisches Faktum ist"[8], argumentierte er, allerdings würden empirisch deduzierte
Lehrbuchdefinitionen von Literatur häufig genug vom „lebendigen literarischen
Faktum" Lügen gestraft, was die futuristische Avantgardeliteratur zur selben Zeit
praktisch demonstrierte. Um sein Literaturverständnis zu erläutern, verweist Tynjanov auf das Verhältnis vom ‚Zentrum' des Literarischen zu seiner Grenze, das er
neu definieren zu müssen meint. Es

> erweisen sich nicht nur die Grenzen, die ‚Peripherie', die Grenzgebiete der Literatur als
> fließend, nein, es geht um das ‚Zentrum' selbst: nicht, daß im Zentrum ein uralter ererbter
> Strom fließt und evolutioniert und die neuen Erscheinungen nur an seinen Ufern auftau-
> chen – nein, eben diese ganz neuen Erscheinungsformen rücken ins Zentrum vor, das Zen-
> trum hingegen gleitet an die Peripherie.[9]

Was heute noch außerliterarische Alltagssprache ist, kann morgen schon zur Literatur werden – und die Literatur von heute sich morgen ins Außerliterarische
umkehren. Tynjanov postuliert, dass es in einem gegebenen literarischen System

eine sogenannte Dominante gibt, die das Konstruktionsprinzip eines literarischen Werkes bestimmt. Gemäß der im gesamten Formalismus geltenden Automatisierungsthese, nach der ein literarisches Werk gerade in dem Grad der Verfremdung wirksam ist, in dem es – je nach spezifischer Ausformulierung – zur Welt oder zum bestehenden Kanon erscheint, hat auch jede Dominante ihre Halbwertszeit, bevor im diachronen Wandel „sich das entgegengesetzte Konstruktionsprinzip dialektisch abzeichnet".[10] Ist ein Konstruktionsprinzip ausgeschöpft, kann die Dynamisierung von neuem beginnen. Entscheidend ist, dass die formalistische Literaturtheorie den literarischen Wandel anders als ihre Vorgänger entschieden als Diskontinuität denkt:

> Dieses ‚Denken in Diskontinuitäten' widersetzt sich der klassischen Methode der historischen Klassifikation, die darauf aus war, die diskontinuierlichen Faktoren so sehr zu ‚atomisieren', daß die Aufeinanderfolge verschiedener Richtungen und ‚Stile' nicht mehr als qualitativer Sprung, sondern als kontinuierliche Kurve darstellbar war, in deren Verlauf die divergierenden Tendenzen eine gemeinsame Resultierende bildeten.[11]

Diese Bemerkungen geben die Richtung vor, die Juri Tynjanovs vielfältige Heine-Lektüren in den Jahren 1917–1927 nehmen: Immer wieder ist Tynjanov daran interessiert, Heines Rolle als Erneuerer des literarischen Systems in Prosa und Lyrik zu beschreiben und, wie zu zeigen sein wird, mit einer eingreifenden Übersetzungspoetik das Beispiel Heines modellhaft für eine Erneuerung des russischen Verses zu propagieren.

Was heute auf Anhieb einleuchtend erscheint und eher wissenschaftsgeschichtlich und enzyklopädisch interessant als zukunftsweisend sein dürfte, war, wenn man einen Blick in die Geschichte der Heine-Forschung wirft, nicht immer selbstverständlich. In der Bundesrepublik wurden erst mit der „Heine-Renaissance"[12] ab den späten 1960er Jahren prominent Thesen diskutiert, die im Hintergrund von Heines sprunghafter und modulatorischer Prosa eine Strukturdimension sahen, die eine strukturelle Analyse erlaubt. Bahnbrechend war in dieser Hinsicht die These vom „Funktionsübergang von Dichtung und Publizistik" (Preisendanz), die besagt, dass bei Heine

> alle zur Sprache gebrachten Wirklichkeiten […] ihre Bedeutung dadurch haben, daß sich in, mit und hinter ihnen ein Feld von Vermittlungsrelationen präsentiert, das mit dem ideologischen Bezugssystem des Autors funktional verbunden ist.[13]

Im Anschluss an Preisendanz haben die Thesen von der „Vermittlung von Politisch-Sozialem und Ästhetischem"[14] (Betz) und „Vermittlung sich sonst ausschließende[r] Momente wie Dichtung und Agitation"[15] (Jauß) oder dem „Bedingungszusammenhang[] von politischem Interesse und ästhetischem Bedürfnis"[16] (Pabel) explosionsartig zugenommen. Das Interesse an der Werkstruktur zielte hier oft auf die Bezüge zwischen Ästhetik und Politik, inspiriert von Heines Zeitanalyse vom „Ende der Kunstperiode", die er erstmals in leichter Abwandlung 1828 formulierte. (vgl. DHA X, 247) Entgegen vieler Urteile der älteren Forschung wurde die Schreibweise der „Assoziazion der Ideen" (DHA VI, 9), wie es schon 1822 in den „Briefen aus Berlin" heißt, nicht mehr lediglich als „Tohuwabohu von bunten Einfällen"[17] (Ernst Elster über die „Ideen. Das Buch Le Grand") gesehen.

Juri Tynjanov hat sich bereits sehr früh mit der strukturellen Dimension der Heineschen Prosa beschäftigt, als er sich in den 1920er Jahren intensiv mit seinem Werk auseinandersetzte. Für ihn war das Konstruktionsprinzip der Heineschen Schreibart der Witz, der die Integration von disparatem literarischen Material erlaubte.

> Er [Heine] betrachtete die ganze vorangegangene Epoche als Material, im Namen der Beweglichkeit, und führte jüngere Gattungen ein. […] Beim Wechsel des Materials ist natürlich nicht nur wichtig, was für Material genommen wird. Heine erweiterte das Material nicht nur quantitativ, er änderte auch die Einstellung zu ihm. Zur Methode der Darbietung des Materials wurde der *Witz*.[18]

Später spricht Tynjanov vom „Gesetz seines Witzes"[19], dem er folglich eine strukturelle Funktion zuspricht, in der Prosa „zur Einführung neuen Materials"[20], in der Lyrik „auf dem Wege der Pointe."[21]

Anders als den oben zitierten Forschern aus der BRD lag es dem Formalisten allerdings fern, die Wechselwirkungen zwischen Ästhetik und Politik herauszuarbeiten. Seine Analyse räumt politischen Diskursen – charakteristisch für den Formalismus – wenig bis keinen Raum in literarischen Belangen ein. Vielmehr geht es um die Literatur und ihre Literarizität, die im Zentrum des formalistischen Interesses steht. Diesen Ansatz auf einen Autor wie Heine anzuwenden, der in der Sowjetunion stark politisch vereinnahmt wurde, ist provokant und originell und es ist umso bedauerlicher, dass der Name Tynjanov trotz Überschneidungen zwischen der Heine-Forschung und dem wissenschaftlichen Transfer des Formalismus in die Bundesrepublik[22] in der Heine-Forschung nicht aufhorchen lässt.[23] Das hat mehrere Gründe. Erstens liegt es daran, dass viele wichtige Aufsätze Tynjanovs erst 1975 bzw. 1982 in Übersetzung vorlagen (dazu in der DDR, nicht der BRD). Zweitens zielte Tynjanovs Beschäftigung nie monografisch auf einzelne Werke Heines ab, sondern nahm stets vergleichend auch die russische Literatur („Block und Heine"[24], „Tjutschew und Heine"[25]) in den Blick oder ging sogar so weit, Heine in literaturkritischen Artikeln als Vorbild für die russische Gegenwartsdichtung zu propagieren. Und drittens überlagert Tynjanovs Tätigkeit als Heine-Übersetzer in der Forschung bisweilen den Aspekt seiner wissenschaftlichen Arbeit an ihm – zwei Bereiche, die, wie gezeigt werden soll, unbedingt in Einklang gedacht werden müssen. Insofern lässt sich Tynjanovs Heine-Bild nur mosaikartig zusammensetzen, nach Lektüre gleichermaßen seiner wissenschaftlichen wie auch seiner literaturkritischen Schriften. Diesem Ansatz Rechnung tragend, bietet dieser Aufsatz eine holistische Rekonstruktion der Tynjanovschen Heine-Interpretation und wirft ein Licht auf die spezifisch formalistischen Interpretamente, derer sich Tynjanov bedient, ohne dabei jegliche Deutungsmuster auf einen ex post facto kristallisierten ‚Formalismus' reduzieren zu wollen, der die Spezifika der Tynjanovschen Deutung außer Acht lässt.[26]

2. Heines literarischer Kampf. Formalistische Annäherungen

Als Juri Tynjanovs bedeutendste literaturwissenschaftliche Beiträge gelten neben dem 1919 publizierten Aufsatz „Dostoevskij und Gogol. Zur Theorie der Parodie" und dem 1924 erschienenen Buch „Das Problem der Verssprache. Zur Semantik des poetischen Textes" die Aufsätze „Das literarische Faktum" von 1924 und „Über die literarische Evolution" von 1927. Ihre wichtigsten theoretischen Neuerungen sind in die 1928 mit Roman Jakobson veröffentlichten „Prager Thesen über Sprachkultur" eingeflossen, die den Übergang zum Prager Strukturalismus darstellen.

Die folgenden Seiten verorten Heine im agonalen Modell der literarischen Evolution, das besonders Formen der literarischen Disruption wie Provokationen, Invektiven oder Polemiken aufwertet. Dafür soll kurz Tynjanovs theoretische Arbeit an den Begriffen *Tradition* und *System* samt den weltanschaulichen Komplementärkonzepten des *friedlichen Tradierens* und der *kämpferischen Ablösung* skizziert und in einen Zusammenhang mit seinem Interesse an Heine gebracht werden. Dabei scheint opportun, dem russischen Formalismus im Ganzen eine gewisse Traditionsskepsis zu attestieren, schließlich schließt ganz allgemein „[d]iachronische Diskontinuität [...] eine normativ wertende Auffassung der ‚Tradition' als Kontinuum aus", wie es Hansen-Löve griffig formuliert hat.[27] In Tynjanovs Schriften basiert der literarische Wandel ganz auf verfremdenden Disruptionserfahrungen, und so gerät der Begriff der Tradition auch bei ihm in Rechtfertigungsnot. Konkret lässt sich beobachten, wie dem Begriff immer weniger heuristische Schärfe zugestanden wird, bis Tynjanov ihn 1927 beinahe gänzlich verwirft. Er räumt der Tradition als metaliterarischem Begriff nur dort Gültigkeit ein, wo Schriftstellerinnen und Schriftsteller sich ostentativ um Gemeinsamkeiten mit Vorbildern bemühen. „[V]on einer Erbfolge [kann] nur bei dem Auftreten einer Schule, eines Epigonentums gesprochen werden [...], aber nicht bei Erscheinungen der literarischen Evolution, deren Prinzip Kampf und Ablösung ist"[28], lautet eine einschlägige Formulierung aus dem Jahr 1924, welche die regelrechte Verdrängung des Begriffs im Jahr 1927 in dem Evolutions-Aufsatz vorwegnimmt. Er behauptet dort, dass Tradition, der „Grundbegriff der alten Literaturgeschichte", eine

> unrechtmäßige Abstraktion eines oder mehrerer literarischer Elemente desselben Systems [ist], in dem sie das gleiche „emploi" haben und die gleiche Rolle spielen, und als deren Kontraktion mit eben diesen Elementen eines anderen Systems, in dem sie ein anderes „emploi" besitzen, zu einer vermeintlich einheitlichen, scheinbar ungeteilten Reihe.[29]

Bar jeder heuristischen Schärfe muss dieser Begriff „auf eine andere Ebene" verlagert werden, während sich als „Hauptbegriff der literarischen Evolution" die „Ablösung der Systeme [erweist]".[30] Aleida Assmann hat diese Entwicklung in einem rezenten Aufsatz etwas zurückhaltend mit „Arbeiten am Traditionsbegriff" überschrieben und behauptet, Tynjanov habe „den Traditionsbegriff erneuert, indem er ihn auf das System Kunst ausdehnte"[31] – meines Erachtens sollte man emphatisch darauf hinweisen, dass der Traditionsbegriff hier in einen fundamentalen Konflikt mit dem Systembegriff gerät, in dem die Begriffe unvereinbar werden. Denn Juri Tynjanovs neuer Systembegriff misst der Tradition keine textimmanente Funktion bei. Von der Tradition im literarischen System sollte man nach Tynjanovs Verständnis also überhaupt nicht sprechen, weil auch ein aus Vorgängerwerken übernommenes Verfahren in dem neuen System eine gänzlich verschiedene Funktion erfüllen muss, da „alle [...] Elemente in einer Korrelation stehen und sich in Wechselwirkung befinden."[32] Die Ähnlichkeiten zweier Verfahren können trügerisch sein: „Die dem Aussehen nach nicht im geringsten ähnlichen Erscheinungen verschiedener funktionaler Systeme können ihren Funktionen nach ähnlich sein, und umgekehrt."[33] Um zu beschreiben, wie „jede literarische Richtung in einer bestimmten Periode sich ihren Rückhalt in den vorausgegangenen Systemen sucht", empfiehlt er den Begriff „Traditionalität".[34]

Es erscheint nur folgerichtig, dass Tynjanovs metaliterarische Traditionsabkehr in eine grundsätzlich konfliktbehaftete Sichtweise auf das literarische Feld mündet. Er stellt die agonale Dimension von Literatur – allerdings nicht im Zeitgeist des Klassenkampfs – ins Zentrum, schließlich

> gibt [es] eine Literatur in der Tiefe, die erbitterter Kampf um eine neue Sicht ist, mit fruchtlosen Erfolgen, mit notwendigen bewußten ‚Fehlern', mit entschlossenen Aufständen, mit Verhandlungen, Gefechten und Toden. Und die Tode pflegten bei diesem Werk echt, nicht metaphorisch zu sein. Tode von Menschen und von Generationen.[35]

Tynjanovs Abwendung vom Traditionsbegriff fällt zeitlich mit seiner ersten Veröffentlichung von Heine-Gedichten zusammen, den „Satiry" (1927), die er selbst ins Russische übersetzt. Das Vorwort zu der Sammlung heißt „Heine-Porträt" und ist das wichtigste Zeugnis seiner Heine-Interpretation. Es inszeniert überdeutlich einen Heine, der ganz von der Ablehnung älterer Vorbilder und der Auflehnung gegen zeitgenössische Bewerber um den Vorrang im literarischen Wettstreit bestimmt ist. Tynjanovs radikalpolemisches Heine-Bild spiegelt überdies seine eigene Beziehung zu zeitgenössischen russischen Heine-Diskursen, denen er ablehnend gegenüberstand: Der kulturpolitischen Vereinnahmung durch die sowjetischen Machthaber, die „den Dichter zum Revolutionär vereinseitigen"[36], stellt Tynjanov ‚seinen' Heine entgegen, dessen revolutionäre Errungenschaften nicht im Feld der Politik, sondern jenem der Lyrik und Prosa bemessen werden. Tynjanov beharrt auf den Begriff der „literarischen Revolution" selbst dort, wo eine Nähe zu Ferdinand Lassalle und Karl Marx aufgeworfen wird[37], und verweigert also eine Lesart Heines, die im Politischen aufgeht.

Tynjanovs rhetorischer Kniff bei der Präsentation seines Heine-Porträts besteht darin, zu Beginn prominente Schriftsteller zu Wort kommen zu lassen, die er als „Feinde" Heines (Schopenhauer, Šukowski, Hebbel) bezeichnet[38] – nicht aber, um diese zu kritisieren, sondern um Heines Streitbarkeit zu demonstrieren. Schriftsteller, die Gegner produzieren, sind im traditionsfeindlichen Klima formalistischer Theorie mustergültige Beispiele der agonal funktionierenden literarischen Evolution. Schenkt man Tynjanov Glauben, findet sich unter Heines Zeitgenossen kaum ein Befürworter:

Mit wem lag Heine im Streit? Eine Erzählung würde zwei Seiten füllen, angefangen von den Lehrern August Schlegel und den Romantikern, den Feinden unter den Aristokraten (Platen) bis zu den Radikalsten: Börne, Gutzkow, Venedey, und den politischen Dichtern: Freiligrath, Hoffmann von Fallersleben.[39]

Eine differenzierende Betrachtung der komplexen Dynamik von Ablehnung und Aneignung, die man auch bei einem so streitlustigen Autor wie Heine vornehmen muss, findet hier nicht statt. Was andernorts in der Geschichte der Heine-Rezeption viel berechtigten Unmut ausgelöst hat, nämlich Heines bis in intimste Details vordringende Invektiven, wird vom Formalisten anerkennend mit einem weiteren Siegel formalistischer Theoriebildung versehen: der „literarischen Persönlichkeit", ein Schlüsselbegriff für Tynjanov, der die Literarisierung der empirischen Person des Autors beschreibt. „*Persönlichkeit* bis zur Anstößigkeit – das ist Heines wahre Atmosphäre", schreibt er. „Er machte nicht nur die Literatur zu seiner persönlichen Angelegenheit – er machte seine persönlichen Angelegenheiten zur Literatur."[40] Die These vom „letzte[n] Prozeß des Ersatzes von Material"[41], bei dem das persönliche Leben des Schriftstellers in die Literatur aufgenommen wird, wirft allerdings ethische Fragen auf. Denn in der Annahme, dass die Literatur ein den eigenen Gesetzen folgendes System ist, das je nach den systemischen Bedürfnissen diese oder jene Literatur hervorbringt, wird kaum nach der ethischen Dimension von schriftstellerischem Handeln gefragt. In „Über die literarische Evolution" beschreibt Tynjanov den Zusammenhang zwischen der literarischen Persönlichkeit und den Bedürfnissen des literarischen Systems folgendermaßen:

> Die „literarische Persönlichkeit", die „Dichterpersönlichkeit", der „Held" erscheinen zu verschiedenen Zeiten als sprachliche Intention der Literatur und gelangen von dort ins außerliterarische Leben. So verhält es sich mit den lyrischen Helden Byrons, die in einer Wechselbeziehung mit seiner „literarischen Persönlichkeit" standen[.] […] So steht es auch mit der „literarischen Persönlichkeit" Heines, die weit entfernt ist vom biographisch echten Heine. Die Biographie erweist sich in bestimmten Perioden als mündliche, apokryphe Literatur. Das vollzieht sich gesetzmäßig, im Zusammenhang mit der sprachlichen Intention des jeweiligen Systems: Puškin, Tolstoj, Blok, Majakovskij, Esenin – vgl. damit das Fehlen der literarischen Persönlichkeit bei Leskov, Turgenev, Fet, Majkov, Gumilev u. a., was mit dem Fehlen der sprachlichen Intention auf die „literarische Persönlichkeit" verbunden ist.[42]

Heines literarisierte ‚persönliche Angelegenheiten', die Angriffe auf Platen, Börne oder die Schlegels – sind sie letztlich nur ein Bedürfnis des literarischen Systems, dem er angehörte? Eine Tatsache des Literarischen, ein literarisches Faktum? Tynjanovs Literaturverständnis läuft Gefahr, als ein Steigbügelhalter für billige Polemik zu dienen, die sich erfolgreich als literarisches Faktum präsentieren kann. Wissenschaftsgeschichtlich ist es interessant, dass Tynjanov die formalistische Spielart der Kunstautonomie, mit der Viktor Šklovskij in seinem Aufsatz „Kunst als Verfahren" (1916) den Formalismus einleitet, gerade an einem Autor wie Heine vorführt, der ja mit seinem Wort vom „Ende der Kunstperiode" der Kunstautonomie Goethescher Prägung den Kampf ansagt und sie zu überwinden versucht.

Tynjanov fordert dazu auf, die gewohnten Zusammenhänge in einem neuen Licht zu sehen: Heines Streitbarkeit und sein zugespitztes Denken in Schulen und Parteien, Sympathisanten und Gegnern, hat schon oft die Heteronomie-These befördert, die – freilich in ihrer banalsten Ausgestaltung – die Literatur als Spielball außerliterarischer, meist politischer Diskurse begreift. Der Formalist dreht den Spieß um, indem er außerliterarische Diskurse immer als potenziell literarisch begreift: „[E]in Konstruktionsprinzip, dem es im rein literarischen Material zu eng wird, [geht] auf außerliterarische Erscheinungen über"[43], wozu auch die Sphäre der politischen Sprache zu rechnen wäre. Dass Tynjanov den politischen Heine ausklammert, ist der formalistischen Besessenheit auf die Eigengesetzlichkeit von Literatur geschuldet und erscheint myopisch. Allerdings kann Tynjanovs kunstautonome Heine-Interpretation den Blick dafür schärfen, dass Heines Kampfbegriff keineswegs nur eine politische, sondern auch eine poetologische Dimension hat. In der „Romantischen Schule" rechtfertigt er seinen Angriff auf August Wilhelm Schlegel mit der folgenden Begründung: „Denn in der Literatur, wie in den Wäldern der nordamerikanischen Wilden, werden die Väter von den Söhnen todtgeschlagen, sobald sie alt und schwach geworden." (DHA VIII, 165) In einem Brief an Karl Immermann vom 19. Dezember 1832 definiert Heine mit den Worten „Die Literatur das sind wir und unsre Feinde" (HSA XXI, 43) gerade nicht die Politik. Man könnte insofern von einer mehrfachen Funktionalisierung des Kampfbegriffs bei Heine sprechen, der nicht nur für den Tendenzdichter und engagierten Schriftsteller, sondern auch für den Künstler Geltung beansprucht.[44]

So prominent Heines Feinde bei Tynjanov zu Wort kommen, so herablassend behandelt er dessen Unterstützer. Seine Schelte trifft Gustav Karpeles und Adolf Strodtmann, zwei Forscher, die sich schon in der zweiten Hälfte des 19. Jahrhunderts mit Heine beschäftigt haben. Nach Tynjanov hieße zu viel Nähe zeigen, selbst zu einem Epigonen zu werden, was stets die Gefahr einer Entdynamisierung des literarischen Systems bedeutet.

> Sofort nach Heines Tod beginnt Heines ‚Rechtfertigung'. Die rechtschaffenen Strodtmann und Karpeles ‚beruhigen' die Deutschen und ‚versöhnen' sie mit Heine, ihr Heine ist ‚Klassiker'. Kluge Feinde kennen zumindest Größe und Charakter ihrer Gegner. ‚Versöhnen' ist leichter als begreifen, daß niemand die Versöhnung braucht, und am allerwenigsten Heine. Der Haß auf Heine ist der ‚hohen' deutschen Literatur bis zum heutigen Tag geblieben.[45]

Die „durchschlagende Wirkungslosigkeit eines Klassikers", wie sie Max Frisch in Bezug auf Bertolt Brecht formuliert hat, scheint Tynjanov hier in ähnlicher Weise für Heine zu befürchten; nur ist der „Haß auf Heine […] der ‚hohen' deutschen Literatur bis zum heutigen Tag geblieben" – was Tynjanov insofern mit Genugtuung bemerkt, als dieser Hass für eine beständige Dynamik des Heineschen Œuvres spricht. Eine Polemik wie Karl Kraus' „Heine und die Folgen", welche argumentiert, Heine habe durch seinen Journalismus die „Verquickung des Geistigen mit dem Informatorischen"[46] zu verschulden und gerade aus der Warte der „hohen Literatur" argumentiert, dürfte ein Beleg für Tynjanovs These der Produktivität des Agonalen sein.

Tynjanov geht es allerdings nicht in erster Linie um die deutsche Rezeption. Sein Interesse gilt vielmehr der Lage der russischen Heine-Rezeption, die er mit seinem Text problematisiert, und an deren Zustand er mit seinen Übersetzungen kulturtherapeutisch Einfluss nehmen möchte.

> Seit den fünfziger bis siebziger Jahren drang die ‚Schmuggelware' in Rußland ein, und ihre Ausplünderung begann. Der geschwätzige Minajew strapazierte Heine. Man steckte Heine in die russische Bluse des Nihilisten und Volkstümlers. Später wurde er mit den guten Sitten der russischen Literatur ‚versöhnt' durch das Wort ‚Weltschmerz'. Das ist ein gutes Wort für Heine, ebenso wie ‚Lachen unter Tränen' für Gogol. Sie selbst haben diese Worte über sich gesagt und dürfen sich nicht beklagen. Das alles geht bis zum heutigen Tag so weiter.[47]

Tynjanovs Rundumschlag trifft ganz unterschiedliche Strömungen der russischen Literatur, die Heine für sich vereinnahmt haben. Analog zur Lage in Deutschland erkennt Tynjanov auch in Russland eine „Aussöhnung" mit Heine, über die man in der Textgegenwart noch nicht hinausgekommen sei. Dabei ist Tynjanovs Blick auf die Rezeption nicht distanziert-deskriptiv, sondern eingreifend-normativ, was gerade sein engagiertes Verständnis der eigenen Übersetzungsarbeit grundiert. Um diese Übersetzungsarbeit geht es im letzten Teil dieses Beitrags, der sich genauer mit Tynjanovs erhoffter Wirkung der eigenen Übersetzungen auf die russische Verskultur beschäftigt.

3. Tynjanovs Heine-Übersetzung. Dynamisierungsversuche der literarischen Paralyse

Im Vorwort der 1856 erschienenen französischen Neuausgabe der „Reisebilder" [„Tableaux de voyage"] erzählt Théophile Gautier von seinem letzten Besuch beim kranken Heinrich Heine. Dieser sei so verhärmt gewesen, dass nur „la mère ou l'épouse" den Anblick einer „si persistente agonie"[48] ertragen könnten und sich nicht früher oder später abwenden würden. Es sei in den letzten Jahren seines Lebens immer einsamer um Henri Heine geworden, von dem Gautier den Eindruck eines „être n'appartenant plus à la terre"[49] gehabt habe.

Charles Gleyre (1806–1874): Heinrich-Heine-Porträt, 1851

Diesen ‚kranken' Heine hat der Maler Charles Gleyre 1851 in einer berühmten Zeichnung verewigt, die im darauffolgenden Jahr in der „Revue des Deux Mondes" erschien. Auch in Gautiers Vorwort zur Neuausgabe, dem die Zeichnung ebenfalls vorangestellt wurde, kommt sie zur Sprache – vorgeblich durch Heine selbst:

> Après quelques phrases échangées, quand il sut le motif de ma venue, il me dit: „Ne vous apitoyez pas trop sur moi; la la [sic] vignette de *la Revue des Deux Mondes*, où l'on me représente émacié et penchant la tête comme un Christ de Moralès, a déjà trop ému en ma faveur la sensibilité des bonnes gens; je n'aime pas les portraits qui ressemblent, je veux être peint en beau comme les jolies femmes. Vous m'avez connu lorsque j'étais jeune et florissant; substituez mon ancienne image à cette piteuse effigie."[50]

Ob Gautier Heine diese Worte nur zuschreibt, oder ob sie ein wörtliches Zitat sind, lässt sich nicht überprüfen. Juri Tynjanov nimmt in seinem „Heine-Porträt" explizit auf diese Stelle Bezug und kritisiert Gautier dafür, dass der französischen Neuauflage von 1856 die Gleyre-Zeichnung vorangestellt wurde. Dabei argumentiert er mit den vermeintlichen Worten Heines – deren Authentizität man anzweifeln kann, da sie aus der Feder Gautiers stammen – gegen Gautier an:

> Théophile Gautier hat sich die ‚traurige Gestalt' zu gut gemerkt und seiner Ausgabe der ‚Reisebilder' gerade Heine, den Christus von Moralès, beigefügt. Er ähnelt dem lyrischen Helden des ‚Romanzero', aber Heine selbst, der in seiner Jugend dafür sorgte, daß der Maler, der ihn portraitierte, die satirische Falte an seinem Mund nicht vergaß, wollte den jungen lyrischen Helden etwas geschmeichelt wiedererstehen lassen.[51]

Tynjanov sieht seine Annahmen zur Heine-Rezeption darin bestätigt, dass „[m]an Heine in seinen letzten Lebensjahren gern mit geneigtem Haupt dar[stellt]".[52] Heines Wunsch, schön gemalt zu werden, versteht Tynjanov als Aufgabe, die er mit literarischen Mitteln umzusetzen versucht. Der Paralytiker Heine – den Begriff Paralyse verwendet Gautier in seinem Text – wird zum Inbegriff einer entdynamisierten Rezeptionshaltung.

Tynjanov indes legt eine Lesart vor, die das dynamische Potenzial des Erneuerers Heine wieder auf den Plan rufen möchte. Sein Text von 1927 trägt nicht zufällig den Begriff „Porträt" im Titel, der ihn als intermediale Konkurrenz zu Gleyres Heine mit „geneigtem Haupt"[53] kennzeichnet. Das mobilisierende Wir-Pathos im „Heine-Porträt" – „Befreien wir Heine von der Paralyse, die ‚Weltschmerz' genannt wurde, und schützen wir ihn vor zufälliger Berührung. Stellen wir den ‚lyrischen Helden' mit der hoch getragenen Nase wieder her." – ist durchaus als mahnender Appell an die Dichterinnen und Dichter seiner Gegenwart zu verstehen, die er am Ende des Silbernen Zeitalters und insbesondere nach dem Tod Alexander Blocks in einer prekären Lage sah. In seinem Artikel „Die Zwischenzeit" (1924) analysierte er eingehend die zeitgenössische Versdichtung und konstatierte, dass für sie „die Trägheit zu Ende"[54] sei – was bedeutet, dass die epochemachenden dominanten Verfahren nicht mehr wirksam seien. Diese Zeit ist als „Modus" zu verstehen, „in dem eine Revision der Trägheit sowie eine Suche nach potenziellen neuen literarischen Fakten stattfindet".[55] Trägheit beschreibt im formalistischen Jargon den Zustand kanonisierter Werkdominanten, was Tynjanov in seiner eigenen Gegenwart für den Bereich der Prosa feststellt („Die Prosa lebt gegenwärtig von der gewaltigen Kraft der Trägheit."[56]). Demgegenüber steht die Poesie in einem Zustand der metaphorischen Vereinsamung:

> Die Schulen sind verschwunden, die Strömungen haben aufgehört, gesetzmäßig, wie auf Kommando. In geometrischer Progression gewachsen, differenzierten sie sich und zerfielen, […] und schließlich war jeder für sich allein.[57]

Tynjanov hat diesen Zustand kulturdiagnostisch als Gefahr interpretiert. In seiner Besprechung einzelner Dichterinnen und Dichter erkennt er „Rückzüge[]" in die jeweiligen lyrischen Eigenarten, die sich bei Sergei Esenin in einer hypertrophen und dadurch banalen literarischen Persönlichkeit und bei Wladislaw Chodassewitsch als exzessiver Traditionalismus äußert, während Anna Achmatowa „Gefangene ihrer eigenen Themen"[58] ist. Dieser Gefahr ließe sich nicht nur durch eine Beschäftigung mit Alexander Puškin entgehen, über den die Epoche zwar gerne rede, aber von dem sie wenig lerne; die „Gefangenen der eigenen Verskultur"[59] würden auch von einer genauen Lektüre Heinrich Heines profitieren.

Sie entsinnen sich auch nicht des heiteren Beispiels Heine, der sich aus dem Kanon der eigenen Themen, aus der Heine-Manier, wie er selbst schrieb, zur Freiheit durchgerungen hat. Und welcher Themen! Die Liebe, die für das ganze 19. Jahrhundert zum Kanon geworden war. Er schämte sich des Verrats ebensowenig wie Puschkin. In der Poesie wird die Treue zu den eigenen Themen nicht belohnt.[60]

Der geäußerte Wunsch, Heine möge direkt auf die russische Verskultur einwirken, demonstriert Tynjanovs eingreifende Lektüre, die auch seine Tätigkeit als Übersetzer akzentuiert. Tynjanov verweist hier auf die große Wandelbarkeit von Heines poetischer Produktion, die auch aus dem Grund ästhetische Reibung erzeugt, weil sie zwischen dem Leben des Dichters und seiner Dichtung eine Vermittlungsebene schafft, die sich in Äquidistanz zwischen dem biografischen und künstlerischen Leben aufhält. Tynjanov versteht sie als „sprachliche Intention der Literatur", die von der Literatur auf das außerliterarische Leben übergeht[61], während die Gefahr der eigenen Gegenwart eher eine vorschnelle und oberflächliche Literarisierung der Autorperson zu sein scheint.

Sein „Heine-Porträt" versieht Tynjanov konsequenterweise mit einem appellierenden Verständnis von Übersetzung. Dort heißt es:

Es ist Aufgabe des Übersetzers, Heine nicht in den gewohnten, durch ihre Monotonie einlullenden metrischen Systemen zu bringen, sondern zu versuchen, eine Entsprechung zu seinen Intonations- und metrischen Systemen zu schaffen. Ich bin davon überzeugt, daß dies in unserer Zeit nicht eine Sache der Dichter ist, denen *ihr* Werk, *ihre* Systeme am wichtigsten sind, sondern eine Sache des *Übersetzers*.[62]

Man sollte das Pathos dieser Zeilen vor dem Hintergrund der großen Hoffnungen verstehen, die sich Tynjanov von einem Wirken Heines auf die Gegenwartsdichtung machte. Die These des Übersetzers ist die, dass eine besonders genaue Übersetzung im Sinne der direkten Übertragung der literarischen Verfahren das genetische Potenzial von Übersetzungen übersieht. Da Gedichte zwangsläufig auf heimische, d. h. nationalliterarische Systeme rekurrieren, muss die Übersetzung immer den Rahmen des heimischen Systems berücksichtigen. Es kommt in der Vermittlung von einer Literatur in die andere darauf an, Werke aus fremdliterarischen Systemen in ihrer Eigenschaft als „Genesis" fruchtbar für das heimische System zu machen. Man beachte folgende Formulierung Tynjanovs aus seinem Aufsatz „Tjutschew und Heine" (1922):

Ein und dieselbe Erscheinung kann genetisch auf ein bekanntes ausländisches Muster zurückgehen und zugleich die Entwicklung einer bestimmten Tradition der Nationalliteratur sein […], die diesem Muster fremd, ja sogar feindlich gegenübersteht.[63]

Aus diesem Aufsatz stammt die Unterscheidung von der „*Genesis*" und den „*Traditionen* literarischer Erscheinungen", die der Autor unter anderem anhand von Heine-Übersetzungen von Fjodor Tjutčev aufstellte, den Heine in seiner Münchener Zeit kennenlernte. Tynjanovs Analysen zielen auf die These, dass Tjutčevs Übersetzungen deshalb erfolgreich waren, weil sie Heines Gedichte nicht als Ziel, sondern als offenen Ausgangspunkt der Übersetzung verstanden. „[D]ie fremde Kunst [hat] Tjutschew als Vorwand gedient, als Anlaß, Werke zu schaffen, deren Tradition auf russischem Boden bis ins 18. Jahrhundert zurückgeht."[64]

Offenbar wurden die zahlreichen ideologisch vereinnahmenden Heine-Lektüren dem formalistischen Anspruch Tynjanovs nach dynamisierenden literarischen
Impulsen nicht gerecht. Gebündelt werden diese Sorgen in dem Bild des kranken
Heine von Gleyre, das seinerseits Auferstehungsfantasien weckt: Aus dem „Christus von Moralès" soll der „junge lyrische Held" wiedererstehen, woran Tynjanov
offenbar mit seinen eigenen Übersetzungen mitwirken wollte.

4. Fazit

Der besondere Zuschnitt der Tynjanovschen Beschäftigung mit Heine besteht also
in einer aktualisierenden Vermittlung durch genaue literaturhistorische Arbeit, die
zentrale formalistische Denkfiguren an Heine exemplifiziert und dabei Lesarten
des revolutionären Heine konterkariert. Und doch ist Heine auch für Tynjanov insofern ein revolutionärer Schriftsteller und Dichter, als seine Schreibweise noch
in Tynjanovs Gegenwart Modellcharakter hat. In Tynjanovs Interpretationen sticht
immer wieder das Interesse für Heines agonale Schreibweise und die Besonderheit
seiner literarischen Persönlichkeit hervor, die sich von der empfundenen Krisen-
haftigkeit der Zwischenzeit abhebt. Heine ist mit seiner integrativen Schreibweise
und seiner dynamischen literarischen Persönlichkeit für die russische Gegenwartsdichtung der 1920er Jahre ein Modell.
  Was kann man Tynjanovs Heine-Rezeption heute noch abgewinnen? Mit seinen stringenten Interpretationen, die auf das Literarische in der Literatur abzielen,
hat Tynjanov dazu beigetragen, der Literaturwissenschaft zu einer eigenen Wissen-
schaftlichkeit zu verhelfen. Auch wenn der Formalismus im Reigen des heutigen
Methodenpluralismus vielleicht nicht mehr en vogue ist, sollte man seine historische Leistung für die Literaturwissenschaft nicht verkennen. Aber es gibt auch
Aspekte des Wissenschaftsverständnisses, die heute befremden können. In seiner
Autobiografie schreibt Tynjanov – der neben seinem Leben als Wissenschaftler
auch Schriftsteller war – über seine schriftstellerische Arbeit folgendes:

> Die größte aller Revolutionen mußte stattfinden, damit der Abgrund zwischen Wissen-
> schaft und Literatur verschwand. Meine Belletristik entsprang hauptsächlich der Unzufrie-
> denheit mit der Literaturgeschichte, die sich in Allgemeinplätzen bewegte und Menschen,
> Strömungen, Entwicklung der russischen Literatur unklar darstellte. Dieses ‚universale
> Geschmier', das die Literaturhistoriker verzapften, setzte sowohl die Werke als auch die
> alten Schriftsteller herab. Das Bedürfnis, sie näher kennenzulernen und tiefer zu erfassen
> – das eben war für mich Belletristik.[65]

Nicht nur durch die Autobiografie von 1939 ist dieses Verständnis beglaubigt.
Schon in den 1920er Jahren gibt es bei Tynjanov eine Faszination für den Gedanken, die Diskursgrenzen zwischen Wissenschaft und Kunst aufzulösen. Am Ende
seines Artikels „Literarisches heute" (1924) kommt er auf den 1923 erschienenen Roman „Zoo. Briefe nicht über die Liebe, oder die Dritte Heloise" von Viktor Šklovskij zu sprechen, der aus dem Grund unser Interesse verdiene, „weil auf
der einen emotionalen Achse zugleich Roman, Feuilleton und wissenschaftliche

Studie angebracht sind." Dass Tynjanov Šklovskijs Roman für innovativ und zukunftsweisend hält, belegen die nachfolgenden apodiktischen Sätze:

> Unsere Kultur basiert auf einer strengen Differenzierung zwischen Wissenschaft und
> Kunst. Nur in einigen Fällen – die sich an den Fingern abzählen lassen – wurden diese
> Bereiche vereint – so hat Heine in seinen ‚Reisebildern', in den ‚Pariser Briefen' und ins-
> besondere in der ‚Geschichte der Philosophie und Literatur in Deutschland' Zeitungsbe-
> richte, sehr persönliche Porträts und eine starke Prise Wissenschaft miteinander verbun-
> den.[66]

Dass Tynjanov an dieser Stelle Heine nennt, ist bedeutend. Man kann daraus
schlussfolgern, dass er nicht nur für die Literatur, sondern auch für die Wissenschaft ein Vorbild von Tynjanov ist. Stellenweise mangelt diesem Interesse aber
die gebotene Distanz und sie erscheint identifikatorisch. Der Schriftsteller und
Schwager Tynjanovs, Weniamin Kawerin, schrieb einmal über den besonderen
„Enthusiasmus" des Literaturwissenschaftlers:

> Er kannte Heines Leben so genau, dass man den Eindruck hatte, als habe er es selbst ge-
> lebt. Heines Witz, sein Optimismus, sein unbestechlich polemischer Charakter, seine
> Lebenslust trotz unheilbarer Krankheit – das alles beschreibt Heine genausogut wie
> Tynjanov selbst.[67]

Es ist legitim, diese Überidentifikation als solche zu benennen und kritisch zu hinterfragen. Tynjanovs Leistung für die Heine-Forschung sollte deshalb aber nicht
übersehen werden.

Anmerkungen

1 Einen guten Einstieg in Tynjanovs wissenschaftliches Werk bietet Christoph Veldhues: Jurij
   Tynjanov. – In: Klassiker der modernen Literaturtheorie. Von Sigmund Freud bis Judith
   Butler. Hrsg. v. Matías Martínez u. Michael Scheffel. München 2010, S. 57–79.
2 Juri Tynjanow: Autobiographie. – In: Ders.: Der Affe und die Glocke. Erzählungen, Drama,
   Essays. Hrsg. v. Fritz Mierau. Berlin 1975, S. 92–107, hier S. 106.
3 Das fünfte Kapitel von Leo Trotzkis „Literatur und Revolution", das den Formalismus aus
   einer zeitgenössischen, materialistischen Perspektive analysiert, ist in dieser Hinsicht sehr
   interessant. Leider liegt davon aktuell keine zitierfähige Ausgabe in deutscher Sprache vor.
   Teilband 4.2: Literatur und Revolution (1919–1940) der ersten deutschen Werkausgabe ist
   in Vorbereitung. Den Konflikt zwischen Marxismus und Formalismus hat Victor Erlich:
   Russischer Formalismus. Frankfurt a. M. 1987, S. 109–130 aufgearbeitet, Trotzki bespricht
   er auf S. 110–121.
4 Ebd., S. 88.
5 Meine Übersetzung. Aus mir unerklärlichen Gründen fehlt gerade dieser Satz in der deutschen Übersetzung von Gisela Drohla des entsprechenden Aufsatzes: Victor Šklovskij: Literatur ohne ‚Sujet'. – In: Ders.: Theorie der Prosa. Hrsg. v. Gisela Drohla. Frankfurt a. M.,
   S. 163–185. In der englischen Übersetzung von Benjamin Sher ist er mit „Each new literary
   school is a new revolution, something in the nature of a new class" wiedergegeben. Viktor
   Shklovsky: Literature without a Plot: Rozanov. – In: Ders.: Theory of Prose. Elmwood Park
   1990, S. 189–205, hier S. 190.
6 Juri Tynjanow: Das literarische Faktum. – In: Texte der russischen Formalisten I. Hrsg. v.
   Jurij Striedter. München 1969, S. 392–431, hier S. 395.

7   Ebd., S. 401.

8   Ebd., S. 399.

9   Ebd.

10 Juri Tynjanow: Über die literarische Evolution. – In: Texte der russischen Formalisten I. [Anm. 6], S. 432–461, hier S. 409.

11 Aage A. Hansen-Löve: Der russische Formalismus. Methodologische Rekonstruktion seiner Entwicklung aus dem Prinzip der Verfremdung. Wien 1978, S. 383.

12 Ivo Frenzel in der „Süddeutschen Zeitung" vom 12./13. April 1969. Zit. n. Jost Hermand: Streitobjekt Heine. Ein Forschungsbericht 1945–1975. Frankfurt a. M. 1975, S. 30.

13 Wolfgang Preisendanz: Der Funktionsübergang von Dichtung und Publizistik. – In: Ders.: Werkstrukturen und Epochenbezüge. München ²1983, S. 21–68, hier S. 46.

14 Albrecht Betz: Ästhetik und Politik. Heinrich Heines Prosa. München 1971, S. 50.

15 Hans Robert Jauß: Das Ende der Kunstperiode – Aspekte der literarischen Revolution bei Heine, Hugo und Stendhal. – In: Ders.: Literaturgeschichte als Provokation. Frankfurt a. M. 1970, S. 107–143, hier S. 112.

16 Klaus Pabel: Heines „Reisebilder". Ästhetisches Bedürfnis und politisches Interesse am Ende der Kunstperiode. München 1977, S. 168.

17 Ernst Elster: Heinrich Heines Leben und Werke. – In: Heinrich Heines sämtliche Werke. Hrsg. v. Ernst Elster. Leipzig u. Wien 1893, Bd. 1, S. 3–122, hier S. 80.

18 Juri Tynjanow: Heine-Porträt. – In: Ders.: Poetik. Ausgewählte Essays. Hrsg. v. Ralf Schröder. Leipzig u. Weimar 1982, S. 95–102, hier S. 99 f.

19 Ebd., S. 101.

20 Ebd.

21 Ebd.

22 Hier ist vor allem Jurij Striedter zu nennen, der Herausgeber und Übersetzer der zweibändigen Ausgabe „Texte der russischen Formalisten". Striedter nahm an Tagungen der Forschungsgruppe „Poetik und Hermeneutik" teil und machte hier den Formalismus einem größeren wissenschaftlichen Kreis bekannt. Mit Wolfgang Preisendanz und Hans Robert Jauß waren auch zwei prominente Heine-Forscher vertreten – Tynjanovs Arbeiten zu Heinrich Heine waren ihnen aber höchstwahrscheinlich nicht bekannt.

23 Die wenigen vorliegenden Arbeiten, die Tynjanovs Heine-Rezeption in den Blick nehmen, tun dies meines Erachtens nicht in der gebotenen Ausführlichkeit. Die Dissertation von Constanze Wachsmann: Der sowjetische Heine. Die Heinrich-Heine-Rezeption in den russischsprachigen Rezeptionstexten der Sowjetunion (1917–1953). Berlin 2001 bespricht Tynjanov auf lediglich drei Seiten, auf welchen sie zwar den zentralen Text „Heine-Porträt" von 1927 im Lichte der doktrinären Vereinnahmung Heines in den späten 1920er Jahren diskutiert, ohne allerdings genauer auf Tynjanovs literaturtheoretische Arbeiten einzugehen. Heidi Tagliavini: Tynjanov et Heine. – In: Revue des études slaves 55.3 (1983), S. 483–496 ist eine erste Annäherung, vor allem zur Übersetzungspraxis. Dazu sind auch Beobachtungen in dem folgenden Aufsatz zu lesen: Renate Lachmann: Heine und Puškin. – In: HJb 51 (2012), S. 53–85. Die Autorin kommentiert erhellend die Studien von Tynjanov zu Tjutčevs Heine-Übersetzungen, geht aber nicht anderen Dokumenten seiner Heine-Rezeption nach.

24 Der Aufsatz „Block und Heine" [Блок и Гейне] liegt bislang noch nicht in deutscher Übersetzung vor.

25 Neben dem auch ins Deutsche übersetzten Aufsatz hat sich Tynjanov dem Verhältnis in einer längeren Qualifikationsarbeit gewidmet, die nicht ins Deutsche übertragen wurde.

26 Die Frage, inwieweit man von einer einheitlichen formalistischen Theoriebildung überhaupt sprechen kann, hat einen nicht unwesentlichen Stellenwert in der Formalismus-Forschung. „Not that the Russian Formalists can be thought of having a single position, a single literary doctrine; yet their work was a collective one, and possesses a unity of development over time", urteilt Fredric Jameson: The prison-house of language. A critical account of structuralism and Russian formalism. Princeton 1972, S. 47. Peter Steiner: Russian Formalism: A Metapoetics. Ithaca 1984, S. 15–24 widmete der Frage ein ganzes Kapitel seiner Studie, ohne zu einem Ergebnis zu kommen. In der deutschsprachigen Forschung hat Aage A.

Hansen-Löve dieses Problem in seinem Standardwerk dadurch früh entschärft, dass seine rekonstruktive Studie eher methodologisch als ideengeschichtlich angelegt ist und eine klare Binnendifferenzierung innerhalb des Formalismus vorschlägt. Er unterteilt die „Entfaltung der Formalen Methode von der paradigmatischen (FI) über die syntagmatisch-funktionale (FII) zur diachron-kommunikativen (FIII) Phase". Hansen-Löve: Der russische Formalismus [Anm. 11], S. 10.

27 Hansen-Löve: Der russische Formalismus [Anm. 11], S. 393.

28 Tynjanow: Das literarische Faktum [Anm. 6], S. 401.

29 Tynjanow: Über die literarische Evolution [Anm. 10], S. 437.

30 Ebd.

31 Aleida Assmann: Arbeiten am Traditionsbegriff. – In: Tradition und Traditionsverhalten. Literaturwissenschaftliche Zugänge und kulturwissenschaftliche Perspektiven. Hrsg. v. Philipp Reich, Karolin Toledo Flores u. Dirk Werle. Heidelberg 2021, S. 47–62, hier S. 53.

32 Tynjanow: Über die literarische Evolution [Anm. 10], S. 437.

33 Ebd., S. 459.

34 Ebd.

35 Juri Tynjanow: Chlebnikow. – In: Ders.: Poetik [Anm. 18], S. 51–64, hier S. 52.

36 Wachsmann: Der sowjetische Heine [Anm. 23], S. 68.

37 Tynjanow: Heine-Porträt [Anm. 18], S. 96: „Heines literarische Revolution verstanden die sozialen Revolutionäre – Lassalle und Marx."

38 Ebd.

39 Ebd.

40 Ebd., S. 101.

41 Ebd.

42 Tynjanow: Über die literarische Evolution [Anm. 10], S. 455.

43 Tynjanow: Das literarische Faktum [Anm. 6], S. 427.

44 Ähnlich denkt Preisendanz: Der Funktionsübergang von Dichtung und Publizistik [Anm. 13], S. 24 f.: „[D]ie Beschaffenheit der neuen Schreibart vom Witz als allen Inhalten apriorischem Form- und Sprachprinzip hergeleitet, und sofern sich in diesem Witz die poetische Vermittlung von moderner Bewußtseinslage und neuer Wirklichkeit manifestieren soll, erscheint diese Schreibart doch wieder als ein primär ästhetisches Phänomen; die Politisierung der Literatur, die publizistische Wirkungsabsicht scheint sich als Funktion eines neuen Dichtungsbegriffs herauszustellen."

45 Tynjanow: Heine-Porträt [Anm. 18], S. 96 f.

46 Karl Kraus: Heine und die Folgen. – In: Ders.: Heine und die Folgen. Schriften zur Literatur. Hrsg. v. Christian Wagenknecht u. Eva Willms. Göttingen 2014, S. 77–104, hier S. 83.

47 Tynjanow: Heine-Porträt [Anm. 18], S. 97.

48 Théophile Gautier: Henri Heine. – In: Henri Heine: Reisebilder = Tableaux de voyage. Paris 1856. S. I–XII, hier S. I.

49 Ebd., S. II.

50 Ebd. – Die HSA behandelt Gautiers Zitat als eindeutige Äußerung Heines, nennt aber neben Gautiers Text keine weitere Quelle, um dies zu verifizieren. Vgl. HSA XXIII, 205.

51 Tynjanow: Heine-Porträt [Anm. 18], S. 98.

52 Ebd.

53 Ebd.

54 Juri Tynjanow: Die Zwischenzeit. – In: Der Affe und die Glocke [Anm. 2], S. 450–497, hier S. 451.

55 Yaraslava Ananka: Jurij Tynjanovs Episteme des Intervalls. – In: Kulturen verbinden. Connecting cultures. Cbližaja kul'tury. Festband anlässlich des 50-jährigen Bestehens der Slawistik an der Universität Innsbruck. Hrsg. v. Jürgen Fuchsbauer, Wolfgang Stadler u. Andrea Zink. Innsbruck 2021, S. 393–412, hier S. 396.

56 Tynjanow: Die Zwischenzeit [Anm. 54], S. 451.

57 Ebd.

58 Ebd., S. 460.

59 Ebd., S. 459.
60 Ebd., S. 460.
61 Tynjanow: Über die literarische Evolution [Anm. 10], S. 455.
62 Tynjanow: Heine-Porträt [Anm. 18], S. 102.
63 Juri Tynjanow: Tjutschew und Heine. – In: Ders.: Poetik [Anm. 18], S. 123–134, hier S. 124.
64 Ebd., S. 134.
65 Tynjanow: Autobiographie [Anm. 2], S. 106.
66 Juri Tynjanow: Literarisches heute. – In: Ders.: Poetik [Anm. 18], S. 65–92, hier. S. 91 f.
67 Meine Übersetzung. Vgl. Véniamine Kavérine: Portrait de Tynianov. – In: Littérature 95 (1994), S. 59 f.: „Pour ce qui est de sa faculté à l'enthousiasme, disons qu'elle allait de pair avec une grande rigueur et qu'elle s'exprimait surtout à propos de Heine. Il connaissait si bien la vie de Heine qu'on avait l'impression que c'est lui qui l'avait vécue."

Heinrich Heine und die Erneuerung der arabischen Lyrik um die Jahrhundertwende

Zouheir Soukah

Einleitung

Um die Wende vom 19. zum 20. Jahrhundert erlebte die arabische Welt, insbesondere Ägypten, eine tiefgreifende kulturelle Erneuerung, die als Nahda-Bewegung bekannt ist. Diese Bewegung, die man mit „Renaissance" übersetzen kann[1], strebte unter anderem danach, die arabische Sprache und Literatur nach Jahrhunderten des kulturellen Rückschritts wiederzubeleben. Während dieser Zeit wurde das Hocharabische zunehmend zugunsten der osmanischen Sprache verdrängt. Der Einfluss europäischer Ideen und literarischer Formen spielte in dieser Erneuerungsbewegung eine zentrale Rolle. In diesem Kontext ist auch Heinrich Heine von Bedeutung[2], dessen Werke durch die Faszination für die arabische Poesie und Kultur geprägt sind.[3]

Die arabischsprachige Literaturgeschichte nennt jene Stagnationsphase „Literarische Dekadenz". Dabei bezieht man sich auf eine Phase in der arabischen Literatur, die oft als ein Rückgang oder Verfall der kulturellen und literarischen Produktivität interpretiert wird. Dieser Begriff wird häufig in einem historischen Kontext verwendet, um die Veränderungen in der arabischen Literatur und Kultur zu beschreiben, insbesondere im Vergleich zu früheren Blütezeiten. Die Dekadenz wird daher häufig mit dem Verlust der kulturellen Vitalität nach dem 13. Jahrhundert in Verbindung gebracht, als die klassische arabische Dichtung an Einfluss verlor.[4] Literaturhistoriker und -wissenschaftler argumentieren, dass jene Phase durch eine lange Stagnation geprägt war, die erst im 19. Jahrhundert unter dem Einfluss

Z. Soukah (✉)
Düsseldorf, Deutschland
E-Mail: zouheir.soukah@uni-duesseldorf.de

der europäischen Moderne überwunden wurde. Dieser Einfluss führte dazu, dass viele arabische Autoren, vor allem innerhalb der Nahda-Bewegung, begannen, sich mit europäischen literarischen Formen auseinanderzusetzen.[5] In Anlehnung daran zeichnet sich die Nahda-Bewegung durch einen intensiven Dialog mit der europäischen Kultur aus und strebte danach, europäische sowie arabische Elemente zu einer neuartigen kulturellen Identität zu verschmelzen. Diese Bewegung reflektierte sowohl den Einfluss europäischer Denkmuster als auch die Bestrebungen, die Grundwerte des Islams mit den Herausforderungen der Moderne in Einklang zu bringen.[6]

Die Nahda als Wendepunkt in der arabischen Kultur und Identität

Die Nahda war nicht nur eine literarische und kulturelle Erneuerung, sondern auch ein politisches Phänomen, das die Entwicklung nationalistischer Ideen, insbesondere des Panarabismus, vorantrieb. Sie bot einen Rahmen für den Austausch zwischen verschiedenen Glaubensgemeinschaften und förderte die Vorstellung einer gemeinsamen arabischen Identität, die sowohl Muslime als auch Christen umfasste.[7]

Der französische Ägyptenfeldzug (1798–1801), angeführt von Napoleon Bonaparte, stellte historisch einen entscheidenden Auslöser für diese bedeutende sprachkulturelle Strömung dar. Mit einer Armee von etwa 40.000 Soldaten unternahm Napoleon den Feldzug, um mamlukisches Ägypten zu erobern. Diese militärische Expedition, die schließlich 1801 durch britische Truppen beendet wurde, umfasste auch eine Gruppe von Wissenschaftlern, Künstlern und Ingenieuren. Ihre Zusammenarbeit führte zur Entstehung der renommierten Text- und Bildsammlung „Description de l'Égypte" im Jahr 1809. Obwohl das militärische Ziel des Feldzugs nicht vollständig erreicht wurde, hinterließ die Expedition einen Kulturschock bei der ägyptischen Bevölkerung und markierte einen Wendepunkt in der modernen Geschichte Ägyptens sowie der gesamten arabischen Welt.[8]

Als Reaktion auf die Herausforderungen der Zeit entwickelte sich allmählich eine Vielzahl von Wiederbelebungs- und Reformansätzen in sämtlichen Bereichen, die das gemeinsame Ziel verfolgten, Ägypten zu modernisieren.[9] Um dieses ambitionierte Vorhaben zu realisieren, verfolgten die kosmopolitischen Akteure, auch bekannt als Nahdisten, zwei wesentliche Strategien: Zum einen strebten sie an, das alte arabische Sprach- und Kulturerbe systematisch zu revitalisieren, und zum anderen suchten sie aktiv den kulturellen Austausch mit europäischen Nachbarn, insbesondere mit Frankreich und England.[10]

Diese Ansätze wurden in der Ära des ägyptischen Vizekönigs Muhammad Ali (1805–1849) initiiert, der als erster moderner Herrscher Ägyptens gilt. In dieser Zeit fanden umfassende und systematische Reformen im Land statt. Zwischen 1826 und 1831 wurden Studienmissionen nach Frankreich entsandt, wobei Rifa'at

Tahtawi (1801–1873) zu den ersten Mitgliedern gehörte und die ägyptische Studienmission 1826 leitete.[11] Sein Interesse umfasste die Bereiche Politik, Rechtssystem, Wissenschaft, Bildung und Kunst in Frankreich. Nach seiner Rückkehr gründete er die erste moderne Übersetzungsschule in Ägypten, was den direkten Kontakt der Ägypter mit der französischen und damit auch der europäischen Literatur einleitete. Darüber hinaus wird die Gründung der ägyptischen Staatsdruckerei im Jahr 1822 als einer der entscheidenden Faktoren und Erfolge der Nahda-Bewegung in Ägypten angesehen.[12]

Die Nahda-Bewegung, die sich über einen Zeitraum von etwa fünfzig Jahren erstreckte, war nicht auf Ägypten beschränkt, sondern breitete sich auch in Nordafrika und der Levante aus. Diese Entwicklung wurde maßgeblich durch die Gründung arabischer Druckereien und die Entstehung zahlreicher arabischsprachiger Zeitschriften gefördert. In diesem dynamischen Umfeld kam es zu den ersten literarischen Übersetzungen aus europäischen Sprachen sowie zu neuen Auflagen zahlreicher arabischer Klassiker. Bereits gegen Ende des 19. Jahrhunderts wurden europäische Literaturgattungen wie der Roman, die Kurzgeschichte und das Drama übernommen.

Die arabische Lyrik als Spiegel kultureller Erneuerung und europäischer Einflüsse

Die arabische Lyrik hat eine lange und bedeutende Tradition, die bis ins 20. Jahrhundert und darüber hinaus als die erste Literaturgattung der arabischen Kultur gilt. Besonders in der vorislamischen Zeit wurde der klassischen Lyrik eine fast heilige Bedeutung zugeschrieben. Die bekannteste Sammlung altarabischer Gedichte ist die „Mu'allaqāt", die um das Jahr 680 schriftlich festgehalten wurde.[13]

Die Qasīda stellt die bekannteste Form der klassischen arabischen Lyrik dar und folgt einem charakteristischen dreiteiligen Strukturmuster. Der einleitende Abschnitt, bekannt als nasīb, thematisiert eine unwiederbringliche Vergangenheit, wobei häufig Motive wie der verlassene Lagerplatz, die Erinnerung an die Geliebte, der Schmerz der Trennung sowie die traumhafte Erscheinung der Geliebten zur Sprache kommen. Im zweiten Teil, dem raḥīl, erfolgt eine detaillierte Schilderung einer Reise, die sowohl die Trauer des Dichters verarbeitet als auch seine Rückkehr zu einem aktiven Leben symbolisiert. Der abschließende Teil der Qasīda enthält die Schlussbotschaft und kann verschiedene Themen umfassen. Diese reichen von Selbstlob des Dichters über Lobpreisungen seines Stammes oder eines Herrschers bis hin zu Schmähungen von Gegnern oder moralischen Leitsprüchen.[14]

Die formalen und inhaltlichen Regeln der arabischen Dichtung blieben über Generationen hinweg unverändert, ohne grundlegende Entwicklungen, bis zur Blütezeit der arabisch-islamischen Kultur sowie deren späterer Dekadenz, insbesondere zu Beginn des 16. Jahrhunderts. Diese Phase war zugleich durch einen Rückgang der arabischen Sprache und Literatur gekennzeichnet.

Im Kontext der arabischen Erneuerungsbewegung, die insbesondere in Libanon und Ägypten stattfand, formierten sich neue Generationen von arabischen Nahda-Poeten, die die Erneuerung der damaligen arabischen Poesie als ein zentrales Ziel verfolgten. Diese Poeten waren stark von der europäischen Romantik und der englischen Lyrik beeinflusst. Ein bedeutendes Beispiel für diesen Einfluss ist die Entdeckung von Heinrich Heines Lyrik durch seine Übersetzungen ins Englische. Um die Wende zum 20. Jahrhundert setzte sich der libanesische Dichter Khalil Mutran (1872–1949) dafür ein, die arabische Lyrik von traditionellen formalen Beschränkungen zu befreien und die Vorteile der europäischen Lyrik zu nutzen.[15]

Die neuen Generationen arabischer Dichter strebten durch die freie Übersetzung und poetische Nachahmung europäischer romantischer Lyrik, insbesondere der englischen, danach, die überholte traditionelle Dichtung im arabischen Sprach- und Kulturraum zu modernisieren und gegebenenfalls durch eine zeitgemäße Form zu ersetzen. In Ägypten formierten sie sich unter anderem in zwei programmatischen romantischen Schulen. Die erste Generation repräsentiert die konservative Diwan-Schule, die bis 1921 aktiv war, während die zweite Generation durch die radikale Apollo-Schule geprägt wurde, die bis 1928 bestand. Zu den bedeutendsten Vertretern der beiden Generationen zählen Abdu-r-Rahman Schukri (1886–1958), Ibrahim Al-Mazini (1889–1949) und Abbas Al-Akkad (1889–1964) aus der Diwan-Schule sowie Abdullatif An-Naschar (1895–1972) und Ibrahim Nagi (1898–1953) aus der Apollo-Schule.[16]

Alle genannten Autoren beschäftigten sich unter anderem mit der Lyrik Heinrich Heines, die sie in englischen Übersetzungen lasen. Einige dieser Übersetzungen wurden von ihnen ins Arabische übertragen, wobei es sich häufig um eher freie poetische Nachbildungen als um präzise Übersetzungen handelte.[17] In beiden lyrischen Schulen galt das Bild von Heine als vorbildlich, obwohl er nicht zur englischen Romantik zählte. Heinrich Heines Lyrik wurde als ein wesentlicher Bestandteil der europäischen Romantik rezipiert. Im Folgenden wird näher auf die beiden programmatischen Schulen eingegangen.

Die Anfänge der arabischen Romantik: Die Ad-Diwan-Schule und ihre Pioniere

Die lyrische Diwan-Schule wurde von den drei ägyptischen Dichtern Abdu-r-Rahman Schukri, Ibrahim Al-Mazini und Abbas Al-Akkad ins Leben gerufen. Alle drei Dichter haben sich mit den Werken Heinrich Heines auseinandergesetzt und dessen Gedichte sowohl gelesen als auch übersetzt. Dabei war das Englische die Vermittlungssprache.[18] Der Begriff Ad-Diwan bezieht sich auf den Titel eines Buches, das 1921 veröffentlicht wurde und in dem Al-Akkad und Al-Mazini die zeitgenössische Lyrik scharf kritisierten. In der arabischen Literaturkritik markiert dieses Werk den Beginn der arabischen Romantik.[19] Schukri nahm dabei eine herausragende Rolle ein, sowohl durch seine umfangreiche lyrische Produktion als auch durch seine theoretischen Beiträge zur Lyrik. Er ließ sich von bedeutenden

Autorinnen und Autoren wie Mary Shelley, Shakespeare, Byron, Wordsworth, Coleridge, Hazlitt, Carlyle, Leigh Hunt, Goethe, Schiller und Heine inspirieren.[20] Bereits 1909 veröffentlichte er seinen ersten Gedichtband mit dem Titel „Du'ul Fagr" (Morgendämmerung). Nach Maher wird diese Gedichtsammlung von Schukri als ein markanter Wendepunkt in der Geschichte der arabischen Poesie angesehen.[21]

Die Veröffentlichung seines zweiten Gedichtbandes „La'ali ul-Afkar" (Perlen des Denkens) im Jahr 1913 markiert – so El-Sharkawy – den konkreten Beginn der ägyptischen Romantik; das Vorwort dazu verfasste sein Freund Al-Akkad. Zwei Jahre später erschien Al-Mazinis erster Gedichtband, gefolgt von Al-Akkads im Jahr 1916. Im selben Jahr wurde Schukris bedeutendster Gedichtband, „Al-Khatarat" (Einfälle), veröffentlicht, der als zentral für diese literarische Bewegung gilt.[22] In der Einleitung erläutert er die formalen und inhaltlichen Prinzipien der Diwan-Schule, die Fiktion, herausragende lyrische Motive, welche die Emotionen des Dichters reflektieren sowie die inhaltliche und formelle Kohärenz des Gedichts umfassen. Darüber hinaus wird eine Variation des Reims gefordert.[23]

Trotz der Erfolge der jungen Dichter der Diwan-Schule bei der Umsetzung ihrer neuen poetisch-theoretischen Überlegungen in eigene Lyrik und Nachdichtungen kam es einige Jahre später zu einem programmatischen Ende dieser lyrischen Bewegung.[24]

Die Apollo-Schule: Impulsgeber für die moderne arabische Poesie

Im Jahr 1932 initiierte Ahmad Zaki Abu Shadi die Gründung der „Apollo-Gesellschaft". Diese Gesellschaft begann im September desselben Jahres mit der Herausgabe einer gleichnamigen Monatsschrift, die sich der Veröffentlichung von Lyrik sowie wissenschaftlichen Studien zur Lyrik widmete.[25] Die Apollo-Schule spielte eine entscheidende Rolle in der Entwicklung der arabischen Lyrik und war ein bedeutendes Zentrum für literarische Erneuerung. Sie verfolgte ähnliche Ziele wie die Diwan-Schule, insbesondere die Förderung der arabischen Lyrik, die Unterstützung von Erneuerungsbestrebungen in der Lyrik und die Verteidigung der Interessen sowie der Würde der Dichter. Diese Schule ermutigte zu einem freieren Umgang mit der Sprache, was sich in den stilistischen Ansätzen ihrer Mitglieder widerspiegelte. Zu den zentralen Figuren der Apollo-Schule gehörte Khalil Mutran, der nach dem Tod des ägyptischen Dichters Ahmed Shawqi 1932 den Vorsitz des Apollo-Literaturverbandes übernahm und als einer der bedeutendsten Dichter dieser Zeit gilt.

Ein bemerkenswertes Merkmal war, dass die Mehrheit der Dichter dieser Schule das Englische beherrschte, wobei insbesondere die englische Romantik eine große Anziehungskraft auf sie ausübte. El-Sharkawy schlussfolgert, dass die Wirkung dieser Schule tiefgreifender war als die der Diwan-Schule.[26] In der ersten Ausgabe der lyrischen Monatsschrift der Apollo-Schule wurde eine arabische Übersetzung eines deutschen Gedichts veröffentlicht, das von Friedrich Schiller stammte.

Der Einfluss Heinrich Heines auf die arabische Lyrik der Nahda-Bewegung

Innerhalb der beiden Schulen fand eine merkliche Auseinandersetzung mit der Lyrik Heinrich Heines statt. Diese wurde von den zuvor genannten Dichtern betrieben, die zu den zentralen Akteuren der literarischen Nahda-Bewegung in Ägypten zählten. Alle Beteiligten schöpfen aus den reichen Traditionen der Weltpoesie. Sie kehren dabei zur Natur zurück und projizieren ihre individuellen Empfindungen und Schmerzen auf diese. Zentrale Themen ihrer Dichtung sind die Liebe sowie die damit verbundenen Leiden, Frustrationen, Sorgen und Zweifel. Darüber hinaus weisen ihre Gedichte eine organische Einheit auf, wobei sie sich formal große Freiheiten erlauben und den freien Reim verwenden.[27]

In diesem kreativen Kontext wurde Heine durchweg positiv wahrgenommen. Er galt vor allem als „romantischer" Lyriker, von dem zahlreiche lyrische Motive übernommen wurden. Zu diesen Motiven zählen insbesondere:

- Sehnsucht nach Liebe und Tränen (Abdullatif An-Naschar)
- Traum von der Auferstehung (Abdu-r-Rahman Schukri)
- Gleichsetzung der Geliebten mit Symbolen wie Alte Rose, Dorn, Lamm oder Loreley (Ibrahim Al-Mazini, Ibrahim Nagi)
- Das Vermächtnis (Ibrahim Al-Mazini)

El-Sharkawy argumentiert sogar, dass diese ägyptischen frühromantischen Dichter unter dem Einfluss Heines neue Gattungsarten in der arabischen Lyrik geschaffen haben. Dazu gehören insbesondere die Geständnisse, wie sie bei Schukri zu finden sind, sowie das Ironie-Gedicht, das vor allem von Vertretern der Diwan-Schule verwendet wird.[28] Die Dichter dieser Schule schöpfen aus Heines volksliedhafter Musikalität, Intellekt, unmittelbarem Gefühl sowie aus seiner Ironie und seinem Witz. Dies erklärt, warum die frühen Rezipienten von Heines Lyrik ihr Augenmerk auf folgende lyrische Werke richteten: „Das Buch der Lieder"[29], „Neue Gedichte", „Romanzero" sowie die Gedichte aus den Jahren 1853 und 1854.[30] Hierbei hebt El-Sharkawy zu Recht hervor, dass das Gedicht „Loreley" in dieser frühen und produktiven Auseinandersetzung mit Heine eine besondere Beachtung fand.[31] Auch bis heute handelt es sich um das am häufigsten ins Arabische übersetzte Gedicht Heines.[32]

Im Allgemein fühlten sich die Dichter dieser Epoche in einer gewissen Weise mit Heinrich Heine, dem romantischen Lyriker, verbunden. Heine selbst verfolgte jedoch mit seiner Lyrik das Ziel einer Entromantisierung.[33] In der Einleitung zu seinem Gedichtband „Alyanbu" (Der Brunnen), der 1933 in Kairo veröffentlicht wurde, hebt Ahmed Zaki Abu Shadi hervor, dass Heine eher als Vertreter eines romantischen Realismus angesehen werden sollte.[34]

Im Folgenden wird der Einfluss Heines auf die einzelnen Vertreter der Diwan- und Apollo-Schule detaillierter dargestellt.

Der Einfluss Heinrich Heines auf Abdu-r-Rahman Schukri

In der Geschichte der modernen arabischen Literatur wird Schukri als ein Wegbereiter einer neuen literarischen Strömung in der arabischen Lyrik während der ersten Hälfte des 20. Jahrhunderts angesehen. Sein Aufenthalt in England zwischen 1909 und 1912 hatte einen entscheidenden Einfluss auf seine literarische Bildung im europäischen Kontext.[35] Laut El-Sharkawy lernte Schukri dort die Lyrik von Heinrich Heine kennen. Diese Entdeckung führt sie zu der Annahme, dass Schukri, zumindest chronologisch betrachtet, der erste Ägypter war, der Heines Werke rezipierte.[36]

Schukris 1913 veröffentlichter Lyrikband „La'ali al-Afkar" (Perlen des Denkens) stellt, wie erwähnt, den Beginn der romantischen Schule in Ägypten dar. In der Einleitung dieses Werkes, verfasst von seinem Freund Al-Akkad, wird Heinrich Heine als einer der bedeutendsten Vertreter der deutschen Literatur hervorgehoben.[37]

In Schukris fünftem Band aus dem Jahr 1916 wird der Name Heinrich Heine erwähnt, da er darüber berichtete, dass der ägyptische Dichter Al-Mazini ein Gedicht von Heine übersetzt hatte, ohne dessen Urheberschaft zu erwähnen. Dieser Vorwurf führte in der zeitgenössischen Presse zu einer Debatte über die mutmaßlichen Plagiate Al-Mazinis.[38]

Die Übersetzungen und Nachdichtungen Schukris zu Heines Werk sind jedoch begrenzt. El-Sharkawy konnte eine Nachahmung von Heines Gedicht „Mir träumt': ich bin der liebe Gott" (DHA I, 279) erkennen.[39] In dieser freien Nachdichtung[40] übernimmt Schukri von Heine das Motiv, wie sich der Dichter verhalten würde, wäre er Gott. Er äußert den Wunsch, ein Gott im Himmel zu sein, dessen Wille in Erfüllung geht. Heine stellt sich im Traum als Gott dar. Schukris Ziel ist es, jene zu ironisieren, die glauben, die Welt verbessern zu können. Aus diesem Grund schließt er sein Gedicht mit einem Gefühl der Reue und Selbstironie.[41] Nach El-Sharkawy wird Heines Einfluss auf Schukri besonders deutlich in dessen Prosatext „Al'itirafat" (Geständnisse). Ähnlich wie Heine verfasst Schukri autobiografische Fragmente und veröffentlicht diese 1916 unter dem Titel „Die Geständnisse". Der Einfluss Heines ist hierbei sowohl im Titel und der Form als auch in Stil und Inhalt erkennbar.[42]

Der Einfluss Heinrich Heines auf Ibrahim Abdelkader Al-Mazini

Nach Abschluss seines philologischen Studiums nahm Ibrahim Al-Mazini zunächst eine Tätigkeit als Dozent für Übersetzung, Englisch und Geschichte auf. Im Jahr 1913 veröffentlichte er seine erste Gedichtsammlung. 1919 legte er seine Lehrtätigkeit nieder, um als freier Journalist und Schriftsteller zu arbeiten.[43] Sein zweiter Gedichtband erschien 1917, die dritte und letzte Gedichtsammlung wurde 1960 posthum veröffentlicht, nachdem er 1949 verstorben war.[44] Al-Mazini veröffentlichte zudem eine Vielzahl von Romanen und übertrug Werke aus dem Englischen, darunter „Mukhtarat min al-Qasas al-Ingelizi" (Ausgewählte englische Erzählungen von Oscar Wilde und anderen) im Jahr 1929. Ähnlich wie Heine thematisiert Al-Mazini Aspekte der Natur, der Liebe, des Todes sowie von Träumen und Erinnerungen. In seiner ersten Gedichtsammlung finden sich Nachdichtungen von Heines Gedichten, insbesondere von „Mit Rosen, Cypressen und Flittergold". (DHA I, 65)[45]

In seiner zweiten Sammlung aus den Jahren 1916/17 begegnen wir Heines Gedicht „Ich weiß nicht, was soll es bedeuten". (DHA I, 206)[46] Seiner ersten Nachdichtung verlieh er den Titel قبر الشعر (Das Grab der Dichtung), ohne jedoch den Namen Heine zu erwähnen.[47] Wegen dieses Gedichts wurde Al-Mazini von Schukri des Plagiats beschuldigt. In der Einleitung seiner zweiten Gedichtsammlung erklärte Al-Mazini, dass er das Heine-Gedicht „Mit Rosen, Cypressen und Flittergold" sowie Werke weiterer europäischer Dichter übernommen habe. In dieser Sammlung kennzeichnet er alle Verse, die er nachgedichtet oder übersetzt hat. Unter diesen findet sich auch das Gedicht mit dem Titel „Al-Mallah al Mashur" (Der verzauberte Seemann), das deutliche Anklänge an Heines „Loreley" (ebd., 206 ff.) aufweist.[48]

Die Passagen verdeutlichen die stilistischen und thematischen Parallelen zwischen den beiden Texten. Im dritten Band von Al-Mazinis Sammlung (1960) findet sich das Gedicht „Wasiyyatu Schair" (Vermächtnis eines Dichters).[49] Im Untertitel weist Al-Mazini darauf hin, dass es nach dem Vorbild von Heines Gedicht „Vermächtniß" (DHA III, 120 f.) entstanden ist.[50] Al-Mazini greift das Motiv des Vermächtnisses von Heine auf und gestaltet es neu. Laut El-Sharkawy zählt dieses Vermächtnis-Motiv zu den Erneuerungsbestrebungen des arabischen Lyrikers, die aus der europäischen Romantik inspiriert sind.[51]

Der Einfluss Heinrich Heines auf Abbas Mahmud Al-Akkad

Abbas Mahmud Al-Akkad unterschied sich von Schukri und Al-Mazini insofern, dass er kein formales Universitätsstudium absolvierte. Ab 1907 begann er seine Karriere als Journalist. Seine erste Gedichtsammlung wurde 1916 veröffentlicht, gefolgt von weiteren Sammlungen in den Jahren 1917, 1921 und 1928. Bereits 1911 traf er Al-Mazini und Schukri, was ihn dazu veranlasste, sich intensiver mit der Literaturkritik auseinanderzusetzen. El-Sharkawy argumentiert, dass Al-Akkad trotz seiner Neigung zu angelsächsischen Quellen ein deutliches Interesse an der deutschen Kultur zeigt.[52] Im Jahr 1933 publizierte er ein Buch über Goethe mit dem Titel „Tidhkar Goethe" (Goethe zu gedenken). Neben seinem Ruhm als Dichter und Literaturkritiker war er auch als politischer Schriftsteller gefürchtet.[53]

Al-Akkad zählt zu den ersten ägyptischen Intellektuellen, die sich mit dem Werk Heinrich Heines auseinandersetzten. Sein Artikel, der 1913 veröffentlicht wurde, stellt die erste schriftliche Quelle dar, in der der Name Heine Erwähnung findet.[54] Es handelt sich um ein Vorwort zu Schukris zweiter Gedichtsammlung mit dem Titel „Asch-Schiru wa Mazayahu" (Die Poesie und ihre Vorzüge). Für Al-Akkad zählt Heine zu den herausragendsten Vertretern der engagierten deutschen Literatur, deren Werke einen beträchtlichen Einfluss auf Moral, Politik und Philosophie ausgeübt haben.[55]

Heinrich Heines Einfluss auf Al-Akkad ist facettenreich. Er hat das Werk von Heine in englischer Übersetzung gelesen, einige seiner Gedichte ins Englische übertragen und zahlreiche Ideen Heines zur deutschen Kultur und Literatur vermittelt sowie kommentiert.[56] Im Jahr 1944 veröffentlichte Al-Akkad sein Werk „Ara'is wa Schayatin" (Musen und Teufel), das sich mit den Inspirationsquellen von Dichtern beschäftigt. In diesem Buch übersetzt Al-Akkad eine Auswahl aus der Weltliteratur und stellt diese dem arabischen Publikum vor. Unter den übersetzten Werken finden sich vier Gedichte von Heinrich Heine[57]:

- „Wer zum erstenmale liebt" aus „Die Heimkehr" (DHA I, 275)[58]
- „Die alten, bösen Lieder" aus „Lyrisches Intermezzo" (DHA I, 201 ff.)[59]
- „Sie haben mich gequälet" aus „Lyrisches Intermezzo" (DHA I, 181)[60]
- „Es stehen unbeweglich" aus „Lyrisches Intermezzo" (DHA I, 139 ff.)[61]

In der Fußnote zu diesen Übersetzungen präsentiert Al-Akkad Heinrich Heine wie folgt:

> Heine war ein deutscher Dichter mit jüdischen Wurzeln und zählt zu den herausragendsten Lyrikern der deutschen Sprache, gleichauf mit Goethe. Sein literarischer Stil vereint Elemente von Glauben, Ironie, Klage und Spott. Sowohl seine Lyrik als auch seine Prosa zeichnen sich durch Witz und geistvolle Themen aus. Heine lebte während eines Großteils seiner Emigrationszeit in Paris, nachdem er Deutschland verlassen hatte (1797–1856).[62]

Die Übersetzungen von Al-Akkad sind nicht als bloße Nachdichtungen zu verstehen, wie sie in der frühen arabischen Rezeptionsphase von Heines Werk vorkamen. Vielmehr handelt es sich um freie Übersetzungen, die dem Original inhaltlich treu bleiben und gleichzeitig eine eigene poetische Sprache entwickeln.[63]

Der Einfluss Heinrich Heines auf Abdullatif An-Naschar

Abdullatif An-Naschar verfügte, ähnlich wie Al-Akkad, über keine formale Universitätsausbildung. Dennoch widmete er sich intensiv der Philosophie, die einen erheblichen Einfluss auf seine poetische Schaffensweise hatte. Über einen Zeitraum von etwa 60 Jahren war er im Journalismus tätig. Während seiner literarischen Laufbahn veröffentlichte er zwei Gedichtbände: „Gannat Fir'aun" (Pharaos Paradies) und „Nar Musa" (Moses Hölle). Darüber hinaus übersetzte er mystische persische Gedichte ins Arabische und adaptierte zahlreiche Kurzgeschichten aus dem Englischen in arabischer Sprache. An-Naschar pflegte enge Freundschaften mit herausragenden Persönlichkeiten des intellektuellen Lebens seiner Zeit, darunter Al-Mazini, Al-Akkad und Taha Hussein[64], der als einer der bedeutendsten und einflussreichsten arabischen Schriftsteller des 20. Jahrhunderts gilt.

An-Naschar zählt zu den frühesten ägyptischen Dichtern, die das Werk von Heinrich Heine sowohl übersetzt als auch produktiv rezipiert haben.[65] Dennoch fand er bisher in der arabischen Literaturforschung nur begrenzte Beachtung, insbesondere im Vergleich zu Al-Akkad und Schukri. An-Naschars Übersetzungen stellen eher kreative Reproduktionen von Heines Lyrik dar. In diesem Kontext sind zwei Nachdichtungen hervorzuheben.[66]

- „In mein gar zu dunkles Leben" aus „Die Heimkehr" (DHA I, 207)[67]
- „Aus meinen Thränen sprießen" aus „Lyrisches Intermezzo" (DHA I, 135)

Die beiden kurzen Texte erschienen in der zehnten Ausgabe der ägyptischen Zeitschrift „Magallatu Jammiyat Al Malagi' Al Abbassiyya" im Jahr 1915. An-Naschar ergänzte seine freien Übersetzungen mit einer kurzen Biografie über Heines Leben sowie einer Mitteilung an die Leser, dass er beabsichtige, weitere Gedichte Heines ins Arabische zu übertragen. In diesem Zusammenhang erwähnte er, dass er seinem Freund Al-Mazini in einem Brief von diesem Vorhaben berichtete. Daraus lässt sich deutlich ableiten, dass An-Naschar bereits frühzeitig mit Heines Werken vertraut war und sich die Aufgabe auferlegte, Heine einem arabischen Publikum näherzubringen, was den Eindruck erweckt, dass Heine zuvor noch nicht ins Arabische übersetzt worden war.[68]

Die dritte Nachahmung[69] bezieht sich auf Heines Werk „Das ist der alte Mährchenwald" (DHA I, 11 ff.) aus dem „Buch der Lieder", nämlich der „Vorrede zur dritten Auflage".[70] Die vierte und abschließende Nachahmung[71] basiert auf Heines Gedicht „Der Tod das ist die kühle Nacht", ebenfalls aus dem „Buch der Lieder". (DHA I, 300)[72]

Der Einfluss Heinrich Heines auf Ibrahim Nagi

Ibrahim Nagi studierte zwischen 1916 und 1923 Medizin und zeichnete sich während seiner Studienzeit als talentierter Dichter aus. Im Anschluss an sein Studium nahm er eine Tätigkeit als Arzt auf. Im Jahr 1934 veröffentlichte er seinen ersten Gedichtband mit dem Titel „Wara' Al-Ghamam" (Hinter dem Nebel) bei der Apollo-Schule. Zehn Jahre später, im Jahr 1944, folgte ein weiterer Gedichtband mit dem Titel „Leiylai Al-Qahira" (Kairoer Nächte). Nach seinem Tod im Jahr 1953 wurde seine dritte und letzte Gedichtsammlung „Atta'ir Al-Garih" (Der verwundete Vogel) veröffentlicht.[73]

El-Sharkawy beschreibt, dass die europäische Romantik einen prägenden Einfluss auf ihn ausübte, wodurch er begann, sich von den strengen Konventionen der arabischen Verslehre zu lösen. Dies führte dazu, dass er europäische Motive und eine nuancierte Ausdrucksweise in sein Werk integrierte. Zudem fand er Gefallen an psychoanalytischen Methoden der Literaturkritik.[74] Laut der arabischen Literaturkritik stellen Nagis neuartige lyrische Bilder einen bedeutenden Fortschritt in der Entwicklung der arabischen Lyrik dar. El-Sharkawy hebt hervor, dass Nagi formell freie Reime anstelle der traditionellen arabischen Reimstrukturen einsetzte.[75]

In dem Werk „Wara' Al-Ghamam" übersetzte Nagi unter anderem Gedichte verschiedener europäischer Dichter. Zu diesen Übersetzungen zählt auch das Heine-Gedicht „Ich war, O Lamm, als Hirt bestellt". (DHA III, 357)[76] Die Übersetzung kann eher als Nachdichtung betrachtet werden.[77] Die Verwendung des Lammes als zentrales Motiv stellt in der arabischen Liebeslyrik eine neuartige Herangehensweise dar. Zudem ist die Gleichsetzung der Geliebten mit dem Lamm innovativ.[78]

Schlussbetrachtung

Die arabische Rezeption europäischer Kulturen, insbesondere in Ägypten, war stark durch französische und englische Einflüsse geprägt. Nach der französischen Expedition von 1798 bis 1801 und während der Herrschaft Muhammad Alis entwickelte sich der Kontakt zu Europa primär über die französische Sprache. Diese Phase war von einer intensiven Auseinandersetzung mit französischen Ideen und literarischen Strömungen geprägt, die in der ägyptischen Gesellschaft weitreichende Resonanz fanden. Die englische Präsenz in Ägypten und anderen arabischen Ländern verstärkte zwar den Einfluss der englischen Kultur, konnte jedoch das bestehende französische Erbe nicht vollständig verdrängen. Dies führte zu einer dualen Ausrichtung in der arabischen Rezeption europäischer Kulturen, wobei die Übersetzungen vorwiegend aus dem Französischen und Englischen erfolgten.[79] Die deutsche Literatur hingegen wurde häufig über Drittsprachen vermittelt, was auch für die Werke Heinrich Heines gilt.[80] Der deutsche Einfluss auf die arabische Lyrik kam somit indirekt über das Englische zustande, wobei die Generation der Diwan-Schule eine entscheidende Rolle bei der Einführung dieser englisch-orientierten Rezeption Heines in Ägypten spielte.[81]

Spätestens seit dem zweiten Jahrzehnt des 20. Jahrhunderts wurde Heinrich Heine im arabischen Raum rezipiert.[82] In dieser Zeit spielte er, sowohl direkt als auch indirekt, eine prägnante Rolle in der geistigen, sozialen und politischen Landschaft Ägyptens.[83] Die Dichter beider programmatischer Lyrikschulen, der konservativen Diwan- und der radikalen Apollo-Schule, rezipierten Heine aufgrund seiner Affinität zur europäischen Romantik.[84] In diesem Kontext fungierte Heinrich Heine als bedeutender Kulturvermittler zwischen Frankreich und Deutschland und gilt als vorbildlich in dieser Rolle. Vor allem die Dichter der Diwan-Schule strebten an, diese Funktion zu übernehmen, indem sie arabischen

Leserinnen und Lesern die Meisterwerke der Weltliteratur näherbrachten. Ihre Bemühungen verdeutlichen das Bestreben, interkulturelle Brücken zu schlagen und literarisches Erbe über kulturelle Grenzen hinweg zugänglich zu machen.[85]

Heinrich Heine wird von vielen Vertretern der ägyptischen Literaturwissenschaft als einer der bedeutendsten deutschen Dichter angesehen, der unmittelbar hinter Johann Wolfgang von Goethe steht und gelegentlich sogar mit ihm gleichgesetzt wird.[86] Auffällig ist, dass Heines orientalische Motive erst von arabischen Germanisten anerkannt wurden.[87] Seine Dichtung entsprach nicht nur ihren ästhetischen Vorstellungen, sondern bot auch innovative stilistische Elemente, die sie als Vorbilder für ihre eigenen Erneuerungsbestrebungen ansahen. Besonders hervorzuheben sind Heines ausgefallene Reime und seine alltagsnahe Sprache, die als inspirierend empfunden wurden.[88] Darüber hinaus übernahmen die vorgestellten Dichter zentrale lyrische Motive aus Heines Werk, die sie als neu und relevant erachteten. Zu den häufigsten Motiven zählten das Gefühl des Fremdseins in der Welt, die Sehnsucht nach Einheit und Harmonie sowie die Darstellung von Schmerz und Banalitäten im Kontext von Liebesbeziehungen. Auch das Eintauchen in Traumwelten und die Verwendung von Naturbildern als emotionale Kulisse fanden Eingang in ihre Lyrik. Der „Loreley" wird besondere Aufmerksamkeit zuteil. Dieses Gedicht stellt den am häufigsten übersetzten Text von Heinrich Heine dar. Die erste Übersetzung erschien in der ersten Ausgabe der literarischen Monatsschrift „Apollo" und wurde als ein genuin romantisches Gedicht veröffentlicht.[89] Daher lässt sich die arabische Rezeption von Heinrich Heine als programmatisch charakterisieren.[90] Er gilt als Romantiker und Sprachinnovator, der für Emanzipation und Freiheit eintrat.

Die Bemühungen um eine lyrische Erneuerung, zu denen auch die Rezeption von Heines Gedichten gehörte, zielten darauf ab, der arabischen Poesie neue Wege zu eröffnen. Während die Diwan-Schule eine konservative Erneuerung anstrebte, verfolgte die Apollo-Schule einen radikalen Traditionsbruch.[91] Obwohl diese Ziele unter den damaligen gesellschaftlichen Bedingungen in Ägypten nur schwer zu erreichen waren, trugen die Modernisierungsversuche langfristig zur Entstehung einer „freien" arabischen Lyrik bei. Diese Entwicklung kulminierte schließlich in den Arbeiten der irakischen Dichterin Nazik al-Mala'ika (1923–2007), deren Gedicht „al-kulira" (1947) als Beginn der modernen arabischen Lyrik gilt und einen bedeutenden Wendepunkt in der literarischen Landschaft des arabischen Raumes im 20. Jahrhundert darstellt.

Anhang

Die Rückübersetzungen stammen, sofern nicht anders angegeben, vom Autor dieses Aufsatzes.

Übersetzung 1

Heine	Schukri	Rückübersetzung
Mir träumt': ich bin der liebe Gott, / Und sitz' im Himmel droben, / Und Englein sitzen um mich her, / Die meine Verse loben. […] „Buch der Lieder" (DHA I, 279)	لِيتني كنت إلهًا. لِيتني كنتُ في السماء إلهًا. نافذ الأمر في شئون الوجود. فأضمُّ الوجودَ بين جناحيَّ. وأسطو على الشقاءِ بجودي.	Wäre ich doch ein Gott! Ein Gott in den Himmelshöhen! Mein Befehl würde das Sein beherrschen. Ich würde das Universum in meinen Schwingen tragen. Und mit meiner Gnade würde ich das Elend besiegen.

Übersetzung 2

Heine	Al-Mazini	Rückübersetzung
Mit Myrten und Rosen, lieblich und hold, / Mit duft'gen Zypressen und Flittergold, / Möcht' ich zieren dies Buch wie'nen Todtenschrein, / Und sargen meine Lieder hinein. / O könnt' ich die Liebe sargen hinzu! / Auf dem Grabe der Liebe wächst Blümlein der Ruh, / Da blüht es hervor, da pflückt man es ab, – / Doch mir blüht's nur, wenn ich selber im Grab. […] „Buch der Lieder" (DHA I, 64)	ليت ديواني يكون له من بديع الزهر تيجان فكأن الشعر في جدثٍ فوقه وردٌ وريحان يا لها من حفرة عجب كلُّ ما تطويه أشجان كل بيت في قرارته جثةٌ خرساء مرنان خارجًا من قلب قائله مثل ما يزفر بركان	Wäre mein Gedichtwerk nur mit Blumen geschmückt, Als wäre Poesie ein Grab, doch voller Leben und Duft. Welch ein erstaunliches Loch, gefüllt mit tiefer Sehnsucht. Jeder Vers, in seinem Kern, ein stummer, starrer Leichnam. Entspringt dem Herzen seines Dichters, wie ein Vulkanausbruch.

Übersetzung 3

Heine	Al-Mazini	Rückübersetzung
Ich weiß nicht, was soll es bedeuten, / Daß ich so traurig bin; / Ein Mährchen aus alten Zeiten, / Das kommt mir nicht aus dem Sinn. / Die Luft ist kühl und es dunkelt, / Und ruhig fließt der Rhein; / Der Gipfel des Berges funkelt / Im Abend-sonnenschein. / Die schönste Jungfrau sitzet / Dort oben wunderbar, / Ihr gold'nes Geschmeide blitzet, / Sie kämmt ihr goldenes Haar. / Sie kämmt es mit goldenem Kamme, / Und singt ein Lied dabei; / Das hat eine wunder-same, / Gewaltige Melodei. / Den Schiffer im kleinen Schiffe / Ergreift es mit wil-dem Weh; / Er schaut nicht die Felsenriffe, / Er schaut nur hinauf in die Höh'. / Ich glaube, die Wellen verschlin-gen / Am Ende Schiffer und Kahn; / Und das hat mit ihrem Singen / Die Lore-Ley gethan. „Buch der Lieder" (DHA I, 207 ff.)	أصبحت كالملاح صافح عينه ملء النواظر من رواء باهر سحرته من حور البحار خريدة حرب النهى فغدا بغير مناصر فمضى وقد ألهته عما يتقي من صخرةٍ تردي ويمٍّ زاخر بيناه يرمقها تعالت حوله لجج على لجج كطودٍ سائر	Wie ein Seemann, dessen Blick sich weitet, Erfüllt von strahlendem Glanz, von neuem Leben, Verzaubert von einer Schön-heit, die aus dem Meer erstan-den, Vergaß er das Verbot, fand kei-nen Helfer. So ging er, abgelenkt von allem, was er fürchten sollte, Von einem Felsen, der stürzt, und einer tosenden Flut. Wir sahen ihn an, umringt von Wellen, Wie ein einsamer Berg, der durch die Meere zieht.

Übersetzung 4

Heine	Al-Mazini	Rückübersetzung
Vermächtniß.	وصيّة شاعرٍ	Nach dem Vorbild des Ver-
	على مثال وصية «هيني» الشاعر	mächtnisses von Heinrich
Nun mein Leben geht zu	الألماني	Heine, dem deutschen Dichter
End', / Mach' ich auch mein		
Testament; / Christlich will	ستُرخى على هذه الحياة الستائر وتطفأ	Die Vorhänge des Lebens wer-
ich drin bedenken / Meine	أنوار ويقفر سامرُ	den fallen, das Licht erlöschen
Feinde mit Geschenken. /	فهل راق هذا الناس قصةُ عيشتي وماذا	und die Nacht wird leer sein.
Diese würd'gen, tugendfesten	يبالي من طوته المقابرُ؟	Wird die Geschichte meines
/ Widersacher sollen erben /	تركتُ لهم من قبل موتي وصية نظير	Lebens den Menschen gefallen
All mein Siechthum und Ver-	التي أوصت بها لي المقادر	und was kümmert sie das, was
derben, / Meine sämmtlichen	وهبت لأعدائيدى—إذا كان لي	die Gräber verbergen? Ich
Gebresten. /	عدى—همومي وما منه أنا الدهرَ ثائر	hinterlasse ihnen vor meinem
Ich vermach' Euch die Co-	وأوصيت للمحبوب بالسهد والضنى	Tod ein Vermächtnis, ähnlich
liken, / Die den Bauch wie	وبالدمع لا يرقا ولا هو هامر	dem, das mir das Schicksal
Zangen zwicken, / Harnbe-	وبالجدري في وجهه ليزيّنه!	auferlegte. Ich habe meinen
schwerden, die perfiden /	وبالعرج المرذول والله قادر	Feinden – falls ich welche habe
Preußischen Hämorrhoiden.	وبالضعف والإملاق واليأس والجوى	– meine Sorgen vermacht, mit
/ Meine Krämpfe sollt Ihr	وبالسقم حتى تنقيه النواظر	denen ich im Laufe der Zeit
haben, / Speichelfluß und	وللشّيب بالأوجاع في كل مفصل	gekämpft habe. Und ich habe
Gliederzucken, / Kno-	وبالثكل في الأبناء والجد عاثر	dem Geliebten das Leid und
chendarre in dem Rucken, /	وكل سقام قد تركتُ لذي الصبا وما	die Qual sowie die Tränen ver-
Lauter schöne Gottesgaben. /	كنت منه في الحياة أحاذر	macht, die nicht abreißen und
Codizill zu dem Vermächtniß:	وللناس ألوانَ الشقاء وإنني إذا متُ لا	nicht enden. Und ich habe ihm
/ In Vergessenheit versenken	أسى على من يخامر	die Pocken ins Gesicht ver-
/ Soll der Herr Eu'r Ange-		macht, um ihn zu schmücken!
denken, / Er vertilge Eu'r		Und die verachtete Lahmheit,
Gedächtniß.		und Gott ist mächtig. Und ich
		vermachte Schwäche, Armut,
„Romanzero"		Verzweiflung und Trauer
(DHA III, 120 f.)		sowie Krankheiten, bis sie den
		Blicken entzogen sind. Und
		für das Alter die Schmerzen in
		jedem Gelenk und den Verlust
		der Kinder sowie das Unglück
		des Großvaters. Und all das
		Leid habe ich dem Jüngling
		hinterlassen, vor dem ich im
		Leben Angst hatte. Und für die
		Menschen verschiedene Arten
		des Elends; wenn ich sterbe,
		werde ich nicht um den trau-
		ern, der mich betrügt

Übersetzung 5

Heine	Al-Akkad	Rückübersetzung
Wer zum erstenmale liebt, / Sey's auch glücklos, ist ein Gott; / Aber wer zum zweitenmale / Glücklos liebt, der ist ein Narr. / Ich, ein solcher Narr, ich liebe / Wieder ohne Gegenliebe! / Sonne, Mond und Sterne lachen, / Und ich lache mit – und sterbe. „Buch der Lieder" (DHA I, 275)	الأَحمق [هنريك هيني] مَنْ أَحَبَّ أَوَّلَ مَرَّةٍ، وَلَوْ غَيْرَ مَحْبُوبِ ... ! ذَاكَ إِلَهٌ وَمَنْ عَاوَدَ الْحُبَّ غَيْرَ مَطْلُوبِ ... فَذَلِكَ هُوَ الْأَحْمَقُ إِنَّنِي أَنَا لَذَلِكَ الْأَحْمَقُ! لِأَنَّنِي أُحِبُّ حُبِّيَ الثَّانِيَ، وَمَا أَنَا بِمَحْبُوبِ وَهَاؤُمُ الشَّمْسَ وَالْقَمَرَ وَكَوَاكِبَ السَّمَاءِ تَضِجُّ بِالضَّحِكِ سَاخِرَةً وَأَنَا أَضْحَكُ مَعَهَا، وَأَمُوتُ	Wer zum ersten Mal liebt, auch wenn es nicht erwidert wird … ist ein Gott! Und wer die Liebe erneut sucht, ohne begehrt zu werden … der ist ein Narr. Ich bin also dieser Narr! Denn ich liebe meine zweite Liebe, und bin nicht geliebt. Die Sonne, der Mond und die Sterne am Himmel lachen spöttisch, und ich lache mit ihnen und sterbe.

Übersetzung 6

Heine	Al-Akkad	Rückübersetzung
Die alten, bösen Lieder, / Die Träume schlimm und arg, / Die laßt uns jetzt begraben, / Holt einen großen Sarg. / Hinein leg' ich gar manches, / Doch sag' ich noch nicht was; / Der Sarg muß seyn noch grö-ßer / Wie's Heidelberger Faß. / Und holt eine Todtenbahre, / Von Brettern fest und dick; / Auch muß sie seyn noch länger / Als wie zu Mainz die Brück'. / Und holt mir auch zwölf Riesen, / Die müssen noch stärker seyn / Als wie der heil'ge Christoph / Im Dom zu Cöln am Rhein. / Die sollen den Sarg forttragen, / Und senken in's Meer hinab', / Denn solchem großen Sarge / Gebührt ein großes Grab. / Wißt Ihr warum der Sarg wohl / So groß und schwer mag seyn? / Ich legt' auch meine Liebe / Und meinen Schmerz hinein. „Buch der Lieder" (DHA I, 201 ff.)	تابوت [هنريك هيني] أَحْلَامُ الْعَلْقَمِ، وَأَغَانِي الْبَلْوَى، حَانَتْ إِسَاعَةُ الدَّفْنِ فَإِليَّ إِليَّ – بِالتَّابُوتِ الْوَاسِعِ الطَّوِيلِ سَأَطْوِي فِيهِ وَدَائِعَ شَتَّى مَا أَنَا بِقَائِلٍ مَا هِيَ وَلَا بِمُطْلِعٍ أَحَدًا عَلَى صِفَاتِهَا … إِنَّمَا الْبُغْيَةُ تَابُوتٌ كَبِيرٌ أَعْظَمُ مِنْ صِهْرِيجِ «هِدِلْبِرْج» الْعَظِيمِ إِوَأَنْشُدُكُمْ لَهُ مَرْكَبَةً عَلَى غِرَارِه كُلُّ عَمُودٍ مِنْ عِمْدَانِهَا الْمَكِنِيَّةِ، يُطَاوِلُ الْقَنْطَرَةَ الَّتِي تَرَوْنَهَا تَحْنُو عَلَى أَمْوَاجِ الرَّيْنِ الْعَرِيضِ وَهَاتُوا لَهُ اثْنَيْ عَشَرَ مَارِدًا؛ كُلُّ مَارِدٍ مِنْهُمْ أَوْثَقُ فَقَارًا مِنْ مِثَالِ الْقِدِّيسِ «كُرِيسْتُوفَ» فِي كَنِيسَةِ كُولِنَ الْكُبْرَى إِنَّهُمْ سَيَحْمِلُونَ التَّابُوتَ جَمِيعًا، وَيُنْزِلُونَهُ إِلَى قَرَارِ الْبَحْرِ الْعَمِيقِ، فَمَا يَنْبَغِي لَهُ مِنْ تَابُوتٍ قَدِيرٍ، مَكَانٍ دُونَ ذَلِكَ الْمَكَانِ الْكَرِيمِ وَلَكِنْ مَا بَالُهُ يَرْسَخُ وَلَا يَتَزَحْزَحُ؟ وَمِنْ أَيْنَ لَهُ الْوِقْرُ الثَّقِيلُ …؟ أَعَلِمْتُمْ مَا بَالُهُ يَا رِفَاقُ! … لَقَدْ أَوْدَعْتُهُ حُزْنِي، وَقَدْ أَوْدَعْتُهُ حُبِّي	„Der Sarg" von Heinrich Heine Träume des Wermuts, und Lieder des Elends, die Stunde der Beerdigung ist gekommen! Kommt zu mir, – mit dem langen, weiten Sarg, ich werde darin meine vielfältigen Abschiede zusammenfalten. Ich werde nicht sagen, was sie sind, noch wird jemand über ihre Eigenschaften informiert sein … Die Absicht ist nur ein großer Sarg … Größer als das große Grabmal von „Hildeberg", und ich bitte euch um eine ähnliche Trage! Jeder Säule ihrer mächtigen Stütze erreicht den Bogen, der sich über die breiten Wellen des Rheins neigt. Und bringt ihm zwölf Riesen; jeder Riese von ihnen ist fester im Rücken als das Bild des Heiligen „Christoph" in der großen Kirche zu Köln. Sie werden alle den Sarg tragen und ihn in die Tiefen des tiefen Meeres hinabsetzen; es sollte kein würdigerer Sarg geben, als an diesem ehrwürdigen Ort. Aber warum bleibt er fest und rührt sich nicht? Und woher hat er die schwere Last …? Wisst ihr, was mit ihm los ist, oh Gefährten! … Ich habe ihm meinen Kummer anvertraut, und ich habe ihm meine Liebe anvertraut.

Übersetzung 7

Heine	Al-Akkad	Rückübersetzung
Sie haben mich gequälet, / Geärgert blau und blaß, / Die Einen mit ihrer Liebe, / Die Andern mit ihrem Haß. / Sie haben das Brod mir vergiftet, / Sie gossen mir Gift in's Glas, / Die Einen mit ihrer Liebe, / Die Andern mit ihrem Haß. / Doch sie, die mich am meisten / Gequälet, geärgert, betrübt, / Die hat mich nie gehasset, / Und hat mich nie geliebt. „Buch der Lieder" (DHA I, 181)	شرّ من الحب والبغض [هنريك هيني] لَقَدْ عُذِّبْتُ مِنْ قَبْلُ وَقَدْ عُذِّبْتُ مِنْ بَعْدُ بِقَوْمٍ دَاؤُهُمْ حُبٌّ وَقَوْمٍ دَاؤُهُمْ حِقْدُ وَفِي الْخَمْرِ الَّتِي أُسْقَى وَفِي الْخُبْزِ الَّذِي أُطْعَمُ يَدٌ بِالْبُغْضِ سَمَّتْهُ وَقَلْبٌ بِالْهَوَى سَمَمْ وَلَكِنْ شَرُّ مَا أَلْقَى وَأَدْوَى كُلِّ أَدْوَائِي فَتَاةٌ لَا أَحَبَّتْنِي وَلَا هَمَّتْ بِبِغْضَائِي	Schlimmer als Liebe und Hass [Heinrich Heine] Ich wurde zuvor gequält und werde danach gequält Von einem Volk, dessen Krankheit die Liebe ist, und von einem anderen, dessen Krankheit der Groll ist. Und im Wein, den ich getrunken habe, und im Brot, das ich gegessen habe, Eine Hand hat es mit Hass vergiftet und ein Herz hat es mit Leidenschaft vergiftet. Aber das Schlimmste, was ich erlitten habe, hat alle meine Krankheiten verschlimmert. Ein Mädchen, das mich weder geliebt noch gehasst hat.

Übersetzung 8

Heine	Al-Akkad	Rückübersetzung
Es stehen unbeweglich / Die Sterne in der Höh', / Viel tausend Jahr', und schauen / Sich an mit Liebesweh. / Sie sprechen eine Sprache, / Die ist so reich, so schön; / Doch keiner der Philologen / Kann diese Sprache verstehn. / Ich aber hab' sie gelernt, / Und ich vergesse sie nicht; / Mir diente als Grammatik / Der Herzallerliebsten Gesicht. „Buch der Lieder" (DHA I, 139 ff.)	أجرومية [هنريك هيني] مُنْذُ آلَافِ الْحِقَبِ، صَمَدَتِ الْكَوَاكِبُ فَوْقَنَا صَامِتَةً تَنْظُرُ كُلُّ وَامِضَةٍ مِنْهَا إِلَى أُخْتِهَا، نَظْرَةَ شَوْقٍ وَأَسَى مَا أَجَزْلَهَا وَمَا أَجْمَلَهَا، تِلْكَ اللُّغَةَ الَّتِي يَتَنَاجِينَ بِهَا هَلْ مِنْ فَقِيهٍ مِنْ فُقَهَاءِ اللُّغَاتِ فَطِنَ يَوْمًا إِلَى لَحْنِ تِلْكَ الْمُنَاجَاةِ؟ لَكِنَّنِي أَنَا قَدْ فَطِنْتُ لَهَا فِطْنَةً لَا تُنْسَى فِي لَمَحَاتِ حَبِيبِي السَّمَاوِيَّةِ قَرَأْتُ أُصُولَ تِلْكَ الْأُجْرُومِيَّةِ	Grammatik [Heinrich Heine] Seit tausenden von Epochen stehen die Sterne über uns still, Jeder von ihnen blickt auf seine Schwester mit einem Blick voller Sehnsucht und Schmerz. Wie prächtig und schön ist diese Sprache, in der sie sich heimlich unterhalten! Gibt es einen Gelehrten unter den Sprachgelehrten, der eines Tages den Klang dieser heimlichen Gespräche erkannt hat? Doch ich habe sie erkannt, mit einem unvergesslichen Verständnis, In den Blicken meines himmlischen Geliebten las ich die Grundlagen dieser Grammatik.

Übersetzung 9

Heine	An-Naschar	Rückübersetzung
In mein gar zu dunkles Leben / Strahlte einst ein süßes Bild; / Nun das süße Bild erblichen, / Bin ich gänzlich nachtumhüllt. / Wenn die Kinder sind im Dunkeln, / Wird beklommen ihr Gemüth, / Und um ihre Angst zu bannen, / Singen sie ein lautes Lied. / Ich, ein tolles Kind, ich singe / Jetzo in der Dunkelheit; / Klingt das Lied auch nicht ergötzlich, / Hat's mich doch von Angst befreit „Buch der Lieder" (DHA I, 207)	بكاء الكأس كنت أبصرت في الظلام همومي أملا بارقا يلوج ويخفى ثم ولى فصار عيشي كالليل ظلاما وصار بؤسي صرفا فإذا أرهب الظلام فؤاد الطفل حتى يبكي ارتياعا وخوفا فلقد صرت من همومي كطفل أذرف الدمع فوق خدي ذرفا أكثر النوح والبكاء لعل القلب ما به من الجد يشفى ولقد صار كل شعري بكاء يستثير الورى حنانا وعطفا فإذا لم يكن جميلا فقد خففق هما بين الضلوع … خففا	Der weinende Kelch Ich sah im Dunkel meine Sorgen, Ein flackerndes Licht, das suchte und verschwand. Dann verschwand es, und mein Leben wurde Nacht, Mein Elend wurde rein. Wenn die Dunkelheit das Herz eines Kindes erschreckt, So dass es weint vor Schrecken und Angst, So bin ich geworden wie ein Kind aus meinen Sorgen, Das Tränen auf seine Wange vergießt Ich klage und weine viel, vielleicht heilt das Herz, Was es an Leid trägt Und all meine Gedichte sind Weinen, Dass die Herzen der Menschen zu Zärtlichkeit und Mitgefühl bewegt. Wenn sie nicht schön sind, so haben sie doch Ein Leid zwischen den Rippen erleichtert.

Übersetzung 10

Heine	An-Naschar	Rückübersetzung
Aus meinen Thränen sprießen / Viel blühende Blumen hervor, / Und meine Seufzer werden / Ein Nachtigallenchor. / Und wenn du mich lieb hast, Kindchen, / Schenk' ich dir die Blumen all', / Und vor deinem Fenster soll klingen / Das Lied der Nachtigall. „Buch der Lieder" (DHA I, 135)	زهور الحب حيث تجري على الثرى عبراتي ينبت الحب أعطر الزهرات ويعيد الهوى أنيني شدوا بلبلي الألحان والنغمات فإذا ما أحببتني يهديك الدمع زهورا شذية النفحات وأنيني الشجي يصبح في أذنيك صوتا من أعذب الأصوات أتملين من غناء طيور الحب أم من زهوره العطرات؟ أنا طير الهوى وأنت نشيدي أنا روض الهوى وأنت نباتي ليس لي في البعاد عنك حياة فاتركي الهجر والقلى يا حياتي	Liebesblumen Wo meine Tränen auf dem Boden fließen, Blüht die Liebe, die duftendste aller Blumen. Und meine Seufzer, die Melodien der Liebe, Werden zu Liedern meines Nachtigallenherzens. Wenn du mich liebst, schenke ich dir Blumen, Tränen, die duftend wie Parfüm sind. Und mein seufzendes Leid wird zu einer Melodie, Der süßesten Stimme, die du je gehört hast. Wünschst du dir den Gesang der Liebessänger Oder den Duft ihrer Blumen? Ich bin der Vogel der Liebe und du mein Lied, Ich bin der Garten der Liebe und du meine Blume. Ohne dich habe ich kein Leben, Lass den Abschied hinter dir, du mein Leben.

Übersetzung 11

Heine	An-Naschar	Rückübersetzung
Das ist der alte Mährchenwald! / Es duftet die Lindenblüthe! / Der wunderbare Mondenglanz / Bezaubert mein Gemüthe. / Ich ging fürbas, und wie ich ging, / Erklang es in der Höhe. / Das ist die Nachtigall, sie singt / Von Lieb' und Liebeswehe. / Sie singt von Lieb' und Liebesweh', / Von Thränen und von Lachen, / Sie jubelt so traurig, sie schluchzet so froh, / Vergessene Träume erwachen. – / Ich ging fürbas, und wie ich ging, / Da sah ich vor mir liegen, / Auf freyem Platz, ein großes Schloß, / Die Giebel hochaufstiegen. / Verschlossene Fenster, überall / Ein Schweigen und ein Trauern; / Es schien als wohne der stille Tod / In diesen öden Mauern. / Dort vor dem Tor lag ein[e] Sphynx, / Ein Zwitter von Schrecken und Lüsten, / Der Leib und die Tatzen wie ein Löw', / Ein Weib an Haupt und Brüsten. / Ein schönes Weib! Der weiße Blick, / Er sprach von wildem Begehren; / Die stummen Lippen wölbten sich / Und lächelten stilles Gewähren. / Die Nachtigall, sie sang so süß – / Ich konnt nicht wiederstehen – / Und als ich küßte das holde Gesicht, / Da war's um mich geschehen. / Lebendig ward das Marmorbild, / Der Stein begann zu ächzen – / Sie trank meiner Küsse lodernde Glut, / Mit Dürsten und mit Lechzen. / Sie trank mir fast den Odem aus – / Und endlich, wollustheischend, / Umschlang sie mich, meinen armen Leib / Mit den Löwentatzen zerfleischend. / Entzückende Marter und wonniges Weh! / Der Schmerz wie die Lust unermeßlich! / Derweilen des Mundes Kuß mich beglückt, / Verwunden die Tatzen mich gräßlich. / Die Nachtigall sang: „O schöne Sphynx! O Liebe! was soll es bedeuten, / Daß du vermischest mit Todesqual / All' deine Seligkeiten? / „O schöne Sphynx! O löse mir / Das Räthsel, das wunderbare! / Ich hab' darüber nachgedacht / Schon manche tausend Jahre." /	عبد اللطيف النشار مترجمة عن شعر هيني الهلال ، 1 نوفمبر 1916 وغابة لا تنال العين غايتها جنية النبت والأشجار والزهر ظللت أمشي بها ما بين دانية من القطوف وزهر يانع عطر أقلب الطرف في ازهارها وتارة في فروع الدوح والشجر والبدر يلقي عليها من أشعته ما غادر الحسن فيها غير مستتر فالقلب يدرك فيها ما يؤمله والعين تبصر ما تهوى من الصور فكاد يسحر قلبي ما رأيت بها حتى لصدقت ماقد قيل ي السير وبينما كمن أمشي في خمائلها سمعت شدوا كصوت العود في السحر ولاح لي بعد لأي بلبل غرد يشدو بذكر دزات الدل والحور ومن أذابتها عوادي الحب مهجته فصار مثل الذي ينسى من الخبر فكاد يقتلني تغريده طربا لولا إعادة ما يشجعي من الذكر ولاح لي بعده بيت وقفت به حيران أبحث عما فيه من أثر بيت مهيب يروع النفس مظهره كأنما قد بناه الجن للبشر وقد يظن بلا أهل لوحشته وأهله فيه قد باتوا على غرر وعند مدخله تمثال غانية لو لم تكن من ذوات الناب والظفر من شكلها ما دون عاتقها وللغواني جمال الوجه والشعر وكان في وجهها حسن فتمت به والحين يجلب أحيانا من النظر تقول مقلتها قولا لناظرها يغريه بالحب بعد الشيب والكبر وقفت طرفي على خدي بمنحدر ردي جواب فتى ثارت لواعجه فالحب لم يبقى من صبر لمصطبر وأنشأ البلبل الغريد يطربني بما يرتل من شعر ومن سور ولم أزل منشدا شعري ومستمعا وناظرا حسن هذا الفاتن الحجري حتى تبسم لي ياحسن مبسمه وحسن مافيه من طيب ومن خصر فسرت مقتربا منه على وجل أقصر الخطو من خوف زمن ذعر	Abdullatif An-Naschar: Übersetzung von Heines Gedicht Al-Hilal, 1. November 1916 Ein Wald, den das Auge nicht erreichen kann, Die Fee des Grases, der Bäume und der Blumen. Ich wanderte darin zwischen den köstlichen Früchten, Und duftenden Blüten, die frisch erblühen. Ich wende meinen Blick zu ihren Blumen, Mal zu den Zweigen der Bäume und Sträucher. Und der Mond wirft sein Licht auf sie, Was die Schönheit in ihr verborgen ließ. So erkennt das Herz, was es erhofft, Und das Auge sieht, was es von Bildern begehrt. Fast verzauberte mein Herz, was ich dort sah, Bis ich glaubte, was über die Liebe gesagt wurde. Während ich durch ihre Schatten wanderte, Hörte ich Gesang, wie die Laute im Morgengrauen. Und nach einer Weile sah ich eine Nachtigall, Der sang von den Reizen der Geliebten und der Schönheit. Und sie, die die Wogen der Liebe in mir schmolz, Wurde wie jemand, der das Gedächtnis verliert. Fast hätte mich ihr Gesang betört, Wäre da nicht die Wiederholung dessen, was mein Herz erfreute. Dann sah ich ein Haus, vor dem ich stehen blieb, Verwirrt suchte ich nach einem Zeichen darin. Ein ehrfurchtgebietendes Haus mit einem Aussehen, Als hätte es die Geister für die Menschen erbaut. Man könnte denken, es sei leer und einsam, Doch seine Bewohner schliefen dort in prächtiger Pracht Am Eingang stand eine Statue einer Schönheit; Wäre sie nicht mit Zähnen und Klauen versehen gewesen,

Heine	An-Naschar	Rückübersetzung
Das hätte ich alles sehr gut in guter Prosa sagen können … Wenn man aber die alten Gedichte wieder durchliest, um ihnen, Behufs eines erneueten Abdrucks, einige Nachteile zu ertheilen, dann überschleicht einen unversehens die klingelnde Gewohnheit des Reims und Silbenfalls, und siehe! es sind Verse womit ich diese dritte Auflage des Buchs der Lieder eröffne. O Phöbus Apollo! sind diese Verse schlecht, so wirst du mir gern verzeihen … Denn du bist ein allwissender Gott, und du weißt sehr gut, warum ich mich seit so vielen Jahren nicht mehr vorzugsweise mit Maaß und Gleichklang der Wörter beschäftigen konnte … Du weißt warum die Flamme, die einst in brillanten Feuerwerkspielen die Welt ergötzte, plötzlich zu weit ernsteren Bränden verwendet werden mußte … Du weißt warum sie jetzt in schweigender Glut mein Herz verzehrt … Du verstehst mich, großer schöner Gott, der du ebenfalls die goldene Leyer zuweilen vertauschtest mit dem starken Bogen und den tödtlichen Pfeilen … Erinnerst du dich auch noch des Marsyas, den du lebendig geschunden? Es ist schon lange her, und ein ähnliches Beispiel thät wieder Noth … Du lächelst, o mein ewiger Vater! Geschrieben zu Paris den 20. Februar 1839. Heinrich Heine. „Buch der Lieder" (DHA I, 11 ff.)	حتى إذا صرت منه قيد أنملة	Hätte sie den Löwen in ihrer Form übertroffen;
	قبلته لقضاء كان في القدر	Die Schönheiten haben ein anmutiges Gesicht und Haar
	فعاد حيا لحيني. ثم أمسكني	Und in ihrem Antlitz war ein solcher Glanz,
	فلم أشك بأن الموت منتظري	Der manchmal den Blick anzieht
	وظل كالبحر مهتاجا ومرتعدا	und fesselt.
	وظلت كالطير يوم الريح	Sie sagt mit ihren Augen zu dem Betrachter:
	والمطر	„Lass dich von der Liebe verführen nach all dem Alter und der Wehmut."
	وصار يشرب أنفاسي برعدته	Ich hielt meinen Blick auf ihr fest
	وصرت أصرخ بين الناب	und konnte ihn nicht abwenden;
	والظفر	Tränen liefen mir über die Wangen hinab.
	وأنشأ البلبل الغريد يسأله	„Antworte mir", rief ich einem Jungen zu, dessen Leidenschaft
	سؤال متهم للحب معتذر	entbrannt war;
	تضنمه ضم مشتاق وتقتله	Denn die Liebe hat keinen Platz für Geduld bei den Geduldigen.
	كم فيك ياحب من بطش من	Und der Nachtigall begann für mich zu singen,
	خور	Was er aus Gedichten und Versen
	بينما تمزقه با حب تلثمه بينا	rezitierte.
	تعانقه ترديه في الحفر!	Ich war immer noch damit beschäftigt zu singen und zuzuhören,
		Und betrachtete die Schönheit dieses steinernen Anblicks.
	هنري هيني شاعر ألماني شهير	Bis er mir lächelte mit seinem schönen Lächeln;
	ولد في دوسلدورف سنة 1799	Und schön war alles an ihm von Duft und Anmut.
	وتوفي في باريس سنة 1856	Ich näherte mich ihm zögernd; Verkürzte meine Schritte aus Angst vor der Zeit des Schreckens.
		Als ich ihm dann nahe war wie ein Fingerbreit,
		Küsste ich ihn für das Schicksal, das bestimmt war
		Er wurde für einen Moment lebendig … dann hielt er mich fest;
		Ich hatte keinen Zweifel daran, dass der Tod auf mich wartete.
		Er blieb wie das aufgewühlte Meer und zitternd;
		Sie blieb wie ein Vogel am Tag des Windes und Regens.
		Er begann meine Atemzüge mit seinem Zittern zu trinken;
		Und ich begann zwischen Zähnen und Klauen zu schreien.
		Der Nachtigall begann ihn zu fragen:

Heine	An-Naschar	Rückübersetzung
		Eine Frage eines Beschuldigten zur Liebe entschuldigend: „Umarmst du ihn mit einer Umarmung des Verlangens und tötest ihn? Wie viel Gewalt gibt es in dir für die Liebe? Während du ihn zerreißt mit einer Liebe, die dich umarmt? Während du ihn umarmst, bringst du ihn ins Grab!"
		Hinrich [sic] Heine, ein berühmter deutscher Dichter, geboren in Düsseldorf im Jahr 1799 [sic] und gestorben in Paris im Jahr 1856.

Übersetzung 12

Heine	An-Naschar	Rückübersetzung
Der Tod das ist die kühle Nacht, / Das Leben ist der schwüle Tag. / Es dunkelt schon, mich schläfert, / Der Tag hat mich müd' gemacht. / Ueber mein Bett erhebt sich ein Baum, / Darin singt die junge Nachtigall; / Sie singt von lauter Liebe, / Ich hör' es sogar im Traum. „Buch der Lieder" (DHA I, 300)	والعمر أيها الموت أنت كالليل نهار يغيب فيه الظلام وتامت فأعده فقد تكاءدني النورُ فؤادى الأحلام فوق رأسي خضراء من شجر الجنة فيحاء زهرها بسام ولقد أسمع الطير فوقها تغني تسمع الغناء النيام	O Tod, du bist wie die Nacht, Und das Leben ein Tag, in dem die Dunkelheit verschwindet. Bring es zurück, denn das Licht hat mich betrogen, Und meine Träume sind in meinem Herzen vollendet. Über meinem Kopf ein grünes Paradies, Wo die Blüten lächeln. Ich höre die Vögel darüber singen, sogar die Schlafenden hören den Gesang.

Übersetzung 13

Heine	Nagi	Rückübersetzung
Ich war, O Lamm, als Hirt bestellt / Zu hüten dich auf dieser Welt. / Hab dich mit meinem Brod geätzt, / Mit Wasser aus dem Born geletzt. / Wenn kalt der Wintersturm gelärmt / Hab ich dich an der Brust erwärmt. / Hier hielt ich fest dich angeschlossen / Wenn Regengüsse sich ergossen / Und Wolf und Waldbach um die Wette / Geheult im dunkeln Felsenbette. / Du bangtest nicht, hast nicht gezittert / Selbst wenn den höchsten Tann zersplittert / Der Wetterstral – in meinem Schooß / Du schliefest still und sorgenlos. / Mein Arm wird schwach, es schleicht herbey / Der blasse Tod! Die Schäferey, / Das Hirtenspiel, es hat ein Ende. / O Gott ich leg in deine Hände / Zurück den Stab – behüte du / Mein armes Lamm, wenn ich zur Ruh / Bestattet bin – und dulde nicht / Daß irgendwo ein Dorn sie sticht – / O schütz' ihr Vließ vor Dornenhecken / Und auch vor Sümpfen, die beflecken, / Laß überall zu ihren Füßen / Das allerbeste Futter sprießen / Und laß sie schlafen sorgenlos, / Wie einst sie schlief in meinem Schooß! […] „Lyrischer Nachlaß" (DHA III, 357)	عن الألمانية – من أغاني هينه (قصيدة رمزية) يا أيها الحملُ الوديعُ أنا الذي يحنو عليكَ. أنا الحبيبُ الراعي كم ليلة والرعبُ يمشي في الدجى والهولُ منتشرٌ على الأصقاع! أغفيتَ في كنفي وفي ظلّ الكرى كالطفل في أمنٍ مِنَ الأوجاع يا ربِّ! قد حكمتَ بفرْقةٍ وأذنتَ للراعي بوشك زماع فانظر إلى الحملِ الوديع ووقِّه شرَّ النفوس وفتنةَ الأطماع نضِّره له الدنيا ومدَّ ربيعها وانشرهُ مؤتلفًا بكل شعاع واجعلْ له الأيامَ ظلًا وارفًا وخريزَ أنهارٍ وخصبَ مراعي!	Aus dem Deutschen – Aus Heines Liedern (Ein symbolisches Gedicht) O du sanftes Lamm, ich bin derjenige, der dir zuneigt. Ich bin der liebende Hirte. Wie viele Nächte geht der Schrecken im Dunkel und der Schrecken ist über die Länder verbreitet! Du hast in meinem Schoß und im Schatten des Schlafes wie ein Kind in Sicherheit vor den Schmerzen geschlafen. O Gott! Der Stab ist schwach geworden und andere Nächte haben den Starken beansprucht. O Gott, wenn Du bereits mit einer Trennung entschieden hast und dem Hirten den Beginn des Unheils erlaubt hast, So schau auf das sanfte Lamm und schütze es vor dem Bösen der Seelen und der Versuchung der Begierden. Erhellen für ihn die Welt und verlängere ihren Frühling und verbreite ihn frei mit jedem Strahl. Mach ihm die Tage zu einem üppigen Schatten und zum Rauschen von Flüssen und zur Fülle von Weiden!

Anmerkungen

1 Susanne Enderwitz: „Ich und meine Stadt". Die Araber, die Autobiographie und die Heimatstädte der Autoren. – In: URL: https://www.uni-heidelberg.de/presse/ruca/ruca07–1/ stadt.html, letzter Zugriff: 8.8.2025.

2 Über die arabische Heine-Rezeption im Allgemeinen siehe: Zouheir Soukah: Heinrich Heine in der arabischen Rezeption. Geschichte und Aktualität. – In: HJb 57 (2018), S. 63–77; Ders.: Kommentierte Bibliographie zur arabischen Heine-Rezeption. – In: HJb 59 (2020), S. 131–140.

3 Siehe dazu: Mounir Fendri: Halbmond, Kreuz und Schibboleth. Heinrich Heine und der is-
   lamische Orient. Hamburg 1980; Zouheir Soukah: „Zuleima, du bist meine heil'ge Kaaba".
   Arabismen in Heines Lyrik. Eine lexikalische Bestandsaufnahme. – In: HJb 60 (2021),
   S. 87–105.

4 Shmuel Moreh: Traditionelle und neue Formen der Dichtung in der Gegenwart. – In:
   Grundriss der arabischen Philologie. Hrsg. v. Helmut Gätje. Wiesbaden 1987, Bd. 2, S. 89–
   95, hier S. 89.

5 Mehr dazu: As'ad E. Khairallah: Die arabische Wiedererweckung in der modernen Poesie.
   – In: Saeculum 34 (1983), S. 148–164.

6 Assaad E. Kattan: Arabischer Frühling. Der Libanon, die nahöstlichen Christen und die arabische Kultur. – In: Internationale Politik, Juli 2005, S. 85.

7 Ebd., S. 86.

8 Thomas Koszinowski: Die Kontroverse um die Feiern zum Ägypten-Feldzug Napoleons. –
   In: Nahost Jahrbuch 1998, S. 191 f.

9 Zu den wichtigen Vertretern dieser Reformansätze gehören neben Rifa'a al-Tahtawi (1801–
   1873) unter anderem Gamal al-Din al-Afghani (1838–1897) und Muhammad Abdou (1849–
   1905).

10 Dazu zählen Khalil Gibran, Jurji Zaydan, Ameen Rihani, Taha Husayn, Farah Antun und
    Mikhail Naimy.

11 Soukah: Heinrich Heine in der arabischen Rezeption [Anm. 2], S. 67.

12 Moustafa Maher: Die arabische Welt in Heines Werk und Heines Werk in der arabischen
    Welt. – In: HJb 38 (1999), S. 175–196, hier S. 176.

13 Mehr dazu: Stefan Weidner: Poetisches Weltkulturerbe: Die Mu'allaqāt. – In: Mu'alla-
    qāt für Millennials. Hrsg. v. König Abdulaziz-Zentrum für Weltkultur (Ithra). Al Dhahran
    2023, S. 30–43.

14 Ebd., S. 34 f.

15 Nermine El-Sharkawy: Die Rezeption Heinrich Heines in Ägypten [Magisterarbeit]. Uni-
    versität Ain-Schams 2002, S. 120.

16 Soukah: Heinrich Heine in der arabischen Rezeption [Anm. 2], S. 65.

17 Ebd.

18 Maher: Die arabische Welt in Heines Werk und Heines Werk in der arabischen Welt [Anm.
    12], S. 186.

19 El-Sharkawy: Die Rezeption Heinrich Heines in Ägypten [Anm. 15], S. 127.

20 Ebd., S. 128.

21 Maher: Die arabische Welt in Heines Werk und Heines Werk in der arabischen Welt [Anm.
    12], S. 186.

22 El-Sharkawy: Die Rezeption Heinrich Heines in Ägypten [Anm. 15], S. 129.

23 Ebd., S. 130.

24 Ebd., S. 131.

25 Ebd., S. 131 f.

26 Ebd., S. 134.

27 Ebd., S. 325.

28 Ebd., S. 328.

29 Bis heute fehlt eine vollständige arabische Übersetzung dieses Werkes.

30 El-Sharkawy: Die Rezeption Heinrich Heines in Ägypten [Anm. 15], S. 320.

31 Ebd., S. 327.

32 Vgl. Soukah: Kommentierte Bibliographie zur arabischen Heine-Rezeption [Anm. 2].

33 El-Sharkawy: Die Rezeption Heinrich Heines in Ägypten [Anm. 15], S. 299.

34 Ahmed Zaki Abu Shadi: تصدير [dt.: „Einleitung"]. – In: الينبوع [dt.: „Der Brunnen"]. Kairo
    1933, S. 7–19.

35 El-Sharkawy: Die Rezeption Heinrich Heines in Ägypten [Anm. 15], S. 137.

36 Ebd., S. 162.

37 Ebd., S. 129.

38 Ebd., S. 140.

39 Ebd., S. 143 ff.

40 Siehe Übersetzung 1 im Anhang, S. 109.

41 El-Sharkawy: Die Rezeption Heinrich Heines in Ägypten [Anm. 15], S. 149.

42 Vgl. ebd., S. 154 ff.

43 Ebd., S. 162.

44 Ebd., S. 163.

45 Ibrahim Al-Mazini: قبر الشعر [dt. „Das Grab der Dichtung"]. – In: Diwan Al-Mazini I. Kairo 1913, S. 37.

46 Ibrahim Al-Mazini: الملاح المسحور [dt.: „Der verzauberte Schiffer"]. – In: Diwan Al-Mazini II. Kairo 1916/17, S. 271.

47 Siehe Übersetzung 2 im Anhang, S. 109.

48 Siehe Übersetzung 3 im Anhang, S. 110.

49 Siehe Übersetzung 4 im Anhang, S. 111.

50 Ibrahim Al-Mazini: وصية شاعر [dt.: „Vermächtnis eines Dichters"]. – In: Diwan Al-Mazini III. Kairo 1961, S. 303.

51 El-Sharkawy: Die Rezeption Heinrich Heines in Ägypten [Anm. 15], S. 328.

52 Ebd., S. 184 f.

53 Ebd., S. 181.

54 Ebd., S. 198.

55 Ebd., S. 185.

56 Ebd.

57 Siehe die Übersetzungen 5–8 im Anhang, S. 112–114.

58 Al-Ahmak [dt.: „Der Narr"]. – In: Abbas Mahmud Al-Akkad: عرائس وشياطين [dt.: „Puppen und Teufel", Gedichtsammlung]. Kairo 1944, S. 85.

59 Taabut [dt.: „Sarg"]. – In: Al-Akkad: عرائس وشياطين [Anm. 58], S. 102.

60 شر من الحب والبغض [dt.: „Unheil aus Liebe und Hass"]. – In: Ebd., S. 65.

61 أجرومية [dt.: „Grammatik"]. – In: Ebd., S. 85.

62 Ebd., S. 65.

63 El-Sharkawy: Die Rezeption Heinrich Heines in Ägypten [Anm. 15], S. 197.

64 Ebd., S. 200.

65 Soukah: Heinrich Heine in der arabischen Rezeption [Anm. 2], S. 63.

66 Siehe die Übersetzungen 9 und 10 im Anhang, S. 115–116.

67 Abdellatif An-Naschar: [dt.: زهور الحب [dt.: „Blumen der Liebe"] und بكاء الكأس [dt.: „Der weinende Kelch"]. – In: Magallatu Jammiyat Al Malagi' Al Abbassiyya 10 (1915), o. S.

68 Dort heißt es:

,,وقد عقدت النية على ترجمة شعره إلى الشعر العربي. وهو وإن يكن كما وصفه صديقي الشاعر الجليل إبراهيم عبد القادر المازني في خطابه أرسله لي عندما أخبرته بعزمي على ترجمته (شاعر ضخم العبارة، كثير الوثوب من الجد إلى السخرية، عسر على الناس فهمه إذا ترجم.) إلا أن لغتي السهلة البسيطة على ضعفها وشبهها بالعامية، جديرة بإفهام القراء كل معاني هذا الشاعر الكبير، ويرى القراء في ذيل هذه الكلمة بعض مقطوعات نقلتها عنه، وسأوافيهم بباقي شعره تباعا إن أفسحت لي هذه المجلة صدرها

Dt.: „Ich habe die feste Absicht gefasst, seine Gedichte ins Arabische zu übertragen. Zwar ist er, wie mein geschätzter Dichterfreund Ibrahim Abd al-Qadir al-Mazini in seinem Brief an mich schrieb, als ich ihm von meinem Vorhaben erzählte, ‚ein Dichter mit wuchtigen Worten, der häufig vom Ernst zur Ironie springt und dessen Verständnis beim Übersetzen schwierig ist', doch meine einfache und klare Sprache, trotz ihrer Schwächen und ihrer Nähe zur Umgangssprache, ist durchaus geeignet, den Lesern alle Bedeutungen dieses großen Dichters zu vermitteln. Am Ende dieser Einleitung finden die Leser einige von mir übersetzte Fragmente, und ich werde ihnen nach und nach den Rest seiner Gedichte zur Verfügung stellen, sofern mir diese Zeitschrift dafür Platz einräumt."

69 Siehe Übersetzung 11 im Anhang, S. 117–119.

70 Abdellatif An-Naschar: تمثال الحب [dt.: „Die Statue der Liebe"]. – In: Al-Hilal, 1.11.1916, S. 151 f.

71 Siehe Übersetzung 12 im Anhang, S. 119.

72 Abdellatif An-Naschar: الموت [dt.: „Der Tod"]. – In: Al-Hilal, 1.12.1917, S. 275.
73 El-Sharkawy: Die Rezeption Heinrich Heines in Ägypten [Anm. 15], S. 204.
74 Ebd., S. 205.
75 Ebd., S. 206.
76 Ibrahim Nagi: دعاء الراعي [dt.: „Das Gebet des Schäfers"]. – In: Al-Muqtataf 81 (1932), 1.11., S. 431.
77 Siehe Übersetzung 13 im Anhang, S. 120.
78 El-Sharkawy: Die Rezeption Heinrich Heines in Ägypten [Anm. 15], S. 210.
79 Maher: Die arabische Welt in Heines Werk und Heines Werk in der arabischen Welt [Anm. 12], S. 177.
80 Soukah: Heinrich Heine in der arabischen Rezeption [Anm. 2], S. 75 (hier Endnote).
81 El-Sharkawy: Die Rezeption Heinrich Heines in Ägypten [Anm. 15], S. 308.
82 Soukah: Heinrich Heine in der arabischen Rezeption [Anm. 2], S. 63.
83 El-Sharkawy: Die Rezeption Heinrich Heines in Ägypten [Anm. 15], S. 298.
84 Ebd., S. 299.
85 Ebd., S. 300.
86 Maher: Die arabische Welt in Heines Werk und Heines Werk in der arabischen Welt [Anm. 12], S. 183.
87 El-Sharkawy: Die Rezeption Heinrich Heines in Ägypten [Anm. 15], S. 315.
88 Ebd., S. 299.
89 Ebd., S. 327.
90 Soukah: Heinrich Heine in der arabischen Rezeption [Anm. 2], S. 65.
91 El-Sharkawy: Die Rezeption Heinrich Heines in Ägypten [Anm. 15], S. 308.

Der streitbare Heine-Forscher Jonas Fränkel

Malte Spitz

1. Jonas Fränkel im Kontext der Heine-Forschung in der ersten Hälfte des 20. Jahrhunderts

Gebürtig aus Krakau, kam Jonas Fränkel (1879–1965) im Jahr 1899 nach Bern und machte sich im Laufe der folgenden Jahre als Herausgeber der Werke von Johann Wolfgang von Goethe und Heinrich Heine einen Namen. Unter Oskar Walzels Federführung und Fränkels maßgeblicher Mitarbeit erschienen zwischen 1911 und 1913 bei Insel in Leipzig Heines Werke in zehn Bänden. Es war der Auftakt einer lebenslangen Beschäftigung des Philologen jüdischer Herkunft, der nach einer späten Selbstauskunft als Autodidakt mit Reclam-Bänden Deutsch gelernt hatte. Eine Beschäftigung mit einem Schriftsteller, dessen Werk über die es begleitenden Konflikte erzählt werden könnte, und die auch bei Fränkel immer wieder zu Konflikten führte. Neben der Editionstätigkeit besprach Fränkel in Schweizer Zeitungen regelmäßig die neueste Heine-Literatur, schrieb aber auch Essays für Literaturzeitungen, die „Frankfurter Zeitung" oder die „Neue Zürcher Zeitung". Es sind Texte, die immer wieder Einspruch erheben gegen den Zeitgeist und die philologische Gemeinschaft.

Jonas Fränkels Werk und Wirken ist seit Oktober 2023 Gegenstand eines umfangreichen Forschungsprojekts in Bern und Zürich, nachdem Nachlass und Gelehrtenbibliothek in das Schweizerische Literaturarchiv gekommen sind. Seit seinem Tod waren sie Jahrzehnte im ehemaligen Wohnhaus in der Nähe der Stadt Thun unter Verschluss. Bekannt war Fränkel in der Schweizer Germanistik bislang als Herausgeber Gottfried Kellers sowie designierter Nachlassverwalter und Biograf Carl Spittelers, dem er 1919 zum Nobelpreis verhalf. Diese Bekanntschaft

M. Spitz (✉)
Schweizerisches Literaturarchiv, Schweizerische Nationalbibliothek, Bern, Schweiz
E-Mail: Malte.spitz@nb.admin.ch

© Der/die Autor(en), exklusiv lizenziert an Springer-Verlag GmbH, DE, ein Teil
von Springer Nature 2026
S. Brenner-Wilczek (Hrsg.), *Heine-Jahrbuch 2025*, Heine-Jahrbuch,
https://doi.org/10.1007/978-3-662-72327-2_7

gründet unter anderem darin, dass man ihn von beidem mittelfristig abhielt. Der jüdische Gelehrte litt zeit seines Lebens unter persönlicher und professioneller Ausgrenzung und antisemitischen Tendenzen in Presse, Politik und Wissenschaft.[1] Fränkels Verdienste um die Werke des Schweizer Nationalautors Gottfried Keller führten in den 1920er und 1930er Jahren zu verschiedenen Rechtsstreitigkeiten, im Rahmen derer antijüdische Motive gegen den Philologen aktiviert wurden, und über die bis heute diskutiert wird.[2] Man könnte sagen, die Gemeinsamkeit mit seinem Gegenstand Heine deutet sich hier schon an. Die Auseinandersetzungen gipfelten für Fränkel im Streit um den Spitteler-Nachlass. Beraten durch führende Schweizer Germanisten, die Fränkel ausbooten wollten und dafür erneut antisemitische Stereotype mobilisierten, brachen die Töchter Spittelers nach dessen Tod mit Fränkel und schenkten den Nachlass 1933 schließlich der Eidgenossenschaft. Letztere versuchte im Anschluss auf dem Prozessweg, die Vertragsbedingungen der Töchter umzusetzen: Fränkel also vom Material fern- und vom Plan einer Gesamtausgabe abzuhalten sowie die Herausgabe der sich bei Fränkel befindlichen Nachlassteile zu fordern, was aber nicht gelang. Die Spitteler-Dokumente verblieben bei der Familie Fränkel.[3] Sie waren somit, wie auch der gesamte Gelehrtennachlass Fränkels, für die Forschung unzugänglich. Erst 2021 wurde dieser Nachlass vom Schweizerischen Literaturarchiv in Bern übernommen.

Dass Fränkel dieser Marginalisierung indes nicht widerstandslos unterlag, zeigt sich vielerorts, insbesondere bei seiner Arbeit zu und über den politischen Schriftsteller Heinrich Heine. Jonas Fränkel war ein streitbarer Heine-Forscher, der den Dichter mindestens fünf Jahrzehnte lang gegen seine Gegner ebenso wie gegen seine ‚falschen Freunde' verteidigte. Seine eigene Marginalisierung setzte Fränkel wiederholt mit derjenigen Heines ins Verhältnis, immer wieder ergriff er für den Dichter Partei, wenn dieser als Autor des „Buchs der Lieder" unterschätzt wurde oder man versuchte, das Werk zu instrumentalisieren. Fränkel kritisierte etwa 1936 eine Schweizer Zeitung für ihren kommentarlosen Wiederabdruck von Karl Kraus' „Heine und die Folgen", er entlarvte die korrumpierte NS-Germanistik und referierte nach 1945 sofort über Heinrich Heine als jüdischen Schriftsteller. Mit letzterem Ansatz schrieb er an gegen Stimmen, wie jene des Mainzer Professors und Heine-Experten Friedrich Hirth, die dem Dichter sein Nachdenken über jüdische Themen absprachen und ihn als vorbildlichen Deutschen darstellten.

Eine Beschäftigung mit Jonas Fränkel verdeutlicht die Wirkung Heines über seine Zeit hinaus. Werk und Person waren höchst umstritten, was sich um 1910 anders darstellte als zwischen 1933 und 1945, und wiederum anders zu den Jubiläen 1947 und 1956. Fränkel meldete sich mit Vorträgen und in der Presse zu Wort. Anhand seines Nachlasses lässt sich jetzt detailliert rekonstruieren, dass er Heine stets gegenwartsbezogen und als Vorbild für ein vereintes Europa las. Fränkel tauschte sich mit Heine-Forscherinnen und -Forschern in der Schweiz, aber auch international aus. Er sagte Vorträge bisweilen ab, wenn er eine politische Vereinnahmung vermutete, und wo nötig, scheute er vor drastischen Worten nicht zurück. Das führte zu einer Reihe von direkten oder mittelbaren Auseinandersetzungen, wie etwa jene mit Friedrich Hirth, dem ersten Komparatisten an einer deutschen Universität, der ab November 1947 eine von der französischen Militärregierung finanzierte Professur am Lehrstuhl für Vergleichende Literaturwissenschaft an der ein Jahr zuvor wiedereröffneten Mainzer Johannes Gutenberg-Universität innehatte.[4] Dessen „Heinrich Heine. Bausteine zu einer Biographie" (1950) provozierte Jonas Fränkel zu einer schonungslosen, öffentlichen Kritik. In diesem Kontext sind über Hirths Pariser Zeit während der Besatzung durch die Nationalsozialisten zudem in Fränkels Unterlagen handfeste Vorwürfe zutage getreten, die bisher nur gerüchteweise bekannt waren.

Nach der Leipziger Heine-Ausgabe (1911–1913) publizierte Fränkel neben seiner Lehrtätigkeit und seinen verschiedenen Editionsprojekten weiter regelmäßig über Heine. 1936 kam es sodann, als eine Art Höhepunkt und zugleich Tiefpunkt seines Verdienstes um das Werk Heines, zu einer Auseinandersetzung um und mit Karl Kraus' Schrift „Heine und die Folgen" (1910). Fränkel sollte jetzt von einer Schweizer Zeitung Feigheit vorgeworfen werden, weil er sich erst nach Kraus' Tod eine solche Kritik erlaubt habe. Übersehen wurde dabei, wie Fränkel eigentlich gerade das unkommentierte Neuabdrucken des Heine-Pamphlets kritisierte, dessen antijüdische Aspekte sich 1936 viel schärfer lasen als im Jahr des erstmaligen Erscheinens. Womöglich als Folge dessen publizierte Fränkel dann in den späteren 1930er Jahren nicht mehr zu Heine. Nun davon auszugehen, er habe sich nicht mehr mit ihm beschäftigt, wäre aber ein Trugschluss. Vielmehr lief seine Heine-Rezeption weiter über Fränkels Arbeit an Gottfried Keller in einer Zeit, in der man für Texte über Heine auch in der Schweiz kaum Abnehmer finden konnte.[5] Wenn Fränkel Heine gegen seine Widersacher verteidigte, dann schrieb er gegen die gesamte Schweizer Germanistik an, vor allem gegen Emil Ermatinger oder Walter Muschg.[6] Das gilt im Übrigen für die Zeit vor 1933 genauso wie nach 1945.[7] Über Keller ließ sich anders als über Heine, und jetzt sogar noch öffentlichkeitswirksamer schreiben: Fränkel publizierte „Gottfried Kellers politische Sendung" (1939), mit der er Keller als demokratischen Geist in Stellung brachte. An ihm habe sich die Schweiz zu orientieren, wenn es einen Widerstand gegen das nationalsozialistische Deutschland zu organisieren galt. Was bekanntlich nicht geschah, und Fränkel kostete diese Affäre letztlich die Arbeit an seiner Edition. Seine Schrift changierte zwischen Literaturwissenschaft und Politik – Fränkel verdammt hier die „gedankliche Pest" des Nationalsozialismus und kritisiert eine Beihilfe der Schweiz. Das nahm man ihm in der vermeintlich neutralen Schweiz äußerst übel und nachdem es ihm antisemitische Vorwürfe etwa eines Walter Muschg einbrachte, sich ungebeten und aufgrund seiner jüdischen Herkunft in den Vordergrund zu drängen, wurden zunächst allerlei Gutachten verfasst.[8] Das Projekt scheiterte dann noch im gleichen Jahr aus damit verbundenen finanziellen Gründen, 1940 wurde der Zugang zum Nachlass Kellers für Fränkel gesperrt. Relevant für Fränkel war in hiesigem Zusammenhang, dass Keller Heine gegen Ludwig Börne und Eugen Ruge um 1848 verteidigt, sich aber auch über dessen Rückkehr zu Gott im Langgedicht „Der Apotheker von Chamounix" lustig gemacht hatte. Der Text folgt unmittelbar auf das Erscheinen von Heines „Romanzero" (1851).[9]

Was für die Schweiz galt, dass also das Werk Heines zwischen 1933 und 1945 weitgehend ignoriert oder gar verschmäht wurde, galt – wie bekannt – im national-sozialistischen Deutschland umso akuter. Seine Werke wurden verbrannt, man ver-schwieg seinen Namen und seine Stellung in der Geschichte der deutschsprachigen Literatur oder polemisierte gegen diese.[10] 1951 schrieb Fränkel in einem Zeitungs-artikel rückblickend dazu: „Hätten Heines Gebeine nicht in Paris ihre Ruhestätte gefunden, man würde sein Grab verwüstet haben, damit innerhalb der Grenzen Deutschlands nichts an Deutschlands Schande erinnerte, als die der Dichter emp-funden wurde."[11]

Nach Ende des Krieges sah man sich damit konfrontiert, dass eine gesamte Ge-neration den Dichter gar nicht mehr kannte. Ab 1947, anlässlich des 150. Geburts-tags Heines, publizierte Jonas Fränkel zu ihm. Eine Beschäftigung war nun nicht nur wieder möglich, sie wurde beinahe forciert, wobei man sich von Beginn an unsicher war, wie man an Heine erinnern wollte. Heine ließ sich jedenfalls nach 1945 wie-der aneignen, weil sein Werk vom Nationalsozialismus nicht politisch instrumentali-siert worden war wie etwa dasjenige Goethes. In der DDR sollte er dann schnell als Nationalautor gelten, in der Bundesrepublik Deutschland setzte dies erst mit einiger Verzögerung und unter anderen Vorzeichen ein.[12] Stets wies Fränkel, der die Versu-che der Instrumentalisierung des Werkes schnell zu erkennen schien, nun darauf hin, dass man den Dichter zwei Jahrzehnte verdrängt hatte und daher nicht nur mit dem demokratischen Aufbau einer Gesellschaft, sondern auch in der Philologie gewisser-maßen von vorn beginnen müsse. Zwischen 1948 und 1956 hielt er dann Vorträge in Basel, Bern und Zürich, in denen er für eine Wiederentdeckung Heines als politi-scher Dichter und als vorbildlichen Europäer wirbt.[13] Damit vermittelte er eine Les-art, die in diesen Jahren vermehrt zu beobachten ist, wie Hartmut Steinecke gezeigt hat. Man war sich nach 1945 also im Umgang mit der Bedeutung Heines keineswegs einig, wenn man sie überhaupt anerkannte:

> Heine war nach Ende der nationalsozialistischen Herrschaft in erschreckendem Maße aus dem kulturellen Gedächtnis der in Deutschland Gebliebenen verschwunden. In den West-zonen und in der frühen Bundesrepublik bestand offenbar kein großer Nachholbedarf. Die Wissenschaftler, Kritiker, Journalisten und Politiker blieben in Sachen Heine weiterhin noch längere Zeit fast sprachlos – sein Werk spielte an den Universitäten und in den Schu-len, in den Literaturgeschichten und den Feuilletons nur eine relativ geringe Rolle. Die über ihn schrieben, knüpften meistens an das Bild des unpolitischen Liederdichters Heine aus der Vorkriegszeit an, das allerdings durch die noch lange nachwirkenden Attacken von Karl Kraus auf Heines Gedichte als gereimtem Journalismus beeinträchtigt war. Verdrän-gung und Tabuisierung bildeten das Erbe des Umgangs mit Heine im Dritten Reich. Die in die Bundesrepublik zurückgekehrten Exilanten konnten allenfalls dafür sorgen, dass gele-gentlich auch an den Freiheitsdichter erinnert wurde.[14]

Schon bald führten diese Unbestimmtheiten zu Vereinnahmungen auf verschiede-nen Seiten. Die Auseinandersetzung zwischen Jonas Fränkel und Friedrich Hirth, ein in diesem Sinne Zurückgekehrter, der indes kein Exilant gewesen ist, kann dafür stellvertretend stehen.

Mit Hirth war Fränkel nie persönlich bekannt oder direkt in Verbindung, es gibt im Nachlass keine Korrespondenz der beiden. Spuren hat der Heine-Forscher im Nachlass Fränkels indessen umso mehr hinterlassen. Fränkel schrieb einige, meist sehr kritische Rezensionen über Heine-Bücher von Hirth. Insbesondere sein Verriss von Hirths „Heinrich Heine. Bausteine zu einer Biographie" interessiert in diesem Zusammenhang. Denn in Fränkels Bibliothek liegen, wie so oft seiner Ablageordnung gemäß, in der einzelne Bücher wie kleine Archive funktionieren, einige Zeitungsartikel und eine Reihe von Briefen, die mit dem Thema in loser Verbindung stehen. Zu finden ist hier auch eine Kopie einer sechsseitigen Zeugenaussage, die besonders aufmerken lässt. Verfasst ist sie von einem weiteren Heine-Forscher: Ernst Feder. Feder hatte Hirth nach 1933 in Paris erlebt, wo dieser durch seine Beziehungen zur französischen Botschaft in Berlin unter dem Verdacht stand, für das nationalsozialistische Regime zu spionieren.[15] Im „Argentinischen Tageblatt", für das Feder im Exil in Buenos Aires schrieb, kritisierte er nach 1945 Hirths Berufung unter dem Vorwurf der Kollaboration harsch. Die Zeugenaussage steht in diesem Zusammenhang, denn auf den Vorwurf folgte eine gerichtliche Untersuchung. Fränkel hat Materialien dieses juristischen Streits gesammelt, ihre Schlagkraft aber nicht vollständig publizistisch verwendet.

2. Friedrich Hirth – „nicht der erfreulichste Heine-Forscher"

In seiner Rezension erwähnt Fränkel eher beiläufig, Hirth sei bis 1945 als Hitler-Verehrer in Paris gewesen, beweist dies jedoch nicht. Um es vorwegzunehmen: auch mit dem neuen Fund lässt es sich nicht beweisen. Die unabhängig von den bisher von Gudrun Jäger zusammengetragenen Indizien verhärten sich allerdings. Auch Fränkel sah dies vermutlich nur als weiteres Indiz, Hirths Schuld gleichwohl vermutlich als bewiesen an, und erwähnte die Anschuldigung daher nur beiläufig, weil ihm allein fachliche Gründe ausreichten, um zu zeigen, in welchem Maß Friedrich Hirths Heine-Philologie unzureichend ist. Fränkel machte die Anschuldigung gerade nicht zum Hauptargument seiner Rezension, vielmehr ging es ihm um grundlegende philologische Versäumnisse und Missdeutungen Hirths:

„Der Ver. [Friedrich Hirth, M.S.] der beiden anzuzeigenden Bde [neben den „Bausteinen" bespricht Fränkel auch Hirths „Heinrich Heine und seine französischen Freunde" (1949), M.S.], der kurz nach der Übermittlung derselben an den Rez. verstorben ist, war seit dem Tode Gustav Karpeles (1909) zweifellos der rührigste, wenn auch nicht der erfreulichste Heine-Forscher."[16] Der Ton und die Richtung waren damit gesetzt. Hirths Fleiß beim Aufspüren von Nachlassmaterial Heines sei bemerkenswert gewesen, gefehlt habe es ihm aber an Akribie:

> Seine Forschungen, für die er sich die verschlossensten Türen zu öffnen wußte, bewegten sich zumeist in der Sphäre des Rein-Privaten und gingen in die Breite, nicht in die Tiefe. Das Kleinliche und Kleinlichste, das gerade um Heines menschliches Bild seit je gestrüppartig wucherte und von ernster wissenschaftlicher Beschäftigung mit dem Dichter leicht abschreckte, es war das Lieblingsgebiet von H.s Forschung. Deren Ergebnisse dürfen – trotz überheblich zur Schau getragenem Autoritätsbewußtsein – niemals ungeprüft übernommen werden; lassen sie doch nur zu oft jenes selbstverständlich-sein-sollende wissenschaftliche Ethos vermissen, das sich für jede Aussage wie für jedes niedergeschriebene Wort verantwortlich fühlt. Das muß auch jetzt, da H. nicht mehr unter den Lebenden weilt, mit Nachdruck ausgesprochen werden.

Dass Hirth an Privatissima Heines interessiert war, belegt Fränkel anschließend anhand dessen Bemühen, das Geburtsjahr des Dichters zu ermitteln, obwohl das längst bewiesen sei. Wie weit dieses Interesse bei Hirth ging, lässt sich auch seinem Briefwechsel mit der britischen Heine-Sammlerin Ada Dodgshon entnehmen, der nach Dodgshons Tod durch ihre Haushälterin zu Fränkel gekommen ist. Dieser Bestand umfasst ebenfalls ca. 100 Briefe aus den Jahren 1939 bis 1950 zwischen Fränkel und der passionierten Sammlerin, die von Helene Koigen, der Frau des Kulturphilosophen und Religionssoziologen David Koigen, erfahren hatte, dass Fränkel eine Heine-Biografie plante und ihn daraufhin mit Material versorgte. Fränkel sollte ein größeres Heine-Projekt, um das es in ihrer Korrespondenz geht, aber scheinbar nie ausarbeiten. Das Konvolut Hirth-Dodgshon umfasst 24 Briefe zwischen Hirth und Dodgshon sowie einen von Max Brod an Hirth, der die beiden miteinander in Kontakt gebracht hatte. Außerdem befindet sich hier ein Schreiben von Fritz Eisner an Dodgshon aus dem November 1938.[17]

Die Briefe Hirths an Dodgshon zeigen ersteren erneut im Bemühen darum, in Paris möglichst viel Material zu Heine zusammenzutragen. Als Wiener seit 1919 in Paris, hatte er zwar seither Zugang zu wichtigen französischen Sammlungen erhalten, doch war es ihm nach 1933 nicht mehr möglich, an Unterlagen aus dem Archiv in Düsseldorf heranzukommen. „(Was hat sich ein Arier um Heine zu kümmern?)"[18], fasste Hirth die Situation nicht ohne Zynismus in einer Parenthese am 23. August 1938 gegenüber Dodgshon zusammen; unter Verschweigen seiner eigenen jüdischen Herkunft. Dass Hirth sie zu verschweigen verstand, ab 1933 dabei aber erfolglos war und dennoch antisemitische Denkfiguren bemühte, um von sich abzulenken, hat bereits Gudrun Jäger gezeigt.[19] So bat Hirth die Sammlerin, die bereits in Düsseldorf auf den Spuren Heines gewandert war und erneut eine Reise plante, um Mithilfe bei Abschriften, denn als Engländerin hatte sie diese Möglichkeit, die ihm selbst versperrt schien. Vielleicht war für Hirth aber auch das Risiko zu groß, im Deutschen Reich zu Heine zu forschen und dabei Gefahr zu laufen, dass jemand auf seine jüdische Herkunft aufmerksam würde, die er wohl – so ist dem Brief zu entnehmen – auch ihr verheimlichte.

Hirth sah sich als „Arier" und schrieb Dodgshon verschiedentlich im Stile eines Deutschnationalen („Ich liebe England wegen seiner Kultur, kann es ihm aber nicht verzeihen, dass es Deutschland den Krieg [er spricht hier vom Ersten Weltkrieg, M.S.] erklärte. Alles Übel in der Welt kommt davon."[20]). Er bemühte sich auf der einen Seite, Verfolgten zu helfen, sogar Nachfahren von Heine selbst, wie er am 9. Juli 1938 berichtete. Andererseits ließ er Dodgshon wissen: „An vielem sind die Juden selbst schuld, wie sie es sich in den Kopf setzten, nach Palaestina zu gehen, wo man von ihnen wenig erbaut ist."[21]

Es scheint, als sei ein guter Jude für Hirth nur ein solcher gewesen, der wie er selbst seine Herkunft vergisst. So sah er im Übrigen auch Heine, wie Jonas Fränkel in seiner Rezension bemerkte. In einem weiteren Brief ging Hirth noch weiter mit seiner Schuldumkehr. Im Kontext von Dodgshons Bemühen um Bekannte und Freunde, die verfolgt werden, heißt es:

Ich begreife Ihr warmes Eintreten für die gequälten Juden, kann Ihnen aber nicht verschweigen, dass ich mit einigen sehr schlechte Erfahrungen machte. Dazu kommt, dass ich seit Jahren den Juden in Deutschland und Oesterreich geraten hatte, auszuwandern, solange dies noch leicht war. Leider sind die Juden immer Besserwisser – Sie [sic] wollen sich nicht raten lassen, und dann müssen Sie [sic] Schaden leiden. Ich muss noch trachten, einige hieher [sic] zu bekommen – wie ich das anstellen werde, weiss ich noch nicht. Ich will es aber versuchen. Offen sage ich Ihnen aber, dass manche Juden unausstehlich sind. Vgl. Heines Brief an seine Mutter vom 7. Mai 1853 […].[22]

Im angeführten Brief an seine Mutter Betty klagt Heine über verlegerische Auseinandersetzungen mit einem Übersetzer und generalisiert seine Kritik an einzelnen Personen jüdischer Herkunft in seinem Umfeld, wie es immer mal wieder bei ihm zu beobachten ist. Hier heißt es:

Ich habe, liebe Mutter! Deiner Abneigung gegen die Juden nie beitreten wollen, aber sie haben mir das Leben verflucht sauer gemacht, und unser Herr und Heiland mußte wirklich ein Gott sein, um solchen Pharisäern ihre Verfolgungssucht vergeben zu können. (HSA XXIII, 282)

Im Angesicht existenzieller Bedrohung, der jede Jüdin, jeder Jude im Jahr 1938 vom faschistischen Deutschland ausgesetzt war, ist dieser Vergleich Hirths äußerst perfide. Die Annahme, Heine und seine Mutter seien sich in ihrer Abneigung einig, wiederholte Hirth später in seiner biografischen Abhandlung. Auch das entging Fränkel nicht.

In Paris wurde Hirth ab 1940 indes mit dem unerbittlichen Verfolgungswahn der Nationalsozialisten selbst konfrontiert. 1944 berichtete er Dodgshon retrospektiv, wie er viermal als feindlicher Ausländer fast verhaftet worden war, daraufhin kurz vor dem Einmarsch der Wehrmacht in die Provinz nach Limoges und an weitere verschiedene Orte geflüchtet sei; wie seine Bücher geraubt wurden und er nach einem Artikel im „Journal de Genève" über die Beziehung von Heine zu George Sand heftig von den Nazis kritisiert und das Blatt verboten worden war, „da für sie Heine ein Ausbund der Menschheit, ein Ausgestossener und Verworfener ist."[23]

All das hat Fränkel wissen können und viele Aspekte sind implizit auch in seiner Rezension lesbar. Er kritisiert Hirths Abrede von Heines Judentum, für die diesem selbst noch die „Hebräischen Melodien" Beleg seien. Heine habe sich – so Hirth – nie als Jude gefühlt, für Fränkel war diese Ansicht völlig undenkbar. Er fragt darauf suggestiv, aber eindeutig: „Sind denn aber nicht auf dem Krankenlager die ‚Hebräischen Melodien' entstanden, die […] deutlich Töne tiefster Herzensverbundenheit mit den besungenen Motiven vernehmen lassen?" Mit seiner deutlichen Kritik verbunden, trägt Fränkel die durch Hirth für die Heine-Forschung zugänglich gemachten Materialien gründlich zusammen: Handschriften von Gedichten und Briefen bzw. biografische Details sowie Teilstücke von Heines Texten und sein Briefwechsel mit George Sand.

Gewissermaßen ließe sich aufgrund dieser Genauigkeit mit Fränkels Rezension allein auf diesen Funden aufbauen, man benötigt Hirths Publikationen eigentlich nicht mehr. In diesen überwiegen laut Fränkel eben auch die „unwissenschaftlichen" Behauptungen bzw. Rückschlüsse: Falsch sei etwa, Heine habe seinen Onkel Salomon gehasst, obwohl dieser ihn jahrzehntelang finanziell unterstützte; Heines

Übersiedlung nach Paris sei allein aufgrund eines Themenmangels zu begründen, was natürlich verstellt, dass Heines Schriften von der preußischen Regierung 1833 verboten wurden und er seit Jahren von der antisemitischen Atmosphäre bedrängt war. Heine war von der Julirevolution in Paris begeistert und wollte sie miterleben, ja. Hirths Darstellung zufolge geschah die Übersiedlung aber allein deshalb, weil sie Heine neue, notwendige Themen in Aussicht stellte. Das verkennt das Versprechen der Gleichberechtigung von Heine als Jude, das vom Aufbegehren in Frankreich ausging. „Das Wintermärchen und die revolutionären Gedichte, die zwischen 1843 und 1847 entstanden", seien Fränkel zufolge für Hirth „Konzessionen an Karl Marx und dessen Genossen", also Anbiederungen an die neuen Freunde Heines in Frankreich. Heine erscheint hiermit erneut als passiver Opportunist. Fränkel stellt dies richtig und erklärt weiter, es gebe in Hirths Bänden falsches Deutsch, falsche Tatsachen, falsche Veröffentlichungsdaten, falsche Transkriptionen bei einem Brief von Karl Marx, falsche Gedichtinterpretationen; Hirth sei „Dilettant" bei der Handschriftenwiedergabe und er gebe sich keine Mühe beim Dechiffrieren. In mehr als 200 Zeilen führt Fränkel alle Verfehlungen Hirths minutiös mit Stellenbelegen aus den beiden Bänden an. Insgesamt spotteten, so Fränkels schonungsloses Fazit, Hirths Deutungen der Literaturwissenschaft. Seine „gleich abstoßend wirkenden Bde" seien allerdings bedauerlicherweise „dank den eingestreuten unbekannten Materialien von der Forschung bis auf weiteres nicht ganz zu entbehren".

Bemerkenswert ist hier überdies, wie Fränkel viele der genannten Ansichten zur Biografie Heines zusammenträgt, die er zwar noch nicht zweifellos belegen konnte, die aber heute als bewiesen angesehen werden müssen. Fränkel erwähnt indessen nicht, wie auch Hirth schon 1946 an die Maßnahmen des nationalsozialistischen Regimes im „Neuen Mainzer Anzeiger" erinnert hatte.[24] Es ist davon auszugehen, dass er den Artikel nicht kannte, denn er befindet sich in keinem der vielen Konvolute zu Heine in seinem Nachlass. Was heute für das Bild Hirths gültig ist, hat Fränkel aber bereits damals erkannt: Er konzentrierte sich weitgehend auf das Biografische, und hatte – so benennen es auch Goltschnigg und Steinecke – „nur begrenztes Interesse und wenig Verständnis für das Literarische der Werke."[25] Fränkel dachte Biografie und Werk Heines, aber auch anderer Autoren, über die er schrieb, stets als miteinander verzahnte Elemente und so konnten ihm Hirths Ausführungen nicht hinreichend das komplexe Wirken des ersten modernen Schriftstellers (Rolf Hosfeld) erfassen. Sie mussten sich in Kurzschlüssen verfangen, die Fränkel akribisch zu berichtigen beanspruchte.

3. Ernst Feder: Stellungnahme zum Vorwurf der Kollaboration gegen Friedrich Hirth

In Fränkels Ausgabe des rezensierten Hirth-Buches liegt nun also eine gerichtliche Stellungnahme seines Kollegen Ernst Feder, datiert auf den 26. Juli 1950. Feder war 1933 zunächst nach Paris und 1941 weiter nach Brasilien emigriert. Im September 1946 schrieb er über die politische Rolle Friedrich Hirths in Paris einen

Artikel für das antifaschistische „Argentinische Tageblatt", der ebenfalls im New
Yorker „Aufbau" unter dem Titel „Der Fall Hirth, fragwürdige Vergangenheit
eines Mainzer ‚Universitätsprofessors'" erschien. Anlass war die Berufung Hirths
auf die Mainzer Professur, die – wie Gudrun Jäger, die schon auf den Artikel Feders hingewiesen hat, festhält – nicht durch ein ordentliches Berufungsverfahren,
sondern durch Kontakt zum französischen Botschafter in Deutschland, André
François-Poncet, möglich wurde. Des Weiteren habe – so Jäger, die die Leistungen
Hirths durchaus unterstreicht – der Komparatist sich eventuell nie habilitiert.[26] Bekannt ist also Feders Vorwurf, Hirth habe nach dem Hitler-Stalin-Pakt „den französischen Wirtschaftskreisen Hitler gegen die kommunistische Gefahr als Verteidiger
des Kapitalismus empfohlen."[27] Feder wies ebenfalls auf die Pläne Hirths hin, in
Deutschland noch 1938 eine neue Ausgabe von Heines Briefen zu unternehmen,
ohne dass er Konsequenzen habe fürchten müssen, denn Heine gehöre „für hoch-
gestellte Nazis zu jenen schönen Kindern, die man zwar Unter den Linden nicht
grüßt, mit denen man es sich aber zuhause gütlich tut."[28]

Vier Jahre später sollte Feder schließlich auf Anordnung eines Gerichts in
Baden-Baden Stellung zu seinem Artikel nehmen. Anlass des Verfahrens war die
Klage Hirths an einen Verlag, der sich nach den durch Feder publik gewordenen
Vorwürfen von einem Buchvertrag zurückgezogen hatte. Gudrun Jäger vermerkt
zu diesem Prozess, dieser sollte zunächst vor einem deutschen Gericht verhandelt werden, ist „dann aber, dank Hirths guten Beziehungen zur Besatzungsmacht,
der französischen Militärgerichtsbarkeit übertragen worden [...]."[29] Der angeführten Fußnote zufolge folgten diese Auskünfte einem Brief Feders an Claire
Hartgenbusch vom 20. Januar 1960. Weitere Informationen zum Prozess seien
indes weder im Bundesarchiv noch beim Generallandesarchiv Karlsruhe auffind-
bar. Jäger konnte bisher diesen Verlag nicht bestimmen. Feders Aussage in Fränkels Nachlass belegt jetzt, dass es der Keppler Verlag gewesen ist, da dieser in der
Betreffzeile des Schreibens genannt ist.

Auch wenn die Anschuldigungen als nicht unbeteiligte Zeugenschaft behandelt
werden müssen, die keinen Beweischarakter haben können, erhärten sich die Vorwürfe gegen Hirth erneut. Die von Jäger konstatierte Ambivalenz seiner umstritte-
nen politischen Haltung wäre somit vermutlich auch erneut zu hinterfragen, selbst
wenn man sich, wie von ihr betont, „von ideologischer Eindimensionalität und
Blickverengerung"[30] freizuhalten habe.

„[U]nter Benutzung der von mir seinerzeit gemachten Aufzeichnungen über die
einschlägigen Vorgänge sowie nach sorgfältiger Prüfung meines Gedächtnisses"[31]
brachte Feder seine Zeugenaussage zu Papier. Er beschreibt zunächst seine eigene
Biografie und betont dabei seine Tätigkeiten als Journalist und vor allem als zuge-
lassener Rechtsanwalt sowie als Richter in verschiedenen internationalen Gremien
zum Schutz journalistischer Arbeit. Diese ausführlichen Angaben sollten sicherlich seiner Glaubwürdigkeit zutulich sein, ebenso seine angeführte Bekanntschaft
mit dem Bundespräsidenten Theodor Heuss und dem Berliner Bürgermeister
Ferdinand Friedensburg.

Die Bekanntschaft mit Hirth ergab sich Feder zufolge im April 1937 im Café Hungaria auf der Champs Élysées. Im Zentrum ihres Gesprächs habe ein Brief Heines an Madame Caroline Jaubert gestanden, über den Feder publiziert hatte und der Hirths Interesse an Heines Biografie noch einmal bestätigt. Weiter geht es um ein Treffen in Feders Pariser Wohnung, bei dem Hirth von seiner guten Bekanntschaft mit dem Staatssekretär Paul Körner erzählt habe. Körner sei ebenfalls ein Heine-Verehrer gewesen, aber ab April 1933 eben auch Staatssekretär im Preußischen Staatsministerium unter Hermann Göring, wie ihm Hirth erzählt habe. Spätestens mit den Nürnberger Prozessen 1946 war allgemein bekannt, welche verschiedenen zentralen Funktionen Körner innehatte und wie intensiv er 1941 an der Planung und Durchführung des deutschen Angriffskrieges auf die Sowjetunion beteiligt gewesen ist. Renate Francke gab im „Heine-Jahrbuch 2021" an, hier sei eine Verwechslung geschehen und Hirths Freund Dr. Paul Koerner, den Feder in seinem Artikel für den „Aufbau" erwähnte (Francke konnte die nun vorliegende Zeugenaussage freilich nicht kennen), sei gar nicht

> der (nicht promovierte) spätere Staatssekretär […], sondern der Jurist und Heine-Sammler Dr. Paul Koerner, von 1912 bis 1915 zusammen mit Alfred Kerr Besitzer der Zeitschrift ‚Pan', in der er auch mehrere Heine-Artikel veröffentlichte.[32]

Feders Aussage zufolge lag eine solche Verwechslung aber keineswegs vor und Hirth selbst habe die Identität Körners bestätigt. Wo hier nun die Verwechslung wirklich liegt, ist dennoch kaum zu entscheiden. Dass Feder aber wissentlich eine Falschaussage tätige, wäre ebenso ein schwerer Vorwurf und ist auch wenig plausibel. Selbst wenn man von dieser Behauptung nicht völlig überzeugt wäre. Feder gab Weiteres zu Protokoll: So habe er Hirth am 28. September 1937 in der Bibliothèque Nationale gesprochen, der ihm „begeistert" von einem 14-tägigen Aufenthalt in Berlin erzählt habe und wörtlich sagte, es sei „herrlich" gewesen.

Die Klimax der Aussage bilden dann die Mitteilungen über den schon bei Jäger erwähnten Vortrag Hirths am 29. Januar 1939 im Club du Faubourg. Feder könne diesen bezeugen und im Moment der Niederschrift seiner Aussage habe er als Beweis auch die damalige Ausgabe einer Pariser Zeitung vorliegen, in der das Thema des Vortrags als „sur L'anniversaire des 5 années de pouvoir d'Hitler" angekündigt worden sei. Hirth sprach, heißt es dann, genauso, „wie damals bezahlte Nazipropagandisten verfuhren." Das bedeutet, er habe allerhand Lügen verbreitet, etwa über Hitlers Großtaten der Beendigung der Arbeitslosigkeit, deren erfundene Zahlen Feder nennen und gleichzeitig widerlegen kann. Weiter sei Hitler die Förderung der Achtung Deutschlands auf der Weltbühne und die Schaffung von „wundervollen Arbeitslager[n]" gelungen. Ein solches habe der Vortragende sogar besucht, wie Feder in dessen Worten überliefert: „dort stehe der Fleischergeselle neben dem Fürstensohn. Alle sind begeistert. Das ist doch etwas." Einige Aussagen hätten Zwischenrufe provoziert, die Hirths Behauptungen über die deutschen Leistungen bezweifelten, aber auch fragten, ob man in Deutschland nicht Furcht vor Hitler habe oder warum denn gerade aufgerüstet werden müsste, um die Wirtschaft voranzubringen.

Hirth selbst hatte im Übrigen bestritten, wie Feder mitgeteilt wurde, diesen Vortrag überhaupt gehalten zu haben. In der Annahme, die übermittelten Auskünfte würden Hirth nicht zum Eingeständnis dessen bewegen, bot Feder an, dem Gericht eine Kopie der Ankündigung in der Zeitung zur Verfügung zu stellen. Feder sei damals dermaßen schockiert von Hirths Vortrag gewesen, dass er sofort den Kontakt abbrach und daraufhin entschied, „weitere Auskünfte über ihn einzuziehen." Er berichtet dann von Herrn Wertheimer, einem Journalisten, der Feder vor Hirth gewarnt habe. Dieser sei, so dessen Mitteilung, nicht von der „Vereinigung der deutschen Journalisten in Paris" zugelassen, sei vom deutschen Botschafter nicht mehr zu Presse-Terminen zugelassen und habe viele Kollegen, die ihn beschuldigten, mit Klagen überzogen, die stets abgewiesen worden seien. Auch aus Berner diplomatischen Kreisen habe Feder die Auskunft erhalten, man habe in Hirth einen Spitzel gesehen. Später habe Feder dann nur noch erfahren, Hirth sei tatsächlich als Nazipropagandist enttarnt und inhaftiert worden (letzteres entspricht nicht den Tatsachen). Zudem habe es Dokumente gegeben, die Feder nicht kennt, deren Zusammenhänge ihm offenbar vom Gericht erläutert worden wären. Sie sollen Hirths demokratische Überzeugung und seinen Dienst für die Französische Republik bezeugen. Feder stellt nach diesen Hinweisen in den Raum, Hirth habe „eben auf beiden Brettern gespielt", er sei also eine Art Doppelagent gewesen.

Weniger schillernd zeichnet auch Jäger Hirth als einen Opportunisten. Hinzuzufügen bleibt: In seinem ersten Brief an Ada Dodgshon nach dem Wiedereinsetzen der Erlaubnis des Briefverkehrs zwischen Frankreich und England weist Hirth nicht nur auf die Aktualität Heines hin, der vieles spätere vorausgesagt habe, er lobte vielmehr bereits im November 1944 auch die englischen Leistungen während des Krieges, und bietet sich gleichsam als Entsandter Britanniens und Propagandaführer in Deutschland an.[33] Was daraus geworden ist, bleibt unklar, dem Bild Hirths als Opportunist widerspricht dies jedenfalls nicht. Eine Tätigkeit für England sollte indes nicht nötig sein, schließlich waren seine Kontakte zur französischen Besatzung trotz aller Vorwürfe ausreichend für eine vielversprechende Karriere. Denkbar ist, dass Feders Anschuldigungen trotz seiner vielen Belege ohne Konsequenzen blieben, weil Emigranten wie ihm im unmittelbaren Nachkriegsdeutschland oft genug nicht getraut wurde. Am Ende seiner Aussage hatte er erneut auf seine politische Haltung hingewiesen, die ihn, als er von Hirths Berufung hörte, verpflichtete,

> die Oeffentlichkeit über seine politischen Antezedentien zu informieren, im Rahmen meines Kampfes gegen den Nationalsozialismus in allen seinen Formen, den ich seit 3 Jahrzehnten führe. Die deutsche Jugend einem Lehrer solcher Gesinnung anzuvertrauen, heisst den Bock zum Gärtner zu machen.

Hirths Opportunismus war trotzdem leicht zu verzeihen oder zu ignorieren. Gerade weil er als Heine-Forscher thematisch unbedenklich erscheinen konnte. Anders als Hirth blieb Feder selbst, und das hat er mit Jonas Fränkel gemein, der (post-)nationalistische Tendenzen ebenso anprangerte, bis auf seinen Austausch mit dem Schweizer Philologen, isoliert.

4. Der doppelt neu zu entdeckende Heine

Wie erwähnt, ist es bemerkenswert, dass Jonas Fränkel auf diese Sachverhalte –
also den Vorwurf der Kollaboration und die Kritik an Hirths Berufung – in seiner Rezension bis auf eine beiläufige Nennung gerade nicht eingeht. Schließlich
war er selbst nie auf eine ordentliche Professur berufen worden und auch gegen
verdächtige oder bewiesene nationalsozialistische Germanisten, wie etwa den
Goethe-Forscher Julius Petersen, hat er durchaus polemisiert.[34] Vielleicht sah er
im Fall Hirth keinen weiteren Bedarf, in dieser Richtung nachzulegen.

Nicht nur seine eigenen Arbeiten über Heine zog Fränkel gleichsam denjeni-
gen Hirths vor, auch die Heine-Ausgabe des ehemaligen Prager Journalisten Felix
Stössinger, mit dem Fränkel zwischen 1947 und 1954 auch 40 Briefe wechselte,
lobte er 1951 im „St. Galler Tagblatt" unter dem Titel „Der neuentdeckte Heine."[35]
Diese Neuentdeckung war eine doppelte: Zunächst mache eine neue Ausgabe
überhaupt wieder die Werke zugänglich, die zwölf Jahre verboten waren, und
insbesondere habe jene von Stössinger im Zürcher Manesse Verlag verantwor-
tete einen Fokus auf die Prosa gesetzt und es so ermöglicht, einen „unbekannten
Heine" kennenzulernen. Schon seit seiner frühen Beschäftigung mit Heine wollte
Fränkel gegenüber der unbestrittenen Stellung von Heines Gedichten seiner Prosa
zu höherer Aufmerksamkeit verhelfen. Stössinger zeige nun endlich den „Den-
ker im Dichter". In Deutschland habe man „immer nur den Versdichter, nicht
den Schriftsteller" gekannt, weil man sich nicht für Politik interessiert habe und
Dichter ein enger Begriff gewesen sei: „Der sollte immer auf Wolken schweben
oder, wenn er lyrischer Dichter ist, nur von Liebe und Mai und Rosen singen. Man
verarge es ihm, wenn er sich noch für anderes interessierte."[36] Dabei sei Heines
Werk zutiefst von den politischen Umwälzungen des 19. Jahrhunderts geprägt und
besitze bis heute höchste Aktualität. An ihm lasse sich, so Fränkel weiter in seiner
Würdigung von Stössingers Arbeit und gleichzeitig darüber hinaus, der

> Kämpfer für die Freiheit des Individuums wie der Nationen, als Erforscher der geistigen
> Strömungen der Jahrhunderte, als Erspürer der Seele der europäischen Nationen, als der
> mit ungewöhnlich feinem Ahnungsvermögen in die Zukunft blickende Beobachter

erkennen, „der Dinge vorausschaut, die wir heute erleben, ja, der das Jahrhundert,
das zwischen ihm und uns liegt, vorausgelebt hat." Heine habe seismografische Fähigkeiten gehabt und viele Gefahren unterschiedlicher Ideologien ausgemacht, „er
sehe die Eichenwälder, welche noch in der Eichel schlummern" und erkannte seine
Aufgabe, die für Fränkel weiterhin ausstand, als „die Emanzipation der ganzen
Welt" und die Überwindung der Nationalstaaten für ein geeintes Europa.

Was Gudrun Jäger gegen Ende ihres Aufsatzes, erinnernd an Jeffrey L. Sammons, beschreibt, ist heute noch zutreffend: Die Rezeptionsforschung weist „hinsichtlich des Beitrags jüdischer Wissenschaftler zur Heine-Philologie große Lücken"[37] auf. Auch wenn der Name Jonas Fränkel spätestens mit diesen beiden
Aufsätzen in eine Reihe Heine-Forscherinnen und -Forscher mit Gustav Karpeles,
Hermann Friedemann, Helene Hermann, Erich Loewenthal, Eduard Engel, Karl
Emil Franzos und Lion Feuchtwanger gesetzt ist, nimmt die Erforschung seiner Be-

deutung erst seit Kurzem an Fahrt auf. Es bleibt abzuwarten, wie nachhaltig das sein kann. Aufgrund der vielleicht heute umso akuteren Situation sei, wie schon durch Jäger, noch einmal Sammons bewusst überspitzte Formulierung aufgerufen:

> Die Literaturwissenschaftler unserer Zeit mögen die Juden der damaligen Zeit nicht. Das sind nicht die Juden, die wir haben wollen. Vielmehr ist Heine der Jude, den wir haben wollen, und wenn die damaligen Juden ihn nicht ganz so wie wir haben wollten oder ihn aus anderen Gründen wie wir schätzten und verstanden, dann um so schlimmer für sie.[38]

Jonas Fränkel war solch ein jüdischer Literaturwissenschaftler: streitbar und schonungslos im Urteil, wo es seiner Meinung nach nicht anders sein konnte. Dass die zeitgenössischen Philologen so jemanden nicht „haben wollten", hat er oft genug zu spüren bekommen.

Ob und inwieweit das Heine-Bild dieser jüdischen Forscherinnen und Forscher von ihrer Herkunft geprägt war, hat Sammons nicht generell beantworten wollen. Die Prüfung des Falls Fränkel lässt indes zu dem Eindruck kommen, dass Heine für ihn ein lebenslanges Identifikationspotenzial besaß. Gerade dessen komplexes Verhältnis zum eigenen Judentum, das von temporärer Distanzierung genauso geprägt war wie von wiederholten Annäherungen, das war für Jonas Fränkel ebenfalls nachvollziehbar. Gerade weil Heine jüdischer Herkunft war, sei er wohl einer der eifrigsten Kämpfer für die deutsche Demokratie gewesen, heißt es in Fränkels Summa seiner Beschäftigung mit Heine im Jahr 1960.[39] In der Schweiz war er es selbst, der sich an der Schreibmaschine als einer der eifrigsten um die Demokratie bemühte.

Anmerkungen

1   Siehe dazu bereits etwa Julian Schütt: Germanistik und Politik. Schweizer Literaturwissenschaft in der Zeit des Nationalsozialismus. Zürich 1996, insb. S. 177–204; Konrad Feilchenfeldt: Jonas Fränkel. Ein ‚jüdischer Philologe' und die säkulare Wissenschaft. – In: Jüdische Intellektuelle und die Philologien in Deutschland 1871–1933. Hrsg. v. Wilfried Barner u. Christoph König. Göttingen 2001 (Marbacher Wissenschaftsgeschichte Bd. III), S. 147–152; Joanna Nowotny: Wie Jonas Fränkel seine Heimat verlor. – In: NZZ Geschichte 39 (2022), S. 82–91.
2   Magnus Wieland: Front gegen den Juden. – In: URL: www.republik.ch/2021/07/15/ der-gecancelte-jude, letzter Zugriff: 1.8.2025.
3   Irmgard Wirtz, Malte Spitz: Jonas Fränkels Kryptophilologie. – In: Geschichte der Philologien 65/66 (2024), S. 217–224.
4   Vgl. Gudrun Jäger: Friedrich Hirth – Heine-Forscher und erster Komparatist im Nachkriegsdeutschland. – HJb 43 (2004), S. 216–234, hier S. 216.
5   Vgl. Ursula Amrein: „Der Apotheker von Chamouny oder der kleine Romanzero" (1860). – In: Gottfried Keller-Handbuch. Hrsg. v. Ders. Stuttgart 2016, S. 182–188.
6   Emil Ermatinger attackierte Heine in den 1920er Jahren und wiederholte dies nach 1945. Walter Muschg verfuhr ganz ähnlich und verschärfte 1948 seinen früheren Vorwurf des Unechten bei Heine in seiner „Tragischen Literaturgeschichte" (vgl. Goltschnigg/Steinecke, Bd. 2, S. 126–134, hier S. 130). Eine Ausnahme war Oskar Walzel. Mit dem Professor in Bern arbeitete Fränkel vor 1933 zusammen, er starb aber 1944 bei einem Bombenangriff in Bonn.

7 Vgl. Corina Caduff: Heinrich Heine in der Schweizer Germanistik vor und nach dem Dritten Reich. – In: Schreiben gegen die Moderne. Beiträge zu einer kritischen Fachgeschichte
   der Germanistik in der Schweiz. Hrsg. v. Ders., Michael Gamper. Zürich 2001, S. 133–152.
8 Vgl. Nowotny: Wie Jonas Fränkel seine Heimat verlor [Anm. 1], S. 89 f.
9 Vgl. Amrein: „Der Apotheker von Chamouny oder der kleine Romanzero" [Anm. 5],
   S. 183 f.
10 Vgl. Goltschnigg/Steinecke [Anm. 6], S. 91–110.
11 Jonas Fränkel: Der neuentdeckte Heine. – In: St. Galler Tagblatt (Abendblatt) 113 (1951),
   24.2.
12 Vgl. Hartmut Steinecke: „Schluß mit Heinrich Heine!" Der Dichter und sein Werk im nationalsozialistischen Deutschland. – In: HJb 47 (2008), S. 173–205, hier S. 198.
13 Die Vorträge wurden später gedruckt. Vgl. Jonas Fränkel: Heinrich Heine. Ein Vortrag.
   Biel 1960; Jonas Fränkel: Heine, der Jude. – In: Israelitisches Wochenblatt für die Schweiz
   55 (1956), 17.2.
14 Hartmut Steinecke: Heinrich Heine im Dritten Reich und im Exil (Leo-Brandt-Vortrag vom
   17. Oktober 2007 in Düsseldorf). Paderborn u. a. 2008, S. 69. Trotzdem kam es allein zwischen 1945 und 1948 zu über 60 „Auslesen" und Einzelausgaben von Heines Werken, zumeist den Gedichten (vgl. Goltschnigg/Steinecke [Anm. 6], S. 126).
15 Vgl. Jäger: Friedrich Hirth [Anm. 4], S. 228.
16 Jonas Fränkel: Germanistik. – In: Deutsche Literaturzeitung 25 (1954), S. 82–90, hier S. 82.
   Die folgenden Zitate sind dieser Rezension entnommen. Ein Typoskript des Artikels befindet sich in: Schweizerisches Literaturarchiv (SLA), Schweizerische Nationalbibliothek,
   Bern, Nachlass Jonas Fränkel, SLA-Fraenkel-A-3-c-02. Alle folgenden Archivmaterialien
   stammen aus dem Nachlass Fränkel im Schweizerischen Literaturarchiv.
17 Fritz Eisner arbeitete ebenfalls zu Heine und bat Dodgshon um Hilfe bei der Ausreise aus
   Deutschland. Später erhielt er den Nachlass von Erich Loewenthal, einem Konkurren-
   ten Hirths, im Zusammenhang mit Heine-Editionen (vgl. Jäger: Friedrich Hirth [Anm. 4],
   S. 217–219). In einem anderen Konvolut in Fränkels Nachlass liegt die Korrespondenz
   Dodgshon-Brod. Sie umfasst neun Briefe aus den Jahren 1936 bis 1939. Es geht um die
   mögliche Übersetzung von Brods Heine-Biografie (1935), außerdem berichtet Brod von
   seinen Ausreiseplänen aus Prag (vgl. SLA-Fraenkel-B-3-DODG-BROD).
18 Friedrich Hirth an Ada Dodgshon, 23. August 1938, SLA-Fraenkel-B-3-DODG-HIR.
19 Vgl. Jäger: Friedrich Hirth [Anm. 4], S. 216. Walter Mehring kritisierte etwa schon damals
   im „Berliner Tageblatt" Hirths Darstellung von Heine als den deutschen Schriftsteller überhaupt, der sich gut assimiliert hatte, Kunstwerke erschaffen konnte, obwohl Juden seines
   Erachtens kaum schöpferisch sein könnten (vgl. ebd., S. 227).
20 Friedrich Hirth an Ada Dodgshon, 12. August 1938, SLA-Fraenkel-B-3-DODG-HIR.
21 Ebd.
22 Friedrich Hirth an Ada Dodgshon, 14. Dezember 1938, SLA-Fraenkel-B-3-DODG-HIR.
23 Friedrich Hirth an Ada Dodgshon, 8. November 1944, ebd.
24 Friedrich Hirth: „Der tote Heine singt noch immer." Der Dichter der „Loreley" und die Na-
   zizensur. – In: Neuer Mainzer Anzeiger, 8. Juni 1946.
25 Goltschnigg/Steinecke [Anm. 6], S. 131.
26 Vgl. Jäger: Friedrich Hirth [Anm. 4], S. 222.
27 Ebd., S. 228.
28 Ernst Feder, zit. n. ebd. Hirth ließ Ada Dodgshon aber schließlich am 31. März 1939 wissen, dass die Edition zunächst verschoben sei. Als Grund gab er seine Angst an, im Fall des
   Kriegsausbruchs als Deutscher in Paris exponiert zu sein (SLA-Fraenkel-B-3-DODG-HIR).
29 Jäger: Friedrich Hirth [Anm. 4], S. 228 f.
30 Ebd., S. 231.
31 Einlage in Jonas Fränkels Exemplar von Friedrich Hirth: Heinrich Heine. Bausteine zu
   einer Biographie. Mainz 1950, SLA-Fraenkel-D-12-V-1-010. Im Folgenden wird aus diesem Schreiben zitiert.

32 Renate Francke: Zur Geschichte der Heine-Edition in der Weimarer Republik und im Nationalsozialismus. Unbekannte Zeugnisse im Goethe- und Schiller-Archiv Weimar. – In: HJb 60 (2021), S. 143–155, hier S. 151.

33 Friedrich Hirth an Ada Dodgshon, 6. November 1944, SLA-Fraenkel-B-3-DODG-HIR.

34 Vgl. Jonas Fränkel: Verratene Wissenschaft. Ein nicht gedruckter Nekrolog. – In: Ders.: Dichtung und Wissenschaft. Heidelberg 1954, S. 256–264.

35 Fränkel: Der neuentdeckte Heine [Anm. 11]; siehe auch die Korrespondenz Fränkel-Stössinger unter SLA-Fraenkel-B-2-STOEF.

36 Ebd.

37 Jäger: Friedrich Hirth [Anm. 4], S. 229. Angeführt ist hier der wichtige Aufsatz Jeffrey L. Sammons: Zur ausgeklammerten Heine-Rezeption. Beobachtungen zur ersten großen Zeit der Heine-Philologie. – In: Barner, König (Hrsg.): Jüdische Intellektuelle und die Philologien in Deutschland 1871–1933 [Anm. 1], S. 111–128.

38 Ebd., S. 126.

39 Vgl. Fränkel: Heinrich Heine [Anm. 13], S. 13.

Reden zur Verleihung des Heine-Preises 2024

Raus
Rein
Innen
Von Innen nach Außen
Laudatio zur Verleihung des
Heinrich-Heine-Preises 2024 an
David Grossman am 14. Dezember 2024

Carolin Emcke

1. Raus

„Jetzt versinken wir einen Augenblick lang.
Wir schweigen beide in denselben Worten."
(David Grossman: „Aus der Zeit fallen")

„Jetzt versinken wir einen Augenblick lang. Wir schweigen beide in denselben Worten." Das sagen in Grossmans Poem „Aus der Zeit fallen" die Eltern, die um ihr Kind trauern, sie betreten ein eigenes Land, eines, das der Zeit entzogen ist.
„Jetzt versinken wir einen Augenblick lang", anderswo, im Exil der Trauer, stumm und doch nicht ohne Sprache. Miteinander und doch separiert von allem, was vorher war und galt.
An einem anderen Ort.
Einer anderen Zeit.

Am Anfang ist das Schweigen.

Es mag *eigenwillig* erscheinen, eine Laudatio auf einen Schriftsteller mit dem Motiv des Schweigens zu beginnen. Außenstehende halten gemeinhin das geschriebene oder gesprochene Wort für das, was das Leben und das Werk von Schriftstellern auszeichnet.
Das ist ein Irrtum.
Es ist das Schweigen, das existenzieller, bedrängender, wahrhaftiger ist.

C. Emcke (✉)
Tesenfitz Kommunikation, Berlin, Deutschland
E-Mail: post@tesenfitz.de

© Der/die Autor(en), exklusiv lizenziert an Springer-Verlag GmbH, DE, ein Teil
von Springer Nature 2026
S. Brenner-Wilczek (Hrsg.), *Heine-Jahrbuch 2025*, Heine-Jahrbuch,
https://doi.org/10.1007/978-3-662-72327-2_8

Da ist Schweigen als *Sujet*, als Topos *im* Text, wie in dem Poem. Die Sprachlosigkeit, im Angesicht der Gewalt, die Begriffslosigkeit im Angesicht des Schreckens, das Schweigen im Angesicht des verlorenen Vertrauens, dass es noch jemanden geben könnte, der anteilnehmen will.

Es ist das dem Schreiben *vorgängige*, persönliche Schweigen, so will mir scheinen, das David Grossman vor allem anderen auszeichnet.

Ich meine damit jene *Tugend des Schweigens*, die ein Ereignis, einen Verlust, einen Schmerz erst einmal *zuzulassen wagt* – und nicht sofort schon verarbeitet, bearbeitet, beschrieben sehen will.

Wir sehen stets die Texte von David Grossman, wir sehen die Reden, die Essays, die Romane, und wir *über*-sehen die Lücken, die Pausen, das Innehalten, den Rückzug, das Nachdenken, das Aushalten, die Stille *davor*.

„Jetzt versinken wir einen Augenblick lang. Wir schweigen beide in denselben Worten."

Im Deutschen gibt es etymologische Verbindungen zwischen den Wörtern „trauern" und „langsam", „beruhigen", „träge", aber auch „blutig", „fließen", „durchsickern".

Im Hebräischen wiederum gibt es Verbindungen zwischen „bluten" – „*ledamem*" und „schweigen" – „*lidmom*".

Wer Tod und Verlust, Gewalt und Zerstörung, wer die Welt und das, was sie an Leid und Schmerz einem selbst oder anderen aufbürdet,
ernst nimmt,
der braucht diese Zeit der Verlangsamung.

Ob es sich auf das singuläre Verbrechen der Shoah bezieht oder auf die entgrenzte Gewalt des 7. Oktober bezieht, ob es sich auf kollektive Erschütterungen, die noch Generationen versehren oder ob es sich auf die individuellen Verluste bezieht …:

die Trauer *sickert* sich durch den eigenen Körper,
die Trauer *tröpfelt*, langsam,
die Trauer *fließt*, wie Blut, durch das eigene Leben, die eigene Sprache, die eigene Beziehung und hat ihre eigene Zeit.

Über David Grossman zu sprechen, bedeutet für mich nicht allein über das Geschriebene zu sprechen, sondern über das Schweigen, das ihm *voraus*geht. Wer genau hinhört, wer sich die Abstände anschaut, mit denen David Grossman reagiert auf die politischen, gewaltförmigen Verwerfungen um ihn herum, dem fallen auch diese Lücken auf. Wo er dem Impuls, eilig Worte hervorzubringen, widersteht. Wo er der Trauer Zeit lässt.

David Grossman hat untrüglichen *Takt*.
Herzenstakt.
David Grossman hat den Takt, der den Rhythmus vorgibt,
wann innezuhalten,
wann voranzugehen ist,
den Takt zu wissen, wann gesprochen und wann geschwiegen werden muss.

„Tanze, Rosetta, tanze,
daß die Zeit mit dem Takt deiner niedlichen Füße geht",
sagt Leonce zu Rosetta in „Leonce und Lena" von Georg Büchner.
Und Rosetta antwortet:
„Meine Füße gingen lieber aus der Zeit."

David Grossman weiß, wann die Füße lieber aus der Zeit gehen, und wann sie tanzen können.

„Jetzt versinken wir einen Augenblick lang. Wir schweigen beide in denselben Worten."

2. Rein

„Ich würde gern lernen, mich all dem Entsetzlichen, all dem Unrecht, das dieser Konflikt uns [...] jeden Tag beschert, so weit wie möglich auszusetzen. Mich nicht davor zu verschließen, mich nicht zu schützen; nicht aufzuhören, mich von ihm verletzen zu lassen."
(David Grossman: „Dankesrede zur Verleihung des Friedenspreises des Deutschen Buchhandels 2010")

David Grossman begibt sich hinein, in das, was geschehen ist und immer noch ausstrahlt, die Erfahrung der Shoah, und in das, was geschieht, in seinem Land, in Israel, in den besetzen Gebieten des Westjordanlands, in Gaza, all dem Unrecht, das den eigenen Angehörigen, der eigenen Familie, der eigenen Gesellschaft widerfahren ist, wie dem Unrecht, das anderen angetan wird, dem Unrecht, das im eigenen Namen begangen wird.

David Grossmans Lebenswerk umfasst *alle*, die Verbrecher, die Opfer und die dazwischen, die eindeutigen und die uneindeutigen Figuren, die, die zerrieben werden, die, die verbogen werden, die, die entstellt werden, und er fragt nach den Bedingungen der Entstellung („Kommt ein Pferd in die Bar").

David Grossman setzt sich dem Entsetzlichen aus und die gedankliche, die schreiberische Bewegung ist dabei immer eine *doppelte*:
er bewegt sich *zu* auf das, was geschieht,
er will *hinein*, in das Innere der Gegenwart,
und er lässt das, was geschieht, *in sich* eindringen, lässt sich *verletzen* davon, holt es in sich und schaut, was es in ihm anrichtet.

Rein.

David Grossman sucht die Gewalt, das Unrecht, die Verkümmerung nicht nur anderswo, nicht nur im Gegner, im Fremden, im Feind, sondern im Nahbereich, der eigenen Gesellschaft, in sich (und seinen Figuren) selbst.

Das ist in der Gegenwart, im Echoraum des 7. Oktober, erschreckend rar geworden:
das Nachdenken über *Handlungen*,
nicht über Identitäten,
das Nachdenken über das, was *geschieht*, was gesagt, was getan wird,
nicht allein das Nachdenken darüber *wer* etwas tut oder *wer* etwas vermeintlich *nicht getan* haben kann.

Das ist in der Gegenwart erschreckend rar geworden,
die Bereitschaft sich auszusetzen, wirklich *konkret ausmalen* zu *wollen*, was geschehen ist und was immer noch geschieht,
anstatt mit diesen lapidar-anstrengungslosen „ich kann es mir gar nicht vorstellen" es möglichst weit von sich zu schieben.

Das ist in der Gegenwart erschreckend rar geworden:
das Verstehen-Wollen, das sich-Aussetzen-Wollen dem, was den *einen* wie den *anderen* geschieht.
Das ist in der Gegenwart erschreckend rar geworden:
eine humanistische Überzeugung, die sich nicht schert darum, *woher* jemand kommt, *wie* jemand heißt, *woran* jemand glaubt, *wie* jemand trauert oder liebt,
eine humanistische Haltung, die die Motive, Beweggründe, Möglichkeiten des Guten und Möglichkeiten des Bösen, die Worte, die Taten, die Erfahrungen erst betrachten und verstehen will.

Das ist in der Gegenwart erschreckend rar geworden:
die Reihenfolge, in der *erst* das Bemühen um Wissen und Verstehen und *dann* das Beurteilen steht.

David Grossman verfügt über den Takt, über den Rhythmus; erst raus, dann rein.

Wer verstehen will, was geschieht, muss hinschauen, hinhören, sich einlassen auf die Wirklichkeit. David Grossman will der Einladung des Zorns, sich ihm anzuverwandeln, widerstehen. David Grossman will der Aufforderung, sich denen, die einen verachten, anzupassen, nicht folgen. David Grossman will nicht bloß Objekt der Gewalt, nicht bloß dumpfer reflexhafter Affekt der Wut sein, dann hätten die Verbrecher und Ideologien ihr Ziel erreicht, sondern will Subjekt, will Individuum, will ein empathisches, menschliches Wesen bleiben.

Die Texte von David Grossman erschweren voreiliges, begriffs-freies, anstrengungloses Urteilen.

Die Texte von David Grossman erschweren das Leugnen, das Lügen, das Verdrängen. Wir haben vielfach gesehen, wie die Verbrechen des 7. Oktober beschwiegen, bezweifelt, negiert wurden, weil es nicht passte in die eigene identitäre oder politische Matrix.

Die Texte von David Grossman erschweren die toten Winkel der Empathie, das Ausblenden des Leids, das einem nicht in das eigene politische Konzept passt, weil sie Geschichten, Figuren, Bilder erfinden, die so beglückend anders, so erschreckend ähnlich, so liebenswert, so verstörend, so hilflos sind, dass man nicht anders kann, als mit ihnen zu denken, mit ihnen zu fühlen, mit ihnen zu leiden, auch wenn es vermutlich heiterer, entspannter, gefälliger wäre ohne sie.

„Genau in diesem Augenblick (04:49) wurde es zur Gewissheit, dass dies nicht die richtigen Fragen waren. Und vielleicht darf gewagt werden zu sagen, dass man sich meistens in den Fragen geirrt hat." („Stichwort: Liebe")

3. Innen

Was sind dann also die Fragen, die die richtigen sind?
Welche Fragen stellt David Grossman?
Wonach sucht er in seinen Romanen? Wie macht er das genau, wenn er hinschaut und hinhört?

„Was ist das Ding, das den menschlichen Funken in mir hätte bewahren können, in einer Realität, die ganz darauf abzielte, ihn zu ersticken?"
(schreibt Grossman in „Die Sprache des Einzelnen und die Sprache der Masse", in: „Die Kraft zur Korrektur")

Vermutlich widmen sich alle großen Romane von Grossman ebendiesen Realitäten (im Plural), die darauf abzielen, den menschlichen Funken zu ersticken: „Stichwort: Liebe", „Eine Frau flieht vor einer Nachricht" und auch „Kommt ein Pferd in die Bar".

Aber die Frage, die David Grossman sich stellt, ist die nach *diesem Ding*, nach dem, was *widersteht*, nach dem, was sich *nicht* nehmen, *nicht* verstümmeln, *nicht* zerstören lässt, was den menschlichen Funken schützt.

Für David Grossman ist dies der kleine Knochen, den wir alle in uns haben, ein Knochen in der Nähe des Atlaswirbels, und dieser Knochen birgt, nach jüdischer Legende, nach dem „Midrash", die Essenz der Seele des Menschen. Sie heißt *Mandel*. Auf Hebräisch *Luz*. Oder Mandelknöchelchen.

„Dieses Knöchelchen ist unzerstörbar", schreibt Grossman in „Die Sprache des Einzelnen und die Sprache der Masse", „auch wenn der ganze Körper des Menschen vernichtet, zerschmettert oder verbrannt wird – das Mandelknöchelchen ist *unvergänglich"*.

Es lohnt sich, die Passage im „Midrash" nachzulesen:
Rabbi Joshua ben Hananiah lässt sich auf Nachfrage, ob denn die Mandel wirklich unzerstörbar sei, den Knochen bringen, und dann heißt es:
„er legte es in Wasser, und es löste sich nicht auf,
er legt es ins Feuer und es verbrannte nicht;
er legte es in eine Mühle und es wurde nicht zermahlen,
er legte es auf einen Amboss und schlug mit dem Hammer darauf,
und der Amboss zersprang und der Hammer zerbrach –
und es hatte alles keine Wirkung auf die Mandel." (Übersetzung CE)

Das ist, wonach David Grossman fragt, das ist, wonach er sucht, in allen Figuren, in allen Menschen, das ist, wozu er *uns* auffordert, dass wir es in *uns selbst* entdecken mögen, das, was nicht korrumpierbar, das, was nicht verführbar, das, was nicht zerstörbar ist, das, was bleibt, als Funken des Menschlichen, bei aller Einladung zur Unmenschlichkeit in der Realität um uns herum.

Haben wir, die wir Grossman lesen, diese Frage verstanden? Verleugnen wir diesen Kern, in uns oder in anderen?
Gestehen wir ihn *nur uns* selbst zu oder *allen*?

„Darin ist der Funke der Einzigartigkeit gespeichert", schreibt Grossman.

Und dazu gibt auch noch eine andere biblische Geschichte, die bei mir im inneren Bildarchiv auftaucht, weil in ihr eine Landschaft des Grauens beschrieben wird, die man nie wieder vergisst.

Im Buch des Propheten Hesekiel gibt es jene Passage (Hesekiel 37,1–15), die von Hoffnung im Moment größten Verzagens berichtet. Sie erzählt von totaler Zerstörung, vom Tod … und wie doch ein neuer Anfang wieder geschaffen werden kann.

Es ist eine Vision, in der der Prophet sich inmitten eines Tals aus Menschenknochen wiederfindet. Rings um ihn herum nur ausgedörrte, vertrocknete Knochen. Er wird vom HERRN aufgefordert, das ganze Feld aus Knochen abzulaufen, um wirklich die Dimension der angesammelten Gebeine zu begreifen. „Er führte mich an ihnen vorüber und ringsherum, es lagen ihrer sehr viele über die Ebene hin". Es ist ein *schrecklicher* Anblick. Und er erweckt historische Assoziationen. Wir sehen in diesem Bild stets andere Bilder, reale, nicht biblische, und empfinden die Verzweiflung erneut.

Und doch erfährt die Geschichte nun eine besondere Wendung, Hesekiel soll den Knochen neues Leben weissagen, und kaum hat er gesprochen, „da entstand ein Rauschen, und die Gebeine rückten eins ans andere" (Hesekiel 37,7), die Knochen bekamen Sehnen und „es wuchs Fleisch an ihnen" … und das tote Gebein wird zu Leben erweckt.

Wenn ich dieses Bild entführen darf aus dem religiösen Kontext, wenn ich nur den Gedanken des *Schaffens* nehme: also aus kargen, trockenen Knochen etwas wieder Lebendiges erzeugen, dann ist das eben auch eine Beschreibung der *literarischen Imagination*, der *poetischen Gabe* von David Grossman, die sich nicht überwältigen lässt von Tod und Zerstörung um ihn herum, es ist Grossmans Bereitschaft, *rein* zu gehen in die Wirklichkeit, es ist Grossman, der auch das weiteste Knochenfeld erst abzuschreiten bereit ist, bevor er sich fragt, wie in seinen Texten sich Sprache und Bilder finden lassen, wie sich also die Knochen wieder mit Sehnen und Fleisch überziehen lassen.

Die Essenz der Seele, so schreibt Grossman, sei der unzerstörbare Kern, das, woraus ein Mensch wieder geschaffen werde, und so sucht er ihn.

Wer von außen oder auch von innen auf den Nahen Osten schaut, wer diese Gegend, Israel-Palästina, liebt, wer verstehen will, was dort geschieht, wer will, dass diese Landschaft und die Menschen darin endlich zur Ruhe finden, ohne Angst, ohne Repression, ohne Gewalt, der sucht allzu oft auch nach dem, was denn nun die Essenz der Region, die Mandel sein kann.

Im Moment, so ist mein Eindruck nach zahllosen Reisen und Gesprächen, kennen die wenigsten die Antwort.

„Die, die wir einmal waren, werden wir nie wieder sein."
Schrieb David Grossman in der Trauerrede für die Terror-Opfer, die er am 16. November 2023 in Tel Aviv hielt. („Frieden ist die einzige Option")

Nein, niemanden wird diese Gewalt, wenn sie denn einmal endet, unberührt gelassen haben. Und eben dafür braucht es Stimmen, die das bezeugen, die davon erzählen.

In einem Text über das Trauern erwähnt der französische Philosoph Jacques Derrida etwas, das er von seinem Cello spielenden Sohn gelernt hat. Ein Cello, muss man dazu wissen, setzt sich aus verschiedenen Teilen in verschiedenen Holzarten zusammen. Der Korpus hat einen Boden und eine Decke. In der Decke befinden sich die Schalllöcher zum Inneren. Die Saiten verlaufen von den Wirbeln über den Obersattel und den Steg bis zum Saitenhalter im unteren Teil des Instruments.

Das Interessante hier ist der Steg:

Denn der Steg *überträgt die Schwingungen* der Saiten auf die Korpusdecke, der Stimmstock leitet sie zwischen Decke und Boden weiter. Der gesamte Korpus des Cellos wirkt als Resonanzkörper, der den Ton verstärkt. Er bringt die Luft zum Schwingen und strahlt dabei den Schall sowohl nach außen als auch ins Innere des Korpus ab.

Warum ich das erwähne?

Im Französischen heisst dieser Steg:
âme, Seele,
und wenn ich mir seine Aufgabe vergegenwärtige, dann wirkt David Grossman mit jedem seiner Texte wie ein solcher Steg, der den *Klang nach innen und nach außen* strahlen lässt.

David Grossman ist eine solche Seele.

4. Von Innen nach Außen

Wie klingt denn nun das, was diese Seele überträgt von innen nach außen?

Ich vermute, wir alle, die wir die Romane von David Grossman lieben, haben *eine* Figur, eine Szene, einen Dialog, wir alle haben einen Augenblick, in dem wir, verdichtet, poetisch, hell, etwas erkennen, das uns besonders berührt, das wir brauchen, das uns leuchtet, wie ein Stern.

Ich kenne *meine* Szene.
Ich kann sie wieder und wieder lesen und immer etwas Anderes darin entdecken, wie in einem großen Gemälde lässt es sich hineintauchen, versinken und bewegen darin. Wäre es an mir, literarische oder philosophische Preise zu vergeben, in denen Humanität gewürdigt wird –
allein für diese Szene würde ich sie David Grossman zuerkennen.

Es ist die Geschichte in „Eine Frau flieht vor einer Nachricht", in der der verwundete Avram ausharrt auf einem verlassenen israelischen Posten mitten im Sinai zwischen ägyptischen Einheiten. Er hat einen Granatsplitter in der Schulter, die verkohlten Leichen von drei Kameraden liegen um ihn herum, die eigenen Truppen haben sich bereits zurückgezogen. Er ist verlassen und verloren. An den Geräuschen der Mörsergranaten um sich herum kann er kalkulieren, wann die feindlichen Truppen der Ägypter ihn wohl erreichen.

Wer diese Szenen heute noch einmal liest, kann nicht anders, als an den 7. Oktober 2023 zu denken, an die endlosen Stunden in den Schutzräumen, lichtlos, hilflos, ohne Erwartung, dass die Soldaten der israelischen Armee noch rechtzeitig eintreffen und die massakrierenden Hamas-Kommandos ausschalten könnten. Die jüngeren Assoziationen legen sich über die älteren, es verschwimmen die vergangenen und die gegenwärtigen Erfahrungen aus jüdischem Schmerz und Schutzlosigkeit.

Und in dieser aussichtslosen Lage beginnt Avram in ein Funkgerät zu sprechen: „Hallo, hallo, hört mich jemand? Ich bin hier allein. Alle anderen haben sich schon gestern oder vorgestern umgebracht."

Das ist natürlich anders als am 7. Oktober. Da mussten die Menschen jeden Laut und jedes Geräusch, jeden Hinweis auf Leben unterdrücken. Es lässt sich auch an alle anderen denken, die heute aus tiefster Not rufen und kein Gehör finden.

Avram aber spricht in seiner Verzweiflung in dieses Gerät und es bleibt stumm. Als niemand antwortet, gibt Avram nicht auf, am ersten Tag nicht, am zweiten Tag nicht, niemand antwortet, niemand scheint ihn zu hören, aber Avram spricht weiter: Er flucht, er singt, er erzählt, von seiner Liebe und Freundschaft, er entwickelt Theorien und Pläne, er redet in die Welt hinein, grundlos hoffnungsvoll, als könnte sie ihn verstehen. Er flüstert und schreit, bricht ab, setzt wieder an.

Es gibt keine Antwort, keine Reaktion, es verspricht keinen Erfolg, es ist ohne Widerhall, und doch spricht Avram weiter, in allen Genres des Sprechens, Murmelns, Summens, Fluchens, was immer an Menschlichem zu artikulieren ist ... Avram versucht es.

Ich liebe diese Figur.

David Grossman hat in Avram eine Figur geschaffen, die unverwechselbar, einzigartig ist, ein Mensch, jüdisch, israelisch, in einer besonderen, konkreten Situation, im Sinai, im Krieg, David Grossman erzählt präzis von einem Augenblick, den es so und nur so in diesem Kontext geben kann.
Und doch erkennen wir alle in Avram etwas,
wir erkennen alle etwas in Avram *wieder*,
wir erkennen und wir anerkennen etwas in dieser Figur,
das *universal* ist.

Wir mögen *nichts gemein* haben mit den individuellen Insignien,
nicht mit der Herkunft, nicht mit dem Glauben von Avram,
seine Geschichte, vielleicht sogar seine Persönlichkeit mag uns fremd sein,
aber David Grossmans Erzählkunst
zwingt uns, nötigt uns, erleichtert uns, ermöglicht uns, eröffnet uns
den inneren Kosmos dieses konkreten Menschen,
er lässt uns in eine ethisch und menschlich absolut ausweglose Lage hineinfin-
den – und bringt uns zum *Kern* dessen, was uns allen gemeinsam,
was die condition humaine ist:

wechselseitige Verwundbarkeit und die *Not, zueinander zu sprechen.*

Jahrelang habe ich nur auf Avram geachtet, was und wie er spricht, in die Welt
hinein, ob sie ihn hört oder nicht, und immer sah ich auch David darin, wie er
mit seiner angstfreien Verletzlichkeit sich um Kopf und Kragen schreibt, in allen
Genres, in allen Tonlagen, die ihm zu Verfügung stehen, leidenschaftlich und
sanft, viel-gesichtig, viel-stimmig, wandelbar, wie er nicht allein um sein Überle-
ben ringt, sondern um das der Menschlichkeit selbst.

„Und wenn die Leute zum Beispiel anfangen würden, einander nur die Wahrheit
zu sagen, geradeaus ins Gesicht, weil es keine Zeit mehr gibt, verstehst Du, es gibt
keine Zeit mehr."
(„Eine Frau flieht vor einer Nachricht")

Avram spricht mit dieser Dringlichkeit, die es auch dieser Tage braucht, weil da
Menschen hungern, frieren, sterben, und es keine Zeit zu verlieren gibt mit Unehr-
lichkeit.

All die Jahre, die ich schon verliebt war in Avram, ist mir *nicht aufgefallen,* dass
die Szene nicht nur von ihm auf seinem verlorenen Posten handelt, wie er da
spricht, ohne Antwort.
All die Jahre hatte ich *übersehen,* wovon da oder von wem eben *auch* erzählt wird:
denen die am *anderen Ende* die Signale, die Rufe, die Klagen, die Geschichten
von Avram *empfangen* …
das weiß Avram nicht, aber wir wissen es …
Das Funkgerät funktioniert. Zumindest in einer Richtung.
All die Zeit, die Avram als stumm und allein erlebt, all das, was er an Witzen oder
Fluchen, leise oder laut, in den Äther spricht – es kommt an, es ist zu hören, es
gibt andere, die um ihn wissen …

Was ich all die Jahre *übersehen* hatte,
sind die, die *zuhören* können,
zuhören müssen,
die entscheiden können, ob sie stehen bleiben, zuhören, mitleiden oder ihn ab-
schreiben, vergessen, aufgeben wollen …

Wir können David Grossman auszeichnen, wir können dankbar sein, dass er schreibt, dass er es auf sich nimmt:
das Rausgehen,
das Schweigen,
das Innehalten und Trauern,
dass er bereit dafür ist, immer noch, sich auszusetzen,
dass er reingeht,
dass er es in sich aufnehmen will, was geschieht,
verstehen will,
dass er rein will in die Wahrheit, dass er die Mandel finden will, diesen unzerstörbaren Knochen des Menschen,
und dass er dann aus Knochen wieder Figuren und Geschichten formt, die uns genauer verstehen lassen:
dieses merkwürdige, widersprüchliche, zarte, zerbrechliche und doch auch widerständige Wesen Mensch.

Wir können ihn auszeichnen, diesen Steg, der die Schwingungen einer zerfahrenen, versehrten Gegend überträgt.

Aber am Ende bleibt dann immer noch die Frage an *uns*, sein Publikum, seine Leser:innen, *hier*, in dieser ganz anderen Gegend, mit dieser Geschichte:
können wir ihn hören?
Können wir auch das hören, was unbequem, kompliziert, ambivalent, widersprüchlich, kritisch, leise, immer noch und immer wieder leise ist?
Können *wir* das hören?

Wir sollten, hier bei uns, nicht vergessen, dass David Grossman nicht immer gern gehört wird, dass der Wunsch, die Leute sollten einander nur die Wahrheit sagen, nicht von *allen* geteilt wird, dass es immer wieder auch jene Stille gibt, in die hinein Avram spricht, all die Gründe, die Menschen anführen, die nicht behelligt werden wollen von dem, was schmerzt, von dem, was belastet, von dem, was nicht einfach aufgelöst oder versöhnt werden kann.

Und vielleicht ist es das, was ich *ganz zuletzt*,
hier und heute, an diesem Tag in Düsseldorf,
David Grossman sagen möchte:

wir werden es *lernen*, David,
wir werden innehalten und schweigen,
und wir werden lernen, wie sich *zuhören* lässt.

Ich gratuliere David Grossman zum Heinrich-Heine-Preis 2024.

Mazel Tov.

Rede zum Empfang des Heinrich-Heine-Preises

David Grossman

Ich mustere Heinrich Heines Porträt und erkenne die faszinierenden Züge eines jungen Mannes, der um seinen eigenen Wert weiß. Fein sind sie, aber auch ironisch, vielleicht sogar sarkastisch. Ein Gesicht voller Widersprüche, das Gesicht eines kühnen Dichters, eigenwillig, mutig und sensibel, vor allem aber spiegelt es eine Seele wider, die sich in keine Definition pressen lässt. Obwohl sein Tod mehr als 160 Jahre zurückliegt, ist Heinrich Heine in der Welt der deutschen Kultur immer noch präsent. Im hebräisch-jüdischen Sprach- und Kulturraum hingegen kennt man ihn kaum: Das Judentum kann abweisend und vergeltungssüchtig sein. Es hat Heine die Bekehrung zum Christentum nie verziehen.

Über den menschlichen Vulkan, der er war, ist bereits viel geschrieben und gesagt worden. Was könnte ich dem noch hinzufügen? Nur sehr wenig. Aber ich werde ihm jetzt einen kurzen Vortrag über die Toleranz halten, über die Literatur als Weg, unser inneres Verständnis für andere zu stärken. Einiges des Gesagten wird ihm, seinem Leben und seinem Vermächtnis hoffentlich nicht völlig fremd sein.

Wir Menschen sind keine toleranten Geschöpfe. Amos Oz, mein lieber Freund und Träger des Heinrich-Heine-Preises von 2008, erklärte mir einmal: Wir werden ausgesprochen anti-tolerant geboren. Wir sind Fremden gegenüber misstrauisch. Die Angst vor Fremden, besonders vor denen, die nicht so sind wie wir, ist uns angeboren. Wir sind regional verankerte, besitzergreifende, auf Wettbewerb ausgerichtete Wesen; unser Ethos besteht aus zahllosen Erzählungen von Kriegen und Vertreibungen.

Aus dem Hebräischen von Helene Seidler

D. Grossman (✉)
Carl Hanser Verlag, München, Deutschland
E-Mail: info@hanser.de

S. Brenner-Wilczek (Hrsg.), *Heine-Jahrbuch 2025*, Heine-Jahrbuch,
https://doi.org/10.1007/978-3-662-72327-2_9

Kurz gesagt: Toleranz scheint keine dem Menschen von Natur aus innewohnende Eigenschaft zu sein. Bei nicht wenigen von uns erscheint sie authentisch, nicht bloß eine hohle, klischeehafte Deklamation, sondern eher das Ergebnis einer bewussten, emotionalen Anstrengung, eines Bemühens, den ursprünglichen Impuls mithilfe von Bildung und Erziehung zu überwinden; vor allem aber dürfte sie die Frucht eines empathischen und großzügigen Charakters sein. Von der Literatur wie auch vom Journalismus, den Künsten des Geschichtenerzählens, lässt sich etwas über Toleranz lernen, über die Erweiterung der menschlichen Begrenztheit, aber auch über den Punkt, an dem unsere Natur uns bremst und mit geballter Faust hervorschnellt.

Meiner Ansicht nach entspringt der Kern der Literatur, sowohl des Lesens als auch des Schreibens, dem dringenden Wunsch, **einen anderen Menschen im Innersten zu verstehen**, das heißt, ihn mit seinen eigenen Begriffen zu verstehen, seine innere Grammatik **zum Sprechen zu bringen** – und nicht die **meine**, die ich auf die anderen projiziere oder aber ihnen aufzuzwingen versuche. Einen anderen in **seinem** Innersten zu erkennen, das kann ein spannendes zwischenmenschliches Experiment sein: Sogar mitten im Streit zwischen einem Mann und einer Frau, einer Konfrontation zwischen zwei Brüdern oder zwei Freunden. Wären wir denn in der Hitze des Gefechts, wenn auch nur für einen Moment, fähig, vom Fokus der Feindschaft Abstand zu nehmen? Könnten wir den gerade tobenden Konflikt mit den Augen unseres Gegners, und nicht nur mit unseren eigenen, beobachten? Würden wir uns beispielsweise erlauben, zwei oder drei seiner Argumente für richtig zu halten?

In der Tat, **den Anderen aus seinem Inneren heraus zu verstehen**, stellt eine Herausforderung dar, der nur wenige Nationen, Gesellschaften oder Gemeinschaften gewachsen sind. Denn es zwingt sie zu einem Perspektivwechsel, zu einer Veränderung ihres Narrativs, der Geschichte, die sie sich selbst schon seit Generationen erzählen. Ein Narrativ ist oft eine Falle, die eine ganze Nation sich selbst stellt. Für mich ist ein Narrativ eine humane Erzählung, die erstarrt ist und auch den erstarren lässt, der sie vorträgt, ohne ihr noch zuzuhören. Nur eine Veränderung des Blickwinkels auf die Geschichte, sei sie privat oder national, und vor allem die Bereitschaft, der Version des Anderen zuzuhören, kann den feststeckenden Karren wieder aus dem Dreck der versteinerten Wirklichkeit ziehen. Nur ein solcher Umschwung kann die verschiedenen Vorstellungen, die wir uns von unseren Feinden gemacht haben, mit Lebendigkeit und Authentizität füllen und die Gegner – und damit auch uns – zu wirklichen Menschen machen. Wenn das nicht geschieht, kann es niemals Frieden geben. So einfach ist das. Und so schwierig.

Aber es stellen sich noch weitere Fragen: Werden wir es im Laufe eines solchen Perspektivwechsels wagen, den Schmerz der Anderen anzuerkennen? Werden wir uns gemeinsam eingestehen können, dass das Leid der Palästinenser in bestimmten Punkten authentisch ist – und keineswegs manipuliert? Werden unsere Herzen sich für einen Moment der Not dieser Menschen, ihren Wunden und ihren Verletzungen zu öffnen vermögen? Und werden sie, die Palästinenser, jemals fähig sein, die beispiellose Tragik der jüdischen Geschichte zu verstehen?

Werden wir, die Israelis, es fertigbringen, uns selbst mit dem entblößenden Blick der Palästinenser zu betrachten? Schließlich sind die Besetzten diejenigen, die vor allen anderen beobachten, was Jahrzehnte der Besatzung den Besatzern angetan haben. Wird dieser Blick, also unser Blick auf uns selbst, uns endlich klarmachen, welchen Schaden nicht nur der Feind, sondern **der Konflikt selbst** uns, die wir nun schon mehr als hundert Jahre mit ihm leben müssen, zugefügt hat? Ich frage auch mich, ob ich wohl die Innensicht eines ISIS- oder Hizbullah-Kämpfers ergründen könnte. Eines Hamas-Mörders, der sich am 7. Oktober an den Massakern beteiligte? Ehrlich gesagt: Ich versuche, jede Person von innen heraus zu verstehen, die in dem Bereich existiert, den ich – auch an seinen extremsten Rändern – noch als menschlich wahrnehme. Wenn ich aber meine, jemand habe sich aus dem Bereich des Menschlichen entfernt, dann verspüre ich keinerlei Wunsch, seinen Werdegang zu entschlüsseln.

In meinem Buch „Stichwort: Liebe" beschreibe ich einen Nazi-Offizier. Bei der Arbeit an diesem Charakter habe ich sehr gelitten, wollte aber dennoch wissen, wie aus einer normal-vernünftigen Person ein Nazi wird. Welche Schritte führen jemanden – oder in manchen Fällen eine ganze Nation – aus der Normalität ins nazistische Unheil? Dieser wichtigen Frage wollte ich auf den Grund gehen, um mich selbst vor solchem Übel zu schützen. Ein ISIS-Kämpfer jedoch oder ein Hamas-Mörder, der am 7. Oktober schwangere Frauen aufschlitzte und Babys schlachtete, hat sich meiner Ansicht nach aus dem Bereich des Menschlichen entfernt. Gestalten dieser Art sind für mich nicht relevant. Die meisten Konflikte in unserer Welt werden weniger extrem ausgetragen. Die innere Entwicklung der an ihm Beteiligten dürfte jeden „vernünftigen" Menschen interessieren, und auch ich möchte sie sehr wohl nachverfolgen.

Im Talmud steht der Satz: „Keine Freude ist größer als die der Befreiung vom Zweifel." Das heißt, wenn ein Mensch irgendeinen Zweifel hegt, dann wird dieser Zweifel an ihm nagen, ihn untergraben und sich Teile seiner Persönlichkeit aneignen. Ich selbst möchte hinzusetzen: „Keine Freude ist größer als die der Befreiung vom Stereotyp." Es gibt keine Freude wie die, die ein Mensch empfindet, wenn eine bestimmte Person oder Gruppe sich plötzlich aus der klischeehaften Wahrnehmung, in die er sie gezwängt hatte, herauslöst, wenn sie vor seinen Augen komplexer und reicher wird. Dann wird auch der Platz in seinem Bewusstsein, an dem er sie gefangen hielt, befreit und gehört wieder **ihm selbst**. Solche Schritte könnten einen Prozess einleiten, der zur Veränderung des Kriegszustands führt, in dem Israelis und Palästinenser sich seit Jahrzehnten gegenseitig peinigen. Ich glaube, dass nur ein Bewusstseinswandel beiden Seiten ein Leben beschert, das die Chance auf einen Frieden birgt, auf eine Zukunft, auf die Formulierung einer toleranten Weltsicht, die es jedem gestattet, seine Geschichte zu erzählen.

Eingangs hatte ich festgestellt, es sei anmaßend, dem reichen Diskurs über Heinrich Heine noch etwas hinzufügen zu wollen, doch während des Schreibens verstärkte sich die Ahnung, das Werk dieses couragierten Mannes könnte für uns auch heute noch eine Inspiration sein. Natürlich ist jeder Mensch auf seine

Art einmalig, doch in der Begegnung mit Heinrich Heine spüren wir eine Größe wie keine andere. Sie blitzt uns aus all seinen Schriften und Gedichten entgegen. Sie zeigt sich auch in seinem Mut, sich selbst zu hinterfragen und zu verändern und damit alles, was sein großer, freier Geist einmal berührt hat, erneut zu erschaffen.

Heinrich-Heine-Institut
Sammlungen und Bestände
Aus der Arbeit des Hauses

„Alles wie verzaubert" – 200 Jahre Heines Harzreise
Ein Projektbericht

Nora Schön und Jan-Birger von Holtum

„Wo die Brust sich frey erschließet, / Und die freyen Lüfte wehen." (DHA VI, 83) – Zweifellos ist das Zelebrieren von Jubiläen ein immens wichtiger Aspekt der Erinnerungskultur, wenngleich heutzutage so manche ausgerufene Jahrestage etwas windschief anmuten. So werden mitunter 135. Gedenktage gefeiert, um die öffentliche Aufmerksamkeit auf ein historisches Ereignis oder auf beinahe vergessene Künstler*innen zu lenken. Ein solches Vorgehen ist selbstredend als legitim zu bezeichnen, denn das Ringen um Beachtung ist in einer derart schnelllebigen Zeit und eingedenk des herrschenden Überangebots an Informationsmedien und Freizeitmöglichkeiten ein wichtiges Tagesgeschäft für Kultureinrichtungen. Im Falle der „Harzreise" kann man jedoch von einem wahrlich runden Jubiläum sprechen, denn Heine absolvierte die wohl berühmteste Wanderung der deutschsprachigen Literaturgeschichte im Herbst 1824 und somit, den Projektzeitraum betreffend, vor exakt 200 Jahren. Dieser folgenreiche Streifzug durch den Harz, der Heines literarisches Schaffen in neue Bahnen lenkte, sollte unbedingt auch einen musealen Widerhall finden.[1]

So präsentierte das Heinrich-Heine-Institut eine Sonderausstellung mit dem Titel „,Alles wie verzaubert' – 200 Jahre Heines Harzreise", die vom 6. Oktober 2024 bis zum 4. Mai 2025 in Düsseldorf zu sehen war und ein umfangreiches Begleitprogramm aufwies. Nachfolgend soll die Konzeption der Jubiläumsausstellung[2] vorgestellt und das Gesamtprojekt dokumentiert werden.

N. Schön (✉) · J.-B. von Holtum
Heinrich-Heine-Institut und Schumann-Haus, Düsseldorf, Deutschland
E-Mail: Nora.Schoen@duesseldorf.de

J.-B von Holtum
E-Mail: janbirger.vonholtum@duesseldorf.de

S. Brenner-Wilczek, *Heine-Jahrbuch 2025*, Heine-Jahrbuch,
https://doi.org/10.1007/978-3-662-72327-2_10

Zunächst wäre jedoch auf das Exponat einzugehen, das die Ausstellung einleitete, da es nicht nur eine auratische, eindrucksvolle Handschrift Heines ist, sondern auch vermittelt, wie die „Harzreise" und die vier Bände „Reisebilder" eine literarische Zeitenwende herbeigeführt haben. Es handelte sich um die „Préface de la dernière édition des Reisebilder" [Vorrede zu einer neuen französischen Ausgabe der „Reisebilder"][3], die Heine 1855 und somit ein Jahr vor seinem Tod verfasste. Der sich im Siechtum befindende Schriftsteller blickt zurück auf die Verhältnisse im restaurativen Deutschland, „die Zeit der Fäulniß und Trauer", und bemerkt treffend, dass die neuartige, inhaltlich wie stilistisch mutige Prosa der „Reisebilder" für Furore sorgte und „in der That wie ein Gewitter einschlug":

> In den Eichen- und Lindenwäldern der Lyrik zwitscherte die schwäbische Schule, die armen Zeisige der Gedankenlosigkeit. Nur in den Tavernen der Universitäten wehte noch ein freyer Hauch, der Flügelschlag der Begeisterung, hier erloschen nie die Tradizionen der wahren Humanität. Aus der Studentenwelt sollte auch das Buch hervorgehn, welches den deutschen Geist aus seiner Schlafsucht weckte, Leben und Literatur wohlthätig erfrischte und dem alten Apathie ein Ende machte; auch trug seine Sprache das Merkmal der burschikosen Oposizion gegen das Hergebrachte, gegen den Schlendrian, gegen das akademische Zopfthum, gegen das Philisterthum in allen seinen Erscheinungen. In dieser Beziehung ward es auch Prototyp einer Denk- und Schreibweise, die bey dem Autor erst einige Jahre später ganz zur Entwicklung kam und alsdann das sogenannte Junge Deutschland ins Leben rief. Dieser Autor bin ich selbst und ich rede von den Reisebildern, die in der That wie ein Gewitter einschlug<en> in die Zeit der Fäulniß und Trauer. (DHA VI, 358)

Die Ausstellung

Die Sonderausstellung näherte sich Heines „Harzreise" sowohl textlich als auch wirkungsgeschichtlich an. Der erste Raum der Sonderschau war vornehmlich dem literarischen Text selbst gewidmet, wohingegen sich der zweite Raum mit der Veröffentlichungs- und Wirkungsgeschichte des berühmten Werks beschäftigte. Atmosphärisch einstimmen konnten sich die Besucher*innen beim Betreten des ersten Raumes durch ein imposantes Wandbild, das auf einer Darstellung des Ilse-Wasserfalls aus dem Jahr 1830 basierte[4], und sich als weitergeführtes Motiv auch über die Fensterfahnen erstreckte. Ergänzt wurde dieser szenografische Ansatz durch eine akustische Untermalung des Raumes mit leisem Vogelgezwitscher und Bachplätschern. Die kunstvoll collagierte Erzählstruktur der „Harzreise" mit poetischen Naturbeschreibungen, fantastischen Träumen und virtuosen Gedichten wurde in der Ausstellungskonzeption anhand verschiedener Themeninseln aufgegriffen, welche die offene und fragmentarische Struktur des Texts abbildeten. Ein exklusiver Audioguide ermöglichte es den Besucher*innen, längere originale Textpassagen zu hören.

Aufnahme aus dem ersten Ausstellungsraum © Gaby Köster

„Die Stadt selbst ist schön, und gefällt einem am besten, wenn man sie mit dem Rücken ansieht." (DHA VI, 83)

Den Ausgangspunkt der Ausstellung bildete die berühmt gewordene ironische Abrechnung mit der Kleinstadt Göttingen, die auch am Anfang der „Harzreise" steht. Zahlreiche zeitgenössische Darstellungen vermittelten ein Bild der Universitätsstadt im Jahr 1824. Eine ausgestellte Ausgabe von Friedrich Gottschalcks „Taschenbuch für Reisende in den Harz"[5], das mehrmals, teilweise ironisch in der „Harzreise" zitiert wird, illustrierte exemplarisch die Vielzahl an Harzbeschreibungen, die bis ins 17. Jahrhundert zurückreichen, sowie die touristische Beliebtheit des deutschen Mittelgebirges.

Die Ausstellungssektionen der „Verzauberung" und „Entzauberung" griffen zum einen das wiederkehrende literarische Motiv der gefühlten Einheit des Erzählers mit der Natur auf sowie zum anderen die meist unmittelbar darauf eintretende Entfremdung durch die Zivilisation. Zahlreiche Grafiken illustrierten diese durch den Erzähler erlebte Verbundenheit mit der Pflanzen- und Tierwelt.

Ein ausgestelltes Originalmanuskript zum „Ilsenstein" zeigte eine besondere Dimension des Narrativs der „Entzauberung". Nach seiner die Prinzessin Ilse betreffenden Vision erleidet der Erzähler auf dem Ilsenstein einen Schwindelanfall, kehrt in die Realität zurück und klammert sich am eisernen Gipfelkreuz fest, was hier als ironische Anspielung auf die Taufe des Autors im Jahr 1825 gelesen werden kann.[6]

„der alte, weltberühmte Brocken" (DHA VI, 113) und „qualmig aufsteigende Erddünste" (ebd., 94)

Der „Blick vom Westerberg im Harz", ein originales Ölgemälde von Christian Ernst Bernhard Morgenstern aus dem Jahr 1829, das als Leihgabe von der Hamburger Kunsthalle präsentiert werden konnte, stimmte in der gleichnamigen Ausstellungssektion auf den „Mythos Brocken" ein. Die zahlreichen textlichen Referenzen zum Faust-Mythos aufgreifend, veranschaulichten Illustrationen von Carl Gustav

Carus, Friedrich August Moritz Retzsch und Eugène Delacroix weiterführend die vielfach bildkünstlerische Verarbeitung des sagenumwobenen Blocksbergs.

Besondere Leihgaben waren auch rund um die Themensektion „Unter Tage" zu sehen. Verschiedene Bändererze aus den von Heine beschriebenen Gruben „Carolina" und „Dorothea", die von der Technischen Universität Clausthal stammten, sowie traditionelles Grubenwerkzeug ließen die Schilderungen der Harzer Bergwerke plastisch werden. Entgegen anderer romantisierender zeitgenössischer Darstellungen finden sich in der „Harzreise" erstmalig kritische Töne bezüglich der unwürdigen Arbeitsbedingungen der Bergleute. Programmatisch zu lesen sind hier die Verse aus dem berühmten „Bergidylle"-Gedicht: „Alle Menschen, gleichgeboren, / Sind ein adliges Geschlecht". (ebd., 109)

„Das Buch hat viel Spektakel gemacht" (HSA XX, 269)

„[V]iel herrliches u[nd] Liebes" (ebd., 176) habe er auf seiner Reise erlebt, schrieb Heine in einem Brief an seinen Freund Moses Moser im Oktober 1824. Heines tatsächliche Reise und die Veröffentlichungsgeschichte der „Harzreise" waren demzufolge das Thema des zweiten Raumes. Hier ließ sich Heines Reiseroute nachvollziehen, die bekanntlich weit über die in der „Harzreise" beschriebene Wegstrecke hinausgeht und auf der er ca. 600 Kilometer zu Fuß zurücklegte. Vermutlich plante Heine eine Fortsetzung der „Harzreise", was im zweiten Raum mehrere unveröffentlichte, originale Bruchstücke aus der institutseigenen Handschriftensammlung demonstrierten.[7] Ein ausgestellter Brief an die Herausgeberin Friederike Robert, die Heine aus Berlin kannte, zeigte die Problematik des durch Zensur und weitere Repressionen massiv eingeschränkten Druckwesens in der Heine-Zeit.

> Außerdem bitte ich aber die Redakzion der Rheinblüthen bey Leibe keine eigenmächtigen Veränderungen oder Auslassungen aus ästhetischen Gründen in meiner Harzreise zu gestatten. Denn, da diese im subjektivsten Style geschrieben ist, mit meinem Namen in der Welt erscheint, und mich also als Mensch u[nd] Dichter verantwortlich macht, so kann ich dabey eine fremde Willkührlichkeit nicht so gleichgültig ansehen, wie bey namenlosen Gedichtchen, die zur Hälfte reduzirt werden (HSA XX, 197),

wies Heine die Herausgeberin an und war sich der gesellschaftskritischen Dimension seines Texts somit durchaus bewusst. Die geplante Publikation seiner „Harzreise" in dem von Robert herausgegebenen Literaturalmanach „Rheinblüthen" kam jedoch – trotz vorheriger Zusage – nicht zustande. Heines Bedenken bezüglich etwaiger Zensureingriffe bewahrheiteten sich schließlich bei der Erstpublikation der „Harzreise". Zwei ausgestellte Ausgaben der Zeitschrift „Der Gesellschafter" dokumentierten den 1826 erschienenen Erstdruck in 14 Teilen[8], mit dem sich der Schriftsteller aufgrund drastischer Textveränderungen und -streichungen höchst unzufrieden zeigte.

Die „Harzreise" markiert jedoch nicht nur Heines Durchbruch als Schriftsteller, sondern auch den Beginn der lebenslangen Geschäftspartner- und Freundschaft mit dem Verleger Julius Campe. Der Plan, die „Harzreise" als Teil einer Sammelpublikation zu veröffentlichen und mit der damit gestiegenen Seitenzahl die Vorzensur zu umgehen, stammt auch von Heines künftigem Verleger. Mit der Erstausgabe der weltberühmten „Reisebilder" war der umschlungene „Weg zum Buch" in der Ausstellung schließlich exemplarisch dargestellt.

Aufnahme aus dem zweiten Ausstellungsraum © Gaby Köster

Zudem konnten sich die Besucher*innen anhand von kunstvoll illustrierten Buchausgaben von der erfolgreichen Rezeptionsgeschichte der „Harzreise" überzeugen. Eine aktuelle und damit auch weiterführende Perspektive auf den Harz als Region zu richten, war den Kurator*innen im Vorfeld ein entscheidendes Anliegen. Mittels ausgewählter Fotografien, die den Harz als unvermindert beliebtes touristisches Ziel, aber auch als vom Klimawandel und menschlichen Eingriffen geprägte Landschaft zeigten, eröffnete die Ausstellung einen gegenwärtigen Diskurs um eine kulturgeschichtliche Region. Ein Medientisch ermöglichte mit Audio- und Videoformaten sowie spielerischen Elementen, wie Quiz und Puzzle, eine digitale Entdeckungstour auf Heines Spuren.

Das Begleitprogramm

Die Jubiläumsausstellung bot interessierten Besucher*innen zudem ein umfangreiches wie vielfältiges Rahmenprogramm. Nach einer Vernissage, die großen Publikumszuspruch erfahren hat, folgten diverse thematische Führungen. Im Rahmen einer durch Studierende der Heinrich-Heine-Universität organisierten Veranstaltung mit dem Titel „Harz – Paris – Ohio. Literarische Reise, 1826–1848. Zwischen Aufbruch und Enttäuschung" wurden am 27. Januar 2025 verschiedenartige Texte der Reiseliteratur vorgestellt. Bei diesem Leseabend rezitierte der Schauspieler Steffen Reuber Auszüge aus Heinrich Heines „Harzreise", Charles

Sealsfields „Die Vereinigten Staaten von Nordamerika" und Fanny Lewalds „Erinnerungen aus dem Jahr 1848", musikalisch begleitet durch Ronald Kurt. Die Studierenden des Seminars von Frau Prof. Anja Oesterhelt sorgten für die Kontextualisierung der in Auszügen vorgetragenen Werke.

Bei einer Schreibperformance am 20. Februar 2025 inszenierte der Künstler Wolfgang Vetten die Lyrik der „Harzreise" kalligrafisch und schuf vor Augen des Publikums überdimensionale Lichtobjekte. Neben einem Vortrag zur bildkünstlerischen Harz-Rezeption, einer Sonderausgabe des überaus beliebten Veranstaltungsformats „Text & Ton", und Rezitationen im Rahmen der „Düsseldorfer Nacht der Museen" fand im März 2025 auch ein Familienworkshop statt, bei dem sich kleine sowie große Besucher*innen mit der Flora der Harzregion beschäftigten und eigene Pflanzenpressen gestalten konnten.

In imposanter Weise las der bekannte Schauspieler Heiko Ruprecht am 10. April 2025 aus der „Harzreise" und erhielt für seinen Vortrag zum Dank stehende Ovationen durch das Publikum. Mit der „Vielfalt von Reiseliteratur vor und nach 1824" beschäftigte sich wenige Tage später der Germanist und Kunsthistoriker Dr. Andreas Keller (Universität Potsdam) im Rahmen eines anregenden Vortrags. Mit einer musikalisch-literarischen Finissage endete am 4. Mai 2025 die Ausstellung, die auch von einem Seminar an der Heinrich-Heine-Universität im Wintersemester 2024/25 flankiert wurde, das durch die Verfasserin und den Verfasser dieses Projektberichts geleitet wurde. Die letzten Zeilen dieses Textes sollen aber von Heine selbst stammen und sind der „Harzreise" entnommen, deren Lektüre auch 200 Jahre nach jener Wanderung einen überaus großen Reiz ausmacht. Dieser so vielschichtige, verschiedenste Emotionen auslösende und überaus unterhaltsame Literaturklassiker ist in der Tat immergrün:

> Es murmelt und rauscht so wunderbar, die Vögel singen abgebrochene Sehnsuchtslaute, die Bäume flüstern wie mit tausend Mädchenzungen, wie mit tausend Mädchenaugen schauen uns an die seltsamen Bergblumen, sie strecken nach uns aus die wundersam breiten, drollig gezackten Blätter, spielend flimmern hin und her die lustigen Sonnenstralen, die sinnigen Kräutlein erzählen sich grüne Mährchen, es ist Alles wie verzaubert, es wird immer heimlicher und heimlicher, ein uralter Traum wird lebendig […]! (DHA VI, 115)

Anmerkungen

1 Das vorgestellte Ausstellungsprojekt des Heinrich-Heine-Instituts Düsseldorf war nicht die einzige Sonderschau, die sich dem Jubiläum der „Harzreise" gewidmet hat, was vollständigkeitshalber erwähnt gehört. So zeigte das Harzmuseum Wernigerode eine eigene Sonderausstellung mit dem Titel „Heine im Harz. Entdeckungen am Rande einer legendären Fußreise", die dort vom 20. September 2024 bis zum 16. Februar 2025 besucht werden konnte. Ein opulenter Begleitband ist ebenfalls erschienen. Vgl. die Rezension von Robert Steegers, S. 191–194.

2 Beteiligt an der Ausstellung waren die nachfolgend genannten Personen: Nora Schön und Jan von Holtum (Kuratorin, Kurator), Louis Molitor und Lukas Pawlowsky (Ausstellungsassistenz), Tanja Müller (Ausstellungsdesign) sowie Gaby Köster und René Otto (Mediengestaltung/-technik). Dankenswerterweise steuerten etliche Kulturinstitutionen Leihgaben bei: Biblioteka Jagiellońska Krakau, Bibliothèque nationale de France Paris, Peter Eickmeyer,

Freies Deutsches Hochstift Frankfurt am Main, Goethe- und Schiller-Archiv der Klassik Stiftung Weimar, Hamburger Kunsthalle, Harzmuseum Wernigerode, Dr. Wilfried Ließmann, Oberharzer Bergwerksmuseum Clausthal-Zellerfeld, Stadtarchiv Wernigerode, Stadtmuseum Düsseldorf, Technische Universität Clausthal, Universitäts- und Landesbibliothek Düsseldorf.

3 Vgl. zur Genese der französischen Ausgaben der „Reisebilder" („Tableaux de voyage") Höhn ³2004, S. 182 ff.

4 Hermann Josef Neefe: Der Wasserfall der Ilse auf dem Brocken im Harzgebirge, 1830, Öl auf Leinwand, 63,5 × 79 cm, Belvedere, Wien, Inv.-Nr. 7915.

5 Friedrich Gottschalck: Taschenbuch für Reisende in den Harz. Magdeburg 1823. Heine selbst nutzte im Gegensatz zum ausgestellten Objekt ein Exemplar der zweiten Auflage (1817); die Erstausgabe des beliebten Reiseführers wurde bereits im Jahr 1806 veröffentlicht.

6 Siehe weiterführend zu diesem Aspekt: Andreas Meier: Vom Schwindel erfaßt. Heines Harzreise als Symptom eines kulturgeschichtlichen Paradigmenwechsels. – In: Wirkendes Wort. Deutsche Sprache in Lehre und Forschung 49 (1999), S. 329–354.

7 Ein Originalmanuskript zur Druckausgabe ist nicht überliefert. Die eigenhändigen Bruchstücke, die Heine vermutlich für eine mögliche Fortsetzung verfasste, sind jedoch in der DHA erfasst, vgl. hierzu: DHA VI, 226–233.

8 Der Gesellschafter oder Blätter für Geist und Herz. Hrsg. v. F. W. Gubitz, 11.–24. Blatt, Berlin 1826.

27. Internationales Forum Junge Heine-Forschung

Leah Biebert

Mit seinen scharfsinnigen Kommentaren und seiner lakonischen Ausdrucksweise war Heinrich Heine ein wichtiger Impulsgeber für die europäische Literatur, dessen Wirkung weit über seine Zeit hinausreichte und sich auch auf andere kulturelle Bereiche übertrug. Daran knüpft das „Internationale Forum Junge Heine-Forschung" an: Es regt dazu an, gemeinsam die vielgestaltigen Facetten des Schriftstellers zu erkunden. Als Vernetzungs- und Austauschplattform gibt das Forum seit mehr als 25 Jahren jungen Forschenden die Möglichkeit, in einer unterstützenden Atmosphäre zusammenzukommen und ihre Thesen einem fachkundigen Publikum zu präsentieren. Am 7. Dezember 2024 luden das Heinrich-Heine-Institut und Schumann-Haus der Landeshauptstadt Düsseldorf, die Heinrich-Heine-Gesellschaft e. V. und das Institut für Germanistik der Heinrich-Heine-Universität Düsseldorf anlässlich des Geburtstags Heines bereits zum 27. Mal zu diesem besonderen Kolloquium ein. Die Heinrich-Heine-Gesellschaft lobte für das beste vorgetragene Referat erneut einen Geldpreis aus und stellte den Abdruck des Gewinnerbeitrags im „Heine-Jahrbuch" in Aussicht. Weil der Gewinner des 26. „Internationalen Forums Junge Heine-Forschung", Johannes Wedeking, der 2023 zu „Konterbande im Kopf. Eine Entwicklung des Situationsbegriffs am Werk Heinrich Heines" vorgetragen hatte, nicht anwesend sein konnte, wurde die Preisverleihung verschoben und die Jury, die zudem aus Volker Dörr (Institut für Germanistik der Heinrich-Heine-Universität Düsseldorf), Felix Droste (Heinrich-Heine-Gesellschaft) und Sabine Brenner-Wilczek (Heinrich-Heine-Institut und Schumann-Haus) bestand, durch Leah Biebert (Heinrich-Heine-Institut und Schumann-Haus) ergänzt.

L. Biebert (✉)
Heinrich-Heine-Institut und Schumann-Haus, Düsseldorf, Deutschland
E-Mail: Leah.Biebert@duesseldorf.de

© Der/die Autor(en), exklusiv lizenziert an Springer-Verlag GmbH, DE, ein Teil von Springer Nature 2026
S. Brenner-Wilczek (Hrsg.), *Heine-Jahrbuch 2025*, Heine-Jahrbuch,
https://doi.org/10.1007/978-3-662-72327-2_11

169

Caroline Blesers Beitrag „Anti-antisemitisches Engagement. Zur Rezeption der sog. Ritualmordlegende von Heinrich Heine bis zur NS-Zeit" eröffnete das Kolloquium im Lesesaal des Heinrich-Heine-Instituts. Bleser promoviert im Bereich der Neueren Deutschen Philologie am Germanistischen Seminar der Universität Heidelberg mit einer Arbeit zum Thema „Antisemitische Legenden auf der Bühne des 19. und frühen 20. Jahrhunderts". In ihrem Vortrag ging sie der These nach, Heines Ritualmordlegende „Der Rabbi von Bacherach" habe nachfolgende Schriftstellerinnen und Schriftsteller dazu angeregt, gesellschaftlichen Antisemitismus mittels literarischer Verfahren aufzudecken und ein Gegennarrativ zu entwickeln. Caroline Bleser spürte damit einer Tradition nach, die bis ins 21. Jahrhundert reicht und führte mit Dana von Suffrins Hörspiel „Blut" (2022) ein aktuelles Beispiel an.

Im Anschluss referierte Moritz Jonas Michel zum Thema „Robert Schumanns Vertonung der ,Lotusblume' im Vergleich zu anderen Kompositionen" und stellte damit einen interdisziplinären Ansatz zwischen Literatur und Musik vor. Michel schloss sein Bachelorstudium 2023 im Fach Musikwissenschaft an der Universität Heidelberg ab und befindet sich derzeit im Masterstudium an der Universität Köln. In seinem Beitrag beschäftigte er sich mit dem häufig vertonten Gedicht Heinrich Heines und verfolgte – anhand der Kompositionen von Carl Loewe, Robert Schumann, Robert Franz und Anton Rubinstein – die Frage, auf welche Weise unterschiedliche Interpretationen des Gedichts eine jeweils andere Umsetzung in der Musik benötigen. Besonderen Wert legte Moritz Jonas Michel dabei auf das Prinzip der Ironie, dessen Umsetzung in der Musik er aufzudecken anstrebte.

Den nächsten Vortrag steuerte Malte Spitz zum Thema „Jonas Fränkel – streitbarer Heine-Forscher und enfant terrible der Schweizer Philologie" bei. Spitz ist wissenschaftlicher Mitarbeiter am Walter Benjamin Kolleg der Universität Bern, wo er das SNF-Projekt „Kryptophilologie. Jonas Fränkels ,unterirdische Wissenschaft' im historischen und politischen Kontext" koordiniert. 2024 war Malte Spitz an der Europa-Universität Viadrina in Frankfurt (Oder) mit einer Dissertation zu Verflechtungspraktiken jüdischen Schreibens im Werk des Schriftstellers und Musikers Hermann Grab promoviert worden. Sein Vortrag beim „Forum Junge Heine-Forschung" stellte den jüdischen Gelehrten Jonas Fränkel, dessen Nachlass im Schweizerischen Literaturarchiv in Bern überliefert ist, als Heine-Forscher vor und räumte ihm eine Sonderstellung in der Schweizer Germanistik ein. So thematisierte Fränkel Heinrich Heine auch in den Jahren zwischen 1933 und 1945 und warb nach 1948 für die Wiederentdeckung Heines als politischen Schriftsteller. Malte Spitz knüpfte damit an die Arbeit seiner Forschungsgruppe in Bern an, die der Frage nachgeht, was während des Zweiten Weltkriegs in der Schweizer Germanistik geschah, die genuin mit der in Deutschland verbunden war.

Der darauffolgende Beitrag von Sebastian Triebel beschäftigte sich mit dem Thema „Juri Tynjanow liest Heine. Zur Formalisierung der Beweglichkeit". Sebastian Triebel schloss seinen Polyvalenten Zwei-Hauptfach-Bachelor in Deutsch und Französisch im Jahr 2023 mit einer Arbeit „Zur Ästhetik des Politischen in Heinrich Heines ,Ideen. Das Buch Le Grand'" ab und studiert seitdem im Master of Arts „Europäische Literaturen und Kulturen/European Literatures and Cultures" an der Universität Freiburg. Mit seiner kritischen Würdigung von Heines Wirkung auf den russischen Formalismus, insbesondere auf Juri Tynjanows theoretische Arbeiten, füllte Triebel eine Leerstelle in der Heine-Forschung und arbeitete gleichzeitig das Heine-Bild Tyjanows auf, dessen Übersetzungen von Heine-Gedichten weit besser erforscht sind. Mit seinen gut durchdachten und präzise formulierten Erläuterungen, wie Tynjanows Heine-Aufsätze vor dem Hintergrund zentraler Theorien des russischen Formalismus zu verstehen sind, konnte Sebastian Triebel die Jury überzeugen und er wurde zum Preisträger des 27. „Internationalen Forums Junge Heine-Forschung" gewählt.

Anschließend steuerte Jingdan Yang einen Vortrag zum Thema „Trialog mit Heinrich Heine und Ossip Mandelstam. Poetischer Kampf gegen Antisemitismus bei Paul Celan" bei. Darin zeigte er auf, wie Celan in seiner Dichtung an Mandelstams Motiv des Atems anknüpfte und damit den Menschen ins Zentrum seiner Lyrik stellte. Anschließend an Heines Strategien gegen den Antisemitismus, so die These, erweiterte Celan damit den Begriff des Juden um den des Menschen und widersetze sich auf diese Weise dichterisch dem Antisemitismus, der den Juden aus dem Begriff des Menschen ausschließt. Mit seinem Vortrag gab Yang Einblicke in sein Promotionsprojekt, das er seit 2023 am Peter-Szondi-Institut für Allgemeine und Vergleichende Literaturwissenschaft der FU Berlin durchführt.

Den abschließenden Vortrag hielt Lihui She über „Die Kanonisierung von Heinrich Heines Werken in China im neuen Jahrhundert". She promoviert an der Germanistischen Fakultät der Shanghai International Studies University und hat bereits mehrere Beiträge zu deutsch-chinesischen Literaturbeziehungen veröffentlicht. In ihrem Vortrag, für den sie aus China zugeschaltet wurde, stellte sie Faktoren vor, welche die Kanonisierung von Heines Werk in China seit dem Jahr 2000 vorangetrieben haben. Dabei ging sie auf Übersetzungs- und Verlagstätigkeiten ein, beschäftigte sich aber auch mit den Besonderheiten der chinesischen Heine-Philologie und dem chinesischen Bildungssystem und machte so den Stellenwert sichtbar, den Heine bis heute in der chinesischen Kultur besitzt. Nicht zuletzt damit verdeutlichte das 27. „Internationale Forum Junge Heine-Forschung" wieder einmal, wie lebendig der wissenschaftliche Diskurs zu Heinrich Heine ist.

Nachrufe

Nachruf auf Klaus Briegleb

Peter Brandes

Am 13. Oktober 2024 ist Klaus Briegleb im Alter von 92 Jahren in Berlin verstorben. Von 1972 bis zu seiner Emeritierung im Jahr 1997 lehrte Briegleb Neuere deutsche Literaturgeschichte und Literaturtheorie am Literaturwissenschaftlichen Seminar der Universität Hamburg. Aus Peilau (heute: Piława) in Niederschlesien stammend, nahm er nach einer Buchhandelslehre ein Studium an der Ludwig-Maximilians-Universität München auf, wo er 1962 mit einer Arbeit zu Friedrich Schlegel („Ästhetische Sittlichkeit. Versuch über Friedrich Schlegels Systementwurf zur Begründung der Dichtungskritik") promoviert wurde. Die Habilitation folgte 1970 mit einer Arbeit über Gotthold Ephraim Lessing („Lessings Anfänge 1742–1746: Zur Grundlegung kritischer Sprachdemokratie"). In dieser Zeit (1968–1976) ist auch Brieglebs viel beachtetes Editionsprojekt entstanden: die im Carl Hanser Verlag erschienene Heinrich-Heine-Ausgabe („Sämtliche Schriften"). Diese in mehreren Auflagen erschienene Ausgabe ist bis heute eine der meistgelesenen Editionen von Heines Werken.

An Brieglebs Beschäftigung mit diesen drei Autoren (F. Schlegel, Lessing, Heine) lässt sich schon ablesen, welchen Weg er in seinen späteren philologischen Arbeiten einschlagen sollte: den Pfad der Kritik, der Reflexion und Intervention umfasst. Brieglebs kritische Philologie, die er nicht nur in seinen wissenschaftlichen Publikationen zum Ausdruck gebracht, sondern auch in der Lehre und in der öffentlichen Debatte gelebt hat, war gekennzeichnet durch präzise Analysen und mitunter scharfe Attacken, die vor Polemik nicht zurückschreckten. Die gesellschaftliche Dimension des literarischen Diskurses war in seinen Lektüren stets präsent. Er prägte hierfür den Ausdruck der politischen Philologie, mit dem er sich durch die diskursanalytische Ausprägung des Verfahrens implizit auch von dem

P. Brandes (✉)
Institut für Germanistik, Universität Hamburg, Hamburg, Deutschland
E-Mail: peter.brandes@uni-hamburg.de

© Der/die Autor(en), exklusiv lizenziert an Springer-Verlag GmbH, DE, ein Teil von Springer Nature 2026
S. Brenner-Wilczek (Hrsg.), *Heine-Jahrbuch 2025*, Heine-Jahrbuch,
https://doi.org/10.1007/978-3-662-72327-2_12

Begriff der ideologiekritischen Literaturwissenschaft der Bürger-Schule abgrenzte. Die 1989 erschienene Monografie „Unmittelbar zur Epoche des NS-Faschismus. Arbeiten zur politischen Philologie 1978–1988" befasst sich mit der gesellschaftlichen Verortung der Literaturwissenschaft im politischen Milieu eines durch die NS-Vergangenheit bestimmten Nachkriegsdeutschlands. Briegleb sah es als notwendig an, Literatur immer auch in der historisch-gesellschaftlichen Konstellation ihrer Rezeption zu betrachten.

Die Kritische Theorie (insbesondere das Werk Walter Benjamins) und die politische Praxis der 68er-Bewegung bilden wichtige Wegmarken von Brieglebs Denken und Schreiben. Dabei versteckt sich der Autor Briegleb nie hinter dem Schleier einer namenlosen, pseudo-neutralen Philologie. Das Personalpronomen *ich* hat in seinen Schriften durchaus seinen Platz, wodurch die formulierte Kritik als Ausdruck des Autor-Subjekts kenntlich gemacht wird. Diese Praxis zeigt sich auf eindrückliche Weise in dem Band „Literatur und Fahndung. 1978 – Ein Jahr Literaturwissenschaft konkret" (1979), in dem Briegleb die sprachpolitische Lage in Westdeutschland nach dem Deutschen Herbst analysiert und dabei auch das eigene Handeln (zum Beispiel das Verfassen eines Prozess-Gutachtens im Verfahren gegen die beiden angeklagten Verleger von Michael „Bommi" Baumanns Buch „Wie alles anfing"; das Engagement für den vom Dienst suspendierten Peter Brückner) selbstkritisch in den Blick nimmt. Eine solche Form des radikal-offenen Umgangs mit den eigenen Zweifeln in einer gesellschaftspolitischen Situation der allgemeinen Fahndungshysterie sucht im wissenschaftlichen Betrieb ihresgleichen. Wie sehr Brieglebs Arbeit – dabei im besten Sinne interdisziplinär agierend – Impulse für andere Fachrichtungen (Politologie, Soziologie) setzte, zeigt sich im besonderen Maße an seiner 1993 erschienenen Monografie „1968. Literatur in der antiautoritären Bewegung", ein heute noch unverzichtbares Werk zur Rekonstruktion der Geschichte der Studentenrevolte. Erstmals werden hier in historisch präziser Weise die „Ursprungslinien der Revolte", nämlich die situationistische Grundlegung der Praktiken der Studentenproteste, nachgezeichnet. Hier wie auch an anderen Stellen legt Briegleb den Finger in die Wunde der westdeutschen Erinnerungspraxis im literarischen und kulturellen Leben nach 1945. Insbesondere die Institution der Gruppe 47 wird von Briegleb immer wieder kritisch ins Visier genommen. Höhepunkt dieser jahrelangen Beschäftigung mit dem sozialen Milieu der Nachkriegsliteraten um Hans Werner Richter stellt hierbei die 2003 erschienene Polemik „Mißachtung und Tabu. Eine Streitschrift zur Frage ‚Wie antisemitisch war die Gruppe 47?'" dar, die kontrovers diskutiert wurde.

Ein Autor, mit dem sich Briegleb Zeit seines Lebens intensiv auseinandergesetzt hat, war selbstverständlich Heinrich Heine, dessen Werke er nicht nur im Hinblick auf deren jüdische Schreibweise analysierte (in seiner 1997 erschienenen Monografie „Bei den Wassern Babels. Heinrich Heine, jüdischer Schriftsteller in der Moderne"), sondern deren Vereinnahmung durch die politische Gedenkkultur des Hamburger Senats er in seiner „Rede wider das Hamburger Heine-Denkmal" vehement kritisierte (abgedruckt in „Opfer Heine? Versuche über Schriftzüge der Revolution", 1986). Briegleb war aber nicht nur kritischer Beobachter des literarischen Diskurses, der seine Einsichten in diversen Publikationen mitteilte, sondern auch ein charismatischer Lehrer und Literaturvermittler. Mit seiner Begeisterung für so unterschiedliche Texte wie Goethes „Faust" und die Flugblätter der Kommune I vermochte er etwas zu vermitteln, was im universitären Betrieb nur selten gelebt wird: die Lust am Text! In seinen Seminaren, die oftmals durch eine offene Diskussion über die Verfahrensweisen der Lehrveranstaltung begannen, spürte man seine Freude an den Texten, die ihm zwar zumeist wohlvertraut waren, von denen er sich aber oftmals von neuem überraschen ließ. Der Heinesche Witz war auch in seiner Lehre präsent, und das Lachen in diesem Kontext keineswegs verpönt. Dabei waren seine Seminare und Vorlesungen immer von einem hohen theoretischen Anspruch geprägt: Französische Theoretiker wie Julia Kristeva oder Jean-François Lyotard wurden ebenso gelesen und diskutiert wie die Klassiker der Kritischen Theorie. Das theoretische Denken wurde dabei nie losgelöst von den politischen Kontexten und Diskursen betrachtet.

Einen wichtigen Teil seines kritischen Denkens und seiner politischen Philologie bildete der Umgang mit dem NS-Gedächtnis in der deutschsprachigen Literatur, insbesondere im Hinblick auf das Verhältnis von Deutschen und Juden im Kulturbetrieb der Bundesrepublik Deutschland, das er in Anlehnung an Dan Diner als negative Symbiose beschrieben hat. Seine genauen Reflexionen über die Mechanismen der Verdrängung in der deutschen Erinnerungskultur werden in der gegenwärtigen Debatte über den Antisemitismus in Deutschland schmerzlich vermisst. Vermissen werden wir aber vor allen Dingen den Menschen Klaus Briegleb, der nie hinter der Charaktermaske des Literatur-Professors verschwand, sondern als Lesender und Schreibender uns mit Heine und anderen Autoren den Blick auf die Wunde der Literatur gelehrt hat.

Ein Posten ist vakant! – Die Wunden klaffen –
Der Eine fällt, die Andern rücken nach –
Doch fall' ich unbesiegt, und meine Waffen
Sind nicht gebrochen – Nur mein Herze brach. (DHA III, 122)

Bernd Füllner (1950–2024) zum Gedenken

Norbert Otto Eke

Mit Bernd Füllner, der am 19. Dezember 2024 im Alter von 74 Jahren gestorben ist, verlieren die Heine- und die Vormärz-Forschung einen ihrer profiliertesten Vertreter. Nach einem Studium der Germanistik, Romanistik, Philosophie und Pädagogik an der Universität Düsseldorf, das er 1977 mit dem Staatsexamen abschloss, wurde Bernd Füllner 1981 mit einer Arbeit zu „Heinrich Heine in deutschen Literaturgeschichten" promoviert. Diese frühe Arbeit, die rasch zu einem Standardwerk der Germanistik wurde, stellt bereits all das unter Beweis, was die späteren Arbeiten Bernd Füllners auszeichnen sollte: wenig begangene Wege zu beschreiten, sich geduldig neue Felder zu erarbeiten, ohne die einmal gewonnenen Interessen beiseitezuschieben, die souveräne Verfügung über große Stoffmassen sowie die Klarheit der Diktion.

Von 1984 bis zu ihrem Abschluss 1996 war Bernd Füllner als Redakteur und Editor an der von Manfred Windfuhr herausgegebenen Düsseldorfer Historisch-Kritischen Heinrich-Heine-Ausgabe beteiligt. In den Folgejahren leitete er in Zusammenarbeit mit dem Trier Center for Digital Humanities zunächst zwei große Digitalisierungsprojekte, aus denen das 2006 freigeschaltete „Heine-Portal" und das „Grabbe-Portal" (seit 2013 im Internet abrufbar) hervorgegangen sind, beides von der DFG geförderte Pionierprojekte der Editionsphilologie. Das Interesse am Werk und an der Biografie Heines hat sich zeitlebens nicht verbraucht für den Forscher und Leser Bernd Füllner, der sich selbst immer wieder und gerne in Paris aufgehalten hat, wo er gemeinsam mit seiner Frau Karin für die Maison Heinrich Heine Führungen auf den Spuren Heines organisiert hat. Hinzu aber kamen auch andere Autoren und Themen. Mehr als 100 Publikationen weist die

N. O. Eke (✉)
Institut für Germanistik und Vergleichende Literaturwissenschaft, Universität Paderborn, Paderborn, Deutschland
E-Mail: norbert.eke@uni-paderborn.de

© Der/die Autor(en), exklusiv lizenziert an Springer-Verlag GmbH, DE, ein Teil von Springer Nature 2026
S. Brenner-Wilczek (Hrsg.), *Heine-Jahrbuch 2025*, Heine-Jahrbuch, https://doi.org/10.1007/978-3-662-72327-2_13

beeindruckende Literaturliste von Bernd Füllner auf, fast alle aus dem Bereich der Vormärz-Forschung, Bernd Füllners Lebensthema, darunter grundlegende Werke über Heine hinaus zu Georg Weerth und Ferdinand Freiligrath – oder auch eine ganze Reihe wegweisender Herausgeberschriften wie „Von Sommerträumen und Wintermärchen. Versepen im Vormärz" (hrsg. mit Karin Füllner, Bielefeld 2007) und „Das Politische und die Politik im Vormärz" (hrsg. mit Norbert Otto Eke, Bielefeld 2015). Zuletzt erschienen in Buchform, jeweils herausgegeben und zuverlässig kundig kommentiert, von Bernd Füllner: „Friedrich Engels: Reiseskizzen, Essays und Rezensionen aus Bremen 1839 bis 1841" (Bielefeld 2020) und „Georg Weerth: Englische Reisen, Reiseskizzen und Reportagen 1843 bis 1847" (Bielefeld 2022).

Vom Wintersemester 2010/11 bis zum Wintersemester 2023/24 lehrte Bernd Füllner an der Bergischen Universität Wuppertal als Lehrbeauftragter insbesondere Editionswissenschaften. Zwischenzeitlich verschlug es ihn in dieser Zeit auch für ein Jahr (2012–2013) an die Universität Paderborn. Während seiner Lehrtätigkeit in Wuppertal hat er, wie die BUW auf der Website der Fakultät für Geistes- und Kulturwissenschaften anerkennend schreibt, den Studiengang Editionswissenschaften maßgeblich mitgeprägt und mitgeformt; darüber hinaus hat er in Wuppertal eine ganze Reihe editorischer Projekte wie eine kommentierte Neuedition von Friedrich Engels' berühmten „Briefen aus dem Wupperthal" („Briefe aus dem Wupperthal. Reiseskizzen, Essays und Rezensionen aus Bremen 1839 bis 1841", Bielefeld 2021) initiiert.

Bernd Füllner war von 2013 bis zu seinem Tod 1. Vorsitzender des Forum Vormärz Forschung, das er 1994 mitgegründet hatte und dessen Vorstand er von Anfang an angehörte. Darüber hinaus war er Mitglied im Vorstand der Literaturkommission Westfalen-Lippe, einer von sechs ständigen wissenschaftlichen Kommissionen des Landschaftsverbands Westfalen-Lippe, und der AG für germanistische Edition. Sein wissenschaftliches Renommee verdankt das Forum maßgeblich der Expertise und dem anhaltenden Engagement des Verstorbenen, seinen verschiedenste Bereiche der Literaturwissenschaft querenden Interessen, seiner Offenheit für methodische Innovationen und für die Erschließung neuer Forschungsfelder, schließlich und wesentlich auch seinem unbestechlich kritischen Blick für Qualität.

Bis zuletzt hat Bernd Füllner mit bewundernswerter Energie das gemacht, was er liebte: zu lesen und zu forschen, das eine nicht ohne das andere. Aber Bernd Füllner war mehr als nur der *Forscher*; er war auch ein verständnisvoller Kollege und dort, wo es nottat, auch ein nachsichtig-geduldiger Mensch, der großzügig über Schwächen hinwegsehen konnte. Ausgestattet mit der nur selten anzutreffenden Gabe, Sachlichkeit mit Herzlichkeit zu verbinden, stets ausgeglichen und ausgleichend zu sein, nie zu polarisieren (allenfalls zu mahnen), brachte er nichts auseinander, aber manches zusammen. Er selbst hatte es nicht nötig, sich ‚groß' zu machen; er war einfach einer der ‚Großen'. Und vor allem war er einer der

unprätentiösesten und warmherzigsten Menschen, die ich habe kennenlernen dürfen, wenn mir an dieser Stelle auch ein persönliches Wort erlaubt sein mag. Über
viele Jahre sind wir, freundschaftlich verbunden, nicht allein in der Forschung gemeinsame Wege gegangen. Die Fachwelt trauert um einen weitsichtigen Wissenschaftler. Ich verliere mit ihm einen Freund.

Buchbesprechungen

Christina Günther: *Die Unfassbarkeit der Komik – Kreisen um ein Emergenzphänomen. Emergente Kippstrukturen in Curt Goetz' „Lampenschirm", Heinrich Heines „Buch der Lieder" und Sibylle Lewitscharoffs „Pong"*

Berlin u. a.: Peter Lang 2025 (zugl. Düsseldorf, Univ. Diss., 2024; Maß und Wert. Düsseldorfer Schriften zur deutschen Literatur, Bd. 9). 219 S. € 59,95

Lutz Ellrich

Im Handbuch „Komik" von 2017 fasst Tom Kindt den damals gegebenen Forschungsstand zusammen: Bislang sei es „nicht gelungen […], eine weithin akzeptierte Theorie vorzulegen." Angesichts dieses schwer zu bestreitenden Befundes fände die Forderung, Verzicht auf „eine Definition des Komikbegriffs oder eine Theorie des Komischen" zu leisten, zwar zahlreiche Anhänger. Nichtsdestotrotz werde „in der internationalen Komikforschung" zumeist „an der traditionellen Zielsetzung festgehalten, eine allgemeine Theorie des Komischen zu entwickeln."[1] Kindts Diagnose ist auch 8 Jahre später noch nicht gänzlich überholt, wenngleich die Versuche, den Gegenstand der Komikforschung möglichst kulturübergreifend und begrifflich präzise zu bestimmen, inzwischen weit vorsichtiger ausfallen. Jener von Rainer Warning 2002 bemerkte „objektivistische Ehrgeiz", der erst zur Ruhe kommt, wenn „universell gültige Theorien und Erkenntnisse" (S. 74)[2] präsentiert werden können, treibt heute kaum noch jemand an. Man schaltet, wie die Autorin des vorliegenden Buches selbst einräumt, von „Systematik" auf „Kasuistik" um, nimmt „Komik-Konstellationen" in den Blick, beschränkt sich auf das

L. Ellrich (✉)
Institut für Medienkultur und Theater, Universität zu Köln, Köln, Deutschland
E-Mail: lutz.ellrich@uni-koeln.de

S. Brenner-Wilczek (Hrsg.), *Heine-Jahrbuch 2025*, Heine-Jahrbuch, https://doi.org/10.1007/978-3-662-72327-2_14

„Für-Komisch-Gehaltene" oder möchte allenfalls eine „Feldtheorie der Komik"
entwerfen. Christina Günther reichen all diese Veränderungen der Forschungsland-
schaft, die sie offenbar für marginal hält, jedoch nicht aus. Sie polemisiert gegen
Theorien, die das „Komische" nach wie vor „als feste Eigenschaft eines Gegen-
standes ansehen, die einem Objekt, Sachverhalt oder einer Äußerung aufgrund seiner[/ihrer] Beschaffenheit im Sinne eines logischen Urteils zukommt". (ebd.) Mit
besonderer Schärfe attackiert Günther den in der Tat äußerst beliebten Einsatz der
„Kontrast- bzw. Inkongruenztheorie", welche leider nicht genau bestimmen kann,
„was die Kontraste unabdingbar zu komisch macht". (S. 75)[3]

Die harsche Kritik an umlaufenden oder reichlich abgestandenen Theorien der
Komik und das penible Referat der bereits vorhandenen Einwände, die sich gegen
sie erheben lassen, ist allerdings nicht der Kern von Günthers ambitioniertem Text.
Sie fordert auch nicht nur eine stärkere Berücksichtigung individueller, soziokul-
tureller, historischer und situativer Faktoren (vgl. ebd.) ein. Vielmehr möchte die
Studie – wie schon ihr Titel besagt – die „Unfassbarkeit der Komik" ins Zentrum
der Aufmerksamkeit rücken und zugleich ein begriffliches Werkzeug anbieten,
das geeignet ist, das „Phänomen" Komik terminologisch so einzukreisen, dass der
anti- oder transtheoretische Charakter des Unterfangens stets ersichtlich bleibt.
Der von Wolfgang Iser in den Komik-Diskurs eingeführte, aber dort nicht auf die
ihm gebührende Resonanz gestoßene Begriff „Emergenz" erfülle – so lautet Günthers Kernthese – die Ansprüche an eine angemessene Auseinandersetzung mit
der Komik, die eben keiner systematischen Theorie und scharfen Definition bedarf. Ziel des Unterfangens ist mithin eine Art behutsamer ‚Phänomenologie' des
Komischen, die das jähe, kausal nicht herleitbare Auftauchen der Komik ebenso
fokussiert wie auch die eigentümliche Ambivalenz, die für sie kennzeichnend zu
sein scheint. Isers „unvollendet gebliebenes Emergenz-Projekt" (S. 19) erweist sich
– wie Günther minutiös vorführt – als besonders ergiebig, wenn es darum geht, die
plötzlichen Kippmomente (S. 19; 111–132), genauer: „die Kettenreaktion[en] ständigen Umkippens" (S. 115), zu denen es im Verlauf des „komischen Geschehens"
(S. 114) kommt, kenntlich zu machen. Überdies ist es nun möglich, endlich die
Fahrwasser der Inkongruenztheorie zu verlassen. Denn die Dynamik emergenter
Kippbewegungen hat – wie Iser darlegt – nichts mehr mit der Produktivkraft eines
„aus Kontrasten [oder Inkongruenzen] gebildeten Widerspruchs" (ebd.) zu tun.

Bedauern könnte man in diesem Zusammenhang, dass Günther es unterlässt,
die Rolle des Ende der 1990er Jahre in unterschiedlichsten Disziplinen zum dis-
kursiven Trendsetter avancierten Emergenzbegriffs zu erörtern.[4] Vermutlich wäre
dann ihre Bewertung der konzeptionellen Leistung des Begriffs weniger eupho-
risch ausgefallen.

Bei der Anwendung des Emergenz-Konzepts auf literarische Texte zeigt sich
nämlich rasch, dass dessen hermeneutisches Potenzial sich nur ausschöpfen lässt,
wenn es mit einer recht konventionellen Diagnose von verschiedenen Komiktypen
verknüpft wird. Denn die konkrete Frage nach der Art und Weise, „wie sich das als
Emergenzphänomen plausibilisierte Komische realiter im Manifestationsverbund
des literarischen Textes ausnimmt" (S. 21), wird mit der Präsentation eines ganzen

Katalogs empirisch aufgefundener Komiksorten beantwortet: „gemütliche Komik" (S. 134) bzw. Unterhaltungskomik (ebd.), „Verlachkomik" (S. 154), „Triumph-komik" (ebd.; S. 163), „Kippkomik" (S. 165) und „Glanzkomik". (S. 180) Dieser für die Rezipienten durchaus verblüffende Umstand könnte zu der These verleiten, dass der innovative und provokative Impuls, den Günthers Projekt auf konzeptueller Ebene besitzt, im Zuge der Konfrontation mit dem echten Text verpufft. Dass sowohl die Auswahl als auch die ,Interpretation' des herangezogenen Materials als gelungen und originell bezeichnet werden darf, spricht für die schwer zu beschreibenden und doch beeindruckenden Fähigkeiten der Autorin. Diese treten nämlich noch in einer anderen Hinsicht zutage.

Im Zuge der Lektüre von Günthers Buch gewinnt man nämlich den Eindruck, dass die Autorin Definitionen und systematische Theorien, die sich anheischig machen, Komik zu ,erfassen' und gerade nicht ihre „Unfassbarkeit" zu akzeptieren, derart souverän beiseite wischen kann, weil sie ein quasi intuitives Wissen besitzt, das ihr jeweils einflüstert, *was* als komisches Phänomen gelten darf bzw. *was* gerade nicht als etwas Komisches infrage kommt. Um „Entwürfe" zu diskutieren, „in denen sich Aspekte des Komischen als Emergenz ausmachen lassen" (S. 83 f.), muss Günther doch über ein Mittel zur Identifikation der für sie relevanten Untersuchungsgegenstände (und seien es auch nur „Aspekte" davon) verfügen. Die behauptete „Unfassbarkeit" liefert ja keinen Freibrief, um *beliebige* Vorkommnisse mit dem Etikett ,komisch' zu versehen. Wer nun in Günthers Buch nach einem Indiz für Komik sucht, gerät keineswegs in einen sprachlichen Irrgarten, bei dessen Durchquerung jede Orientierung verloren geht und irgendwann nicht einmal mehr klar ist, wonach überhaupt gefahndet wird, sondern es findet sich etwas, für dessen Existenz das Komische zumindest mitverantwortlich zu sein scheint – nämlich das Lachen. Dass Günther die bekannten Analysen und Erklärungen des Lachens bei Kant, Bergson, Plessner, Ritter, Bachtin, Nietzsche, Bataille, Heinrich und Henrich ausführlich bespricht und unter dem Gesichtspunkt der Emergenz rekonstruiert, ist kein Zufall. Für Günther ist die Betrachtung des Lachens offenbar der Königsweg zu einer Phänomenologie der komischen Emergenz. Natürlich würde sie die folgende Feststellung von Tom Kindt nicht in Abrede stellen: „Komik äußert sich nicht zwangsläufig in Lachen, und wenn gelacht wird, dann kann dies neben Komik noch eine Vielzahl anderer Ursachen haben."[5] Lachen ist – wie Günther selbst im Anschluss an Iser betont – „nur *eine* mögliche, transitorische Manifestationsgestalt des Emergenten" (S. 126 f.), aber keine andere Manifestation bringt uns dazu, sie als spezifische Bewältigung des Unverständlichen, Unfassbaren zu erkennen, näherhin als eine Form der Flucht vor demjenigen, dem wir im Akt des Erkennens zugleich ausgeliefert sind.

Das abschließende 3. Kapitel des Buches (S. 133–198) macht – wie oben schon angedeutet – die Probe aufs Exempel. Im Mittelpunkt der hier durchgeführten emergenz-affinen Lektüren steht Heinrich Heines Version des Komischen. Eingerahmt wird die Heine-Interpretation erstens von einer Betrachtung jener bei (dem einst sehr berühmten, heute jedoch fast vergessenen) Curt Goetz zum Einsatz gelangenden reduktionistischen, mithin emergenzaversen Komik, welche Ambivalenzen fürchtet und „die Dinge (bewusst) *nicht* in der Schwebe hält" (S. 147),

sowie zweitens von einer Analyse der in Sibylle Lewitscharoffs Roman „Pong"
(1989) praktizierten Komik, die auf kaum zu überbietende Weise vorführt, wie ein
Text seine Leser*innen einem radikalen Deutungssog aussetzt, um dann jede nur
mögliche Interpretation ins Leere laufen zu lassen.

Günthers Heine-Interpretation kreist hauptsächlich um dessen Gedichtband
„Buch der Lieder" von 1827. Genau diese heterogene Sammlung, die hochgradig
sentimentale und schneidend desillusionierende Zeilen enthält, erklärt Günther
frei und frank „zum Bilderbuchbeispiel der Veranschaulichung einer beständigen
Kippbewegung wechselseitiger Negation, die wiederum den Rezipienten dem un-
sicheren, dabei komischen Schwebezustand anheimgibt." (S. 155) Fraglich ist, ob
die Rede von einem „komische[n] Schwebezustand" (S. 159), etwa der „Schwebe
zwischen Affirmation und Subversion" (ebd.), mit dem von Iser beschriebenen
„emergente[n] Kipp-Phänomen-Charakter" der Komik (S. 126) korrespondiert,
oder ob es hier nicht zu einer – man möchte fast sagen – ‚semantischen Inkongru-
enz' zwischen *Kippen* und *Schweben* kommt.

Günther bringt ihre Heine-Lektüre mit folgendem Statement auf den Punkt:
Der Rezipient kann

> nicht mehr entscheiden, ob sie [die Gedichte] als Scherz oder Ernst aufzufassen sind. Auf-
> grund dieser sich […] stabilisierenden Ambivalenz mündet sein Deutungsprozess in kei-
> nem unanfechtbaren Resultat. Demgemäß veranschaulicht das *Buch der Lieder* den idea-
> len Vorgang von Komik als Emergenz. (S. 165)

Aber widerspricht diese These nicht der von Günther gewählten Anordnung der
3 Lektüren? Stellt nicht „Pong" die emergente Komik der erzählten Handlungen
und Gedanken des Protagonisten weit deutlicher aus als das „Buch der Lieder"?
Während in der Gedichtsammlung eine Kippbewegung zwischen zwei Polen –
„Affirmation und Subversion" bzw. „Ernst" und „Scherz" – stattfindet, diffundiert
die Bedeutung der „Pong"-‚Geschichte' ins Uferlose. Gibt es bei Heine nicht doch
noch eine dialektische Dynamik, die jener Logik des Kontrasts und Konflikts ge-
horcht, welche das Emergenz-Konzept gerade überwinden will? Lewitscharoffs
Text hat solche ‚neohegelianischen' Relationen hinter sich gelassen und stellt
deshalb eigentlich erst den von Günther schon Heines Gedichten zugeschriebenen
„idealen Vorgang von Komik als Emergenz" (ebd.) dar.

Trotz solcher Bedenken und Vorschläge zur Verlagerung der Gewichte beein-
drucken Günthers Lektüren durch ihre Dichte und Pointiertheit. So weckt gerade
das letzte Kapitel des Buches, das die zuvor entwickelte Strategie eines Umgangs
mit komischen Phänomenen, die ihnen wirklich ‚gerecht' wird und nicht durch
theoretische Modelle ‚regelrecht' Gewalt antut, im Zuge von drei exemplarischen
Lektüren literarischer Texte demonstrieren möchte, bei den Leser*innen unwei-
gerlich die Lust auf weitere derartige ‚Konfrontationen' (S. 133) des neuen Ko-
mik-Verständnisses mit poetischen Werken. Günther sollte ihre Methode also
unbedingt noch an Jean Paul, E. T. A. Hoffmann und natürlich an Franz Kafka[6]
erproben.

Damit aber nicht genug. Die Ausweitung einer literaturwissenschaftlichen,
primär germanistisch angelegten Überprüfung der Potenziale des „Konzepts

von Komik als Emergenz" (ebd.) ist zweifellos wünschenswert. Aber weitaus wichtiger wäre die Diskussion von Versuchen, das „allseitige Elend der Komikdebatte" (S. 16)[7] zu verringern und auch der unfreiwilligen Komik mancher sich todernst als Theorie gebärdenden Mutmaßung über das Wesen der Komik nur noch Kurzauftritte zu gönnen. Nennen möcht ich hier Analysen von Formen der Komik, die in bestimmten Bereichen (z. B. Politik/Macht/Krieg, Arbeit, Sexualität, Kunst, Kulinarik) vorkommen, oder Überlegungen zu den Grenzen der Komik, die das Verhältnis des Komischen zu Indifferenz, Mitleid, Ekel und Entsetzen thematisieren.[8] Gerade solche Überlegungen betreffen signifikante Kippbewegungen, denn sie gelten nicht mehr ‚internen' Dynamiken des Komischen, sondern Prozessen, in denen das Komische blitzartig in etwas anderes umschlägt – z. B. trockene Heiterkeit in Indifferenz, Schadenfreude in Mitleid, sardonisches Ergötzen in Ekel, sadistisches Vergnügen in schieres Entsetzen.

Christina Günthers Buch zählt sicher zu den streitbarsten, anregendsten und herausforderndsten Beiträgen zur aktuellen Debatte über Struktur und Funktion dessen, was mit dem Begriff „Komik" ins Auge gefasst wird.

Anmerkungen

1 Tom Kindt: Komik. – In: Komik. Ein interdisziplinäres Handbuch. Hrsg. v. Uwe Wirth. Stuttgart 2017, S. 4 f.
2 Alle Seitenangaben im Text beziehen sich auf das besprochene Buch.
3 Günther greift hier eine Formulierung von Wolfgang Preisendanz aus dem Jahr 1976 auf.
4 Siehe hierzu Niklas Luhmann: Die Gesellschaft der Gesellschaft. Frankfurt a. M. 1997, S. 134 f.; Lutz Ellrich, Christiane Funken: Problemfelder der Emergenz. – In: Sozionik. Hrsg. v. Thomas Malsch. Berlin 1998, S. 345–393; Emergenz. Zur Analyse und Erklärung komplexer Strukturen. Hrsg. v. Jens Gräwe u. Annette Schnabel. Berlin 2011; Lutz Ellrich: Emergenz. – In: Denkfiguren. Hrsg. v. Eva Horn u. Michèle Lowrie. Berlin 2013, S. 59–61.
5 Kindt: Komik [Anm. 1], S. 2.
6 Immerhin zieht sie zur Bestätigung eigener Positionen Joseph Vogls Aufsatz über „Kafkas Komik" von 2006 heran.
7 Günther zitiert hier eine Aussage von Siegfried J. Schmidt.
8 Vgl. die Tagungsbände des Kasseler Komik-Kolloquiums, u. a. Wandel und Institution des Komischen. Hrsg. v. Friedrich W. Block u. Rolf Lohse. Bielefeld 2013; Grenzen der Komik. Hrsg. v. Friedrich W. Block u. Uwe Wirth. Bielefeld 2020; Komik der Lüste. Hrsg. v. Nils Jablonski, Friedrich W. Block u. Lutz Ellrich. Bielefeld 2023.

**Elke-Vera Kotowski, Uwe Lagatz
in Verbindung mit dem Harzmuseum
Wernigerode (Hrsg.): *Heine im Harz.
Entdeckungen am Rande einer legendären
Fußreise***

Berlin, Leipzig: Hentrich & Hentrich 2024. 320 S. € 28

Robert Steegers

Nicht nur im Düsseldorfer Heine-Institut wurde mit einer Ausstellung („‚Alles
wie verzaubert' – 200 Jahre Heines Harzreise") daran erinnert, dass der stud. jur.
Harry Heine im Herbst 1824 zu einer Fußwanderung aufbrach, die ihn durch den
Harz bis nach Weimar führte – und ihren Niederschlag in einem der bekanntesten Prosatexte Heines und dem Auftakt seiner „Reisebilder" fand. Auch im Harz
selbst, in Wernigerode, hat das dortige Harzmuseum, in Kooperation mit der
Moses Mendelssohn Stiftung, im Herbst und Winter 2024/25 eine Ausstellung ver-
anstaltet, deren gleichnamigen Begleitband es hier vorzustellen gilt.

Der Band bietet Beiträge aus literaturwissenschaftlicher wie aus historischer
Perspektive und weitet dabei den Blick auch auf die jüdische Gemeinde in
Halberstadt und deren Rolle im aufkommenden Harztourismus im 19. und frühen
20. Jahrhundert. Wie in der Ausstellung wird Heines „Harzreise" durch drei wei-
tere satirische Werke kontextualisiert, die Wanderungen durch den Harz und
auf den Brocken thematisieren. Was den Band durchgehend auszeichnet, ist die
Fülle an historischem und aktuellem Bildmaterial, das die Umstände von Heines
Wanderung anschaulich macht.

Den Auftakt des Bandes bildet, nach den üblichen Grußworten, ein Beitrag von
Joseph A. Kruse, „Gedanken zu Heines 200-jähriger Harzreise" (S. 15) untertitelt,
der Heines wirkmächtigen Prosatext in einen weiten Rahmen steckt, der von Heines Biografie und Herkommen bis zur Rezeption des Textes in der Nachwende-
zeit reicht. Irmela von der Lühe betrachtet die „Harzreise" in ihrem Beitrag als

R. Steegers (✉)
Rheinische Friedrich-Wilhelms-Universität Bonn, Bonn, Deutschland
E-Mail: steegers@uni-bonn.de

© Der/die Autor(en), exklusiv lizenziert an Springer-Verlag GmbH, DE, ein Teil
von Springer Nature 2026
S. Brenner-Wilczek (Hrsg.), *Heine-Jahrbuch 2025*, Heine-Jahrbuch,
https://doi.org/10.1007/978-3-662-72327-2_15

Text „zwischen Wanderlust, Naturbegeisterung und Zeitkritik" (S. 25) und ordnet das Reisebild in die literarischen Strömungen der Zeit ein, nicht ohne den – in der Forschung bekannten – Einfluss romantischer Texte und der Reiseschilderungen Washington Irvings zu betonen. Für von der Lühe manifestiert sich in den Natur-schilderungen der „Harzreise" eine Kritik an den restaurativen Zuständen:

> Über der feudalistisch-repressiven Kleinstaaterei des Deutschen Bundes erhebt sich der Brocken als ein gleichsam uneingelöstes Versprechen angesichts grassierender nationaler Engstirnigkeit und Intoleranz und falscher deutschtümelnder, judenfeindlicher Borniert-heit. (S. 40)

Als wirklich bereichernd auch für Leserinnen und Leser, die mit der „Harzreise" und der zugehörigen Forschung vertraut sind, erweist sich der tourismusgeschicht-lich fokussierte Beitrag von Uwe Lagatz, „Heine als Harzwanderer – Einer von vielen?", der es unternimmt, „die Wanderung ihres Urhebers als historische Fuß-reise zu untersuchen" (S. 43), und dabei bis zum ersten Harzreiseführer aus dem Jahr 1703 zurückgeht. Breiten Raum nimmt Friedrich Gottschalcks „Taschenbuch für Reisende in den Harz" ein, dessen zweite Auflage von 1817 auch Heine für seine Harzwanderung nutzte. Auch dieser Beitrag wird durch erhellende Abbildun-gen, etwa zu zeitgenössischen Fußwanderern (vgl. S. 54 f.), von Heines Eintrag im Besucherbuch der Grube Dorothea (vgl. S. 57) und von der Liste der Brocken-besucher im September 1824 aus dem „Wernigerodischen Intelligenz-Blatt" (vgl. S. 58 f.), ergänzt. Die am Beginn seines Beitrags aufgeworfene Frage, ob Heine als Harzreisender „einer von vielen gewesen sei oder eben nicht" (S. 72), wird letztlich bejaht, aber nicht ohne die Einschränkung, dass seine Wanderung nicht ohne ihre dann doch sehr untypische Frucht, die „Harzreise", betrachtet werden kann.

Eine willkommene Ergänzung zu jeder kommentierten Ausgabe der „Harz-reise" bietet der Beitrag von Uwe Lagatz und dem Fotografen Norbert Perner, der entlang von Heines (zum Teil mutmaßlicher) Reiseroute historische Abbildungen mit aktuellen Fotos der Landschaften und Orte zusammenstellt und diese mit Zi-taten aus der „Harzreise" und Gottschalcks Reiseführer unterlegt. So lässt sich zum Beispiel erfahren, dass die „liebe Wirthshaussonne in Nordheim" (DHA VI, 86) nicht einfach nur auf das dortige Wirtshaus zur Sonne verweist, sondern am Balkongitter des Hauses tatsächlich eine (schmiedeeiserne) Sonne dem Wanderer entgegenstrahlt. (vgl. S. 80) Und auch Heines Urteil, die Kaiserfiguren am Gosla-rer Rathaus „sehen aus wie gebratene Universitätspedelle" (DHA VI, 99), erweist sich, vgl. S. 89, als erstaunlich nachvollziehbar – an Dönerspießen, möchte man als moderner Betrachter ergänzen.

Ein wenig von Heines „Harzreise" weg, aber doch in die Lebensumstände, denen auch der Dichter unterworfen war, führt der Beitrag von Jutta Dick (unter Mitwirkung von Sarah Jaglitz), „Heinrich und Ilse. Die Halberstädter Judenschaft und der Harz". Hier wird die bedeutende jüdische Gemeinde der Stadt vorgestellt, die durch den Handel mit Getreide und Vieh aus der Börde und mit Metallen aus dem Harz prosperierte. Ein hübsches Zeugnis der Heine-Rezeption ist das Ge-dicht „Die gefangene Ilse" aus dem Jahre 1923, in dem Heines „Prinzessin Ilse" als unter dem Gelände des Ilsenburger Kupfer- und Messingwerks von Abraham

Hirsch kanalisierte Gefangene besungen wird. (vgl. S. 110 f.) Welche Bedeutung jüdische Reisende für den Harztourismus hatten, wird daran deutlich, dass Hotels und Pensionen Ende des 19. Jahrhunderts „koschere Verpflegung und jüdische Gottesdienste" (S. 115) anboten.

Etwas mehr als die Hälfte des Begleitbands nimmt der Blick auf weitere satirische Texte ein, die um Reisen in den Harz kreisen und auch in der Wernigeroder Ausstellung neben Heines „Harzreise" gestellt wurden. Im Falle von David Kalisch durch einen umfangreicheren Beitrag von Elke-Vera Kotowski präludiert, werden drei Texte vollständig oder in Auszügen abgedruckt und so wieder ins Licht gerückt. Die Präsentation als „Transkription" ist ein wenig vollmundig, handelt es sich doch nicht um die Wiedergabe von Handschriften, sondern schlicht von in Fraktur gesetzten Büchlein. Alle drei Texte sind übrigens, in deutschen und amerikanischen Bibliotheken, als Digitalisate zugänglich. Den Auftakt machen die zwei (gekürzt wiedergegebenen) Bändchen „Meine Streifereyen in den Harz und in einige seiner umliegenden Gegenden von Wilhelm Ferdinand Müller, Doktor der Philosophie", von 1800 bzw. 1801, die insofern besonderes Interesse verdienen, als sich hinter dem Pseudonym der Autor des schon erwähnten „Taschenbuchs für Reisende in den Harz" (zuerst 1806), Friedrich Gottschalck, verbirgt und dessen mitunter kritisch-spöttischer Ton, zum Beispiel in seiner aufklärerischen Kritik an religiösem Aberglauben, durchaus auf Heines Prosa vorausweist. So listet er die Reliquien auf, die dem Reisenden in der Stiftskirche zu Quedlinburg präsentiert werden: „2) Ein Stück von den Windeln Christi; war sehr schmutzig und roch übel. […] 4) Ein kristallnes Fläschchen mit Milch, von der Mutter Maria, welche, ungeachtet der Länge der Zeit, noch nicht geronnen und zu Käse geworden war." (S. 148)

Während der dritte der wiedergegebenen Texte David Kalischs „Schultze und Müller im Harz. Humoristische Reisebilder" von 1853, tatsächlich vor allem humoristisch und von sehr begrenztem literaturhistorischen Interesse ist, tritt uns mit „Meine Reise nach dem Harz", nach der Fassung in „Aus den Papieren eines Hingerichteten" (1834), ein bedeutender Vormärz-Autor, Adolf Glaßbrenner, entgegen. In der Buchfassung findet sich ein wilder Walpurgisnachttraum, den der Ich-Erzähler nachts auf dem Brocken träumt und der im ursprünglichen Zeitschriftendruck 1832 in dem von Glaßbrenner herausgegebenen „Berliner Don Quixote" (vgl. die Abbildung S. 214) noch nicht enthalten war. Hier kommt der Abdruck leider an seine Grenzen und wird passagenweise schwer lesbar, da die Auszeichnungen des Originals bei der Texteinrichtung nicht berücksichtigt wurden. Das betrifft etwa den kleineren Schriftgrad bei eingeschobenen Versen, vor allem aber, in den dramatisierten Passagen des Brockentraums, die Hervorhebung der jeweils sprechenden Figuren. Im Original sind die Sprechermarkierungen, wie in zeitgenössischen Drucken von Dramen nicht unüblich, gesperrt gesetzt und von einem Punkt gefolgt. Die in modernen Editionen übliche Wiedergabe der Sperrungen durch Kursivsatz ist hier leider unterblieben, was die Lesbarkeit dieses reizvollen und von der Literaturwissenschaft noch nicht gewürdigten Textes erheblich senkt.

Das ändert aber nichts daran, dass es verdienstvoll ist, diese Parallel- und Folgetexte zu Heines „Harzreise" wieder zugänglich zu machen, wie insgesamt der Begleitband zur Wernigeroder Ausstellung durch seine Beiträge, vor allem aber durch das reiche Bildmaterial eine schätzenswerte Ergänzung jeder Lektüre und intensiveren Auseinandersetzung mit der „Harzreise" und der ihr zugrunde liegenden Wanderung ist.

Winfried Krause: *Heine und die Religion*

Spiesen-Elversberg: Luther-Edition 2023 (Lutherische Nachrichten, Jg. 43, H. 3). 118 S. € 8

Hermann-Peter Eberlein

Um es vorweg zu sagen: Dies ist eine solide, kenntnisreiche Studie, die zu lesen mir – bis auf den predigthaften Schluss – Freude bereitet und meinen Horizont zu Heine erweitert hat. Schade, dass ihr keine weitere Verbreitung beschieden sein wird.

Denn der Verfasser, ein emeritierter Dorfpfarrer vom Hunsrück, ist weder in der Sache ausgewiesen noch überhaupt bislang wissenschaftlich hervorgetreten. Die „Lutherischen Nachrichten" sind das Publikationsorgan des Lutherischen Konvents im Rheinland, einer konservativen, innerhalb des deutschen Protestantismus randständigen Splittergruppe, und erscheinen in einem obskuren Verlag. Gute Gründe, solch eine Arbeit gar nicht erst wahrzunehmen, geschweige denn sie zu besprechen. Ich täte es auch nicht, hätte ich das Heft nicht von einem wohlmeinenden Lutheraner geschenkt bekommen.

In einem ersten Teil (S. 2–32) gibt Krause einen Überblick über Heines Leben, der eine profunde Kenntnis nicht nur der Werke und der Korrespondenzen Heines beweist, sondern auch auf die großen Biografien von Ludwig Rosenthal (1973), Wolfgang Hädecke (1985), Jan-Christoph Hauschild und Michael Werner (1997) sowie Rolf Hosfeld (2014) zurückgreifen kann. Auch dieser Lebensabriss zeigt an einigen Stellen bereits eine Fokussierung auf das Thema der Arbeit, etwa in dem Hinweis auf Heines Engagement im Berliner „Verein für Cultur und Wissenschaft der Juden", wo Heine aus politischen Gründen den Traditionalisten zuneigt, oder wenn Krause eine längere Passage zu Shakespeare aus den 1830 verfassten „Helgoländer Briefen" zitiert:

> Shakspear ist zu gleicher Zeit Jude und Grieche, oder vielmehr beide Elemente, der Spiritualismus und die Kunst, haben sich in ihm versöhnungsvoll durchdrungen, und zu einem höheren Ganzen entfaltet. Ist vielleicht solche harmonische Vermischung der beiden

H.-P. Eberlein (✉)
Evangelisch-theologische Fakultät, Universität Bonn, Bonn, Deutschland
E-Mail: eberlein@uni-bonn.de

S. Brenner-Wilczek (Hrsg.), *Heine-Jahrbuch 2025*, Heine-Jahrbuch,
https://doi.org/10.1007/978-3-662-72327-2_16

Elemente die Aufgabe der ganzen europäischen Civilisazion? Wir sind noch sehr weit entfernt von einem solchen Resultate. Der Grieche Göthe und mit ihm die ganze poetische
Parthey, hat in jüngster Zeit seine Antipathie gegen Jerusalem fast leidenschaftlich ausgesprochen. Die Gegenparthey, die keinen großen Namen an ihrer Spitze hat, sondern nur
einige Schreyhälse […], diese erheben ihr pharisäisches Zeter um so krächzender gegen
Athen und den großen Heiden. (S. 23 f.; DHA XI, 45)

Warum bleibt der Rezensent, ebenfalls ehemals rheinischer Pfarrer, an diesem
Zitat hängen? Vielleicht, weil es quer steht zur derzeitigen Tendenz in seiner Lan-
deskirche, das Christentum beinahe ausschließlich vom Judentum her zu verstehen
und seine hellenistischen Anteile zu minimalisieren.

Der Hauptteil der Arbeit (S. 32–113) widmet sich Heines religiöser Entwicklung; dabei geht der Autor wiederum grundsätzlich chronologisch vor, fasst aber
zugleich seine zahlreichen Belege, die er in der Regel nach der sechsbändigen, von
Klaus Briegleb veranstalteten Hanser-Ausgabe zitiert, in einzelnen Themenkom-
plexen zeitübergreifend zusammen – in dieser Strukturierung liegt der eigentliche
Gewinn der Publikation. Ich versage es mir, auf die vielen, gut ausgewählten Be-
legstellen einzugehen, und nenne nur die zehn Themenaspekte, nach denen Krause
den Stoff gliedert: Orientierungsanfänge, Taufe, Liebesreligion, Jesus Christus,
Freiheitsreligion, Bibel, Religion und Philosophie?, Sainte-Simon'sche [sic] utopische Sozialreligion, Ringen und Rückkehr, Bekehrung. Mithilfe dieser Aspekte
erschließt sich die enorme Masse an Quellen – vom Liebesgedicht bis zum kritischen Essay, von der Novelle bis zum Brief – im Hinblick auf Krauses Frage-
stellung, und man wird mitgenommen auf den Weg durch die unterschiedlichen
Lebensstationen dieses vom Leben geliebten und gebeutelten poetisch-philoso-
phischen Genies und taucht ein in seine ungemein interessanten wechselnden,
oftmals widersprüchlichen Lebens- und Gedankenwelten, in denen sich die Um-
brüche einer ganzen Epoche spiegeln. An manchen Stellen hätte ich mir zur Un-
terfütterung des Bildes allerdings zeitgeschichtliche Ausblicke in das politische,
philosophische, literarische und theologische Umfeld gewünscht – so wirkt der
Fokus auf Heine oftmals wie ein Lichtstrahl, der die Welt um ihn herum im Schatten lässt. Doch dazu kann man ja etwa Hosfelds schöne Biografie lesen.

Die letzten Seiten (113–117) bieten eine Zusammenfassung:

Obwohl er in seinem Elternhaus kein lebendiges Judentum mehr erlebte und seine Kon-
version zum Christentum in jungen Jahren nur karrierebedingt war, hatte Heine seit seiner
Jugend neben kritischen Zweifeln seiner vermeintlich aufgeklärten Zeit ein anhaltendes
religiöses Interesse. Ausgelöst von seiner Mitarbeit im Berliner ‚Verein für Cultur und
Wissenschaft der Juden' beschäftigte er sich immer wieder mit seinem angestammten Judentum […] Durch seine deutsche Umgebung, seine Taufe in einer evangelischen Kirche
und besonders die um 1830 einsetzende intensive Lektüre der Lutherbibel interessierte er
sich auch zunehmend für das Christentum. Aber erst nach langem Suchen und Schwanken
kam es dann 1848 – im synchronen Scheitern seiner politischen Hoffnungen und Ausbre-
chen seiner Krankheit – zu seiner endgültigen Bekehrung oder ‚Rückkehr' zum Gott der
Bibel. (S. 114 f.)

Hat Krause zuvor Heines Religionskritik in ihren verschiedenen Facetten durchaus
sachgerecht vorgestellt, so ordnet er sie nun ein in eine Linie, die in der *Bekehrung*

mündet. Das ist an den präsentierten Quellen durchaus nachzuvollziehen, allerdings unterschätzt der Verfasser dabei den immer noch potenziell ironisch-distanzierten Umgang des großen Spötters mit der Sprache – Krause nimmt immer alles ernst und für bare Münze.

Das ist vielleicht der Art und Weise geschuldet, wie der Verfasser seinen Beruf verstehen zu müssen meint. Ab hier jedenfalls schlägt das theologische Selbstbewusstsein des Pfarrers Krause, schlägt auch sein missionarischer Drang durch und macht die letzten beiden Seiten des Heftes ungenießbar. Es wirkt geradezu pfäffisch, wenn Krause bei Heine „auf sein konkretes irdisches Leben – etwa seine vielen Liebschaften – bezogene Sündenbekenntnisse" vermisst. (S. 115) Es wirkt rechthaberisch, wenn Krause explizit anmerkt, dass sich Heine „trotz seiner tiefen, existentiellen Erkenntnis des Gegensatzes von des Menschen (und seiner eigenen) Sünde und Gottes Gnade [...] nie zum Apostel Paulus und seiner dem Evangelium Jesu entsprechenden Rechtfertigungslehre geäußert" habe (S. 116 f.) – davon abgesehen, dass seit Jahrhunderten umstritten ist, wie sich denn die Lehre des Paulus zum Evangelium Jesu (sofern man es überhaupt fassen kann) verhält. Es wirkt triumphalistisch, dass sich Heine für Krause trotz etlicher, von ihm selbst benannter Gegenargumente und unter Überbetonung anderer, wie etwa der katholischen Trauung mit seiner Mathilde, „zu einem jüdisch-christlich-evangelischen, auf die *Bibel* gegründeten, privaten, geistigen Gottesglauben" bekennt. (S. 116; Hervorhebung i. O.) Nein: Zu Kreuze gekrochen ist Heine eben nicht! Im Schlusssatz schlägt die Zusammenfassung dann vollends in ein Bekenntnis des Autors um: Bewundernswert sei Heines

> Mut, angesichts der erkannten biblischen Wahrheit seine bisherigen (un-)religiösen Positionen zu revidieren und sich gegen die Sirenentöne des Zeitgeistes und viele seiner bisherigen ‚Freunde' klar zum gnädigen, aus dem bevorstehenden Tod rettenden Gott *Jehovah-Jesus* der Bibel zu bekennen, der jeden Menschen liebt, wenn er mit Herz und Mund im H[ei]l[igen] Geist an ihn glaubt. (S. 117; Hervorhebung i. O.)

Diese predigthaften und noch dazu begrifflich konfusen (Jehovah-Jesus: Wer soll das sein? Der Gott der Juden ist es nicht, der christliche, trinitarisch gedachte auch nicht – also ein abgespecktes Mischwesen?) Schlussbemerkungen befördern leider die immer noch herrschenden Vorurteile gegen Theologen, mindern zum Glück aber nicht die Qualität der darstellenden Teile seiner Arbeit. Leider finde ich jedoch keine Auseinandersetzung mit Ferdinand Schlingensiepens Textbuch „Heinrich Heine als Theologe" (München 1981) und mit dem vom selben Autor in Gemeinschaft mit Manfred Windfuhr unter dem Titel „Heinrich Heine und die Religion" herausgegebenen Tagungsband, der 1998 vom Archiv der Evangelischen Kirche im Rheinland in seiner eigenen Publikationsreihe veröffentlicht wurde – dabei war Schlingensiepen ebenfalls Pfarrer im Rheinland und damit Krauses Kollege.

Der Drucksatz des Buches liegt deutlich unter dem Niveau einer Seminararbeit, wie sie heute abgegeben zu werden pflegt; so bleiben etwa große Teile der Seiten 38 und 110 leer, weil es nicht gelang, sehr lange, auf den Folgeseiten komplett abgedruckte Anmerkungen zu teilen; Trenn- und Gedankenstriche werden nicht unterschieden; immer wieder fehlen Leerzeichen; auf Überschriften folgt keine Leerzeile. Die inneren Deckelseiten sind mit Text bedruckt, die Heftung ist miserabel: Schlägt man das Heft vorsichtig auf, klappt es sofort wieder zu, öffnet man es mit mehr Kraftanstrengung, beginnt die Klebebindung zu reißen. Schade!

Julia Kruse: *Aufstörung als Prinzip* – *Heinrich Heines „Buch der Lieder"*

Berlin u. a.: Peter Lang 2024 (Gießener Arbeiten zur neueren deutschen Literatur und Literaturwissenschaft, Bd. 40). 364 S. € 76,95

Robert Steegers

Heinrich Heines „Buch der Lieder" gilt, in seiner Breitenwirkung nicht zuletzt verstärkt durch die Vielzahl von Vertonungen einzelner Gedichte, als einer der erfolgreichsten Gedichtbände des 19. Jahrhunderts. Dabei wurde Heine vom Lesepublikum offenbar vor allem affirmativ als romantischer Dichter par excellence wahrgenommen, zugleich werden in der Rezeption der Sammlung von Anfang an immer wieder auch ihre Widerständigkeit und Sperrigkeit, die in Einzeltexten, Zyklen oder dem Gedichtband als Ganzem erkennbaren Brüche und Ambivalenzen benannt.

Julia Kruse nimmt in ihrer, 2019 als Dissertation an der Universität Halle-Wittenberg vorgelegten, Studie das „Buch der Lieder" unter diesem Aspekt in den Blick und zieht dazu die von Carsten Gansel in den literaturwissenschaftlichen Diskurs eingebrachte, letztlich systemtheoretisch hergeleitete Kategorie der Störung heran.

> Das Ziel dieser Arbeit besteht darin, sowohl die produktions- als auch die rezeptionsästhetische Funktion der Dissonanzen und der damit verbundenen Störungen unter Berücksichtigung der Besonderheit der literarischen Sprache zu beleuchten. (S. 19)

Dem „Buch der Lieder", so Kruses These, liege „eine Poetik der Störung zugrunde" (S. 25), „die dem Leser ein Gefühl der Verunsicherung und Nervosität vermittelt". (ebd.) Ein einleitender Theorieteil fragt, wie Literatur als Medium von Störungen begriffen werden kann und welche Folgen sich daraus für die ästhetische Wahrnehmung ergeben. Einen hohen Stellenwert räumt sie dabei den Emotionen ein, die literarische Texte auslösen – und auslösen wollen: Thomas Anz und Martin Huber, die Kruse zitiert, definieren literarische Kommunikation als

R. Steegers (✉)
Rheinische Friedrich-Wilhelms-Universität Bonn, Bonn, Deutschland
E-Mail: steegers@uni-bonn.de

© Der/die Autor(en), exklusiv lizenziert an Springer-Verlag GmbH, DE, ein Teil
von Springer Nature 2026
S. Brenner-Wilczek (Hrsg.), *Heine-Jahrbuch 2025*, Heine-Jahrbuch,
https://doi.org/10.1007/978-3-662-72327-2_17

„hochgradig emotionales Geschehen" (S. 41) – und die damit zugleich die affektive Seite der in und durch literarische Texte ausgelösten Störungen bilden. Den größten Umfang nehmen im zweiten Teil der Studie auf rund 200 Seiten Einzelanalysen von Gedichten aus allen Zyklen des „Buchs der Lieder" ein, die auch, im Sinne der von Norbert Altenhofer herausgearbeiteten „Ästhetik des Arrangements", die Struktur der Zyklen berücksichtigen. Ein dritter, sehr knapper Teil wirft schließlich in wenigen Streiflichtern einen Blick auf die zeitgenössische Aufnahme des Gedichtbands.

Wie weit der Ansatz von Kruse trägt und welchen Mehrwert die Kategorie der Störung für das Verständnis Heinescher Texte bietet, soll exemplarisch an der Analyse von „Sie saßen und tranken am Theetisch" („Lyrisches Intermezzo L."; vgl. S. 216–229; DHA I, 183 f.) untersucht werden. „Die Modifizierbarkeit der Bedeutung konventioneller Codes und die Hintergründigkeit der darin enthaltenen Emotionen bringt *Lyrisches Intermezzo L*, eines der bekanntesten Gedichte Heines, auf den Punkt." (S. 216) Es gehe um „Erfahrungen und Vorstellungen einer Liebe, die sich nach Heines bisherigen Darstellungen der Sprache eigentlich entzieht". (ebd.) Ist dem wirklich so? Als Beleg verweist Kruse auf das Gedicht „Nachhall" aus der Gedichtsammlung von 1822 und zitiert den Vers „O könnt' ich die Liebe sargen hinzu!" (DHA I, 64) und gibt „Lieder IX" im „Buch der Lieder" als Quelle an – besagter Vers ist aber gerade nicht in die bearbeitete Fassung des frühen Gedichts für das „Buch der Lieder" aufgenommen worden. Ob man überhaupt von der „Unsinnigkeit der Grundannahmen und dem Ziel der Diskussion, die Liebe sprachlich zu fassen" (S. 216) sinnvoll reden kann, erscheint fraglich, da diese These doch eigentlich die Möglichkeit jedes lyrischen Sprechens über die Liebe in Abrede stellt. Ingeborg Bachmanns „Erklär mir, Liebe" oder Erich Frieds „Was es ist" („Es ist was es ist / sagt die Liebe") bezeugen das Gegenteil.

Ungenau ist auch der Befund, die Teilnehmerinnen und Teilnehmer der Teegesellschaft versuchten, sich in ihrem Reden über die Liebe „(sprachlich) gegenseitig zu überbieten" (ebd.), da es doch eher um verschiedene, einander ergänzende Perspektiven ohne eine erkennbare Steigerung von Strophe zu Strophe geht. Präzise hingegen ist die Beschreibung, dass es im ganzen Text um den „Widerspruch zwischen sinnlichen Begehren einerseits und deren konventioneller Unterdrückung im Medium ihrer sprachlichen Gestaltung und einer jeweiligen physiognomischen Charakteristik andererseits" (ebd.) geht und darin die Komik des Gedichts liegt. Kruse stellt die Mehrschichtigkeit des Textes heraus: „Das Gedicht ist 1. die lyrische Rede über 2. ein Gespräch, dessen Thema 3. die Liebe ist." (S. 218) Im Sinne der im einleitenden Kapitel von Gesine Lenore Schiewer übernommenen Kategorisierung von Emotionen in literarischen Texten (vgl. S. 44–49) wird die Liebe in dem Gedicht über ein Gespräch über die Liebe nur als „cold emotion", als diskursiv vermittelt, erkennbar. „Hot" wird es schließlich aber doch, da die Liebe in ihrer sinnlichen, körperlichen Dimension „durch die geschilderte Körpersprache dann doch zum Vorschein komm[t]". (S. 219) Diese Ambivalenz auch auf der formalen Ebene des Gedichts zu fassen, gelingt nicht ganz: Zwar ist es sicher richtig, dass „der berühmteste Reim Heines ‚Theetisch' auf ‚ästhetisch'" (S. 220) eine, in Kruses Terminologie, aufstörende Wirkung hat – dass aber der

„unreine Reim ‚viel' auf ‚Gefühl' […] das romantische Reimempfinden [stört]"
(ebd.), ließe sich durch etliche unreine Reime in genuin romantischer Lyrik (etwa:
„spannte" – „Lande" in Eichendorffs „Mondnacht") leicht widerlegen. Und übrigens hat ja auch der „ästhetische Tee" als schöngeistige Abendveranstaltung (nach
dem „Grimmschen Wörterbuch", Bd. 3, Sp. 366, hat „ästhetisch" auch die Bedeutung: „dem schönen zugeneigt, auf das schöne ausgerichtet schöngeistig; häufig
mit spött. unterton, vgl. bes. ästhetischer tee, zirkel u. ä. verbindungen") eine gewisse Tradition, die den Reim etwas weniger überraschend und aufstörend macht.
Bei Grimm wird als Beleg eine Stelle bei E. T. A. Hoffmann von 1821, also etwa
zeitgleich mit der vermuteten Entstehungszeit des „Lyrischen Intermezzos" im
Winter 1821/22 (vgl. DHA I, 749), angeführt; die Kapitelüberschrift in Wilhelm
Hauffs „Mittheilungen aus den Memoiren des Satan", „Satan besucht mit dem
ewigen Juden einen ästhetischen Thee", datiert auf 1826.

Wie konventionelles, unsinniges, repressives Reden über die Liebe in den
Strophen 2 bis 4 des Gedichts durch eine mehr oder weniger subtextuelle Körperlichkeit, die sich, in Strophe 2 und 3, in den Antworten der weiblichen Salongäste
Raum verschafft, konterkariert wird, stellt Kruse detailliert heraus. Die Hofrätin,
die die Ausführungen ihres Gatten zum platonischen Charakter der Liebe, mit
einem „Ach!" kommentiert, „weiß ganz genau, wovon ihr Mann spricht, möglicherweise erlebt sie die Asexualität bzw. das sexuelle Unvermögen ihres Mannes
Tag für Tag". (S. 223) Kruse hebt hervor, dass der Domherr in Strophe 3 zwar vor
Rohheit in der Liebe warne, aber durch das körperliche (man könnte weitergehen:
begehrend-verschlingende) Element seines Sprechens („Der Domherr öffnet den
Mund weit") nahegelegt wird, dass er „möglicherweise genau über zu rohe Ansprüche an die Liebe verfügt und sein wahres Verlangen nicht unterdrücken kann".
(S. 224) Nicht richtig ist, was Kruse daran unmittelbar anschließend folgert: „was
mit Blick auf sein geistliches Amt ein Normverstoß, ja ein Skandal wäre, zugleich
aber eine verbreitete antiklerikale Polemik und Erfahrung auch aufnimmt." (ebd.
f.) Denn der Domherr ist keineswegs, wie Kruse offenbar voraussetzt, unbedingt
ein katholischer (zölibatärer) Geistlicher, vielmehr konnte der Titel eines Domherrn in der Restaurationszeit, als Preußen und Sachsen nach dem Wiener Kon-
gress zu Schirmherrn protestantischer Stifte geworden waren, auch als Ehrentitel
an verdiente Persönlichkeiten von Adel vergeben werden, verbunden oft noch mit
den Einkünften einer Präbende. Einem solchen Domherren konnte die körperliche
Liebe also ganz ohne Skandalon vertraut sein – auch wenn der weit geöffnete,
durch die reichlichen „o" in der Strophe (vgl. S. 225) noch im Klang als aufgeris-
sen widergespiegelte Mund auch dem weltlichen Domherrn etwas Obszönes gibt.
Das Fräulein, in dieser Strophe die Komplementärfigur zum Domherrn, „lispelt:
wie so?". (DHA I, 183) Kruse folgert daraus, „dass das Fräulein Erfahrungen oder
Wünsche hat" (S. 226), und schließt: „Dass dieses Verlangen von einem unver-
heirateten Fräulein zum Ausdruck gebracht wird, macht den Skandal komplett."
(ebd.) Hier könnte man ergänzen, dass das Gedicht die Schraube eigentlich noch
eine Drehung weiter anzieht, weil letztlich unklar bleibt, ob sich in der Frage des
Fräuleins tatsächlich konkretes Verlangen, Wissen, Erfahrungen spiegeln – oder ob
das Fräulein vielleicht doch naiv und unschuldig ist, was die mit zum Verschlingen

weit geöffnetem Mund vorgetragene Rede des Domherrn zu einer echten Grenzüberschreitung und verbalen Vorstufe einer Vergewaltigung macht.

In der vierten Strophe dreht sich, wie Kruse heraushebt (vgl. ebd.), die Konstellation der Geschlechter herum, indem nun mit der Gräfin der weibliche Part
das Wort ergreift: „Die Gräfin spricht wehmüthig: / Die Liebe ist eine Passion!"
(DHA I, 183) Kruse stellt richtig fest, dass sich in der Rede der Gräfin, die von
„sowohl Leidenschaft als auch Leiden" (S. 227) der Liebe handelt, ebenfalls die
„Vorstellung einer Liebe mit Körperlichkeit und Leidenschaft" (ebd.) ausdrückt.
Dass das Präsentieren der Teetasse für den Herrn Baron „die schöne Rede der Gräfin ins Komische kippen" (ebd.) lässt und damit konterkariert, scheint aber etwas
kurzgegriffen, da der enge Zusammenhang von Nahrung und Sexualität – hier
ist es die Frau, die dem Mann eine Gabe und damit zugleich sich selbst reicht,
wenn auch sehr sublimiert in der Tasse Tee –, der im Text präsent ist, nicht aus-
gedeutet wird. Dass wir uns die Gräfin und den Baron als außereheliches Liebes-
paar zu denken haben, erhellt der (chiastisch verfremdete) intertextuelle Verweis
auf Goethes „Wahlverwandtschaften", wo Graf und Baronesse ein sich heimlich
treffendes, ehebrecherisches Paar sind (dessen Eintreffen auf dem Schloss letztlich den doppelten Ehebruch in Gedanken von Charlotte und Eduard auslöst). In
der letzten Strophe öffnet der lyrische Sprecher des Gedichts die Szenerie hin auf
sein abwesendes „Liebchen", für das am „Tische […] noch ein Plätzchen" (DHA
I, 185) frei geblieben war: „Du hättest so hübsch, mein Schätzchen, / Von deiner
Liebe erzählt." (ebd.) Hier kommt, so Kruse, „das in der Anlage des Gedichts in-
tendierte *Eigentliche* zur Sprache" (S. 228): „Sie würde die einzige Person sein,
die die Liebe – auch in ihrer Körperlichkeit – kennt und deshalb ‚authentisch'
davon zu sprechen wüsste". (ebd.) Aber lässt sich, gerade wenn doch das Gedicht
auf mögliche Störungen und Verstörungen hin befragt wird, so einfach sagen, dass
die Angeredete „das Wahrhaftige, das sich dem Gedicht entzieht [, repräsentiert]"?
(S. 229)

Die weitaus verstörendere Lesart, die sich in den von Kruse bemerkten „kon-
ventionalisierten und damit auch reproduzierenden Kosenamen ‚Liebchen' und
‚Schätzchen'" (ebd.) andeutet (und die Kruse als Mittel sieht, „auf ironische
Weise" die „Authentizität" ihrer vom lyrischen Ich erwarteten Rede zu unterstrei-
chen – vgl. ebd.), diese viel verstörendere Lesart wäre doch die, dass das „Liebchen" eben in genau derselben konventionellen, uneigentlichen, entfremdeten
Art und Weise von der Liebe spricht wie der Hofrat, der Domherr und die Gräfin.
Das „Mein Liebchen, da hast du gefehlt" (DHA I, 185) würde man so als ein „Da
hast du gerade noch gefehlt" deuten können. Wenn man in Rechnung stellt, dass
die angeredete Geliebte auch in den umliegenden Gedichten des „Lyrischen Intermezzos" oftmals diejenige ist, die gerade keine Liebeserfüllung gewährt (vgl.
das Trennungsszenario in „Lyrisches Intermezzo XLIX." und die Assoziation der
Geliebten mit giftigen Schlangen in „Lyrisches Intermezzo LI."), erscheint es
wahrscheinlich, dass auch das hier apostrophierte „Schätzchen" selbst im Konventionellen verhaftet bleibt und das Begehren des lyrischen Ichs nicht erfüllt –
ganz anders als einige Jahre später die Frauenfiguren in den „Verschiedene[n]"
der „Neuen Gedichte". (DHA II, 31 ff.) Hier läge dann, gleichsam in einer

Schlusspointe, die eigentliche Störung, die das Gedicht den Leserinnen und Lesern zumutet.

Der intensive Nachvollzug der Analyse des Gedichts „Lyrisches Intermezzo L." sollte beispielhaft deutlich machen, dass unter dem Gesichtspunkt der Störung und der Leitfrage, wie Emotionen auf der Textebene verhandelt wären, noch tiefer in den einzelnen Text eingestiegen werden könnte. Hier wären weniger als die vorliegenden 15 Einzelanalysen womöglich mehr gewesen. Zudem wird letztlich in den Analysen nicht immer deutlich, inwieweit die Kategorie der Störung tatsächlich substanziell über die aus der Heine-Forschung bekannten Kategorien wie Kontrastästhetik, Ambivalenzerfahrung, kommunikative Ambiguität etc. hinausgeht und Sinnebenen eröffnet, die sich der Deutung bislang entzogen.

Ein dritter, knapp 40-seitiger Teil der Arbeit widmet sich unter dem Aspekt der Störung der zeitgenössischen Rezeption des „Buchs der Lieder", anhand ausgewählter Rezeptionszeugnisse aus der von Galley und Estermann zusammengestellten Edition. Das fällt leider allzu kursorisch aus und hätte breiteren Raum verdient, vielleicht auf Kosten einiger Einzelanalysen im zweiten Teil, gerade weil der im zweiten Kapitel des dritten Teils verfolgte Ansatz, anhand der zeitgenössischen Rezensionen das „Buch der Lieder" und seine Aufnahme in den Kontext einer (modernen) Romantik einzuordnen, wie sie Stefan Matuschek in seiner Studie „Der gedichtete Himmel. Eine Geschichte der Romantik" entworfen hat, ausgesprochen vielversprechend erscheint. Hier öffnet Kruse ein weites Feld für weitere Untersuchungen. Insgesamt lässt sich sagen, dass es Kruse in ihrer facettenreichen und anregenden Studie gelingt, die Kategorie der Störung im Verständnis von Carsten Gansel für Heines Werk und seine Aufnahme fruchtbar zu machen. Es wäre spannend zu sehen, wie sich beispielsweise Heines lyrisches Spätwerk auf diese Weise aufschließen ließe.

Hans-Christoph Ramm: *1848. Die Welt mit eigenen Augen sehen. Repräsentantinnen und Repräsentanten der Wirkungsästhetik des Vormärz*

Würzburg: Königshausen & Neumann 2024. 276 S. € 38

Jan-Birger von Holtum

Der für die vorliegende Studie gewählte Titel lässt zunächst nicht erahnen, dass das genuine Forschungsinteresse und -ziel Hans-Christoph Ramms vornehmlich auf eine neuerliche Verortung des Œuvres Wilhelm Hauffs gerichtet zu sein scheint. Ramm veröffentlichte bereits zuvor die Abhandlung „Wilhelm Hauff – Spiele des Bösen" (Darmstadt 2022), in der er sich eingehend mit den drei „Märchenalmanachen", den satirischen „Mittheilungen aus den Memoiren des Satan" sowie der Novelle „Das Bild des Kaisers" aus der Feder Hauffs auseinandergesetzt hat. Der hier nun thematisierte Band „1848. Die Welt mit eigenen Augen sehen" muss zwingend als eine Art Fortsetzung dieser Beschäftigung und deren Intention hinsichtlich einer Neubewertung des Hauffschen Werks gelesen werden. Die von Ramm ausgewählten „Repräsentantinnen und Repräsentanten der Wirkungsästhetik des Vormärz" sind neben Hauff namentlich vor allem Georg Büchner („Dantons Tod", „Leonce und Lena", „Woyzeck"), eher am Rande Heinrich Heine („Die schlesischen Weber") und Georg Herwegh („Leicht Gepäck"), sowie Fanny Lewald („Meine Lebensgeschichte"), Louise Aston („Meine Emancipation. Verweisung und Rechtfertigung", „Aus dem Leben einer Frau") und Mathilde Franziska Anneke („Das Weib im Conflict mit den socialen Verhältnissen", „Memoiren einer Frau aus dem badisch-pfälzischen Feldzuge"). Überdies zieht Ramm in interdisziplinärer Perspektive Parallelen zu den Opern „Der Barbier von Sevilla" („Il barbiere di Siviglia") und „Die diebische Elster" („La gazza ladra") des

J.-B. von Holtum (✉)
Heinrich-Heine-Institut und Schumann-Haus, Düsseldorf, Deutschland
E-Mail: janbirger.vonholtum@duesseldorf.de

S. Brenner-Wilczek (Hrsg.), *Heine-Jahrbuch 2025*, Heine-Jahrbuch,
https://doi.org/10.1007/978-3-662-72327-2_18

italienischen Komponisten Gioachino Rossini, was zunächst überrascht, jedoch durch Ramm folgendermaßen erklärt wird:

> Grundsätzlich geht es in jedem der Werke um Grenzsituationen, die in einer säkularisier-
> ten Welt sicher scheinende restaurative Lebensverhältnisse von 1848/1849 durchbrechen.
> Vergleichbar sind die Werke deshalb, weil sich im vormärzlichen Prozess die 1848er Re-
> volution von Mailand bis Wien, von Berlin bis Budapest mit rasender Geschwindigkeit als
> gesamteuropäisches Ereignis ausbreitete. (S. 17)

Ramm bezieht sich bei seinen Ausführungen wiederholt auf eine „Geheimspra-
che", die jene ausgewählten Repräsentant*innen des „kulturgeschichtlichen, europäischen Vormärz" gemein hätten (ebd.) und die sich in einer „auf die Gegenwart
bezogene[n] Wirkungsästhetik" zu erkennen gebe. (S. 13) Diese „musikalische
und dichterische Sprache" ist laut Ramm als „Gegenpol [zu] einer Sprache des Re-
staurations-Dogmatismus", als „Gegengift gegen totalitäre Herrschaftsformen" zu
werten. (S. 16) Fortfolgend heißt es:

> „Die exemplarisch ausgewählten Werke thematisieren die Vision der bürgerli-
chen Gesellschaft von Chancengleichheit, politischer Teilhabe und Gerechtigkeit".
(ebd.) Den letztgenannten Aspekt wiederholt und betont Ramm somit in der Vorbemerkung der Studie, um schließlich auch an die „Frauenfrage" im Vormärz an-
zuknüpfen, die er ebenfalls in den von ihm untersuchten Werken behandelt sieht:

> Es geht um die ‚Soziale Frage', um soziale Gerechtigkeit, um eine gerechte Verteilung
> von Reichtum und um die Möglichkeit von Bildung und Arbeit für bürgerliche Frauen.
> Die Werke lassen diese Vision unter dem Diktat von fürstenherrschaftlichem Unrecht
> fragwürdig werden oder zerbrechen. (ebd.)

Das erste Kapitel der Abhandlung nutzt Ramm, um die geläufigen kulturgeschichtlichen Charakteristika der „Epoche des Vormärz" zu benennen, was durchaus
anteilig in dem vorangestellten „Problemaufriss" hätte integriert werden können. Anschließend folgen über 80 Seiten mit überaus kenntnisreichen und somit
essenziellen Einzelanalysen zu fünf Novellen Wilhelm Hauffs, die laut Ramm
durch „eine Durchdringung von Poesie und Leben" und von einem „frührealisti-
schen Erzählverfahren" geprägt sind (S. 43): „Die Bettlerin vom Pont des Arts",
„Othello", „Jud Süß", „Die Sängerin" und „Die letzten Ritter von Marienburg".
Diese umfangreichen Betrachtungen bilden nicht nur gemessen am Seitenum-
fang (Kap. 2) den Kern der Studie. Mitunter wirken die gezogenen Rückschlüsse
jedoch trotz der hohen analytischen Qualität überspitzt, da es dem Verfasser offenkundig auch darum geht, Wilhelm Hauffs Reputation in der Nachwelt zu verbessern bzw. ihn explizit als „vormärzlichen Schriftsteller" zu klassifizieren. So
ließe sich laut Ramm beispielsweise in Hauffs Novellen eine „herausfordernde, interessante intertextuelle Dialektik" entdecken, die den 1802 geborenen und bereits
1827 gestorbenen Schriftsteller „zum kulturkritischen Vorläufer [Georg] Büchners,
[Ludwig] Börnes und [Heinrich] Heines" mache (S. 37); eine Einschätzung, die
wohl als ein bewusst polarisierendes Werturteil bezeichnet werden kann. Ähnlich

hieß es bereits im eingangs erwähnten Band „Wilhelm Hauff – Spiele des Bösen",
worauf auch Ramm selbst verweist, mit ähnlicher Intention:

> Indem er sich literarisch und essayistisch mit der bewegten Zeit zwischen Französischer
> Revolution (1789) und Befreiungskriegen (1813–1814) geschichtsskeptisch auseinander-
> setzt, kann er als Vorläufer Heinrich Heines, Ludwig Börnes und Georg Büchners gelesen
> werden, der Thomas Manns Ironie und postmodernes Erzählen antizipiert. (S. 9)

Es soll in dieser Rezension nun aber kein Vergleich der Werke Hauffs, Börnes und
Heines aus den 1820er Jahren vorgenommen und auch nicht eine Definition des
Begriffs „Vorläufer" im Kontrast zu einer vermeintlichen wirkungsgeschichtlichen
Simultaneität erörtert werden. Jedoch soll im Folgenden zumindest punktuell der
Blick auf die eher beiläufigen Einlassungen Ramms zu den Werken Heinrich Heines gerichtet werden. So wäre bei der Verwendung von Heine-Zitaten im Allgemeinen die Verwendung einer historisch-kritischen Ausgabe wünschenswert gewesen. Als Beispiel sei das dritte Kapitel der Studie angeführt, in dem Ramm darlegt,
„welche politischen und musikalischen Mittel der Kompositionskunst Rossinis die
ebenfalls politisch zu lesende Erzählkunst Hauffs" geprägt haben. (S. 122) In der
Folge werden entsprechende Aspekte hinsichtlich der Tonkunst Rossinis herausge-
arbeitet. Hierbei wird mehrmals darauf verwiesen, dass Hauff, ähnlich wie Rossini, eine „Widerstandsästhetik" entwickelt habe, „die an demokratische Einstellungen ihrer Rezipient*innen" – auf der Metaebene – appellieren solle. (S. 139)
    In diesem Kontext zitiert Ramm gleich an mehreren Stellen Heinrich Heine,
simplifiziert jedoch dessen durchaus ambivalente Äußerungen über Rossini. So
verweist Ramm auf Heines bekannten Rossini-Meyerbeer-Vergleich anhand einer
Ausgabe der „Gesammelten Schriften" des Musikwissenschaftlers Carl Dahlhaus,
der die Passage wiederum aus dem 1964 von Michael Mann herausgegebenen
Band „Heinrich Heine. Zeitungsberichte über Musik und Malerei" übernommen
hat. (S. 133) Hier wäre sicherlich die Verwendung der DHA und insbesondere des
zugehörigen Apparats sowie eine ausgewogene Kontextualisierung des Zitats sinnvoll gewesen. So lässt Ramm – bewusst oder unbewusst – die Fortführung des Zitats unberücksichtigt. Trotz der formulierten Begeisterung für die Melodien Rossinis, denn dort „schaukeln sich am behaglichsten die individuellen Freuden und
Leiden des Menschen" (DHA XII, 275), charakterisiert Heine den Komponisten
– zumindest in diesem Text – als einen Künstler des alten, absolutistischen Zeitalters, was nicht so recht zu Ramms insgesamt schlüssig dargelegten These hinsichtlich der den Opern Rossinis innewohnenden „Widerstandsästhetik" zu passen
scheint. Ramm resümiert:

> Entsprechend bringen die Opern Rossinis und die Erzählkunst Hauffs verspielt und
> virtuos den ständeübergreifenden Grundkonflikt zwischen Adel und liberal bzw. demokra-
> tisch denkendem Bürgertum, bzw. zwischen Herrschaftswillkür und Autonomie musika-
> lisch und erzählerisch, verdeckt vor den Zensurbehörden, zum Ausdruck. (S. 137 f.)

In dem nur verkürzt wiedergegebenen Heineschen Doppelporträt der Komponisten
Gioachino Rossini und Giacomo Meyerbeer heißt es jedoch, was beinahe einer literarischen Kontraindikation gleichkommt:

> Die Restaurazion war Rossinis Triumphzeit, und sogar die Sterne des Himmels, die da-
> mals Feyerabend hatten und sich nicht mehr um das Schicksal der Völker bekümmer-
> ten, lauschten ihm mit Entzücken. Die Juliusrevoluzion hat indessen im Himmel und auf
> Erden eine große Bewegung hervorgebracht, Sterne und Menschen, Engel und Könige,
> ja der liebe Gott selbst, wurden ihrem Friedenszustand entrissen, haben wieder viel Ge-
> schäfte, haben eine neue Zeit zu ordnen, haben weder Muße noch hinlängliche Seelen-
> ruhe, um sich an den Melodien des Privatgefühls zu ergötzen, und nur wenn die großen
> Chöre von *Robert-le-Diable* oder gar der Hugenotten harmonisch grollen, harmonisch
> jauchzen, harmonisch schluchzen, horchen ihre Herzen, und schluchzen, jauchzen und
> grollen im begeisterten Einklang. (DHA XII, 275 f.; vgl. auch zu Heines „ureigenen, un-
> löslichen Konflikt zwischen privatem Bedürfnis nach individuellem, träumerischem Le-
> bensgenuß und öffentlichem Auftrag des Zeitschriftstellers": Höhn [3]2004, S. 392)

Rossini wird überdies von Heine „als König von Gottes Gnade" bezeichnet, der
„im Reiche der Tonkunst absolut herrschte", obzwar damit vornehmlich die An-
teilnahme am Publikumsgeschmack gemeint ist. (DHA XII, 278) Heine verwendet
hier dennoch ganz bewusst die Vergangenheitsform. Der Text dient also nur bedingt dazu, die Position der Studie zu stützen, wenngleich der Verfasser einräumt:
Heine befindet, dass „Rossinis Musik in kritischem Sinne angemessen für die Zeit
der Restauration" sei. (S. 133)

Um die Betrachtungen zur „Widerstandsästhetik", die Rossini und Hauff laut
Ramm eint und die beide Künstler auf „ihren Metaebenen" angelegt haben, abzu-
schließen, wird erneut ein Heine-Zitat verwendet, das allerdings aus einer früheren Werkphase stammt. Bei Ramm heißt es, somit aus Heines „Reise von München
nach Genua" zitierend: „Heinrich Heine spricht den Opern Rossinis ,staatsgefähr-
liche Triller und revolutionärrische Koloraturen' zu." (S. 139) Das italienische
Reisebild ist, wie bereits erwähnt, deutlich vor dem zuvor herangezogenen Ros-
sini-Meyerbeer-Text entstanden. Die nun von Ramm angeführte Passage („Dem
armen geknechteten Italien ist ja das Sprechen verboten, und es darf nur durch
Musik die Gefühle seines Herzens kund geben. [usw.]" DHA VII/I, 49) bezieht sich
in der Tat auf die „Opera Buffa" und den *„divino Maestro"* Rossini (ebd., 48), für
den Heine sich im italienischen Reisebild auch in einem freiheitsliebenden Sinne
begeistert, jedoch durchaus vordergründig. Wenn man den gesamten Abschnitt
liest, den Ramm anhand der von Ulrich Schreiber verfassten Überblicksdarstellung
„Opernführer für Fortgeschrittene" (Untertitel: „Die Geschichte des Musiktheaters.
Das 19. Jahrhundert". Kassel 2008, Band II) eben nur ausschnittsweise zitiert hat,
so vermittelt sich der Eindruck, dass Heine, zwar chiffriert, das repressive Klima
im Deutschen Bund und die absurd wirkende Zensurpraxis persifliert hat (vgl. dazu
auch die Erläuterungen von Alfred Opitz, DHA VII/II, 876):

> Das ist der esoterische Sinn der Opera Buffa. Die exoterische Schildwache, in deren Ge-
> genwart sie gesungen und dargestellt wird, ahnt nimmermehr die Bedeutung dieser heite-
> ren Liebesgeschichten, Liebesnöthen und Liebesneckereyen, worunter der Italiener seine
> tödtlichsten Befreyungsgedanken verbirgt, wie Harmodius und Aristogiton ihren Dolch
> verbargen in einem Kranze von Myrten. Das ist halt närrisches Zeug, sagt die exoterische

Schildwache, und es ist gut, daß sie nichts merkt. Denn sonst würde der Impressario, mitsammt der Prima Donna und dem Primo Uomo, bald jene Bretter betreten, die eine Festung bedeuten; es würde eine Untersuchungskommission niedergesetzt werden, **alle staatsgefährliche Triller und revoluzionärrische Colloraturen kämen zu Protokoll**, man würde eine Menge Arlekine, die in weiteren Verzweigungen verbrecherischer Umtriebe verwickelt sind, auch den Tartaglia, den Brighella, sogar den alten bedächtigen Pantalon arretiren, dem Dottore von Bologna würde man die Papiere versiegeln, er selbst würde sich in noch größeren Verdacht hineinschnattern, und Columbine müßte sich, über dieses Familienunglück, die Augen roth weinen. (DHA VII/I, 49) [Hervorhebung durch den Rezensenten]

Im sechsten Kapitel mit dem Titel „Wilhelm Hauff, Gioachino Rossini, Georg Büchner, Heinrich Heine, Georg Herwegh" bezieht sich Ramm erneut auf den Namenspatron dieses Jahrbuchs. Zunächst stellt Ramm in Bezug auf Hauff, Rossini und nun auch Büchner fest:

Die Werke der Künstler zeigen gemeineuropäisch verwandte Züge der Bürgerlichkeit und demaskieren aufmüpfig Abweichungen von und Widersprüche der bürgerlichen Utopie. Dass Hauff, Rossini und Bücher sich in alternativen kombinatorischen Verfahren mit traditionellen Kategorien auseinandersetzten und in der Negation dieser Kategorien Neues entstehen lassen, nämlich, dass das unrettbare Ich (Büchner) und das erlösungsmögliche Ich (Hauff/Rossini) in den 1820ger bis 1840ger Jahren auf die deutsche bzw. italienische, dann europaweite Bühne, vor eine visionierte öffentliche Vernunft gebracht werden und trotz aller Skepsis an die Leser*innen oder Zuschauer*innen appellieren, darüber nachzudenken, dass angesichts struktureller Gewalt, Menschenliebe und -würde geringe Überlebenschancen haben. (S. 181)

Daraufhin folgt eine Analyse zu „Die schlesischen Weber", bei der mehrmals schlüssige Interpretationen und Kommentare, beispielsweise von Renate Stauf und Peter von Matt stammend, wiedergegeben und die Strophen im „Close Reading"-Verfahren betrachtet werden. Eingeleitet wird diese durch einen Heine-Büchner-Vergleich Ramms:

Bei Heine und bei Büchner geht es darum, andere gesellschaftliche Verhältnisse herbeizuführen als die eines durchgängigen Verrates am Menschen. Während Büchner, wie gezeigt, keinen Ansatz findet für eine Liebes U-topie [sic], entwirft Heine, mehr als Büchner, die Möglichkeit einer veränderten gesellschaftlichen Situation, hier in der zunächst desillusionierend aufscheinenden Gewissheit, dass man sich auf wichtige Autoritäten, auf Gott, König und Vaterland nicht verlassen kann. (S. 183)

Es bleibt jedoch unklar bzw. es wird nicht ausreichend begründet, warum die sich an gängigen Interpretationsmustern orientierende, vollends solide Gedichtanalyse im Kontext der Gesamtstudie einfließen sollte. Gleiches gilt für den überaus kurzen Exkurs, in dem das Poem „Leicht Gepäck" von Georg Herwegh thematisiert wird. Angesichts der ausführlichen Einzelbetrachtungen zu den Werken Hauffs und Rossinis wirken diese geworfenen Schlaglichter nur wenig erhellend.

Unabhängig von diesen vermeintlichen Wermutstropfen beweist die Studie die große Expertise des Verfassers in literatur- und kulturwissenschaftlichen Forschungsfeldern, was sich auch in den weiteren Kapiteln zu Fanny Lewald, Louise Aston und Mathilde Franziska Anneke deutlich zeigt. Doch gerade weil diese „Autorinnen des deutschen Vormärz" wohl erstmalig aus „der kulturell

verordneten Unbedeutsamkeit" herausgetreten sind und „eine selbstbewusste politische Gegenöffentlichkeit" gebildet haben (S. 196), hätte man sich gewünscht,
dass dieser Teil der Studie wesentlich ausführlicher ausgefallen wäre. In jedem
Fall bietet der durch unzählige Querverweise und große Kenntnis des Verfassers
gekennzeichnete Band reichlich Anknüpfungspunkte für weitere literaturwissenschaftliche Studien und auch so manche neue Perspektive. Beides gilt nur eben
nicht für die Heine-Forschung.

Heine-Literatur 2024 mit Nachträgen

Zusammengestellt von Elena Camaiani

© Der/die Herausgeber bzw. der/die Autor(en), exklusiv lizenziert an Springer-Verlag GmbH, DE, ein Teil von Springer Nature 2026
S. Brenner-Wilczek (Hrsg.), *Heine-Jahrbuch 2025,* Heine-Jahrbuch,
https://doi.org/10.1007/978-3-662-72327-2

1 Primärliteratur

1.2 Einzelausgaben und Teilsammlungen

Heine, Heinrich: Belsazar und weitere Nachdichtungen von Bibeltexten. Zusammengestellt von J. Heinrich Heikamp. Ill. von Karina Ludborzha. Originalausg., ill. Ausg. Kaarst 2024. 32 S.: Ill. (Allgemeine Reihe; 7).

Heine, Heinrich: Die Harzreise. Hrsg. und mit e. Nachw. vers. von Christian Liedtke. Hamburg 2024. 172 S.: Ill.

Heine, Heinrich: Reise nach Italien. Hrsg. und mit e. Nachw. vers. von Christian Liedtke. [Nachdruck]. Hamburg 2024. 128 S.

Heine, Heinrich: Reise nach Italien. WDR 3 „Tonart". Lesung vom 19. und 26. Oktober 2024. Sprecher: Michael Müller. Bearb.: Terry Albrecht. Red.: Stefanie Laaser. Köln 2024. 52; 53 Min. [URL: https://www1.wdr.de/radio/wdr3/programm/sendungen/wdr3-lesung/heinrich-heine-reise-nach-italien-100.html, letzter Zugriff: 12.8.2025].

1.3 Texte in Anthologien und Sammelwerken

Ballade. Mit e. Vorw. von Eckhart Nickel. Mit Holzschnitten von Franziska Neubert. 1. Aufl., ill. Originalausg. für die Mitglieder der Büchergilde Gutenberg. Frankfurt a. M. [u. a.] 2024. 183 S.: Ill.

Berge und Sichten. Gedichte. Literaturpodium. Berlin 2024. 432 S. (Dorante Edition).

Dreizehn+13 Gedichte. Hrsg.: Oliver Wurm. Hamburg 2021. 144 S.: Ill.

Dreizehn+13 Gedichte: Gegen Antisemitismus – für das Erinnern. Hrsg.: Oliver Wurm. Hamburg 2023. 78 S.: Ill. (dreizehn+13 Gedichte; Sonderheft Neun Gedichte).

Du und ich und ich und du. Liebesgedichte. Ill. von Franziska Harvey. Hrsg. von Ulrich Maske. Hamburg 2024. 207 S.: Ill.

Gaudeck, Hans-Jürgen: Der Wald, der Wald ... Von Heine bis Hölderlin. Aquarelle. Potsdam 2024. 100 S.

Gedichte für glückliche Stunden. Hrsg. von Norma Schneider. Frankfurt a. M. 2023. 287 S.

German romantic Poets. Ed. by Charlotte Lee. London 2024. 256 S.

Ich flog mit den Schwalben. Ein ganzes Jahr voller Gedichte. Hrsg. von Ulrich Maske. [Ill.:] Franziska Harvey. Hamburg 2024. 239 S.: Ill.

Magisches Blau. Texte und Bilder. Ausgew. von Claudia Stodte. Hamburg 2023. 192 S.: Ill.

Mal deine Wünsche in den Himmel. Kunst und Gedichte für Kinder und Erwachsene. Christine Knödler [Hrsg.]. München 2023. 159 S.: Ill.

Die schönsten Lieder und Gedichte zur Weihnachtszeit. Frankfurt a. M. 2023. 172 S.: Notenbeisp. (Fischer Taschenbibliothek).

Schulz, Purple: Lyrisches Lüneburg. Eine Auswahl der schönsten Gedichte über die Hansestadt Lüneburg aus fast sechs Jahrhunderten. Hrsg. vom Bürgerverein Lüneburg e.V. und zusammengestellt von Rüdiger Schulz. Lüneburg 2023. 47 S.: Ill.

Sechzehn+16 Gedichte: Sonderausgabe Tag der Deutschen Einheit. Hrsg.: Oliver Wurm. Hamburg 2023. 178 S.: Ill.

Slavejkov, Penco P.: Nemski poeti. Otbor pesni i charakteristiki na poetite = Deutsche Dichter. Auswahl von Gedichten und Charakteristiken der Dichter. Gizela Lindner săstavitel i prevod na nemski. Sofia 2023. 277 S.: Ill. (Dialog i duchovnost; 10).

Steller, Oliver: Balladen und Fotografien. Mit Fotografien von Oliver Steller und einem Vorwort von Safiye Can. Göttingen 2024. 112 S.: Ill.

Wandern lieb ich für mein Leben. Geschichten und Gedichte aus der freien Natur. Ausgew. von Jan Strümpel. München 2023. 222 S.

Weihnachten. Gedichte. Ausgew. von Stephan Koranyi. Ditzingen 2024. 136 S.: Ill. (Reclams Universal-Bibliothek; 14601).

Wingrove-Rogers, Christian: Die Gesellschaft der Vögel. Über Vögel, beobachtet durch die Augen aufmerksamer Dichter, fantasievoller Geschichtenerzähler und schrulliger Ornithologen. Übers. aus dem Engl. von Frank Fricke. Berlin 2024. 118 S.: Ill.

Zysk, Stefanie: Vom Zauber der Blumen. Geschichten und Botschaften der schönsten Blütenpflanzen. Münster 2024. 142 S.: Ill.

1.4 Übersetzungen

Heine, Heinrich: Cuadros de viaje. Viaje al Harz, Viaje de Múnich a Génova, Los baños de Lucca, La ciudad de Lucca, Los dioses en el exilio. Ed. de Miguel Ángel Vega Cernuda y Elena Serrano Bertos. Trad. de Miguel Ángel Vega Cernuda y Elena Serrano Bertos. Madrid 2015. 495 S. (Colección Letras universales; 504). [Reisebilder <span.>].

Heine, Heinrich: Eseje o náboženstve a filozofii. Z nemeckého originálu ,Zur Geschichte der Religion und Philosophie in Deutschland' ... preložila Irena Brutenicová. Bratislava 2022. 133 S. [Zur Geschichte der Religion und Philosophie in Deutschland <slow.>].

2 Sekundärliteratur

2.1 Studien zu Leben und Werk

Allmis-Hiergeist, Susanna: Reisen zu Zeiten Heinrich Heines. – In: Bonner Umwelt-Zeitung 2024, 4 vom 24.8.2024. 4 S. [URL: https://bonnerumweltzeitung.de/themen/ausgabe/2024/ausgabe-4-2024/, letzter Zugriff: 12.8.2025].

Antony and Cleopatra. Ed. by Marga Munkelt. London [u. a.] 2024. XVI, 488 S. (Shakespeare: The Critical Tradition). [Kap. 26: „Heinrich Heine, Cleopatra, a ,kept Queen'". S. 152–155].

Arndt, Andreas: Die Sache der Logik. Begriff und Realität bei Hegel. Hamburg 2023. 287 S. (Blaue Reihe). [Kap.: „Freiheit in Religion und Philosophie: Heine und Hegel". S. 229–245].

Auf der Horst, Christoph: Heinrich Heine und das Recht auf Brot. – In: HJb 62, 2023. S. 19–44.

Bajrami, Ayla: Das Loreleymotiv bei Heinrich Heine. Entwicklung und Dekonstruktion. München 2020. 49 S. [Zugl: Luxemburg, Univ., Bachelorarbeit, 2020].

Borchmeyer, Dieter: „Ein Strahl zugleich von zwei Sonnen". Musik und Literatur in wiederholten Spiegelungen. 2. Aufl. Lilienthal 2024. 572 S.: Ill. [Kap.: „Von poetischer und musikalischer Ironie. Heinrich Heine und Vesque von Püttlingen – mit einem Blick auf Schubert und Schumann". S. 296–303 und weitere Bezüge].

Brenner-Wilczek, Sabine: Doppeltes Geburtstagsgeschenk. 24. und 25. Internationales Forum Junge Heine-Forschung. – In: HJb 62, 2023. S. 275–284.

Budanova, Anna Pavlovna: Ja. V. Chowe o konzepte sud'by i obraze Napleona u Gejne i Tolstogo. (Obzor). – In: Social'nye i gumanitarnye nauki / Otecestvennaja i zarubeznaja literatura. Serija 7, Literaturovedenie 2023, 3. S. 175–180. [URL: https://doi.org/10.31249/lit/2023.03.11, letzter Zugriff: 12.8.2025].

Buxbaum, Elisabeth: Reisen & Literatur von A–Z. Bd. 3. Wien 2023. 166 S. [Kap.: „F – Heinrich Heine in Paris. Zu Haus in der Fremde, Kapitel 2. Heines Correspondance Française". S. 89–166].

Calvié, Lucien: Heine et Hoffmann. Berlin, Paris et RDA vs RFA. – In: E.T.A. Hoffmann, 1822–2022. Inter- und transmediale Aktualität eines Universalkünstlers = Actualité inter- et transmédiale d'un artiste universel. Ingrid Lacheny, Patricia Viallet (Hrsg.). Berlin 2023. (Literaturwissenschaft; 107). S. 287–304.

Cha, Kyung-Ho: Der gute Staatsbürger: Die politische Ethik der Literatur 1789–1848. Göttingen 2023. 527 S. [Kap. 10: „Heinrich Heine". S. 391–416 und weitere Bezüge].

Choriyeva, F. N.: Heinrich Heine ijodining badiiy shakllanish san'ati Uning she'rlarining stilistik aspektlari tahlili nuqtai nazaridan. – In: Journal of Innovations in scientific and educational Research 7, 2024, 11. S. 198–202. [URL: https://bestpublication.net/index.php/jiser/issue/view/30, letzter Zugriff: 12.8.2025].

Dallapiazza, Michael: „Ein Teutscher? träge Klötze ...". Klingers frühe Antwort auf Deutsch- tümelei und die Nationalisierung des Fauststoffes. Mit einem Ausblick auf Heines ‚Tanz- poem'. – In: Menschen und Handeln im Zeichen transkulturellen Denkens. Festschrift für Laura Auteri. Hrsg. von Natascia Barrale, … Bern [u. a.] 2023. (Jahrbuch für internationale Germanistik / A; 148). S. 331–341.

Dedek, Helge: Erlösung vom Wort. Heinrich Heine und der Traum vom (Menschen-)Recht. – In: HJb 62, 2023. S. 45–70.

Deterding, Klaus: Goethe und die anderen. Berlin 2023. 238 S. (Unvergängliche Frauengestalten der Weltliteratur; 5). [Kap. XVI: „Goethe, Heinrich Heine und kein Ende". S. 215–222].

Deterding, Klaus: Und wir sprachen Deutsch. Einblicke in die Weltliteratur von Heinrich Heine bis Thomas Mann. Berlin 2024. 266 S. (Gesammelte Aufsätze; 5: Kleine Schriften / Klaus Deterding).

Di Noi, Barbara: Musica ed emancipazione nel pensiero dialettico di Heine. – In: Rivista di lette- rature moderne e comparate e storia delle arti 76, 2023, 1. S. 19–46.

Engster, Hermann: Heinrich Heine, Jude und Deutscher. Von der blauen Blume zur roten Fahne. – In: Untergrund-Blättle vom 12.2.2024. 9 S. [URL: https://www.untergrund-blättle.ch/ge- sellschaft/panorama/heinrich-heine-jude-und-deutscher-von-der-blauen-blume-zur-roten- fahne 7941.html, letzter Zugriff: 12.8.2025].

Espagne, Michel: Heinrich Heine, traducteur de Géraid dc Nerval? – In: Revue Nerval 2024, 8. S. 213–231.

Franzel, Sean: Writing Time. Studies in serial Literature, 1780–1850. Ithaka, NY 2023. XVII, 413 S.: Ill. (Signale). [Kap. 7: „Heine's serial Histories of the Revolution". S. 316–354 und weitere Bezüge].

Füllner, Bernd: „... die Revoluzion tritt ein in der Literatur, und der Krieg wird ernster.". Heinrich Heine als Polemiker. – In: Aufklärung und Vormärz. Kontinuitäten und Brüche = Des Lumières allemandes à 1848. Continuité et ruptures. Hrsg. von Wolfgang Fink & Nor- bert Waszek. Bremen 2024. (Presse und Geschichte; 159). S. 27–40.

Füllner, Bernd: Heinrich Heines Auseinandersetzungen mit Wolfgang Menzel. Zur Strategie li- terarischer Fehden im Vormärz. – In: Aufklärung – Hegel – Vormärz. Reisen in die Ideen- geschichte. Stephanie Baumann; Marie-Ange Maillet (Hrsg.). Baden-Baden 2024. S. 327– 342.

Füllner, Karin: Heinrich Heine und die rosarote Brille. (Beitrag im Blog „Himmelsleiter. Ein evangelisches Tagebuch"). Düsseldorf 2024. 4 S. [URL: https://himmelsleiter.evdus.de/ heinrich-heine-und-die-rosarote-brille, letzter Zugriff: 12.8.2025].

Füllner, Karin: „Die pacifike Mission". Heinrich Heine über Deutschland und Frankreich. – In: Aufklärung – Hegel – Vormärz. Reisen in die Ideengeschichte. Stephanie Baumann; Marie- Ange Maillet (Hrsg.). Baden-Baden 2024. S. 285–306.

Geller, Jay: Better „A well-trained Werewolf" than „a Jewish Wolf in philosophical Sheep's Clothing"? Heine and Litter-ary Jews. – In: Prooftexts 40, 2023, 2. S. 94–116.

Generalova, Natalya P.: Rossija glazami Gejnevskoj „Muschki" (I. S. Turgenev i Kamilla Zel'den). – In: Dva veka russkoj klassiki 5, 2023, 4. S. 100–121. [URL: https://doi. org/10.22455/2686-7494-2023-5-4-100-121, letzter Zugriff: 12.8.2025].

Giese, Thomas: Heine wird zum Kriegsgegner. – In: Terz 33, 2024, 4. o. S.

Goetschel, Willi: Heine und die Menschenrechte. Eine verborgene Tradition. – In: HJb 62, 2023. S. 143–157.

Große, Jürgen: Die kalte Wut. Theorie und Praxis des Ressentiments. Marburg 2024. 384 S. [Kap. B 5.9: „Probleme bürgerlicher Mannwerdung. Von Hegel zu Heine". S. 239–242 und weitere Bezüge].

Häfner, Ralph: Le moi contesté. Correspondances figuratives dans la poésie de Théophile Gautier et de Henri Heine. – In: Bulletin de la Société Théophile Gautier 43, 2021: La poésie de Gautier. Textes et postures. S. 43–60.

Heine im Harz. Entdeckungen am Rande einer legendären Fußreise. Hrsg. von Elke-Vera Kotowski und Uwe Lagatz in Verbindung mit dem Harzmuseum Wernigerode. Leipzig 2024. 320 S.: Ill.

Heller, Jakob Christoph: Enden der Romantik. Literaturpolitische Abschlüsse des programmatisch Unabschließbaren bei Heinrich Heine und Joseph von Eichendorff. – In: Figuren der Endlichkeit in der Europäischen Romantik. Jakob Christoph Heller, … (Hrsg.). Berlin 2024. (Spectrum Literaturwissenschaft; 85). S. 139–157.

Hirsch, Mathias: Kreativität und Schuld als Wurzeln der Kultur. Mythologie, Literatur, Musik und Film im Spiegel der Psychoanalyse. Gießen 2023. 223 S. (Bibliothek der Psychoanalyse). [Kap. 5: „Freud, der Spötter – Heine, der Psychologe". S. 85–103].

Höllerer, Walter: Heine als Beginn (1956). – In: Ders.: Poetologische und literaturgeschichtliche Schriften 1952–1986. Hrsg. von Michael Peter Hehl und Heribert Tommek. Berlin 2023. S. 59–74.

Hristea, Mihaela: The Fight of Heinrich Heine against all Forms of Nationalism and Provincialism during his Exile in Paris. – In: Analele Universității din Oradea = Annals of the University of Oradea 30, 2023. S. 40–53.

Jacob, Joachim: Heine in Ottensen. Zur Klopstock-Rezeption Heinrich Heines. – In: „Wer wird nicht einen Klopstock loben?". Friedrich Gottlieb Klopstocks poetische Innovationen und ihre produktive Rezeption. Lutz Hagestedt, Alexander Nebrig (Hrsg). Berlin 2024. (Abhandlungen zur Literaturwissenschaft). S. 453–466.

Junglas, Nicolas: Karneval und Identität in der deutschsprachigen Literatur. Baden-Baden 2023. XVI, 509 S. (Dynamiken der Vermittlung; 9). [Zugl.: Koblenz, Univ., Diss., 2023]. [Kap. 6.3: „Heines Narrenliteratur". S. 202–218].

Kaiser, Gerhard R.: Heines Matratzengruft. – In: Ders.: Keller – Mansarde – Einsiedelei. Imaginäre Orte des Dichtens. Auch eine Literaturgeschichte. Göttingen 2024. S. 78–94.

Kalisa, Karin: Sterntaler. Mit Hegel und Heine, mit Marx und Büchner. – In: Dies.: Magst du die Nacht? 18 Geschichten von der anderen Seite des Tages. München 2023. S. 207–219.

Karpenstein-Eßbach, Christa: Poesie und Reflexion zwischen 1755 und 1848. Kulturwissenschaftliche Seitensprünge. Bielefeld 2023. 228 S. (Lettre). [Kap. 9: „Gebrochene Herkünfte. Heinrich Heine, Friedrich Nietzsche". S. 215–228 und weitere Bezüge].

Keckeis, Paul: Heine, Kraus, Adorno. Liebe und Ökonomie im lyrischen Tausch. – In: Literarische Aushandlungen von Liebe und Ökonomie. Hrsg. von Paul Keckeis, … Berlin 2022. (Untersuchungen zur deutschen Literaturgeschichte; 164). S. 213–227.

Kessler, Kai-Ove: Die Welt ist laut. Eine Geschichte des Lärms. Hamburg 2023. 428 S. [„Wie Heinrich Heine unter einem Ohrwurm litt". S. 282–288].

Keul, Wolfgang: „Ich wollte dir ein Liebeslied schreiben ...". Ein Streifzug durch die deutschsprachige Liebeslyrik vom Hochmittelalter bis zur Jahrtausendwende. Hanau 2023. 429 S. [Kap.: „,Du hast mich zugrunde gerichtet'. Heinrich Heine, Lyrisches Intermezzo / Die Heimkehr". S. 159–175; „,Sie kämmt ihr goldenes Haar'. Heinrich Heine, Ich weiß nicht, was soll es bedeuten". S. 176–183].

King Lear. Ed. by Kevin J. Donovan. London [u. a.] 2023. XII, 529 S. (Shakespeare: The critical Tradition). [Kap. 21: „Heinrich Heine, praise for Cordelia. 1838". S. 99–100].

Kischel, André: Wofern man nur richtig zu lesen versteht. Weder Lektor noch Autor – der Student Uwe Johnson. Göttingen 2023. 557 S. (Johnson-Studien; 15). [Rostock, Univ., Diss., 2022]. [Kap. 9: „Heines Deutschlandkritik im ‚Wintermärchen'". S. 327–370].

Kitzmann, Julia: Journalpoetik und Zensur. Heine und das „Morgenblatt für gebildete Stände". – In: HJb 62, 2023. S. 161–186.

Kofler, Leo: Heine und Hölderlin. – In: Ders.: Interventionen. Kleine Schriften zur marxistischen Theorie und Praxis. Hrsg. und eingeleitet von Christoph Jünke. Berlin 2024. (Theorie). S. 116–119.

Kotowski, Elke-Vera: „Der Brocken ist ein Deutscher". Heinrich Heines und David Kalischs satirischer Blick auf das deutsche Gemüt. – In: Heine im Harz. Leipzig 2024. S. 125–139.

Kruse, Joseph A.: „Nichts ist dauernd als der Wechsel". Gedanken zu Heines 200-jähriger Harzreise (1824–2024). – In: Heine im Harz. Leipzig 2024. S. 15–23.

Kruse, Joseph A.: „Schrecken" und „Schaam". Über Heines engagierte Religionskritik zwischen anhänglicher Kenntnis und heftiger Schelte von System wie Amtsträgern. – In: Belletristische Religionskritik I. Von Euripides und Aristophanes über Goethe und Heine bis zu Woolf und Blixen. Horst Junginger; Richard Faber (Hrsg.). Würzburg 2024. (Religionskritik in Geschichte und Gegenwart; 5/1). S. 83–108.

Kruse, Julia: Aufstörung als Prinzip – Heinrich Heines „Buch der Lieder". Berlin 2024. 364 S. (Gießener Arbeiten zur neueren deutschen Literatur und Literaturwissenschaft; 40).

Kürschner-Pelkmann, Frank: 1787 – Salomon Heine macht sich fast mittellos auf den Weg nach Hamburg – und wird steinreich. – In: Ders.: Entdeckungsreise durch die Hamburger Geschichte. 240 Biografien aus 12 Jahrhunderten. Ahrensburg 2023. S. 295–299.

Kürschner-Pelkmann, Frank: 1816 – Heinrich Heine kommt nach Hamburg und wird weder Bankier noch Kaufmann. – In: Ders.: Entdeckungsreise durch die Hamburger Geschichte. 240 Biografien aus 12 Jahrhunderten. Ahrensburg 2023. S. 373–377.

Kürschner-Pelkmann, Frank: 1828 – Betty Heine, die Mutter von Heinrich Heine, zieht um nach Hamburg. – In: Ders.: Entdeckungsreise durch die Hamburger Geschichte. 240 Biografien aus 12 Jahrhunderten. Ahrensburg 2023. S. 402–404.

Kürschner-Pelkmann, Frank: 1837 – Betty Heine, der Tod der Ehefrau des reichen Bankiers Salomon Heine. – In: Ders.: Entdeckungsreise durch die Hamburger Geschichte. 240 Biografien aus 12 Jahrhunderten. Ahrensburg 2023. S. 443–445.

Kuştendil, Arzu: Heinrich Heine şiirlerindeki memleket izleği ve türk şiirlerindeki İzdüşümleri. Edirne, Tez danışmanı, Trakya Üniv. Rektörlüğü, 2023. 61 S.

Lampert-Weissig, Lisa: Instrument of Memory. Encounters with the Wandering Jew. Ann Arbor 2024. XIII, 278 S.: Ill. [Kap. II, 4: „Heine and the Wandering Jew's Beard". S. 91–120 und weitere Bezüge]. [URL: https://directory.doabooks.org/handle/20.500.12854/132993, letzter Zugriff: 12.8.2025].

Liedtke, Christian: „Die glänzendste Zeit meines Lebens" – Heine in Italien. Nachwort. – In: Heine, Heinrich: Reise nach Italien. Hamburg 2024. S. 121–126.

Liedtke, Christian: Menschenrechtsverletzungen im Werk Heinrich Heines. – In: HJb 62, 2023. S. 71–98.

Liedtke, Christian: Nachwort. – In: Heine, Heinrich: Die Harzreise. Hamburg 2024. S. 159–173.

Liedtke, Christian; Fuhrig, Dirk: Zu Heinrich Heine: „Reise nach Italien". Radiofeature. Deutschlandfunk „Büchermarkt". Sendung vom 5. Juli 2024. Köln 2024. 7 Min. [URL: https://www.deutschlandfunk.de/christian-liedtke-zu-heinrich-heine-reise-nach-italien-dlf-235399d4-100.html, letzter Zugriff: 12.8.2025].

Lühe, Irmela von der: „Ein zusammengewürfeltes Lappenwerk". Heinrich Heines Harzreise (1824) zwischen Wanderlust, Naturbegeisterung und Zeitkritik. – In: Heine im Harz. Leipzig 2024. S. 25–42.

Maillet, Marie-Ange: Aufklärer et vieilles perruques. Friedrich Nicolai vu par Heine. – In: Aufklärung und Vormärz. Kontinuitäten und Brüche = Des Lumières allemandes à 1848. Continuité et ruptures. Hrsg. von Wolfgang Fink & Norbert Waszek. Bremen 2024. (Presse und Geschichte; 159). S. 41–56.

Matysik, Tracie: Ursus Sacer. Sovereignty and Bear Life in Heinrich Heine's „Atta Troll". – In: HJb 62, 2023. S. 99–122.

Mentzel, Britta; Martin, Silke; Pinck, Axel: Secret Places Deutschland. Berühmte Menschen – unbekannte Orte. 57 inspirierende Ziele. München 2023. 189 S.: Ill. [Kap. 22: „Harz – Heinrich Heine. „Endlich wieder frei geathmet". S. 86–87].

Muzzi, Nino: Heinrich Heine, Germania, una fiaba d'inverno. [Beitrag im Blog „Poetarum Silva"]. 2018. 9 S. [URL: https://poetarumsilva.com/2021/11/17/heinrich-heine-germania-una-fiaba-dinverno/, letzter Zugriff: 12.8.2025].

Nawrath, Johannes; Bürger, Jan: Himmel grau und wochentäglich. Elbe- und Alster-Bilder von Johannes Nawrath. Mit Betrachtungen von Jan Bürger. Hamburg 2023. 47 S.: Ill. [Kap.: „Himmel grau. Heinrich Heine und das Gartenhaus seines Onkels". S. 26–35].

Nayhauss, Hans-Christoph von: Reisende Dichter und schriftstellerische Reisende. Selbst-wahrnehmung im Konflikt mit der Fremdwahrnehmung bei Goethe und Heine, Fürst Pückler-Muskau und Rilke. – In: Ders.: Literaturansichten aus vier Jahrzehnten. Vorträge und Tagungsbeiträge zur Literaturwissenschaft, Literaturdidaktik und interkulturellen Germanistik. Hamburg 2023. (Schriftenreihe Poetica; 175). S. 125–150.

Nebo, Miriam: Spinoza im frühen 20. Jahrhundert. Rezeptionen in der jiddischen und deutsch-jüdischen Literatur und Philosophie. Berlin 2023. XI, 359 S. (Schriften zur Weltliteratur; 14). [Zugl.: Mainz, Johannes-Gutenberg-Univ., Diss., 2019]. [Kap. 2.2.4: „Die deutsch-jüdische Spinoza-Rezeption (1755–1932). Heinrich Heine – Hermann Cohen u. a.". S. 60–81 und weitere Bezüge].

Nikolenko, Olha Mykolaivna; Nikolenko, Kateryna Serhiivna: Sorrow – Longing – Grief in the conceptual Spheres of Poetry by G. G. Byron and H. Heine. – In: Modern Philology. Theory, History, Methodology. Scientific Monograph. Part 2. Riga 2024. S. 297–315. [URL: http://baltijapublishing.lv/omp/index.php/bp/catalog/book/455, letzter Zugriff: 12.8.2025].

Och, Gunnar: Ahasver, der Ewige Jude. Geschichte eines Mythos. Göttingen 2023. 363 S.: Ill. [Kap. 7: „„Wie tief begründet ist doch der Mythos des ewigen Juden'. Ahasver-Reminiszen-zen im Werk Heinrich Heines". S. 113–128 und weitere Bezüge].

Offermanns, Sandra: Heinrich Heines „Harzreise" und „Reise von München nach Genua". Traumbilder als Gesellschaftskritik. München 2023. 44 S. [Zugl.: Hagen, FernUniv., Bachelorarbeit, 2022].

Ohm, William David: The Sword of the Immanent God. Heinrich Heine's sensualist Style. Toronto, Univ., Diss., 2022. VIII, 270 S. [URL: https://hdl.handle.net/1807/124891, letzter Zugriff: 12.8.2025].

Orlick, Manfred: Gedenkjahre. 1824: Harzreise des Dichters, Schriftstellers und Journalisten Heinrich Heine. – In: Mitteldeutsches Jahrbuch für Kultur und Geschichte 31, 2024. S. 138–140.

Pastor, Eckart: ‚Wöhnlich' nur in der Sprache. Zu einigen schöpferischen Schreibarten Heinrich Heines. – In: HJb 62, 2023. S. 203–228.

Reinhardt, Hartmut: „Ich liebe das Königtum". Heinrich Heines Verhältnis zur Monarchie zwi-schen poetischer Verklärung und politischer Reflexion. – In: HJb 62, 2023. S. 187–202.

Ritzen, Philipp: „Aufgefaßt: Man speis'te Fleisch / Und das Blut war Menschenblut". Digestion und kulturelle Aneigung in Heines ‚Romanzero'. – In: Ars metabolica. Stoffwechsel und Digestion als literarische und kulturelle Prozesse. Vanessa Höving, Peter Risthaus (Hrsg.). Baden-Baden 2023. S. 69–94.

Röttger, Klaus: Vor 200 Jahren besuchte Heinrich Heine den Harz. Der Reisebericht des un-gewöhnlichen Literaten war ein überwältigender Publikumserfolg. – In: Uhlenklippen-Spiegel 39, 2024, 140. S. 12–21.

Routledge, Peter: An holistic Study of structural Issues in Heine's ‚Romanzero'. Exeter, Univ., Diss., 2013. 122 S. [URL: http://hdl.handle.net/10871/15759, letzter Zugriff: 12.8.2025].

Savy, Nicole: Heinrich Heine et Gérard de Nerval. – In: Histoire juive de la France. Sous la dir. de Sylvie Anne Goldberg. Paris 2023. S. 484–486.

Schmidt, Christoph: Die zwei Körper des Subjekts. Zu Genese, Dialektik und Krise der politi-schen Theologie bei den Junghegelianern (zwischen Feuerbach und Kierkegaard). Hamburg 2024. [Kap.: „Die Daniel-Apokalypse als politisch-theologische Katharsis der Moderne.

Heinrich Heine und Sören Kierkegaard als Vordenker einer post-säkularen Aufklärung".
S. 103–141].

Schmidt, Ricarda: Komische Träume. (E. T. A. Hoffmann, Heinrich Heine, Christa Reinig). – In:
Typologizing the Dream = Le rêve du point de vue typologique. Ed. by Bernard Dieterle,
Manfred Engel. Würzburg 2022. (Cultural Dream Studies; 5). S. 423–444.

Schmiedel, Janina: Poetik und Politik in Heinrich Heines „Zeitgedichte". München 2023. 80 S.
[Zugl.: Hannover, Gottfried Wilhelm Leibniz Univ., Diplomarbeit, 2006].

Schruhl, Friederike: Agonistische Konstellationen. Zum Streit zwischen Heine und Platen. – In:
Agonistische Ästhetiken. Lucas Knierzinger, … (Hrsg.). Basel 2024. (Signaturen der Moderne; 5). S. 81–94.

Scotti, Massimo: Explorateurs d'espaces. Heine et Gautier au miroir. – In: Bulletin de la Société
Théophile Gautier 29, 2007. S. 29–39.

Singh, Sikander: „Man sagt Homer habe die griechischen Götter erfunden". Heinrich Heines
Homer. – In: Homer und Homer-Rezeption. Hrsg. von Peter Riemer und Sikander Singh.
Hannover 2023. (Schriften des Literaturarchivs Saar-Lor-Lux-Elsass der Saarländischen
Universitäts- und Landesbibliothek). S. 263–284.

Stegemann, Bernhard: Zwei Haselünner im Harz mit Heinrich Heine. – In: Jahrbuch des Ems-
ländischen Heimatbundes 71. 2025, 2024. S. 281–288.

Thomson, James: The Speedy Extinction of Evil and Misery. Selected Prose of James Thomson.
Ed. by William David Schaefer. [Repr. der Ausg. 1967]. Berkeley; Los Angeles 2024. 353 S.
[Kap.: „Heinrich Heine". S. 244–277].

Vaughn, Chloe: ‚Das Volk bilden'. The Pursuit of ‚Volkstümlichkeit' by Berthold Auerbach,
Heinrich Heine and Johann Gottfried Herder. New York, NY, Columbia Univ., Diss., 2024.
210 S. [URL: https://doi.org/10.7916/9sys-0473, letzter Zugriff: 12.8.2025].

Vega, Miguel Ángel; Serrano Bertos, Elena: Introducción. – In: Heine, Heinrich: Cuadros de
viaje. Madrid 2015. 495 S. (Colección Letras universales; 504). S. 7–127.

Vlčková, Lucie: Ironie v díle K. Havlíčka Borovského a H. Heina = Irony in the Work by K.
Havkíček Borovský and H. Heine. Prag, Univ. Karlova, Bakalářská práce, 2013. 53 S. [URL:
http://hdl.handle.net/20.500.11956/52403, letzter Zugriff: 12.8.2025].

Waszek, Norbert: Heine sur l'Aufklärung. Lessing et Mendelssohn. – In: Aufklärung und Vor-
märz. Kontinuitäten und Brüche = Des Lumières allemandes à 1848. Continuité et ruptures.
Hrsg. von Wolfgang Fink & Norbert Waszek. Bremen 2024. (Presse und Geschichte; 159).
S. 57–72.

Weber, Nadine: Ironie in Heinrich Heines Lyrik. München 2016. 40 S.

Weigel, Sigrid: Erbe als Generationenband bei Arendt, Benjamin, Heine und Freud. – In: Generation und Weitergabe. Erziehung und Bildung zwischen Erbe und Zukunft. Malte
Brinkmann, … (Hrsg.). Weinheim; Basel 2024. (Schriftenreihe der DGfE-Kommission Bil-
dungs- und Erziehungsphilosophie). S. 77–91.

Weissinger, Matthias: Betrachtungen zu Heinrich Heines Bild des Riesen Martin Luther. [Vor-
trag vom 10.10.2017]. – In: Ders.: „Aus Ägypten rief ich meinen Sohn ...". Texte aus über 40
Jahren in der Gesellschaft für christlich-jüdische Zusammenarbeit. Eine Dokumentation der
Gesellschaft für Christlich-Jüdische Zusammenarbeit Siegerland. Siegen 2024. S. 108–119.

Wiborg, Susanne: Legendary Dinner. Der Dichter und der Bankier: Heinrich und Salomon Heine
– und ihre illustren Festabende. – In: Salon 2024, 41. S. 198–213.

Wiescher, Josef Michael: Johann Paul Brewer. Heines Lehrer, Benzenbergs Freund. – In:
Düsseldorfer Jahrbuch 93, 2023. S. 13–64.

Woesler, Winfried: Paratexte als Kommentare und Verteidigung. Heines Vorworte zu seinen
Versepen. – In: Werk und Beiwerk. Zur Edition von Paratexten. Hrsg. von Jan Hess und Ro-
land S. Kamzelak. Berlin 2024. (Editio; 54). [Aus dem Vorw.: „Die achtzehnte internationale
Tagung der Arbeitsgemeinschaft für Germanistische Edition ..."]. S. 75–80.

Wogenstein, Sebastian: Von der „großen Suppenfrage" zu den „Gottesrechten des Menschen".
Menschenrechte bei Heine. – In: HJb 62, 2023. S. 3–18.

Woskresenskaja, Swetlana Ju.: Personifikacija prirody v „Putešestvii po Garcu" Genricha Gejne kak sposob vyraženija nacional'noj identičnosti. – In: Literatura, identičnost ‚i istorija v nemeckojazyčnom prostranstve. XVIII S'ezd Rossijskogo sojuza germanistov, Tver‘, 19–21 nojabrja 2020 goda = Literatur, Identität und Geschichte im deutschsprachigen Raum. Tverskoj gosudarstvennyj universitet; redkollegija: A.V. Ivanov (glavnyj redaktor), N.S. Babenko (otv. redaktor lingvističeskoj časti) … Moskau 2021. (Russkaja germanistika; 18). S. 88–100.

Yarğın, Mehmet Selim; Firtina, Özlem: Heinrich Heine'nin „Almansor" Adli Trajedisinin Figür Analizi = Figure Analysis of Heinrich Heine's Tragedy „Almansor". – In: Journal of social, Humanities and administrative Sciences 10, 2024, 3. S. 430–440. [URL: https://doi. org/10.5281/zenodo.11391252, letzter Zugriff: 12.8.2025].

2.2 Untersuchungen zur Rezeption

Akbarov, Aziz Abidovich: Heinrich Heine's Poem „Karagay" and its about the Translations. – In: International Bulletin of applied Science and Technology 3, 2023, 6. S. 1404–1408.

Akbarov, Aziz Abidovich: Henrich Hine's balladwriting Skill is Jewish about the Translations of the Poem „Loreley" into Uzbek. – In: International Bulletin of applied Science and Technology 3, 2023, 6. S. 1389–1403. [URL: https://www.researchcitations.com/index.php/ibast/ issue/view/39, letzter Zugriff: 12.8.2025].

Andruchovyč, Jurij Ihorovyč: Freedom is our Religion. [Rede zur Verleihung des Heine-Preises 2022]. – In: HJb 62, 2023. S. 267–272. – In: Ders.: Der Preis unserer Freiheit. Essays 2014 bis 2023. Aus dem Ukr. von Sabine Stöhr. Berlin 2023. (Edition Suhrkamp; 2845). S. 152–161.

Bliumbaum, Arkady: Kontury odnoy traditsii. „Ariyets", „semit" i priroda. (Vokrug polemiki Aleksandra Bloka i Akima Volynskogo ob iudaizme Geyne). – In: Slavica Revalensia 10, 2023. S. 48–114. [URL: http://publications.tlu.ee/index.php/slavica/, letzter Zugriff: 12.8.2025].

Borowka-Clausberg, Beate: ‚Ein ungebetener Gast war er nicht'. Heinrich Heine in Hamburg [inklusive Presse-Funde]. – In: Hamburgs Heinrich Heine – denkmalbewegt. Baden-Baden 2024. S. 1–11.

Breidach, Angela: William Kentridge. Monument? Vergegenwärtigung und kritische Revision. – In: Hamburgs Heinrich Heine – denkmalbewegt. Baden-Baden 2024. S. 226–235.

Brüggenthies, Raphaela: „Alles Deutsche wirkt auf mich wie Brechpulver". Wieso Heine der Lieblingsdichter der Deutschen sein sollte. – In: Stimmen der Zeit 149, 2024, 1. S. 15–31.

Chantelau, Ernst A.: Ein Denkmal mit Geschichte. Das Heine-Denkmal vor der Universitätsbibliothek in Düsseldorf. Bremen 2024. 155 S.: Ill.

Chantelau, Ernst A.: Vergangen und vergessen. Das Heine-Denkmal von Hugo Lederer und Fritz Schumacher „in dem blumenreichen Stadtpark vor den Toren Hamburgs". – In: Hamburgs Heinrich Heine – denkmalbewegt. Baden-Baden 2024. S. 180–205.

Chen, Yun-Jou: Auf dem Weg zu literarischer Modernität. Übersetzung und Rezeption deutschsprachiger Literatur in Taiwan/ROC. Bochum; Freiburg 2023. 624 S. (Edition Cathay; 84). [Zugl.: Mainz, Johannes-Gutenberg-Univ., Diss., 2021]. [Kap. 4.1.1.a: „Ein erster Schritt: die Debatte um philologische Probleme bei der Übersetzung von Heines Zyklus ‚Lyrisches Intermezzo'. S. 245–252; Kap. 4.1.2.c: „Bananenstaude, Kokosnusspalme oder Palme? Form und Metapher in der Übersetzung von Heines Gedicht ‚Ein Fichtenbaum steht einsam'". S. 307–326; Kap. 4.3.1.a „Heines ‚Die deutschen Zensoren ...' und ‚Das Nachrichtengedicht' von Liang Jingfeng". S. 410–415; Kap. 4.3.2.a: „Zhang Wojuns ‚Wider verführt mich Goethe zu leiden' und Long Yongsongs japanische Gedichte ‚Singen in Taiwan' und ‚Ach, Heine' in der Kolonialzeit". S. 432–439; Kap. 4.3.2.c: „Collage als moderne Form: Li Jinfas ‚Pst, ich habe sie getötet'". S. 445–450 mit Heine-Bezug].

Clausberg, Karl: ‚Denkmäler im Zeitalter digitaler Reproduzierbarkeit‘. Hamburgs Heine-Zukunft – nächstliegend. 3D-Denkmal-Druck. – In: Hamburgs Heinrich Heine – denkmalbewegt. Baden-Baden 2024. S. 226–279.

Clausberg, Karl: Noch mehr Odyssee. Korfu, die ‚Insel der Seligen‘ – und der verstoßene steinerne Gast. – In: Hamburgs Heinrich Heine – denkmalbewegt. Baden-Baden 2024. S. 28–51.

Czollek, Max: Ein jüdischer Lazarus. – In: Ausgeblendet – Eingeblendet. Eine jüdische Filmgeschichte der Bundesrepublik. [Ausstellung vom 14.7.2023 bis 14.1.2024]. Jüdisches Museum, Frankfurt am Main. Herausgeber*innen: Lea Wohl von Haselberg, … München 2023. S. 216. [Zu dem Film „Heinrich Heine – Die zweite Vertreibung aus dem Paradies“, BR Deutschland 1983].

Dick, Jutta; Jaglitz, Sarah: Heinrich und Ilse. Die Halberstädter Judenschaft und der Harz. – In: Heine im Harz. Leipzig 2024. S. 109–124.

Dröse, Astrid: Rurale Romantik und europäische Reiseliteratur. Heine-Rezeption in George Sands „Ein Winter auf Mallorca“ (1842). – In: Zeitschrift für Germanistik NS 34, 2024, 3. S. 593–609. [URL: https://doi.org/10.3726/92175_593, letzter Zugriff: 12.8.2025].

Frank, Christine: Zur Aktualität von Heinrich Heines „Atta Troll“ bei Alfred Döblin, Stefan Heym und Yoko Tawada. – In: HJb 62, 2023. S. 123–142.

Franzos, Karl Emil: Heinebilder. – In: Hamburgs Heinrich Heine – denkmalbewegt. Baden-Baden 2024. S. 18–27.

Galter, Sunhild: Heinrich Heine – 150 de ani de la moarte. – In: Transilvania 35, 2006. S. 18–19.

Glasmeier, Michael: Butzmann pfeift Gedichte. Berlin 2024. 120 S.: Ill. [„Frieder Butzmanns Video ‚13 Gedichte gepfiffen‘ wurde erstmals 2022 präsentiert und ist eines der jüngsten Werke des multimedialen Musikers und Komponisten“, darin: „Doktrin“].

Gruber, Sabine M.: Der Heine-Tempel. Korfu. Hommage an einen Dichter. – In: Dies.: 111 Sisi-Orte in Europa, die man gesehen haben muss. Köln 2023. S. 76–77.

Gruschka, Roland: Heines „Deutschland. Ein Wintermärchen“ in zwei jiddischen Übersetzungen. – In: Mame-loshn – velt-literatur. Yidish un iberzetsung = Kleine Sprache – Weltliteratur. Jiddisch und Übersetzung = Minority Language – World Literature. Yiddish and Translation. Hrsg. von Efrat Gal-Ed, Daria Vakhrushova. Düsseldorf 2024. (Jiddistik Edition und Forschung; 9). S. 191–252.

Hamburgs Heinrich Heine – denkmalbewegt. Für den Heine-Haus e. V. Hamburg hrsg. von Beate Borowka-Clausberg. Baden-Baden 2024. IX, 279 S.: Ill.

Haug, Ute: „... unter allerlei Gerümpel versteckt ...“. Die Heines, die Hamburger Kunsthalle und das Heine-Denkmal. – In: Hamburgs Heinrich Heine – denkmalbewegt. Baden-Baden 2024. S. 164–179.

Hay, Louis: Rękopisy? a po co? Albo „sprawa Heinego“. Tłum. Adam Dziadek. – In: Konteksty Kultury 19, 2022, 1. S. 6–8. URL: https://doi.org/10.4467/23531991KK.22.003.15384, letzter Zugriff: 12.8.2025].

Hempel, Dirk: Die Literarische Gesellschaft zu Hamburg und das Heine-Denkmal. – In: Hamburgs Heinrich Heine – denkmalbewegt. Baden-Baden 2024. S. 150–157.

Herlyn, Hartmut: Heinrich Heine auf Platt – geht das? – In: Der Gießerjunge 39, 2019. S. 3.

Hernandez, Isabel: Eine vergessene Lektüre von Heines Prosa in Spanien. Die „Reisebilder“ im Werk von Pío Baroja. – In: HJb 62, 2023. S. 241–258.

Hillebrandt, Claudia: „Auf die Berge woll'n wir steigen“. Jan Wagner und Björn Kuhligk im Harz. – In: Natur – Form – Autorschaft. Das literarische Werk Jan Wagners. Hrsg. von Christoph Jürgensen, … Würzburg 2022. (Literatur & Gegenwart; 6). S. 227–238.

Jessen, Caroline: The Archive's Order. Ernst Simon's Notes on Heinrich Heine. – In: Jewish Culture and History 25, 2024, 1. 20 S.

Jessen, Caroline: Von der Unverfügbarkeit der Manuskripte. Die Heine-Sammlung Salman Schockens, 1936–1966. – In: Geschichte der Philologien 63/64, 2023 S. 5–16. [URL: https://doi.org/10.46500/83535470, letzter Zugriff: 12.8.2025].

John, Laura: „Schon liefert meine Muse mir mit süszlicher Stimme ihr Thema; es lautet: Mensch ohne Leib, sowie Leib ohne Mensch“. Zu einer „Poetik der Körperlichkeit“ in Konrad Merz' (un)veröffentlichtem Nachkriegswerk. Würzburg 2023. 503 S. (Epistemata; 952). [München, Ludwig-Maximilians-Univ., Diss., 2021]. [Kap. VIII. 3.3.2: „Das Friedhofsversteck und Heinrich Heine im Kontext des Exils". S. 430–437].

Karst, Theodor: „Heinrich Heine. Liebe, Lieder, Loreley – Autor mit Weltgeltung". – In: Ders.: Literarische Kalenderblätter aus dem „Reutlinger General-Anzeiger" (GEA) 1981–2020. 2. Aufl. Stuttgart 2023. S. 132–135.

Kaufmann: Ulrich: „Heine in Eichsfeld". Zu einem früheren Porträtgedicht von 1984. – In: „Von der Welthaltigkeit der Provinz". Studien & Stimmen – von & über Harald Gerlach. Ulrich Kaufmann (Hrsg.). Bucha bei Jena 2024. (Palmbaum-Texte; 51. Kulturgeschichte). S. 236–242.

Kern, Anne: Juana Borrero. Choreografien einer Künstlerin. Berlin 2023. XIII, 602 S.: Ill. (Mimesis; 93). [Potsdam, Univ., Diss., 2020]. [Kap. 5.3.3: „Übertragungen von Heinrich Heine". S. 531–534].

Klar, Alexander: Heine(s) und die Hamburger Kunsthalle. – In: Hamburgs Heinrich Heine – denkmalbewegt. Baden-Baden 2024. S. 12–17.

Knappitsch, Evelyn: Kaiserin Elisabeth und Louis Hasselriis. Eine mediale Spurensuche. – In: Hamburgs Heinrich Heine – denkmalbewegt. Baden-Baden 2024. S. 82–91.

Köster, Udo: Campe, Lederer, Otto. Aktenmäßige Darstellung der Geschichte der Heine-Denkmäler in Hamburg. – In: Hamburgs Heinrich Heine – denkmalbewegt. Baden-Baden 2024. S. 126–149.

Krisper, Mineja: Heinrich Heine im slowenischen Lektürekanon. – In: Acta neophilologica 57, 2024, 2. S. 93–112.

Kryeziu, Naim: Analizë shqipërimesh nga krijimtaria poetike e Hajnrih Hajnes prej përkthyesish të ndryshëm. – In: Filologjia 25, 2020. S. 87–111. [URL: https://filologjia.uni-pr.edu/page.aspx?id=1,18, letzter Zugriff: 12.8.2025].

Lagatz, Uwe: Heine als Harzwanderer – Einer von vielen? Eine Annäherung aus tourismusgeschichtlicher Perspektive. – In: Heine im Harz. Leipzig 2024. S. 43–73.

Lagatz, Uwe; Perner, Norbert: Auf Heines Route unterwegs. Eine Bilderreise. – In: Heine im Harz. Leipzig 2024. S. 74–107.

Lefebvre, Jean-Pierre: Stefan Zweig dans les pas de Heinrich Heine à Boulogne. – In: Un siècle d'or culturel en province. Boulogne-sur-Mer entre 1820 et 1920. Jean-Philippe Priotti, Jean-Louis Podvin (dir.). Villeneuve d'Ascq 2024. (Histoire et civilisations). S. 213–219.

Lehmann, Jan: Popularisierung von Heine-Gedichten auf musikbezogenen Postkarten. – In: Musik per Post. Bildpostkarten und das visuelle Wissen von der Musik. Dietrich Helms, … (Hrsg.). Wien 2024. S. 277–306.

Liedtke, Christian: Erinnerungsbilder. – In: Ausgeblendet – Eingeblendet. Eine jüdische Filmgeschichte der Bundesrepublik. [Ausstellung vom 14.7.2023 bis 14.1.2024]. Jüdisches Museum, Frankfurt am Main. Herausgeber*innen: Lea Wohl von Haselberg, … München 2023. S. 217. [Zu dem Film „Heinrich Heine – Die zweite Vertreibung aus dem Paradies", BR Deutschland 1983].

Liedtke, Christian: Rettungen, Auferstehungen, Metamorphosen. Heinrich Heines Denkmalschicksale. – In: Hamburgs Heinrich Heine – denkmalbewegt. Baden-Baden 2024. S. 108–125.

Lindinger, Michaela: „Dem Meister wird sein Standbild nun gesetzt". Wie Kaiserin Elisabeth mit Heinrich Heine Politik machte. – In: Hamburgs Heinrich Heine – denkmalbewegt. Baden-Baden 2024. S. 92–107.

Liretska, Mariya: Tsykl Viktora Matyuka na slova Henrikha Hayne v konteksti stanovlennya ukrayins'koyi profesiynoyi kompozytors'koyi shkoly halychyny. – In: Ukraïna. Êvropa. Svìt 2023, 6. S. 195–200. [URL: https://doi.org/10.31318/2786-8877.6.2023.291358, letzter Zugriff: 12.8.2025].

Loyens, Carolin: Rahel Varnhagens Wilhelm-Heinse-Rezeption mit einem Blick auf Heinrich Heine. – In: HJb 62, 2023. S. 229–240.

Mai, Klaus-Rüdiger: Ich würde Hitler erschiessen. Sophie Scholls Weg in den Widerstand. Paderborn 2023. 192 S.: Ill. [Kap. III.2: „Wer Heinrich Heine nicht kennt, kennt die deutsche Literatur nicht". S. 129–138].

Makarenkov, O. L.: Osoblyvosti khudozhn'oyi reprezentatsiyi personifikovanykh obraziv pryrody v ukrayinomovnykh perekladakh liryky H. Heyne. – In: Včenì zapiski Tavrìjs'kogo nacìonal'nogo unìversitetu ìmenì V.Ì. Vernads'kogo 35 = 74, 2024, 2, 2. S. 81–88. [URL: https://doi.org/10.32782/2710-4656/2024.2.2/13, letzter Zugriff: 12.8.2025].

Makarenkov, O. L.: Osoblyvosti khudozhn'oyi reprezentatsiyi peyzazhnykh zamal'ovok v ukrayinomovnykh perekladakh poeziy H. Heyne. – In: Naukovij vìsnik Mìžnarodnogo gumanìtarnono unìversitetu / Serìâ Fìlologìâ 65, 2024. S. 251–257. [URL: https://doi.org/10.32782/2409-1154.2024.65.55, letzter Zugriff: 12.8.2025].

Melíšková, Vendula: Otázka vlivu Heinricha Heina na tvorbu Gustava Adolfa Bécquera = The Question of the Influence of Heinrich Heine on the Work of Gustavo Adolfo Bécquer. Prag, Univ. Karlova, Diplomová práce, 2013. 125 S. [URL: http://hdl.handle.net/20.500.11956/59040, letzter Zugriff: 12.8.2025].

Munk, Jens Peter: Dänischer Bildhauer in Rom. Spezialist für berühmte Persönlichkeiten. – In: Hamburgs Heinrich Heine – denkmalbewegt. Baden-Baden 2024. S. 54–79.

Nafisi, Julia: „Lehn' deine Wang' an meine Wang". Heinrich Heine and Robert Schumann revisited. – In: Australian Voice 14, 2008. S. 1–6. [URL: https://julianafisi.com/wp-content/uploads/2012/11/Lehn_deine_Wang.pdf, letzter Zugriff: 12.8.2025].

Rottmann, Mike: ,Auf meinem Wege liegen Bücherleichen'. Ernst A. Simon's Book Fragments on German-Jewish Interactions (Theodor Fontane, Sigmund Freud, Heinrich Heine). – In: Jewish Culture and History 25, 2024, 1. 29 S.

Roux, Pascale: Éthos et style chez les traducteurs de poésie. Keats, Leopardi et Heine en français. Paris 2024. 696 S. (Investigations stylistiques; 16).

Ruthner, Simone Maria: A emergência da música a partir da poesia no lied alemão do século XIX. Uma análise de canções de Goethe / Schubert, Heine / Schumann e Tieck / Brahms / Simone Maria Ruthner. São Paulo, Univ., Tese de Doutorado, 2023. 215 S. [URL: https://doi.org/10.11606/T.8.2023.tde-13112023-163829, letzter Zugriff: 12.8.2025].

Sandoval Bacigalupo, Renato: La poesía alemana en el Perú y los avatares de Heinrich Heine entre Palma y González Prada. – In: Aula Palma 2023, XXII. S. 443–468. [URL: https://revistas.urp.edu.pe/index.php/Aula_Palma, letzter Zugriff: 12.8.2025].

Schnitter, Joachim: Angemessen. Wohin mit einem neuen Monument für Hamburgs alten Provokateur? – In: Hamburgs Heinrich Heine – denkmalbewegt. Baden-Baden 2024. S. 206–225.

Schweiggert, Alfons: Weihnachten mit Sisi. Die Weihnachtserlebnisse der Kaiserin Elisabeth. Regenstauf 2023. 144 S.: Ill. [Kap.: „Ein Bändchen Heine-Briefe". S. 106–108; „Heines Weihnachtsgedicht". S. 124–125].

Seghers, Anna: Abschied vom Heinrich-Heine-Klub. – In: Argonautenschiff 31, 2023–2024. S. 176–178.

Siguan, Marisa: Contrabando de ideas. Dos calas en la recepción de Heinrich Heine en España. – In: Lisura y tez del envés. Estudios de traducción ofrecidos a Miguel Sáenz con motivo de su 90° cumpleaños por algunos de sus amigos. Ed. de Carlos Fortea y Pollux Hernúñez. Madrid 2022. S. 169–180.

Vietor-Engländer, Deborah: Ein kurzes Glück, Alfred Kerr und das Heine-Denkmal von Hugo Lederer 1926. – In: Hamburgs Heinrich Heine – denkmalbewegt. Baden-Baden 2024. S. 158–163.

Voraussetzungen für den Kampf der Sozialdemokratie gegen Judenfeindschaft in Deutschland. Kollektiv von Autorinnen und Autoren gegen Judenfeindlichkeit und Antikommunismus. Offenbach 2023. 312 S. (Analyse des Kampfs der kommunistischen Kräfte gegen Judenfeindschaft; 3). (Der Kampf der Sozialdemokratie gegen Judenfeindschaft in Deutschland (1894 bis 1914); 1). [Kap. 4.e: „Antijüdische Hetzkampagnen gegen die Errichtung von Heine-Denkmälern". S. 172–174].

Wallach, Kerry: Traces of a Jewish Artist. The lost Life and Work of Rahel Szalit. University Park, PA 2024. XIII, 287 S.: Ill. (Dimyonot). [Kap. 6: „Hebrew Melodies". S. 110–125 und weitere Bezüge].

Walravens, Hartmut: From the Kalmuck Steppes to Heinrich Heine. – In: Written Monuments of the Orient 10, 2024, 1 = 20. S. 109–122.

Zimmermann, Reiner: Begegnungen mit Wilfried Krätzschmar. Gedanken zur Sinfonik, zu den „Heine-Szenen", zur „Schlüsseloper" und zu den ‚Gesängen für Bariton und Orchester'. – In: Wilfried Krätzschmar und sein kompositorisches Werk. Texte von ihm und anderen Autoren. Matthias Herrmann (Hrsg.). Baden-Baden 2024. (Dresdner Schriften zur Musik; 5). S. 42–52.

2.3 Forschungsliteratur mit Heine-Erwähnungen und -Bezügen

Abitbol, Michel: Histoire des juifs en France. Du Moyen Âge à nos jours. Paris 2024. 553 S.

Adam, Christian: Lesen unter Hitler. Autoren, Bestseller, Leser im Dritten Reich. Frankfurt a. M. 2013. 383 S. (Fischer; 19297).

Almeida, Ana de; Wimplinger, Christian: Inherited Revolution. Narratives in transgenerational Memory Transfer. – In: Journal of Literary Theory 16, 2022, 2. S. 289–308.

Althofer, Jayson: „Trace your Grave". On the Poetry of the Communist Manifesto's Grave-digger Thesis. – In: Text. Journal of Writing and Writing Courses 27, 2023, Special Issue 70. S. 1–18. [URL: https://textjournal.scholasticahq.com/issue/8312, letzter Zugriff: 12.8.2025]

Anderson, Misty G.: Hermeneutics, the Hebrew Bible, and the cosmopolitan Reader. – In: The Eighteenth Century 62, 2023, 3. S. 441–445.

Ansel, Michael: Sprichwörter, Redensarten und literarische Zitate in Erich Kästners Lyrik. – In: Politik und Moral. Die Entwicklungen des politischen Denkens im Werk Erich Kästners. Hrsg. von Sven Hanuschek und Gideon Stiening. Berlin 2023. (Erich Kästner Studien; 6). S. 37–62.

Aptroot, Marion; Gruschka, Roland: Jiddisch. Geschichte und Kultur einer Weltsprache. München 2023. 192 S.: Ill. (C. H. Beck Paperback; 1621).

Arscott, Jack: ‚Gerade, weil ich mich als Deutschen fühle'. The progressive Patriotism of ‚Die Weltbühne'. – In: German Life and Letters NS 77, 2024, 2. S. 218–237.

Banks, William: Brandes after Nietzsche. Aristocratic Radicalism vs. Human Rights. – In: Georg Brandes. A Pioneer of comparative Literature and a global public Intellectual. Ed. by Jens Bjerring-Hansen, … Leiden; Boston 2024. (Internationale Forschungen zur allgemeinen und vergleichenden Literaturwissenschaft; 213). S. 318–334.

Barral, Céline: Du style musif („Musivstil"). Langue canonique et langue profane. Karl Kraus lu par Gershom Scholem et Walter Benjamin à la lumière de la poésie néohébraïque. – In: Revue de litterature comparee 97, 2023, 3. S. 275–297.

Baum, Gerhart Rudolf: Rettet die Grundrechte! Bürgerfreiheit contra Sicherheitswahn – eine Streitschrift. Red. Mitarb. Sabine Königs. Köln 2009. 195 S. [Kap. 8: „‚Denk ich an Deutschland ...'. Die Freiheit in Kunst und Presse". S. 146–163].

Begemann, Christian: Kleine Poetik der Schublade. Konstanz 2023. 146 S. (Essay).

Bittner, Wolfgang: Niemand soll hungern, ohne zu frieren. So wie es ist, kann und wird es nicht bleiben. Höhr-Grenzhausen 2024. 280 S.: Ill.

Blänkner, Reinhard: Eduard Gans und Leopold (v.) Ranke. Eine antipodische Konstellation? Zur Gegenläufigkeit zeitgenössischer und säkularer Wirkung. – In: Aufklärung – Hegel – Vormärz. Reisen in die Ideengeschichte. Stephanie Baumann; Marie-Ange Maillet (Hrsg.). Baden-Baden 2024. S. 353–385.

Blaich, Markus C.: Pfalz Goslar: Heinrich III., Wilhelm I. und „Erfundene Traditionen". – In: Nachrichten aus Niedersachsens Urgeschichte 90, 2021. S. 237–273. [URL: https://journals.ub.uni-heidelberg.de/index.php/nnu/issue/view/7055, letzter Zugriff: 12.8.2025].

Bleyer, Alexandra: 1848. Erfolgsgeschichte einer gescheiterten Revolution. Ditzingen 2022. 336 S.: Ill.

Bockel, Rolf von: Musikmuffelige Bekenntnisse Kurt Hillers im Briefwechsel mit Hans-Günter Klein. – In: Kurt Hiller und die Künste. Positionsbestimmungen mit und gegen Rudolf Führmann, … Beiträge einer Tagung der Kurt Hiller Gesellschaft, 28./29. Oktober 2023 in Berlin – nebst ergänzender Studien und Materialien. Hrsg. von Reinhold Lütgemeier-Davin und Rolf von Bockel. Neumünster 2024. S. 161–173.

Bodenheimer, Nina: Eugène Rodrigues – saint-simonien, traducteur de Lessing et penseur de religion. – In: Aufklärung – Hegel – Vormärz. Reisen in die Ideengeschichte. Stephanie Baumann; Marie-Ange Maillet (Hrsg.). Baden-Baden 2024. S. 343–352.

Bollacher, Martin: Goethe and Spinoza on Faith, the State, and the Old Testament. – In: Spinoza in Germany. Political and religious Thought across the Long Nineteenth Century. Ed. by Jason Maurice Yonover, Kristin Gjesdal. Oxford; New York, NY 2024. S. 137–155.

Bollacher, Martin: Im „Labyrinth der Geschichte". Herders Humanitätsphilosophie und ihre Rezeption im 19. Jahrhundert. – In: Herder und das 19. Jahrhundert. Beiträge zur Konferenz der Internationalen Herder-Gesellschaft, Turku 2018 = Herder and the Nineteenth Century. Hrsg. von Liisa Steinby. Heidelberg 2020. S. 195–212.

Boutan, Jean: Libuše na rozhraní dvou národních romantismů. Rukopis zelenohorský a Clemens Brentano. – In: Rukopisy královédvorský a zelenohorský v kultuře a umění. Dalibor Dobiáš (ed.). 1. Svazek. Prag 2019. S. 377–402.

Brudzyńska-Němec, Gabriela: Die liberale Männerwelt und die weibliche Polenbegeisterung 1832. – In: Convivium 2007. S. 39–56. [URL: https://czasopisma.uni.lodz.pl/conv/issue/view/662, letzter Zugriff: 12.8.2025].

Brüggemann, Heinz: „Ein Polterabend der alten und neuen Zeit". Literarische Reflexion und Bilderfindung historischer Gegenwart um 1830. – In: Eigenzeiten der Moderne. Helmut Hühn, Sabine Schneider (Hrsg.). Hannover 2020. (Ästhetische Eigenzeiten; 15). S. 331–353.

Brunner, Bernd: Unterwegs ins Morgenland. Was Pilger, Reisende und Abenteurer erwarteten, und was sie fanden. Köln 2024. 312 S.: Ill.

Bunzel, Wolfgang: Das Prosagedicht. Genese und Funktionslogik einer Gattung der literarischen Moderne. – In: Grenzritte zwischen Vers und Prosa (1700–1900) = Chevauchements du vers et de la prose (1700–1900). Hrsg. von Niklas Bender, … Würzburg 2024. (Philologie der Kultur; 19). S. 187–206.

Burdorf, Dieter: Geschichte der deutschen Lyrik. Einführung und Interpretationen. 2., akt. und erw. Aufl. Berlin 2023. X, 296 S. (Lehrbuch).

Burdorf, Dieter: Gibt es eine ‚Hölderlinie'? Hölderlins Wirkung in der Lyrik des 20. und 21. Jahrhunderts. – In: Hölderlin-Jahrbuch 43, 2022–2023. S. 67–84.

Calvié, Lucien: 1789, 1830, 1933. Trois générations de l'exil allemand en France. Répétition, héritage et transmission. – In: Geschichte ordnen. Interdisziplinäre Fallstudien zum Begriff „Generation" = L'histoire mise en ordre. Études de cas interdisciplinaires sur la notion de „génération". Catherine Mazellier-Lajarrige, … (Hrsg.). Berlin [u. a.] 2019. (Zivilisationen & Geschichte; 59). S. 39–49.

Candoni, Jean-François: Richard Wagner lecteur d'E. T. A. Hoffmann. – In: E. T. A. Hoffmann, 1822–2022. Inter- und transmediale Aktualität eines Universalkünstlers = Actualité inter- et transmédiale d'un artiste universel. Ingrid Lacheny, Patricia Viallet (Hrsg.). Berlin 2023. (Literaturwissenschaft; 107). S. 129–144.

Caplan, Marc: Der Nister's Soviet Surrealisms. The Avant-Garde as Arrière-Garde. – In: Journal of Avant-Garde Studies 2023, 3. S. 7–30.

Cavazzini, Andrea: L'État, la béatitude et le Royaume de Dieu. Sur la théologie politique de la Gauche hégélienne. – In: Cahiers du GRM 2023, 21: De la centralité ouvrière à la précarité générale. 13 S. [URL: https://doi.org/10.4000/grm.4059, letzter Zugriff: 12.8.2025].

Charle, Christophe: L'Europe des intellectuels. Figures et configurations XIXe-XXe siècle. Paris 2024. 409 S. (Saynetes comiques).

Charypar, Michal: Motiv, syžet, poetika. Písně Rukopisu královédvorského a jejich vliv na novočeskou poezii do příchodu májovců. – In: Rukopisy královédvorský a zelenohorský v kultuře a umění. Dalibor Dobiáš (ed.). 1. Svazek. Prag 2019. S. 445–484.

Charypar, Michal: Vážné i nevážné přitakání. Transformování paměti o Rukopisech královédvorském a zelenohorském v literární publicistice Jana Nerudy. – In: Rukopisy královédvorský a zelenohorský v kultuře a umění. Dalibor Dobiáš (ed.). 1. Svazek. Prag 2019. S. 639–680.

Cieszkowski, Marek: „Lehrprogramm für den Literaturunterricht in den deutschen Mittelschulen" und seine Funktionen im gesellschaftserzieherischen Diskurs eines totalitären Staates. – In: Studia Germanica Gedanensia 45, 2021. S. 188–198. [URL: https://bibliotekanauki.pl/issues/155608, letzter Zugriff: 12.8.2025].

Clark, Christopher M.: Frühling der Revolution. Europa 1848/49 und der Kampf für eine neue Welt. Aus dem Engl. von Norbert Juraschitz, … München 2023. 1164 S.: Ill.

Cordibella, Giovanna: Carducci e il mondo tedesco. Bilanci e prospettive. – In: Studia theodisca 30, 2023. S. 29–59. [URL: https://riviste.unimi.it/index.php/StudiaTheodisca/issue/view/2079, letzter Zugriff: 12.8.2025].

Czezior, Patricia: Das „Philistertum als Blatterkrankheit, die ein jeder mehr oder weniger hat". Eine (literarische) Figur und ihre gesellschaftlichen Konsequenzen. – In: Starnberger Hefte 2023, 35: Schelme, Gauner, Philister und die ganz normalen Leute. S. 37–45. [URL: https://doi.org/10.25593/open-fau-266, letzter Zugriff: 12.8.2025].

Dedner, Burghard: Lektürespuren in Büchners literarischen Werken. Eine Bestandaufnahme mit besonderer Berücksichtigung Ludwig Tiecks. – In: Georg Büchner und die Romantik. Roland Borgards, Burghard Dedner (Hrsg.). Heidelberg 2020. (Abhandlungen zur Literaturwissenschaft). S. 47–86.

Degenhardt, Kai: Wessen Morgen ist der Morgen. Arbeiterlied und Arbeiterkämpfe in Deutschland. Köln 2023. 215 S. (Neue kleine Bibliothek; 332).

Delbrück, Hansgerd: Nihilismus als Satire. Günter Kunerts Gedichte „Das Spiel" und „Menetekel". – In: Das Innerste von außen. Zur deutschsprachigen Lyrik des 21. Jahrhunderts. Gert Reifarth (Hrsg.). Würzburg 2007. S. 167–178.

Delbrück, Hansgerd: Vom Umgang mit dem Tod. Friederike Mayröckers Gedicht „5. Brandenburgisches Konzert". – In: Das Innerste von außen. Zur deutschsprachigen Lyrik des 21. Jahrhunderts. Gert Reifarth (Hrsg.). Würzburg 2007. S. 193–206.

Deterding, Heinrich: Zur Rhetorik der parlamentarischen Rechten: „Wer ist wir?". – In: Grenzerfahrungen. Migration, Flucht, Vertreibung und die deutschen Verhältnisse. Rolf Haubl und Hans-Jürgen Wirth (Hrsg.). Gießen 2019. (Psyche und Gesellschaft). S. 87–100.

Devereux, Cecily Margaret: Salomania and the Representation of Race and Gender in modern erotic Dance. Waterloo, Ontario 2023. XII, 305 S.: Ill.

Di Noi, Barbara: Baudelaires „Les Phares" und Nietzsches Gedicht „Das Feuerzeichen" aus dem Zyklus „Dithyramben des Dionysos". – In: Studia theodisca 24, 2017. S. 123–148. [URL: https://riviste.unimi.it/index.php/StudiaTheodisca/issue/view/1080, letzter Zugriff: 12.8.2025].

Diller, Axel: „Rauschendes Bächlein, so silbern und hell ...". Wort-Ton-Beziehungen in Liedern aus Franz Schuberts ‚Schwanengesang' (1828). – In: „Wenn erst die Rosen verrinnen". Erinnerung an Hermann Korte. Hrsg. von Bastian Dewenter, … Heidelberg 2023. (Proszenium; 8). S. 131–150.

Diversität und Darstellung. Zugehörigkeit und Ausgrenzung im Literaturmuseum und in der Literaturwissenschaft. Sebastian Schönbeck, Magdalena Hülscher (Hrsg.). Bielefeld 2024. 318 S.: Ill. (Edition Museum; 68).

Dobiáš, Dalibor: Staří Češi Rukopisů královédvorského a zelenohorského a husité. K proměnám zobrazení fundující minulosti v české literatuře 19. Století. – In: Rukopisy královédvorský a zelenohorský v kultuře a umění. Dalibor Dobiáš (ed.). 1. Svazek. Prag 2019. S. 561–596.

Doering, Pia; Wagner-Egelhaaf, Martina: Lektüre in Zeiten von Pest und Corona. Das Beispiel des ‚Decameron'. – In: Literatur für Leser:innen 46, 2023, 1. S. 9–23. [URL: https://doi.org/10.3726/lfl.2023.01.02, letzter Zugriff: 12.8.2025].

Duhamel, Roland: Reflexionen. Kunst im Spiegel der Literatur. 2., erw. Aufl. Würzburg 2023. 167 S.

Ebner-Eschenbach, Marie von; Knorr, Josephine von: Briefwechsel 1851–1908. Kritische und kommentierte Ausgabe. Hrsg. von Ulrike Tanzer, … Bd. 1: Texte. Mit Marie von Ebner-Eschenbachs historischer Studie „Carl I. von England und die hervorragenden Charactere seiner Zeit" (1854). Berlin 2016. XLVI, 689 S.: Ill.

Eilt, Stefan: Typen der deutschsprachigen Versepik 1745/1848. – In: Forcierte Form. Deutschsprachige Versepik des 20. und 21. Jahrhunderts im europäischen Kontext. Kai Bremer, Stefan Elit (Hrsg.). Berlin 2020. (Abhandlungen zur Literaturwissenschaft). S. 39–55.

Eke, Norbert Otto: „Romantik" und „Vormärz". Ein Streitfall. – In: Georg Büchner und die Romantik. Roland Borgards, Burghard Dedner (Hrsg.). Heidelberg 2020. (Abhandlungen zur Literaturwissenschaft). S. 13–32.

Engberg-Pedersen, Anders: Georg Brandes and the History of Emotions. – In: Georg Brandes. A Pioneer of comparative Literature and a global public Intellectual. Ed. by Jens Bjerring-Hansen, … Leiden; Boston 2024. (Internationale Forschungen zur allgemeinen und vergleichenden Literaturwissenschaft; 213). S. 33–51.

Exile and the Jews. Literature, History, and Identity. Ed. by Nancy E. Berg and Marc Saperstein. Philadelphia 2024. XXI, 273 S. (JPS Anthologies of Jewish Thought).

Fegert, Friedemann: Spinnen und Weben, das ist ihr Leben. Eine Kulturgeschichte vom Flachs zum Leinen. Freyung 2023. 351 S.: Ill.

Fink, Wolfgang: Börne über Menzel. Die fatalen Konsequenzen der Reformation. – In: Aufklärung und Vormärz. Kontinuitäten und Brüche = Des Lumières allemandes à 1848. Continuité et ruptures. Hrsg. von Wolfgang Fink & Norbert Waszek. Bremen 2024. (Presse und Geschichte; 159). S. 73–100.

Firaza, Joanna: Frédéric Chopin in deutscher Rezeption. – In: Dialog der Künste. Literatur und Musik. Joanna Firaza; Małgorzata Kubisiak (Hrsg.). Frankfurt a. M. [u. a.] 2020. (Gießener Arbeiten zur neueren deutschen Literatur und Literaturwissenschaft; 36). S. 53–66.

Focher, Artemio: Il Violino nella letteratura tedesca. Ottocento anni di cultura europea su quattro corde. Lucca 2023. XIII, 299 S.: Ill.

Frank, Manfred: „[W]ozu Dichter in dürftiger Zeit?". – In: Hölderlin-Jahrbuch 43, 2022–2023. S. 200–212.

Franke, Heinz-Dieter: „Kleine rote Fische, die rückwärtsgehen". Eine Kulturgeschichte der Krebse. Hamburg 2024. 334 S., 32 ungez. S. mit Tafeln, Ill.

Franz Schubert. Die Texte seiner Lieder und Gesänge und ihre Dichter. Hrsg. von Peter Rastl und Peter Dellitsch. Stuttgart 2023. 2 Bde, 1608 S. (Perspektiven, Studien / Franz Schubert; 8).

Gadamska-Serafin, Renata: Norwid's Way to Hafiz. – In: Studia Norwidiana 2018, 36. S. 5–58. [URL: https://www.researchgate.net/publication/336199828_Norwid's_way_to_Hafiz, letzter Zugriff: 12.8.2025].

Galter, Sunhild: Wie Helden gemacht werden. Erich Kästners ‚Der Handstand auf der Loreley'. – In: Kronstädter Beiträge zur germanistischen Forschung 24, 2024. S. 23–37. [URL: https://germanistik.unitbv.ro/band-24/, letzter Zugriff: 12.8.2025].

Gargaillo, Florian: Echo and Critique. Poetry and the Clichés of public Speech. Baton Rouge 2023. 187 S.

Gasó Gómez, Nuria: Primeras muestras de traducción de la literatura alemana en España. – In: Anuari TRILCAT 11, 2022–2023. S. 54–72. [URL: https://doi.org/10.31009/anuaritrilcat.2023.i11.04, letzter Zugriff: 12.8.2025].

Geană, Traian-Ioan: Allegorie, Symbol, Ding. Deutschsprachige Gegenstandslyrik von Goethe bis Rilke. Würzburg 2023. 865 S. (Würzburger Beiträge zur deutschen Philologie; 47). [Zugl.: Würzburg, Julius-Maximilians-Univ., Diss.].

Georg-Lauer, Jutta: Philosophie der Freundschaft. Paderborn 2023. XXI, 181 S.

Gibson, Helen: Translation and stylistic Variation. Dialect and Heteroglossia in Northern Irish poetic Translation. New York; London 2024. XX, 258 S. (Routledge Studies in literary Translation).

Gillett, Robert: ,King John' in the „Vormärz". Worrying Politics and Pathos. – In: Multicultural Shakespeare 19, 2019. S. 71–89. [URL: http://hdl.handle.net/11089/39412, letzter Zugriff: 12.8.2025].

Giménez Bartlett, Alicia; García Adánez, Isabel: „El original manda". Entrevista con Isabel García Adánez. – In: Minerva 2023, 40. S. 92–95. [URL: https://cbamadrid.es/revistaminerva/articulo.php?id=956, letzter Zugriff: 12.8.2025].

Glinka, Holger: Natural Law in the Ideas of Bloch, Hegel and Marxism. – In: Rethinking Ernst Bloch. Ed. by Henk de Berg, Cat Moir. Leiden; Boston 2024. (Historical Materialism Book Series; 300). (Bloch Bibliothek; 3). S. 155–179.

Goetschel, Willi: Kellers Dissonanzen. – In: Kellers Welten. Territorien – Ordnungen – Zirkulationen. Hrsg. von Sebastian Meixner. Berlin 2023. (Gottfried Kellers Moderne; 3). S. 145–162. [URL: https://doi.org/10.1515/9783110722857, letzter Zugriff: 12.8.2025].

Goetschel, Willi: Mendelssohn's Upending of canonical Appropriation. – In: The Germanic Review 99, 2024, 1. S. 27–35.

Goodman, Daniel Ross: „The Uncontrollability of Real Things". ,Operation Shylock', ,Sabbath's Theater', and Philip Roth's ,Falstaffian Theology of Judaism'. – In: Philip Roth Studies 16, 2020, 2. S. 39–59.

Greenspahn, Frederick E.: Judaism and its Bible. A People and their Book. Philadelphia 2023. XXII, 268 S.

Greiner, Bernhard: Gestaltenreiches bald Gestaltenloses. Literatur- und Wissensgeschichte der Wolken. Heidelberg 2024. 884 S.: Ill. (Neues Forum für allgemeine und vergleichende Literaturwissenschaft; 61). [Kap. III. 4: „Wolkenpoesie der deutschen Romantik. Eichendorff (In der Fremde, Zwielicht) – Heine (Die Götter Griechenlands)". S. 332–345].

Gülen, Ömer: „Almanya'da Din ve Felsefenin Tarihi Üzerine". Bir Değerlendirme. – In: Eskiyeni 2017, 35. S. 189–198. [URL: https://dergipark.org.tr/en/pub/eskiyeni/issue/36905, letzter Zugriff: 12.8.2025].

Häntzschel, Günter: Sammeln, Sammler, Sammlungen. – In: Bibliotheken und Sammlungen im Exil. Hrsg. im Auftrag der Gesellschaft für Exilforschung / Society for Exile Studies von Claus-Dieter Krohn und Lutz Winckler. Repr. Berlin 2021. (Exilforschung; 29). S. 1–11.

Hagestedt, Lutz: Aus den Gruftgewölben. Aspekte der anthologischen Kanonisierung Klopstocks. – In: „Wer wird nicht einen Klopstock loben?". Friedrich Gottlieb Klopstocks poetische Innovationen und ihre produktive Rezeption. Lutz Hagestedt, Alexander Nebrig (Hrsg). Berlin 2024. (Abhandlungen zur Literaturwissenschaft). S. 561–578.

Hambsch, Björn: Herder und die politische Redekultur des Vormärz. – In: Herder und das 19. Jahrhundert. Beiträge zur Konferenz der Internationalen Herder-Gesellschaft, Turku 2018 = Herder and the Nineteenth Century. Hrsg. von Liisa Steinby. Heidelberg 2020. S. 149–168.

Heimann, Annegret: „The Prose of Life". Brandes and the Concept of the Prosaic. – In: Georg Brandes. A Pioneer of comparative Literature and a global public Intellectual. Ed. by Jens Bjerring-Hansen, … Leiden; Boston 2024. (Internationale Forschungen zur allgemeinen und vergleichenden Literaturwissenschaft; 213). S. 97–112.

Henke, Silvia: Note 18: Hinzufügungen und Fassungen im Graffiti. – In: Noten zum „Schreiben". Für Martin Stingelin zum 60. Geburtstag. David Giuriato, … (Hrsg.). Paderborn 2023. S. 131–139.

Herweg, Nikola: Mehlbrei, Sehnsucht, Heimweh. Mascha Kaléko streicht den Hunger durch. – In: Zeitschrift für Ideengeschichte 18, 2024, 1. S. 46–48.

Hiller, Kurt: Über die „höheren Rangklassen" der „Weltlitteratur". Aus einem Brief an Eugen M. Brehm, … – In: Kurt Hiller und die Künste. Positionsbestimmungen mit und gegen Rudolf Führmann, … Beiträge einer Tagung der Kurt Hiller Gesellschaft, 28./29. Oktober 2023 in

Berlin – nebst ergänzender Studien und Materialien. Hrsg. von Reinhold Lütgemeier-Davin und Rolf von Bockel. Neumünster 2024. S. 136–137.

Hjortshoj, Soren Blak: Georg Brandes' Erasure of Jewishness and Cosmopolitanism in his later Writings. – In: Georg Brandes. A Pioneer of comparative Literature and a global public Intellectual. Ed. by Jens Bjerring-Hansen, ... Leiden; Boston 2024. (Internationale Forschungen zur allgemeinen und vergleichenden Literaturwissenschaft; 213). S. 281–300.

Höllerer, Walter: Der Autor, die Sprache des Alltags und die Sprache des Kalküls (1967). – In: Ders.: Poetologische und literaturgeschichtliche Schriften 1952–1986. Hrsg. von Michael Peter Hehl und Heribert Tommek. Berlin 2023. S. 351–357.

Höllerer, Walter: Bausteine zu einer Poetik im 20. Jahrhundert. Vorlesung, Sommersemester 1967, TU Berlin (Auszüge). – In: Ders.: Poetologische und literaturgeschichtliche Schriften 1952–1986. Hrsg. von Michael Peter Hehl und Heribert Tommek. Berlin 2023. S. 359–395.

Höllerer, Walter: Die Bedeutung des Augenblicks im modernen Romananfang (1965). – In: Ders.: Poetologische und literaturgeschichtliche Schriften 1952–1986. Hrsg. von Michael Peter Hehl und Heribert Tommek. Berlin 2023. S. 263–305.

Höllerer, Walter: Die kurze Form der Prosa (1962). – In: Ders.: Poetologische und literaturgeschichtliche Schriften 1952–1986. Hrsg. von Michael Peter Hehl und Heribert Tommek. Berlin 2023. S. 217–237.

Höllerer, Walter: Literatur im dreißigjährigen Frieden (1979). – In: Ders.: Poetologische und literaturgeschichtliche Schriften 1952–1986. Hrsg. von Michael Peter Hehl und Heribert Tommek. Berlin 2023. S. 435–459.

Höllerer, Walter: Lyrik heute (1959/1961). – In: Ders.: Poetologische und literaturgeschichtliche Schriften 1952–1986. Hrsg. von Michael Peter Hehl und Heribert Tommek. Berlin 2023. S. 129–161.

Höllerer, Walter: Unser Gestern verfällt dem Aberglauben. Und unser Heute? Anmerkungen zur Literatur in den fünfziger Jahren (1980). – In: Ders.: Poetologische und literaturgeschichtliche Schriften 1952–1986. Hrsg. von Michael Peter Hehl und Heribert Tommek. Berlin 2023. S. 467–484.

Höllerer, Walter: Vorbemerkung zur Habilitationsschrift ‚Zwischen Klassik und Moderne. Lachen und Weinen in der Dichtung einer Übergangszeit' (1958). – In: Ders.: Poetologische und literaturgeschichtliche Schriften 1952–1986. Hrsg. von Michael Peter Hehl und Heribert Tommek. Berlin 2023. S. 81–92.

Höllerer, Walter: Vorwort zur Anthologie ‚Transit' (1956). – In: Ders.: Poetologische und literaturgeschichtliche Schriften 1952–1986. Hrsg. von Michael Peter Hehl und Heribert Tommek. Berlin 2023. S. 47–58.

Holtei, Christa: Die Düsseldorfer Malerschule. Kunst, Geschichte, Leben. Düsseldorf 2017. 175 S.: Ill.

Honold, Alexander; Koch, Manfred; Polledri, Elena; Previšić, Boris: ‚Blödigkeit'. Beiträge zu einer pluralen Interpretation. – In: Hölderlin-Jahrbuch 43, 2022–2023. S. 110–132.

Huch, Ricarda: Die Romantik. Blütezeit, Ausbreitung und Verfall. Berlin 2017. 729 S. (Die Andere Bibliothek; 397).

Immer, Nikolas: Mnemopoetik. Formen und Figurationen von Erinnerung in der deutschsprachigen Lyrik der ersten Hälfte des 19. Jahrhunderts. Heidelberg 2023. XIII, 427 S. (Lyrikforschung; 4).

Ingold, Julia: „I can't relax in Deutschland". Die Diskussion um Patriotismus und deutschsprachige Popmusik um 2006. – In: „Eins zu eins ist jetzt vorbei". Popschreibweisen seit 2000. Denise Dumschat-Rehfeldt, … (Hrsg.). Berlin 2023. (Kontemporär; 14). [„Der vorliegende Sammelband geht zurück auf die Tagung gleichen Titels, die im September 2021 an der Otto-Friedrich-Universität Bamberg stattgefunden hat."]. S. 101–120.

Israel, Jonathan: Spinoza and the growing Divide between radical Enlightenment and Socialism in the German-Jewish intellectual World of the 1830s and 1840s. – In: Spinoza in Germany. Political and religious Thought Across the Long Nineteenth Century. Ed. by Jason Maurice Yonover, Kristin Gjesdal. Oxford; New York, NY 2024. S. 156–181.

Jablonski, Maciej: Musicology as a Meta-Theory of musical Meaning. – In: Interdisciplinary Studies in Musicology 2015, 14. S. 298–306. [URL: https://bibliotekanauki.pl/issues/39194, letzter Zugriff: 12.8.2025].

Jessen, Caroline: Bücher als Dinge. Funktionen emigrierter Bücher und Büchersammlungen für deutsch-jüdische Einwanderer in Palästina / Israel nach 1933 aus Perspektive der Kanonforschung. – In: Bibliotheken und Sammlungen im Exil. Hrsg. im Auftrag der Gesellschaft für Exilforschung / Society for Exile Studies von Claus-Dieter Krohn und Lutz Winckler. Repr. Berlin 2021. (Exilforschung; 29). S. 12–27.

Joffe, Lawrence; Cohn-Sherbok, Dan: An illustrated Encyclopedia of Jewish History and Judaism. A History of the Jewish People, their Religion and Philosophy, Traditions and Practices. Leicester 2022. 512 S.: Ill.

John, Eckhard: Heute hier – morgen dort. Wanderschaft als ‚movens' der Volkslied-Idee. – In: Wanderland. Eine Reise durch die Geschichte des Wanderns. Germanisches Nationalmuseum Nürnberg, 29. November 2018 bis 28. April 2019. [Hrsg. von Claudia Selheim, …]. Nürnberg 2018. (Ausstellungskataloge des Germanischen Nationalmuseums). S. 188–197.

Kammel, Frank Matthias: Selbsterfahrung und Selbstdarstellung. Die neue Schreiblust am Fernwandern. – In: Wanderland. Eine Reise durch die Geschichte des Wanderns. Germanisches Nationalmuseum Nürnberg, 29. November 2018 bis 28. April 2019. [Hrsg. von Claudia Selheim, …]. Nürnberg 2018. (Ausstellungskataloge des Germanischen Nationalmuseums). S. 230–237.

Kardaun, Maria: Die blaue Blume. Over filosofie, literaturur en filosofisch-literaire grensgangers. – In: De Ironische Orde. Liber Amicorum voor Maarten Doorman. René Gabriëls en Sjoerd de Jong (Redactie). Maastricht 2024. 9 S. [URL: https://doi.org/10.26481/mup.2401.04, letzter Zugriff: 12.8.2025].

Kim, Jae Sang: Dichtergedichte als Gründungsdokumente der expressionistischen Avantgarde. Freiburg i. Br., Univ., Diss., 2007. 336 S.

Kjældgaard, Lasse Horne: Georg Brandes and the Writing of typological literary History. – In: Georg Brandes. A Pioneer of comparative Literature and a global public Intellectual. Ed. by Jens Bjerring-Hansen, … Leiden; Boston 2024. (Internationale Forschungen zur allgemeinen und vergleichenden Literaturwissenschaft; 213). S. 81–96.

Kläger, Florian: Quarantines. Framing romantic Narratives of Extinction and epidemic Experience. – In: Literatur für Leser:innen 46, 2023, 1. S. 43–60. [URL: https://doi.org/10.3726/lfl.2023.01.04, letzter Zugriff: 12.8.2025].

Klemm, Ekkehard: SCHLÜSSEL-Erlebnisse mit Wilfried Krätzschmar. Personen – Positionen – Werke – Oper. – In: Wilfried Krätzschmar und sein kompositorisches Werk. Texte von ihm und anderen Autoren. Matthias Herrmann (Hrsg.). Baden-Baden 2024. (Dresdner Schriften zur Musik; 5). S. 85–144.

Klimas, Agnieszka: Musikmoderne als Mittel der Standortbestimmung eines „geistigen deutschen Juden". Ein Blick auf Arnold Schönberg in einer Vorkriegsnovelle Arnold Zweigs. – In: Dialog der Künste. Literatur und Musik. Joanna Firaza; Małgorzata Kubisiak (Hrsg.). Frankfurt a. M. [u. a.] 2020. (Gießener Arbeiten zur neueren deutschen Literatur und Literaturwissenschaft; 36). S. 273–283.

Knörzer, Heidi: La France vue par les Juifs allemands. – In: Histoire juive de la France. Sous la dir. de Sylvie Anne Goldberg. Paris 2023. S. 422–423.

Knopper, Françoise: Approche à rebours du „XVIIIe siècle" et orientation nationale de Theodor Mundt (1808–1861). – In: Aufklärung und Vormärz. Kontinuitäten und Brüche = Des Lumières allemandes à 1848. Continuité et ruptures. Hrsg. von Wolfgang Fink & Norbert Waszek. Bremen 2024. 264 S. (Presse und Geschichte; 159). S. 191–216.

Komorowski, Dariusz: Das Gemeinsinn im Lokalen. Zum Verständnis der ‚res publica' in den Reportagen Fredi Lerchs. – In: Die Wiederkehr der res publica. Zu literarischer Repräsentation einer politischen Idee im globalen Zeitalter. Dariusz Komorowski (Hrsg.). Göttingen 2021. S. 251–268.

Korn, Uwe Maximilian: Edition und Kanon in der DDR. Mit besonderer Würdigung von Zensur-
gutachten als Forschungsquelle. – In: Kanonbildung und Editionspraxis. Hrsg. von Jörn
Bohr, … Berlin 2021. (Editio; 49). S. 171–182.
Kubečková, Barbora: Zdeněk Fibich (1850–1900) and his Songs to Goethe. Forgotten Settings?
– In: Kwartalnik Młodych Muzykologów UJ = The Jagiellonian University Young Musi-
cologists Quarterly 34, 2017, 3. S. 51–73. [URL: https://kmm.muzykologia.uj.edu.pl/nu-
mery-34, letzter Zugriff: 12.8.2025].
Kubisiak, Małgorzata: Die Idyllen von Johann Heinrich Voß. Idylle als poetologisches Modell
politischer Lyrik. Łódź 2013. 191 S. [URL: https://bibliotekanauki.pl/books/32901541.pdf,
letzter Zugriff: 12.8.2025].
Lachat, Pierre: Fremdling in allen Vaterländern. Che: The Argentine, Che: Guerilla von Steven
Soderbergh. – In: Filmbulletin 51, 2009, 298. S. 11–13. [URL: https://doi.org/10.5169/seals-
864011, letzter Zugriff: 12.8.2025].
Lahann, Birgit: Isaac Bashevis Singer: „Mein Vater der Rabbi". – In: Dies.: „Kennen Sie einen
Juden?". Lauter Künstler von A wie Alejchem bis Z wie Zadek. Dietz 2023. S. 9–13.
Lahann, Birgit: Joseph Roth: „Hiob". Roman eines einfachen Mannes. – In: Dies.: „Kennen Sie
einen Juden?". Lauter Künstler von A wie Alejchem bis Z wie Zadek. Dietz 2023. S. 38–48.
Lahann, Birgit: Walter Mehring: „Die verlorene Bibliothek". Autobiografie einer Kultur. – In:
Dies.: „Kennen Sie einen Juden?". Lauter Künstler von A wie Alejchem bis Z wie Zadek.
Dietz 2023. S. 49–55.
Lahann, Birgit: Wolf Biermann: „Ich konservier' euch als Insekt im Bernstein der Balladen". –
In: Dies.: „Kennen Sie einen Juden?". Lauter Künstler von A wie Alejchem bis Z wie Zadek.
Dietz 2023. S. 227–243.
Leesch, Klaus: Eduard Bernstein (1850–1932). Leben und Werk. Frankfurt a. M. 2024. 1788 S.
(Leben und Werk / Klaus Leesch; 2). [Kap. 14.2: „Schiller, Heine, Goethe und der Mandats-
verzicht". S. 1549–1588].
Lefebvre, Jean-Pierre: Hälfte des Lebens. – In: Studia theodisca 2018: Hölderliniana III. S. 171–
191. [URL: https://riviste.unimi.it/index.php/StudiaTheodisca/issue/view/1350, letzter Zu-
griff: 12.8.2025].
Lehmann, Jan: Lieder in bunten Farben. Liedpostkarten und Liedillustrationen. – In: Musik per
Post. Bildpostkarten und das visuelle Wissen von der Musik. Dietrich Helms, … (Hrsg.).
Wien 2024. S. 267–276.
Lehmann, Jürgen: „Es kam ein Wort, kam durch die Nacht, wollt leuchten". Paul Celan –
Dichter und Übersetzer. Kommentare – Analysen – Interpretationen. Hrsg. von Markus May,
Tanja Rudtke. Heidelberg 2024. 406 S. (Beiträge zur neueren Literaturgeschichte; 424).
[Kap. 12: „‚Gegenwort in dunklen Zeiten'. Anmerkungen zur Heine-Rezeption bei Paul
Celan". S. 247–271].
Lenhard, Philipp: Zwischen Berlin und Paris. Eduard Gans (1797–1839) und das Scheitern des
jüdischen Hegelianismus. – In: Der Islam 73, 2021, 1. S. 1–20.
Li, Shuangzhi: Zitierte Romantik. Mehrsprachigkeit als poetisches Verfahren in der alternativen
chinesischen Moderne in Yu Dafus „Umzug gen Süden". – In: Jahrbuch der Deutschen
Schillergesellschaft 67, 2020. 2023. S. 391–407. [URL: https://doi.org/10.46500/83535512-
021, letzter Zugriff: 12.8.2025].
Life Stories from the German Democratic Republic. Ed. and transl. by Chris Weedon. Leiden;
Boston 2023. VI, 395 S. (German Monitor; 81).
Link, Jürgen: Note 12: Mit dem Computer zurück zu Schiller? Paradoxien der Schreib-Szene
zwischen Materialismus und Idealismus. – In: Noten zum „Schreiben". Für Martin Stingelin
zum 60. Geburtstag. David Giuriato, … (Hrsg.). Paderborn 2023. S. 88–97.
Losurdo, Domenico: Nietzsche, der aristokratische Rebell. Intellektuelle Biographie und kri-
tische Bilanz. Aus dem Ital. von Erdmute Brielmayer. Hrsg. und mit e. Einf. von Jan
Rehmann. Hamburg 2012. 2 Bde. (Berliner Beiträge zur kritischen Theorie; 9+10).

Lühning, Helga: Spuren des ‚Fidelio' in Wagners Opern. – In: Dies.: Leonore und Fidelio. Vorträge und Aufsätze zu Beethovens Oper. Paderborn 2024. (Studien zur Musik; 22). S. 445–458.

Lützenkirchen, Harald: „Das ist noch Deutsch!". Sprachkunst bei Kurt Hiller. – In: Kurt Hiller und die Künste. Positionsbestimmungen mit und gegen Rudolf Führmann, … Beiträge einer Tagung der Kurt Hiller Gesellschaft, 28./29. Oktober 2023 in Berlin – nebst ergänzender Studien und Materialien. Hrsg. von Reinhold Lütgemeier-Davin und Rolf von Bockel. Neumünster 2024. S. 127–135.

Lyssy, Ansgar: „Bücher kann man nicht verbrennen". Ein Essay über die Symbolik der faschistischen Bücherverbrennungen. – In: Politik und Moral. Die Entwicklungen des politischen Denkens im Werk Erich Kästners. Hrsg. von Sven Hanuschek und Gideon Stiening. Berlin 2023. (Erich Kästner Studien; 6). S. 99–114.

Ma, Sang-Yu: Pflanzliche Gesellschaft und vegetierende Menschen in der Literatur des Vormärz. – In: Büchners Pflanzen. Für die Georg Büchner Gesellschaft und die Forschungsstelle Georg Büchner hrsg. von Roland Borgards, … Berlin; Boston, MA 2024. (Georg-Büchner-Jahrbuch; 16). [Konferenzschrift, 2022, Frankfurt a. M.]. S. 49–67.

Maillet, Marie-Ange: Hermann von Pückler-Muskau, un (autre) voyageur allemand dans la France des années 1830. – In: Aufklärung – Hegel – Vormärz. Reisen in die Ideengeschichte. Stephanie Baumann; Marie-Ange Maillet (Hrsg.). Baden-Baden 2024. S. 307–325.

Maricocci, Rita: Reframing colonial Amnesia. German Colonialism and multilingual Memory in Abdulrazak Gurnah's ‚Afterlives'. – In: Atlantic Studies 21, 2024. 22 S. [URL: https://doi.org/10.1080/14788810.2024.2328464, letzter Zugriff: 12.8.2025].

Matthies, Marcel: Literarische Gestaltung jüdischer Identität bei Maxim Biller und Doron Rabinovici. Vier Romane im Schatten der Shoah und im Widerschein Israels. Berlin 2023. XV, 354 S. (Research). [Zugl.: Halle-Wittenberg, Univ., Diss., 2022].

Matysik, Tracie: How Spinoza became a dialectical Materialist. – In: Spinoza in Germany. Political and religious Thought across the Long Nineteenth Century. Ed. by Jason Maurice Yonover, Kristin Gjesdal. Oxford; New York, NY 2024. S. 238–258.

Max, Katrin: Liegekur und Bakterienrausch. Literarische Deutungen der Tuberkulose im Zauberberg und anderswo. Würzburg 2013. 356 S.

McCaffery, Richie: Scotland's Harvest. Scottish Poetry and World War Two. Leiden; Boston 2023. 260 S. (Scottish cultural Review of Language and Literature; 34). [Chapter 1: „‚Mak siccar!'. Hamish Henderson (1919–2002)". S. 15–35].

McGillen, Petra: Der Fontane-Workshop. Realismus-Manufaktur im Zeitalter der Druckmaschinen. Aus dem Engl. von Joe Paul Kroll in Zusammenarb. mit der Autorin. Würzburg 2023. 318 S.: Ill. (Fontaneana; 19). [Kap. 3: „Ein lebendiges Archiv. Wie Input entsteht". S. 137–196].

Michaelis-König, Andree: Das Versprechen der Freundschaft. Politik und ästhetische Praxis jüdisch-nichtjüdischer Freundschaften in der deutschsprachigen Literaturgeschichte seit der Aufklärung. Heidelberg 2023. 594 S. (Germanisch-romanische Monatsschrift / Beiheft; 110). [Zugl.: Frankfurt (Oder), Europa-Univ. Vidriana, Habilitationsschrift, 2021].

Miller, Matthew D.: Inner Periphery? The Rhine from Borderland to Interzone. – In: Spatiality at the Periphery in European Literatures and visual Arts. Kathryn Everly, … ed. Cham 2023. (Geocriticism and Spatial literary Studies). S. 57–86.

Mishliborsky, Noga: L'agir en Grèce ancienne. Une étude de cas franco-allemande sur Bruno Snell et Jean-Pierre Vernant. Heidelberg 2024. 476 S. (Pariser historische Studien; 129). [URL: https://doi.org/10.17885/heiup.1274, letzter Zugriff: 12.8.2025].

Moir, Cat: Ernst Bloch. Life – Work – Reception. – In: Rethinking Ernst Bloch. Ed. by Henk de Berg, Cat Moir. Leiden; Boston 2024. (Historical Materialism Book Series; 300). (Bloch Bibliothek; 3). S. 1–37.

Morgenroth, Claas: Note 29: Begleitumstände. Von der Schreibszene zur konkreten Materialität des Schreibens. – In: Noten zum „Schreiben". Für Martin Stingelin zum 60. Geburtstag. David Giuriato, … (Hrsg.). Paderborn 2023]. S. 229–237.

Müller-Oberhäuser, Christoph; Helms, Dietrich: Perspektiven für eine weitere Erforschung musikbezogener Bildpostkarten. – In: Musik per Post. Bildpostkarten und das visuelle Wissen von der Musik. Dietrich Helms, … (Hrsg.). Wien 2024. S. 481–492.

Oehler, Dolf: Zur Dialektik der Globalisierung. – In: Figuren des Globalen. Weltbezug und Welterzeugung in Literatur, Kunst und Medien. Christian Moser; Linda Simonis (Hrsg.). Göttingen 2014. (Global Poetics; 1). S. 427–437.

Orlitskiy, Yu. B.: Stikhovye novatsii Ap. A. Grigor'yeva-perevodchika. Dol'nik, verlibr, prozaicheskaya miniatyura, prozimetriya, novaya sillabika. – In: Vestnik Moskovskogo Universiteta / Serija 9: Filologija 2022, 6. S. 171–184. [URL: https://cyberleninka.ru/article/n/stihovye-novatsii-ap-a-grigorieva-perevodchika-dolnik-verlibr-prozaicheskaya-miniatyura-prozimetriya-novaya-sillabika/viewer, letzter Zugriff: 12.8.2025].

Osterhammel, Jürgen: Die Verwandlung der Welt. Eine Geschichte des 19. Jahrhunderts. München 2009. 1568 S. (Historische Bibliothek der Gerda-Henkel-Stiftung).

Osterkamp, Ernst: Der Dichter und der Risches. Leben und Werk des Michael Beer (1800–1833). Göttingen 2024. 254 S.

Patz Sievers, Evelyn: „Ich bin Spaniolin". Veza Canetti im Fokus ihres jüdisch-sephardischen Erbes. Barcelona, Univ., Diss., 2018. 472 S. [URL: http://hdl.handle.net/10803/523540, letzter Zugriff: 12.8.2025].

Pencak, William: Jewish Elements in the Operas of Giacomo Meyerbeer. – In: Shofar 32, 2013, 1. S. 43–59.

Petrbok, Václav: „Dětinská záliba našich národoveckých Čechů.". Rukopisy královédvorský a zelenohorský v německojazyčné beletrii. – In: Rukopisy královédvorský a zelenohorský v kultuře a umění. Dalibor Dobiáš (ed.). 2. Svazek. Prag 2019. S. 1191–1243.

Pilipowicz, Andzej: Jenseits des Salome-Tanzes. Anhand einer Beziehung zwischen dem 2. Teil des Gedichts ‚Drei Blicke in einen Opal' von Georg Trakl und dem Gedicht ‚Schleiertanz' von Günter Grass. – In: Acta neophilologica XVI, 2016, 1. S. 203–213. [URL: https://bibliotekanauki.pl/issues/22654, letzter Zugriff: 12.8.2025].

Pizer, John: Herder und Wolfgang Menzel. – In: Herder und das 19. Jahrhundert. Beiträge zur Konferenz der Internationalen Herder-Gesellschaft, Turku 2018 = Herder and the Nineteenth Century. Hrsg. von Liisa Steinby. Heidelberg 2020. S. 229–240.

Polaschegg, Andrea: „Da wär's auf einmal still". Letale Finale romantischer Gedichte. – In: Figuren der Endlichkeit in der Europäischen Romantik. Jakob Christoph Heller, … (Hrsg.). Berlin 2024. (Spectrum Literaturwissenschaft; 85). S. 21–42.

Polilova, V. S.; Belousova, A. S.: K pro'leme vnutri – i mezh'yazykovogo ritmicheskogo vliyaniya. Pushkin (pesni „Pira vo vremya chumy") i Blok („V etoy zhizni slishkom temnoy"). – In: Vestnik Moskovskogo Universiteta / Serija 9: Filologija 2023, 4. S. 157–171. [URL: https://cyberleninka.ru/article/n/k-probleme-vnutrii-mezhyazykovogo-ritmicheskogo-vliyaniya-pushkin-pesni-pira-vo-vremya-chumy-i-blok-v-etoy-zhizni-slishkom-temnoy, letzter Zugriff: 12.8.2025].

Ramm, Hans-Christoph: 1848 – die Welt mit eigenen Augen sehen. Repräsentantinnen und Repräsentanten der Wirkungsästhetik im Vormärz. Würzburg 2024. 274 S.

Raposo, Berta: Zwischen dem „unruhigen Land" und dem „Land der Westbarbaren". Deutschsprachige Reisende entdecken den europäischen Südwesten. – In: Cahiers d'etudes germaniques 2023, 85: Allemands et Autrichiens entre France et Espagne. Circulations, mobilités, transferts. Expériences et mémoires de la frontière du xviiie à nos jours. S. 49–60. [URL: https://doi.org/10.4000/ceg.18580, letzter Zugriff: 12.8.2025].

Rebronja, Semir: Uzritski motivi ljubavi i ljubavne čežnje kod bošnjačkih i srpskih romantičara = Uzrit Motifs of Love and Love Longing in Bosniak and Serbian Romanticists. – In: Zbornik radova Islamskog pedagoškog fakulteta u Zenici = Proceedings of Islamic Pedagogical Faculty in Zenica 2023, 21. S. 399–421. [URL: https://www.ipf.unze.ba/proceedings-no21/proceedings-no21-2/, letzter Zugriff: 12.8.2025].

Redzinski, Julius: Form versus Kontext? [Georg Kolbe im Nationalsozialismus. Kontinuitäten und Brüche in Leben, Werk und Rezeption. Tagung am Georg Kolbe Museum Berlin, 1.9.–3.9.2022]. – In: Kunstchronik 76, 2023, 1. S. 5–12. [URL: https://doi.org/10.11588/kc.2023.1, letzter Zugriff: 12.8.2025].

Regnier, Philippe: Saint-Simon et les Juifs saint-simoniens. – In: Histoire juive de la France. Sous la dir. de Sylvie Anne Goldberg. Paris 2023. S. 436–438.

Reimann, Renate: Vormärz und Revolution. Literatur und Musik im Vormärz – Frauen auf den Barrikaden von 1848. Hrsg. von Reinhold Reimann. Graz 2023. 64 S.: Ill. (Schriftenreihe des Steirischen Studentenhistoriker-Vereines; 40).

Reisener, Marius: Alltägliches im Vormärz. Zum Unruhepotenzial von Gattungsambiguierung. Theodor Mundts ‚Madonna‘ zum Beispiel. – In: Trouble every Day. Zum Schrecken des Alltäglichen. Anna Hordych, Johannes Ungelenk (Hrsg.). Paderborn 2024. S. 183–202.

Reitter, Paul: The Anti-Journalist. Karl Kraus and Jewish Self-Fashioning in Fin-de-Siècle Europe. Chicago; London 2020. XII, 254 S.

Reittererová, Vlasta: Zhudebnění lyrických textů Rukopisu královédvorského. – In: Rukopisy královédvorský a zelenohorský v kultuře a umění. Dalibor Dobiáš (ed.). 2. Svazek. Prag 2019. S. 875–932.

Rizzo, Gianluca: Poetry on Stage. The Theatre of the Italian Neo-Avant-Garde. Toronto 2020. VIII, 462 S.

Rodgers, Stephen: Schubert's idyllic Periods. – In: Music Theory Spectrum 39, 2017, 2. S. 223–246.

Rosenlöcher, Christine: Rudolf Walther Hirschbergs kompositorisches Schaffen, seine Liedvertonungen und die beiden Vertonungen von Hiller-Gedichten. – In: Kurt Hiller und die Künste. Positionsbestimmungen mit und gegen Rudolf Führmann, … Beiträge einer Tagung der Kurt Hiller Gesellschaft, 28./29. Oktober 2023 in Berlin – nebst ergänzender Studien und Materialien. Hrsg. von Reinhold Lütgemeier-Davin und Rolf von Bockel. Neumünster 2024. S. 139–156.

Rusch, René: Schubert's instrumental Music and Poetics of Interpretation. Bloomington, IN 2023. XIII, 224 S.: Notenbeisp. (Musical Meaning and Interpretation). [Kap. 2: „Rethinking Conceptions of Unity". S. 25–52].

Sagarra, Eda: ‚Citoyen‘ Fontanes ‚res publica‘. Revolution – Vaterland – Kunst. – In: Die Wiederkehr der res publica. Zu literarischer Repräsentation einer politischen Idee im globalen Zeitalter. Dariusz Komorowski (Hrsg.). Göttingen 2021. S. 69–89.

Samuels, Maurice: Les débuts de la „littérature israélite". – In: Histoire juive de la France. Sous la dir. de Sylvie Anne Goldberg. Paris 2023. S. 464–470.

Sannio, Simone: „Censor it out". The missing Chapters of ‚Operation Shylock‘. – In: Philip Roth Studies 20, 2024, 1. S. 98–120.

Savy, Nicole: La représentation littéraire des Juifs au siècle du romantisme. – In: Histoire juive de la France. Sous la dir. de Sylvie Anne Goldberg. Paris 2023. S. 471–480.

Sax, Benjamin E.: Winged Words. Benjamin, Rosenzweig, and the Life of Quotation. Leiden; Boston 2023. X, 333 S. (Supplements to the Journal of Jewish Thought and Philosophy; 35).

Schmid, Dominic: Momente aus Licht, Bewegung und Erinnerung. Zum Kino von Hou Hsiao-Hsien. – In: Filmbulletin 57, 2015, 351. S. 49–57.

Schmitt-Maaß, Christoph: Defäkierende Dichter*innen. Von einer skatologischen Ästhetik zur Poetik der Textmassenproduktion. – In: Ars metabolica. Stoffwechsel und Digestion als literarische und kulturelle Prozesse. Vanessa Höving, Peter Risthaus (Hrsg.). Baden-Baden 2023. S. 141–164.

Scholz, Dieter David: Jacques Offenbach. Ein deutsches Missverständnis. Würzburg 2023. 305 S.

Schonlau, Anja: Syphilis in der Literatur. Über Ästhetik, Moral, Genie und Medizin (1880–2000). Würzburg 2005. 571 S. (Epistemata; 504). [Zugl.: Marburg, Univ., Diss., 2004].

Schorsch, Ismar: Leopold Zunz. Vorkämpfer der Emanzipation und Begründer der Wissenschaft des Judentums. Biographie 1794–1886. Aus dem Engl. von Ursula Kömen. Göttingen 2024. 392 S. (Hamburger Beiträge zur Geschichte der deutschen Juden; 57).

Schulte, Christoph: War Moses Mendelssohn ein deutscher Jude? – In: Mendelssohn-Studien 2023. S. 13–22.

Schumann, Robert; Schumann, Clara: Schumann-Briefedition. – Ser. 2: Freundes- und Künstler-briefwechsel; Bd. 26, 1+2: Robert und Clara Schumann im Briefwechsel mit Korrespondenten in Süddeutschland. Hrsg. von Ekaterina Smyka, ... Köln 2024. 704 S.; S. 708–1385. (Schumann-Briefedition; 2, 26.1+2).

Siebel, Hartmut: „Und sie beugten nicht ihre Knie ...“. Pfarrer Hans (Jakob) Groß und die Freus-burger Gemeinde im Kirchenkampf von 1932 bis 1945. Krefeld 2023. 373 S.: Ill.

Sielemann, Jürgen; Riesser, Gabriel: „Heiteres und Ernstes von Gabriel Riesser“. – In: Liskor – Erinnern 9, 2024, 33. S. 24–25.

Soden, Kristine von: Schreiben am Meer. Wo der Himmel grösser ist. Berlin 2024. 157 S. [Kap.: „Meeresphilosophisches auf Norderney“. S. 107–113].

Sokalska, Małgorzata: „Ich grolle nicht“ w „Cudzoziemce“ Marii Kuncewiczowej. O pieśni z perspektywy interdyscyplinarnej. – In: Studia Europaea Gnesnensia = Gnieźnieńskie studia europejskie = Gniezno European studies 2014, 9. S. 23–42. [URL: https://pressto.amu.edu. pl/index.php/seg/issue/view/207, letzter Zugriff: 12.8.2025].

Solte-Gresser, Christiane: Die Welt der Träume. Eine Reise durch alle Zeiten und Kulturen. Darmstadt 2023. 439 S.: Ill.

Sonenscher, Michael: After Kant. The Romans, the Germans, and the Moderns in the History of political Thought. New Jersey 2023. XVI, 567 S.

Steffens, Andreas: Landgänge. Mensch und Meer. Wuppertal 2024. 414 S.

Steiger-Schumann, Ingrid: Jüdisch-christliche Liebesbeziehungen im Werk Leopold Komperts. Zu einem Zentralmotiv des böhmisch-jüdischen Schriftstellers (1822–1886). Berlin; Boston, MA 2015. XI, 362 S.: Ill. (Conditio Judaica; 89). [Zugl. überarb. Fassung von: Genf, Univ., Diss., 2014].

Steiner, Rudolf: Das Weltbild des deutschen Idealismus. Eine Betrachtung im Hinblick auf unsere schicksaltragende Zeit. Hamburg, 15. Februar 1916. – In: Ders.: Wege zur Erkennt-nis der ewigen Kräfte der Menschenseele. Siebzehn Vorträge während des Ersten Weltkriegs 1915/1916 in verschiedenen Städten. Nach zum Teil lückenhaften stenografischen Mit-schriften. Basel 2023. (Gesamtausgabe / Rudolf Steiner; 70b). S. 386–437. – Dass. Kassel, 19. Februar 1916. S. 438–493.

Steiner, Rudolf: Zur deutschen Gedankenentwicklung. Ein vergessenes Streben nach Geistes-wissenschaft innerhalb derselben. – In: Ders.: Wege zur Erkenntnis der ewigen Kräfte der Menschenseele. Siebzehn Vorträge während des Ersten Weltkriegs 1915/1916 in ver-schiedenen Städten. Nach zum Teil lückenhaften stenografischen Mitschriften. Basel 2023. (Gesamtausgabe / Rudolf Steiner; GA 70b). S. 494–548.

Steinmark, John: Meinungsfreiheit und die Vernichtung des Demokratischen. Über die an-haltende Aktualität der Bücherverbrennungen. – In: Verbrannte Orte. Nationalsozialistische Bücherverbrennungen in Deutschland. Hrsg. von Jan Schenck, Verbrannte Orte e. V. Wien 2023. S. 179–183.

Stephan, Inge: Verweigerte Männlichkeit. Antihelden in Literatur und Kunst vom 18. bis zum 20. Jahrhundert. Bielefeld 2024. 349 S. (GenderCodes; 21).

Struck, Bernhard: Nicht West – nicht Ost. Frankreich und Polen in der Wahrnehmung deutscher Reisender zwischen 1750 und 1850. Göttingen 2006. 520 S.: Ill. [Zugl.: Berlin, Techn. Univ. und Paris, Univ. Panthéon-Sorbonne, Diss., 2003].

Szybisty, Tomasz: Rezeptionsmodi der Gotik. Der Kölner Dom in der Lyrik des 19. und begin-nenden 20. Jahrhunderts. – In: Zeitschrift des Verbandes Polnischer Germanisten = Czaso-pismo Stowarzyszenia Germanistów Polskich 2, 2013, 4. S. 339–348. [URL: https://ejour-nals.eu/czasopismo/zeitschrift-des-verbandes-polnischer-germanisten/numer/zeszyt-4-2013, letzter Zugriff: 12.8.2025]

Thielking, Sigrid: Ein Sündenfall in der Orangerie. Mörikes ‚nachmärzlicher' Mozart. – In: Studia Germanica Posnaniensia 37, 2007: Leben in ‚Bedeutungen'. Festschrift für Professor Czesław Karolak zum 70. Geburtstag. S. 55–64. [URL: https://pressto.amu.edu.pl/index.php/sgp/issue/view/608, letzter Zugriff: 12.8.2025].

Tomassucci, Giovanna: Tuwim's Wedge. ‚Survival Strategies' of a Polish-Jewish Poet. – In: Acta Universitatis Lodziensis. Folia Litteraria Polonica 36, 2016, 6. S. 49–67. [URL: https://bibliotekanauki.pl/issues/31039, letzter Zugriff: 12.8.2025].

Ulrich, Carmen: Kleiner Grenzverkehr mit Hindernissen. Erich Kästner und Anna Seghers 1967. – In: Politik und Moral. Die Entwicklungen des politischen Denkens im Werk Erich Kästners. Hrsg. von Sven Hanuschek und Gideon Stiening. Berlin 2023. (Erich Kästner Studien; 6). S. 201–224.

Vardoshvili, Eka: Romanticism as an Expression of rebel Ideas in Literature. – In: Balkanistic forum = Balkanističen forum 33, 2024, 1. S. 266–274.

Vonhoff, Gert: Aufklärungsbezüge in Gutzkows Beiträgen zur Geschichte der neuesten Literatur. – In: Aufklärung und Vormärz. Kontinuitäten und Brüche = Des Lumières allemandes à 1848. Continuité et ruptures. Hrsg. von Wolfgang Fink & Norbert Waszek. Bremen 2024. (Presse und Geschichte; 159). S. 175–190.

Warsitz, Rolf Peter: „Fremde sind wir uns selbst". Die Flüchtlingskrise und die deutschen Verhältnisse. – In: Grenzerfahrungen. Migration, Flucht, Vertreibung und die deutschen Verhältnisse. Rolf Haubl und Hans-Jürgen Wirth (Hrsg.). Gießen 2019. (Psyche und Gesellschaft). S. 101–126.

Weissweiler, Eva: Nachwort. – In: Dies.: Lisa Fittko. Biographie einer Fluchthelferin. Hamburg 2024. S. 309–315.

Wendler, Eugen: Die Denkart von Friedrich List. „Wider den Herrendünkel" in Wirtschaft und Gesellschaft. Wiesbaden 2022. 272 S.

Whitman, Walt: Walt Whitman sur le vif. Propos recueillis par Horace Traubel. Éd. de Brenda Wineapple. Trad. de l'anglais (États-Unis), prés. et annotée par Jacques Darras. Paris 2024. 234 S.

Willems, Martin: Die Anfänge des Literaturarchivs. – In: Wissensspeicher der Kultur. Geschichte, Funktion und Auftrag der Kulturarchive im deutschsprachigen Raum. Hrsg. von Kathrin Mayer, … Institut für moderne Kunst, Nürnberg, in Zusammenarbeit mit dem Zentrum für Künstlerpublikationen in der Weserburg, Museum für moderne Kunst, Bremen. Fürth 2024. S. 206–222.

Witt, Piotr: Przedpiekle sławy. Rzecz o Chopinie. Z przedmową Rafała Blechacza. Warszawa 2015. 348 S., 12 ungez. S.: Ill.

Woditschka, Sofia: Mythische Wasserfrauen und die deutsche Loreley. – In: Wasserfrauen. Phantastische Frauengestalten der deutschen, spanischen und hispanoamerikanischen Romantik im Vergleich. Ein Publikationsprojekt mit Gießener Komparatistik-Studierenden. Anna Isabell Wörsdörfer, Hrsg. Wetzlar 2020. (Schriftenreihe und Materialien der Phantastischen Bibliothek Wetzlar / Kleine Reihe; 13). S. 14–33.

Wolffsohn, Michael: Nie wieder? Schon wieder! Alter und neuer Antisemitismus. Freiburg i. Br. 2024. 96 S.

Zarychta, Paweł: ‚Das junge Deutschland interessirt mich sehr'. Rosa Maria Assing und der generationelle Umbruch um 1830 im Spiegel ihrer Briefe und Diaristik aus der Sammlung Varnhagen. – In: German Life and Letters NS 77, 2024, 3. S. 332–347.

Zbytovský, Štěpán: Exile and Literature in the Prague German Magazine ‚Die Wahrheit'. – In: Slovo a smysl 18, 2021, 37. S. 78–100. [URL: https://wordandsense.ff.cuni.cz/en/magazin/2021-18-37-2/, letzter Zugriff: 12.8.2025].

Zipes, Jack: Buried Treasures. The Power of political Fairy Tales. New Jersey 2023. XVI, 249 S.: Ill. [Kap. 3: „The many Voices and Lives of Charles Godfrey Leland". S. 40–54].

3 Literarische und künstlerische Behandlung von Person und Werk

3.1 Literarische Essays und Dichtungen

Albrecht, Wilma Ruth: „Ein neues Lied, ein bessres Lied. Oh Freunde" – Harry Heine, Alternativen aus dem Rechner, Äquivalenzprinzip (Computer-) „Sozialismus des 21. Jahrhunderts". Literaturbericht aus Utopia Nova. Essay. München 2011. 30 S.

Behme, Achim: TROTZ – Sonette. Ahrensburg 2024. 652 S. [Gedichte nach Heinrich Heine].

Bierhaus, Gabi: Wintermärchen. Ortstermin Düsseldorf Band 5. Düsseldorf 2024. 431 S.

Farazi: Der deutsche Diwan. Eine Erschütterung des Seins. Düsseldorf 2023. 253 S. [Gedicht „An Heinrich Heine". S. 180].

Fischer, Hans-Peter: „Weiß ich nur wer ich bin" (Lessing). Gedichte – Prosastücke. Würzburg 2023. 199 S.: Ill. [Kap. 7: „Heine und eine ferne Liebe". S. 127–134, darin: Novelle „Ergänzung und Erläuterung". S. 128–132; Gedicht „Heine. Letzter Blickkontakt". S. 127; Gedicht „Sterbehilfe". S. 127; Gedicht „Heine in Berlin 1846". S. 133–134].

Der Gießerjunge 42, 2022, 3: Gedicht „A'la Heinrich Heine" von Leo Litz. S. 28; 42, 2022, 4: Gedicht „Für Heine-Preisträgerin Alice Schwarzer 2006" von Wolfgang Richter. S. 15.

Guski, Hans Lothar Guido: Denk ich an Deutschland und die Welt und andere Gedanken. Berlin 2024. 174 S. (verlag am park). [Gedicht „An Heine". S. 150–151].

Henschel, Gerhard: Grund dafür ist eine Verspätung aus vorheriger Fahrt. Satiren, Grotesken und Vermischtes aus fünf Jahrzehnten. Coesfeld 2023. 272 S. [Gedicht „Sossenheimer Stimmungsbild. Für Chlodwig Poth nach Heinrich Heine". S. 63].

Hensel, Horst: Salz & Eisen. Roman. Paderborn 2024. 3 Bde. [„Besuch von Heinrich Heine". S. 127–139].

Hoffmann, Renate: Tag- und Nachtgeschichten. Gereimt und ungereimt. Mit Ill. von Peter Hoffmann. Berlin 2024. 104 S.: Ill. [„Frühling mit Heine". S. 35–37].

Kim, Jae Sang: Dichtergedichte als Gründungsdokumente der expressionistischen Avantgarde. Freiburg i. Br., Univ., Diss., 2007. 336 S. [Gedicht „Heine" von Kurt Pinthus. S. 97; Gedicht „Grabbe" mit Heine-Bezug von Klabund. S. 178–179; Gedicht „Heines Geist" von Rudolf Fuchs. S. 182; Gedicht „Am Grab Henri Heine (Paris)" von Walter Rheiner. S. 182–183]. [URL: http://www.freidok.uni-freiburg.de/volltexte/7652/, letzter Zugriff: 12.8.2025].

Kutsch, Axel: Am Rande der Sprache steht ein Gedicht. Das lyrische Werk 1969–2022. Hrsg. von Gerrit Wustmann & Katja Kutsch. Weilerswist 2024. 392 S. [Gedicht „Der Verse Lauf" (nach Heinrich Heine). S. 234].

Ming, Barbara: Kopfsprünge. Erzählminiaturen. Bonn 2024. 147 S.: Ill. [Gedicht „Heimlich Heine". S. 72].

Motzkau-Valeton, Wolfgang: Essays. Nienburg 2023. 157 S. [„Heinrich Heine – experimentell". S. 42].

Schilgen, Lennart: Gesammelte Werke. Bd. 1. 5. Aufl., überarb. und erw. Berlin 2024. 100 S. [Gedicht „Feinsliebchen". S. 9 mit Heinrich-Heine-Bezug].

Streiter, Volker: Pariser Verschwörung. Tödliche Schatten über Heinrich Heine. Köln 2024. 256 S.

Sznaider, Natan: Auftritt Franz Rosenzweig und Heinrich Heine. – In: Ders.: Die jüdische Wunde. Leben zwischen Anpassung und Autonomie. München 2024. S. 131–143.

Teichmüller, Isaak: Deutschland. Ein Wirtschaftsstandort. Zwanzig Parodien und ein, zwei Gedichte. Norderstedt 2024. 56 S. [Gedichte nach/an Heinrich Heine].

3.3 Werke der Musik, Vertonungen

Balázs, Árpád: Válogatott vegyeskarok = Selected Choral Works for mixed Voices. Budapest 2022. [„Ó, tenger!". Vihar c. versének részlete ford. Vidor Miklós = Excerpt from the poem ‚Storm' by Heinrich Heine. Transl. by Miklós Vidor (Es wüthet der Sturm)].

Bersa, Blagoje: Lieder. World Premiere Recording = Songs. Krešimir Stražanac, bass-baritone. Krešimir Starčević, piano. Neuhausen 2024. 2 CD (44; 40 Min.) + Booklet. [CD 1, 1.: „Auf den Wällen Salamancas, op. 41"; „Und als ich so lange, op. 40"; „Lieb Liebchen, leg's Händchen auf's Herze mein, op. 66"; „Mein süßes Lieb, wenn du im Grab, op. 39"].

Bruckner, Anton: Weltliche Chormusik = Secular Choral Music. Chorbuch für SATB, teilweise mit Klavier. Ed. by Simon Halsey & Jan Schumacher. Stuttgart 2023. [Edition Chorleitung]. [3 „Du bist wie eine Blume"; 4 „Frühlingslied" („Leise zieht durch mein Gemüt")].

Bülow, Charlotte von: Mein Herz ist wie die Sonne op. 5 Nr. 1. – In: Abendklänge, Nachtgesänge. Ausgewählte Lieder von Komponistinnen des 19. Jahrhunderts für Singstimme und Klavier. Hrsg. von Maria Behrendt. Urtext. Leipzig 2023. [Edition Breitkopf 9477].

Fitzball, Edward: Lurline. Libretto by Edward Fitzball. New Performing Edition by Richard Bonynge. Victorian Opera Chorus and Orchestra. Kirchheim (München) 2010. 2 CD (75; 75 Min.).

Friedrich, Burkhard: Herbsttänze. Ensemble Intégrales. Mainz 2003. 1 CD (58 Min.) + Booklet. (Edition Zeitgenössische Musik). [„Burkhard Friedrich (*1962) verarbeitet in seinen Kompositionen ... Heinrich Heines ‚Kritik der Romantik' ..."].

Goss, Stephen: Intermezzi 2022. Guitare romantique et piano-forte (ou guitar et piano). Lévis (Québec) 2023. [DO1462]. [„Fragments of material from specific Schubert lieder – Gretchen am Spinnrade, Der Doppelgänger, Erlkönig – and develop them in unexpected ways"].

Grieg, Edvard: Edvard Grieg. Lise Davidsen, soprano; Leif Ove Andsnes, piano. London 2022. 1 CD + 1 Booklet. [22: „Gruß, Op. 48/1" („Leise zieht durch mein Gemüt")].

Hüttenbrenner, Anselm: Lieder für eine Singstimme mit Klavierbegleitung. Bd 1. Hrsg. von Ulf Bästlein, … Warngau 2008. [ACC.1209a]. [5. „Louise" („Du bist wie eine Blume")].

Jaspers, Manfred: Nach all den Jahren. Northeim 2023. 1 CD (55 Min.) + 1 Booklet (34 S.). [8: „Teetisch" („Sie saßen und tranken am Teetisch")].

Kemper, Hagen: [Heine-Vertonungen]. Privatdr. Herentals 2009–2022. [URL: http://kemperhagen.blogspot.com/]. [„Mir träumte einst von wildem Liebesglühn"; „Der Sturm spielt auf zum Tanze"; „Hab ich nicht dieselben Träume"; „Ach, die Augen sind es wieder"; „Dämmernd liegt der Sommerabend"; „Das Glück, das gestern mich geküßt"; Auf den Wällen Salamancas"; „Schöne Wiege meiner Leiden"; „Zu dem Wettgesange schreiten Minnesänger"; „Es ragt ins Meer der Runenstein"; „Mondscheintrunkene Lindenblüthen"].

Kirchner, David J.: IG Pop. Berlin 2022. 1 LP. [06: „Die schlesischen Weber"].

Korn, Uwe: Paris in blue. 20 famous Pieces and new Compositions for Piano. Mainz [u. a.] 2012. [ED 21295]. [Mit Heine-Zitaten zwischen den Noten].

Kowalski, Max: Heine-Lieder (1937) = Heine Songs. In: Ders.: Lieder = Songs. Heft 1 für mittlere Stimme und Klavier. Erstausg. Hrsg. von Melinda Paulsen und Luitgard Schader. Mainz [u. a.] 2017. [ED 22586].

Loreley. 10 Lieder auf das Gedicht von Heinrich Heine für eine Singstimme und Klavier. Von Ingeborg von Bronsart, Niels Wilhelm Gade, Johanna Kinkel, Friedrich Wilhelm Kücken, Heinrich Proch, Johann Vesque von Püttlingen, Joseph Joachim Raff, Friedrich Silcher, Wilhelm Steifensand, Emil Steinkühler. Hrsg. von Martin Wiemer. Magdeburg 2024. (EW 1243).

Mahler, Alma: Ich wandle unter Blumen. – In: Lieder von Komponistinnen = Songs by female Composers. 25 Lieder für Singstimme und Klavier. Hrsg. von Eva Rieger und Käte Walter. 2. Aufl. Mainz [u. a.] 2021. [ED 7810]. S. 69.

Mit Myrten und Rosen. Songs to Poems by Heinrich Heine. Robert Schumann, Clara Schumann, Franz Schubert, Felix Mendelssohn Bartholdy. Werner Van Mechelen, bass-baritone. Sylvie Decramer, piano. Lummen 2024. 1 CD.

Posegga, Hans: Sonate für Pianoforte in fünf Sätzen. Warngau 2007. [ACC.1161]. [4. Satz „Die Wallfahrt nach Kevelaer" (Hommage á Heinrich Heine)].

Schneider, Enjott: Mystic Landscapes. Symphony no. 5 Schwarzwald-Saga, Symphony no. 6 Der Rhein. Julia Sophie Wagner, soprano; Choir and Orchestra of the Janaček Opera of Brno; Hansjörg Albrecht, conductor. Mainz 2017. 1 CD + 1 Booklet (25 S.). [4–7 „Der Rhein". Nach Texten von ... Heinrich Heine ...].

Schoeck, Othmar: Nachhall. Orchesterlieder. Olena Tokar, Sopran. Stephan Genz, Bariton. Berner Symphonieorchester. Graziella Contratto, Leitung und Arrangements. Wohlen bei Bern 2023. 1 CD (63 Min.) + Booklet (92 S.). [„Drei Lieder von Heinrich Heine op. 4": 13. „Sommerabend"; 14: „Warum sind denn die Rosen so blass?"; 15: „Wo?"].

Schubert, Franz: Schwanengesang. 14 Lieder nach Gedichten von Ludwig Rellstab, Heinrich Heine & Johann Gabriel Seidl. Andrè Schuen, baritone; Daniel Heide, piano. Berlin 2022. 1 CD + 1 Booklet (28 ungez. S.).

Schumann, Clara: Es fiel ein Reif. – In: Lieder von Komponistinnen = Songs by female Composers. 25 Lieder für Singstimme und Klavier. Hrsg. von Eva Rieger und Käte Walter. 2. Aufl. Mainz [u. a.] 2021. S. 58–59.

Schumann, Clara: Sie liebten sich beide. Op. 13/2. – In: Lieder von Komponistinnen = Songs by female Composers. 25 Lieder für Singstimme und Klavier. Hrsg. von Eva Rieger und Käte Walter. 2. Aufl. Mainz [u. a.] 2021. S. 56–57. [„Es fiel ein Reif"].

Schumann, Robert: Ausgewählte Lieder. Paul Armin Edelmann, Bariton; Charles Spencer, Klavier. Wien 2014. 1 CD + 1 Booklet (19 S.). [13 „Es leuchtet meine Liebe, Op. 127 No. 3"; 14 „Mein Wagen rollet langsam, Op. 142 No. 4"; 15 „Belsazar, Op. 57"].

Sommer, Hans: Lied Edition. Jochen Kupfer, bass-baritone; Marcelo Amaral, piano. Poing 2020. 1 CD (65 Min.) + 1 Booklet (8 S.). [Lorelei, op. 7. 4].

St. Pierre, Anthony: 7 Heine Songs. Privatdruck. Ohne Ort 2024. 14 S. [„Aus meinen Tränen"; „Du bist wie eine Blume"; „Hör' ich das Liedchen"; „Im wunderschönen Monat Mai"; „Ein Jüngling liebt ein Mädchen"; „Die Rose, die Lilie"; „Wenn ich in deine Augen"]. [URL: https://imslp.org/wiki/7_Heine_Songs_(St._Pierre,_Anthony), letzter Zugriff: 12.8.2025].

A Summer's Day. Swedish romantic Songs. Anne Sofie von Otter, mezzo-soprano; Bengt Forsberg, piano; Fredrik Zetterström, baritone (tracks 7 & 8). Åkersberga 2012. 1 CD (74 Min.) + Booklet. [27: „Ich hab' im Traum geweinet"; 28: „Im wunderschönen Monat Mai"; 30: „Ballade" (Komp.: August Söderman)].

Szalkai, Balázs: Dass du mich liebst. Privatdruck 2020. 5 S. [URL: https://imslp.org/wiki/Dass_du_mich_liebst_(Szalkai%2C_Bal%C3%A1zs), letzter Zugriff: 12.8.2025].

Szalkai, Balázs: Leise zieht durch mein Gemüt. Privatdruck 2020. 2 S. [URL: https://imslp.org/wiki/Leise_zieht_durch_mein_Gem%C3%BCt_(Szalkai%2C_Bal%C3%A1zs), letzter Zugriff: 12.8.2025].

Thuille, Ludwig: Abschied (Text: Heinrich Heine). Ediert nach dem Digitalisat einer Handschrift in der Bayerischen Staatsbibliothek München von Johann Winkler. Ohne Ort 2023. 3 S. [Edition Cinghiale]. [URL: https://imslp.org/wiki/Abschied_(Thuille%2C_Ludwig), letzter Zugriff: 12.8.2025.] [„Das gelbe Laub erzittert"].

Tiessen, Heinz: Zehn frühe Lieder (1904–1907). – In: Ders.: Sechzehn frühe Lieder (1904–1910). Berlin 2002. 33, 18 S. [60064]. [Op. 1 Nr. 1 „Seraphine" („Wandl' ich in dem Wald des Abends"); Op. 6 Nr. 2 „Mir träumte von einem Königskind"].

Ton-3: Danzer trifft Heine. Düsseldorf 2018. 1 CD + 1 Booklet (4 ungez. S.)

Weber, Stephanie: Vier Lieder für Gesang und Klavier. Berlin 2023. 11 S. [60119]. [„Frage" („Ob ich dich liebe")].

Weigand, Jörg Ernst: Traumtanz. Lieder und Impressionen. Arrangements von Hermann Mehnert. Freiburg i. Br. [2015]. 64 S. [„Leise zieht durch mein Gemüt"; „Aus alten Märchen winkt es"].

Widmann, Jörg: Arche. Oratorio for soloists, choirs, organ and orchestra. Kent Nagano, Phil-
harmonisches Staatsorchester Hamburg; Marlis Petersen, soprano, Thomas E. Bauer, baritone, Gabriel Böer, boy soprano, Jonna Platho, children narrator, Baris Özden, children narrator, Iveta Apkalna, organ, Chor der Hamburgischen Staatsoper, Audi Jugendchorakademie,
Hamburger Alsterspatzen. München 2018. 2 CD + 1 Booklet (27 S.). [Texts by Claudius,
Klabund, Heine, ...].

Zabransky, Siegfried: Heine Liederzyklus. Liebesglück und Liebesleid. Karlsdorf ca. 2023. 1 CD
+ 1 Booklet (4 ungez. S.). [CD zu den Noten „Liederzyklus nach Gedichten von Heinrich
Heine mit den Texten und den Noten der 42 Lieder"].

Zabransky, Siegfried: Liederzyklus nach Gedichten von Heinrich Heine mit den Texten und den
Noten der 42 Lieder. Homburg 2022. 100 S.

Zari, Eda: Palimpsest. 10 Songs for Mind Movie. All Songs composed by Eda Zari, Henning
Johannes Jung & Leon Maximilian Brückner. [Texte: Lasgush Poradeci und Heinrich
Heine]. Düsseldorf 2022. 2 LP (54 Min.). [2. „Mann und Frau" („Wir haben viel für einander
gefühlt"); 6. „Morgens steh' ich auf und frage"].

Zimmerman, Tucker: Tucker Zimmerman & Friends play „Dance of love". London 2024. 1 CD
+ 1 Booklet. [Song 3 „Lorelei"].

4 Rezensionen

Brüggenthies, Raphaela: „Heilge Schwelle". Der frühe Heine – ein jüdisch-christliches Itinera-
rium. Göttingen 2022. 464 S. – Rez. von Robert Steegers in: HJb 62, 2023. S. 293–298. –
Rez. von Joachim Valentin in: Jewish-Christian Relations vom 1.12.2024. 5 S. [URL: https://
www.jcrelations.net/de/index.html, letzter Zugriff: 12.8.2025]. – Rez. von Ansgar Wucher-
pfennig in: Ordenskorrespondenz 64, 2023, 3. S. 377–380.

Confrontations – Accommodations. German-Jewish literary and cultural Relations from Heine
to Wassermann. [Festschrift für Jeffrey Sammons]. Ed. by Mark H. Gelber. Tübingen 2004.
VI, 288 S. (Conditio Judaica; 46). – Rez. von Robert C. Holub in: Shofar 24, 2006, 3. S.
145–147. [URL: https://doi.org/10.1353/sho.2006.0059, letzter Zugriff: 12.8.2025].

Danneck, Anna: „Mutterland der Civilisazion und der Freyheit". Frankreichbilder im Werk
Heinrich Heines. Würzburg 2020. 282 S. (Epistemata Würzburger Wissenschaftliche Schriften / Reihe Literaturwissenschaft; 919). – Rez. von Norbert Waszek in: Jahrbuch für internationale Germanistik LVI, 2024, 1. S. 236–237. [URL: https://doi.org/10.3726/JIG561_236,
letzter Zugriff: 12.8.2025].

Deubner, Sarah: Die Poetik des Übergangs. Funktionen unbelebter Frauenfiguren bei Heinrich
Heine. Berlin 2022. VIII, 308 S. (Hermaea; NF 159). [Bonn, Rheinische Friedrich-Wil-
helms-Univ., Diss., 2020]. – Rez. von Robert Steegers in: HJb 62, 2023. S. 303–306.

Heine im Harz. Entdeckungen am Rande einer legendären Fußreise. Hrsg. von Elke-Vera Kotowski und Uwe Lagatz in Verbindung mit dem Harzmuseum Wernigerode. Leipzig 2024.
320 S.: Ill. – Rez. von Manfred Orlick: Vor 200 Jahren unternahm Heinrich Heine seine
berühmte Harzreise. Sein Reisebericht ist längst ein literarischer Klassiker in: literatur-
kritik.de 2024, 9 vom 6.9.2024. 2 S. [URL: https://literaturkritik.de/public/inhalt.php?aus-
gabe=202409#30815, letzter Zugriff: 12.8.2025].

5 Allgemeine Literatur mit Heine-Erwähnungen und -Bezügen

Bauer, Christoph W.: Trotta und ich. Pariser Depeschen, Reportagen, Porträts. Innsbruck 2024.
176 S.

Binder, Christiane Maria: Der Herbst: „Sweet Though in Sadness". Literarisch-visuelles Psycho-
gramm einer Jahreszeit. Mit Fotogr. von Christiane Maria Binder. Trier 2024. 332 S.: Ill.

Burckhardt, Wolfram: Der (un)literarische Eselkalender (2023). Berlin 2022. 53 S.: Ill. (Kadmos' koole Postkartenkalender).

Campino: Kästner, Kraftwerk, Cock Sparrer. Eine Liebeserklärung an die Gebrauchslyrik. München 2024. 155 S.

Caven, Ingrid: Chaos? Hinhören, singen. Ein Gespräch mit Ute Cohen. Zürich 2021. 174 S. (Kampa Salon).

Christian Petzold. Interviews. Ed. by Marco Abel, … Jackson 2023. XXX, 266 S. (Conversations with Filmmakers Series).

Cohen, Laura: In die Weite. In Kooperation von MiQua. LVR-Jüdisches Museum im Archäologischen Quartier Köln und Kolumba, Kunstmuseum des Erzbistums Köln. 3. Aufl. Köln 2022. Ca. 180 S.: Ill. (Kolumba-Taschenbuch; #2). [mit Leihgabe des Heinrich-Heine-Instituts (Opernglas)].

The Dorf, the mag 7, 2024. [„Dr Sabine Brenner-Wilczek Heinrich-Heine-Institut". S. 47].

Fenster, Bob: Die Katze in der Mikrowelle. Eine Chronik der menschlichen Dummheit. Dt. von Hucky Maier. 6. Aufl. Reinbek bei Hamburg 2009. 288 S. (Rororo; 62070).

Forster, Elmar: KATAKLYPSE now. 100 Jahre Untergang des Abendlandes (Spengler). Dekonstruktion der Political Correctness. Uhingen 2023. 469 S. [Kap. 3.1: „Von Heinrich Heine zum Wohlfahrts-Nanny-Staat". S. 103–107].

Grahmann, Claudia; Lagatz, Uwe; Perner, Norbert: Ilsenburg am Harz. Eine Zeitreise. Wernigerode 2024. 148 S.

Haushofer, Marlen: Himmel, der nirgendwo endet. Roman. Mit e. Vorw. von Monika Helfer. Mit e. Nachw. und hrsg. von Manfred Mittermayer. Berlin 2023. 239 S. (Die gesammelten Romane und Erzählungen / Marlen Haushofer; 4).

Heinrich Heine-Kalender 2014. Berühmte Zitate; Monatskalender. Unterhaching 2013. 14 S. (Calvendo Kunst und Kultur).

Kästle, Andrea: München leuchtete nicht für jeden. Was Gedenktafeln der Stadt verschweigen. München 2024. 232 S.: Ill. [Kap.: „Heinrich Heine, Hackenstraße 7". S. 27–29].

Kahl, Antje: Poesie der Farben. [Mit Gedichten von Goethe & Heine und kreativen Mitmachseiten. Ausmalen und Entspannen]. München 2024. 80 S.: überw. Ill.

Klüver, Henning: Gebrauchsanweisung für Italien. 3. Aufl. München; Zürich 2016. 253 S.

König, Johann-Günther: Bremer Denkwürdigkeiten. Ein illustriertes Stadtbuch. Bremen 2024. 128 S.: Ill.

Korn, Carmen: Zeiten des Aufbruchs. Roman. 2. Aufl. Reinbek bei Hamburg 2018. 602 S. (Rororo; 27214). (Die Jahrhundert-Trilogie / Carmen Korn; 2).

Krüger, Michael: Verabredung mit Dichtern. Erinnerungen und Begegnungen. 3. Aufl. Berlin 2024. 445 S.

Das Leben ist schön. Ein literarischer Verführer für ein glückliches Leben. Hrsg. von Juli Gommel-Baharov. 2. Aufl. Frankfurt a. M. 2024. 299 S. (Fischer TaschenBibliothek).

Mahlke, Inger-Maria: Unsereins. Roman. Hamburg 2023. 492 S.

Malberg, Hans-Joachim: Der Tänzer auf dem Stein. Sagen und Geschichten aus dem Harz. Neuausg. Weimar 2023. 94 S.: Ill. (Knabes Jugendbücherei).

Meier, Georg: Mit dem Gibbon und John Lennon nach Ancona. Roman. Berlin 2010. 335 S.

Mutter, Anne-Sophie: Die Geige. – In: Meine bessere Hälfte. Musiker*innen erzählen über ihre Instrumente. Florian Werner (Hrsg.). Berlin 2024. S. 21–31.

Nunez, Sigrid: Die Verletzlichen. Roman. Aus dem Amerikan. von Anette Grube. Berlin 2024. 223 S. [The vulnerables].

Papadakis, Niko: Das Immergrün in Deinen Augen. Gedichte. Norderstedt 2024. 100 S.

Popp, Susanne: Loreley – die Frau am Fluss. Roman. Frankfurt a. M. 2024. 458 S.

Rickling, Matthias: Ostfriesland – 55 Meilensteine der Geschichte. Menschen, Orte und Ereignisse, die unsere Region bis heute prägen. Tübingen 2024. 120 S.: Ill. [Kap. 8: „‚Mein Fräulein! Sein sie munter …'. Ein Dichterkönig auf Norderney". S. 22–23].

Rosen, Elie: Im Tod liegt die Unendlichkeit. Der jüdische Friedhof von Baden bei Wien. Vom Tod und Sterben im Judentum = Bet ha-ḥayim ha-Yehudi shel Baden. Wien 2023. 525 S.: Ill.

Sawalies, Dieter: Was hat Puschkin mit Oberbilk zu tun. – In: Düsseldorf-Oberbilk hat es in sich! Eine Stadtteilgeschichte anhand ausgewählter Themen und Standorte. Hrsg. von Aktion Oberbilker Geschichte(n) e.V. Düsseldorf 2024. S. 126–130.

Scherthan, Yannick; Mentzel, Britta: Deutschland. Eine romantische Reise durch unsere schönsten Landschaften. München 2024. 188 S.

Schneider, Enjott: Orgelsinfonie No. 16 „Martin Luther" für Orgel. Mainz 2017. [ED 22668]. [Mit Heine-Bezug im Vorwort].

Schönhoff, Dietmar: Der Hofgarten in Düsseldorf. Geschichte & Gegenwart. Thomas Stelzmann (Fotos). Düsseldorf 2023. 167 S.: Ill.

Schröder, Wiebke: Das Wunder der Feentür. Süße Feen- und Wichteltüren selber basteln. Germering 2023. 86 S.

Sonnen, Irmgard: Buchräume öffnen Denkräume. Editorial Design – Lehren und Forschen. Düsseldorf 2024. 153 S.: Ill.

Stanišić, Saša: Möchte die Witwe angesprochen werden, platziert sie auf dem Grab die Gießkanne mit dem Ausguss nach vorne. München 2024. 254 S.

Twain, Mark: Reise durch Deutschland. Aus dem Amerikan. von Ana Maria Brock. Köln 2013. 255 S. [A tramp abroad].

Varnhagen, Rahel: „Das Herz ist ganz im Dunkeln". Ein Lesebuch. Hrsg. und mit e. Nachw. vers. von Barbara Hahn. Berlin 2023. 127 S. (Insel-Bücherei; 1529).

Weiler, Jan: Das Pubertier. Ill. von Till Hafenbrak. Neuausg. München 2023. 126 S.: Ill.

Yalom, Irvin D.: Das Spinoza-Problem. Roman. Aus dem Amerikan. von Liselotte Prugger. 10. Aufl. München 2013. 472 S. (btb; 74208).

Veranstaltungen des Heinrich-Heine-Instituts und Schumann-Hauses und der Heinrich-Heine-Gesellschaft e. V. Januar bis Dezember 2024

Zusammengestellt von Leah Biebert und Maren Winterfeld

07.01.2024	Finnisches Neujahrskonzert Musik: Freya Deiting (Violine), Oliver Haug (Pianist) Veranstalter: Deutsch-Finnische Gesellschaft e. V. in Verbindung mit dem Heinrich-Heine-Institut und Schumann-Haus
13.01.2024	„Denn die Grazie besteht in der Bewegung" Entspanntes Yoga mit Heine Yoga: Petra Eßer Veranstalter: Heinrich-Heine-Institut und Schumann-Haus
17.01.2024	„Die schmutzige Frau" Lesung mit Annette Pehnt Veranstalter: Heinrich-Heine-Institut und Schumann-Haus in Zusammenarbeit mit der Robert Schumann Hochschule Düsseldorf
18.01.2024	„Ihre Lieder aber haben dem Schicksal getrotzt" Kuratorinnenführung durch die Sonderausstellung „Dichter? Liebe!" Führung: Lisa-Marie Petry, M.A. Veranstalter: Heinrich-Heine-Institut und Schumann-Haus
21.01.2024	Das Symphonische Palais Musik: Andreas Boege (Oboe), Gisela Hellrung (Oboe), Ane Lore Ugarte Eizmendi (Englischhorn) Veranstalter: Heinrich-Heine-Institut und Schumann-Haus
21.01.2024	„Ich eil' ins Reich der Träume" Kaiserin Elisabeths Heine-Verehrung Vortrag (Jan von Holtum, M.A.) mit Rezitation (Katharina Hannappel) zur Sonderausstellung „Dichter? Liebe!" Veranstalter: Heinrich-Heine-Institut und Schumann-Haus
23.01.2024	Buchvorstellung: „Allein und zu zweit" Über Ingrid Bachér und Ulrich Erben Moderation: Dr. Enno Stahl Veranstalter: Heinrich-Heine-Institut und Schumann-Haus

© Der/die Herausgeber bzw. der/die Autor(en), exklusiv lizenziert an Springer-Verlag GmbH, DE, ein Teil von Springer Nature 2026
S. Brenner-Wilczek (Hrsg.), *Heine-Jahrbuch 2025,* Heine-Jahrbuch,
https://doi.org/10.1007/978-3-662-72327-2

26.01.2024	Kindermuseumsnacht „Ab durch Raum und Zeit" Lesung: Martin Baltscheit Veranstalter: Heinrich-Heine-Institut und Schumann-Haus
26.01.2024	„Die schöne Magelone" Ein Premierenabend Musik: Marlen Bieber (Mezzosopran), Brita Wiederanders (Klavier) Rezitation: Paula Götz Veranstalter: Heinrich-Heine-Institut und Schumann-Haus in Kooperation mit der Clara Schumann Initiative Düsseldorf
27.01.2024	Literarischer Treff der Heinrich-Heine-Gesellschaft mit Michael Augustin Moderation: Jan Michaelis Veranstalter: Heinrich-Heine-Gesellschaft
28.01.2024	Dichtergarten für Musik IV „Das Herz ging mir vom glücklichen Weinen entzwei: und ich erwachte" Musik: Judith Hoffmann (Sopran), Nare Karoyan (Klavier) Rezitation: Katharina Hannappel Moderation: Nadine Hoffmann, M.A. Veranstalter: Heinrich-Heine-Institut und Schumann-Haus
03.02.2024	Benefizkonzert mit Studierenden aus der Ukraine der Internationalen Musikakademie Anton Rubinstein Veranstalter: Heinrich-Heine-Institut und Schumann Haus
04.02.2024	Text & Ton „Heinrich Heine aber ist ein Jahrhundertkerl gewesen" Rezitation: Jonathan Schimmer Musik: Ani Ter-Martirosyan (Klavier) Moderation: Nora Schön, M.A. Veranstalter: Heinrich-Heine-Institut und Schumann-Haus
17.02.2024	„Apfeltörtchen, Austern und Ambrosia" Heinrich Heine als Genussmensch Führung und Lesung zum Todestag des Dichters Führung: Jan von Holtum, M.A. Rezitation: Paula Luy Veranstalter: Heinrich-Heine-Institut und Schumann-Haus
18.02.2024	Das Symphonische Palais Musik: Sara Becker (Klavier), Mathias Feger (Violine), Nadine Sahebdel-Feger (Violine), Jérôme Tétard (Violoncello) Veranstalter: Heinrich-Heine-Institut und Schumann-Haus
21.02.2024	Lesung Natalka Sniadanko: „Der Erzherzog, der den Schwarzmarkt regierte, Matrosen liebte und mein Großvater wurde" Veranstalter: Heinrich-Heine-Institut und Schumann-Haus
28.02.2024	Schätze aus dem Archiv „Mein Atem heißt jetzt" Ausgewählte Texte deutsch-jüdischer Schriftstellerinnen Musik: Olena Kushpler (Klavier) Rezitation: Barbara Auer Veranstalter: Heinrich-Heine-Institut und Schumann-Haus
03.03.2024	Das Symphonische Palais Musik: Sophie Schwödiauer, Fabiana Trani (Harfe) Veranstalter: Heinrich-Heine-Institut und Schumann-Haus

05.03.2024	Das Frankreichbild in deutschen Schriften des 19. Jahrhunderts Eine Geschichte von Liebe und Hass Vortrag: Prof. Dr. Eckart Pastor Rezitation: Uta von Beckerath Veranstalter: Heinrich-Heine-Gesellschaft in Kooperation mit dem Heinrich-Heine-Institut und Schumann-Haus
07.03.2024	Mehr Stolz, ihr Frauen! Femmage an Hedwig Dohm zwischen szenischer Lesung und Kabarett Programm: Gerd Buurmann, Nikola Müller, Isabel Rohner (Hedwig Dohm Trio) Veranstalter: kom!ma e. V. in Kooperation mit dem Heinrich-Heine-Institut und Schumann-Haus
08.03.2024	„Die Tonkunst musste vielfach der Kochkunst weichen" Komponistinnen im 19. Jahrhundert Vortrag: Lisa-Marie Petry, M.A. Veranstalter: Heinrich-Heine-Institut und Schumann-Haus
09.03.2024– 17.03.2024	Laborphase für die Sonderausstellung „Dieter Fortes Lesewelten" Betreuung: Sophia Rohan, M.A., Martin Willems, B.A. Veranstalter: Heinrich-Heine-Institut und Schumann-Haus
12.03.2024	Irmgard Keun: „Kind aller Länder" Szenische Lesung von Christiane Lemm und Petra Kuhles Veranstalter: Heinrich-Heine-Institut und Schumann-Haus
15.03.2024	Buchvorstellung: „Handbuch der Literaturen aus Czernowitz und der Bukowina" Veranstalter: Verein zur Förderung der Städtepartnerschaft Düsseldorf-Czernowitz e. V., Generalkonsulat der Ukraine in Düsseldorf, Jüdische Gemeinde Düsseldorf, Gerhart-Hauptmann-Haus, Stadtbüchereien Düsseldorf in Verbindung mit dem Heinrich-Heine-Institut und Schumann-Haus
16.03.2024	Literarischer Treff der Heinrich-Heine-Gesellschaft mit Anwar Almann Moderation: Jan Michaelis Veranstalter: Heinrich-Heine-Gesellschaft
17.03.2024	Internationale Gitarrenmatineen (Klassische Gitarre) Musik: Thomas Müller-Pering Veranstalter: Heinrich-Heine-Institut und Schumann-Haus
24.03.2024	Dichtergarten für Musik V „Sie lauschten seinen Tönen; wie glühte jedes Gesicht" Musik: Tobias Koch (Klavier) Rezitation: Jonathan Schimmer Kommentar: Dr. Christina Thomas Veranstalter: Heinrich-Heine-Institut und Schumann-Haus
25.03.2024	Träumereien Schumanns Tanztheater für Kinder (Osterferienprogramm) Veranstalter: Heinrich-Heine-Institut und Schumann-Haus
27.03.2024	Nicole Seifert: „Einige Herren sagten etwas dazu" Die Autorinnen der Gruppe 47 Moderation: Martin Willems, B.A. Veranstalter: Heinrich-Heine-Institut und Schumann-Haus

02.04.2024– 03.04.2024	Loreley – Mami Wata Zwei Wasserwesen. Ein Kreativ-Workshop Mit Cedrick Tshimbalanga (Mokili Na Poche, Kinshasa) und Dr. Enno Stahl (Heinrich-Heine-Institut) Veranstalter: Heinrich-Heine-Institut und Schumann-Haus in Kooperation mit der Galerie amschatzhaus (Neuss) und Mokili Na Poche (Kinshasa)
04.04.2024	„Mit Nadel und Faden" Heines Buchbindewerkstatt (Osterferienprogramm) Veranstalter: Heinrich-Heine-Institut und Schumann-Haus
11.04.2024	Heinrich Heine – Poet der Liebe, Poet der Freiheit Ein Bühnenstück von und mit Vera Bauer (Rezitation und Violoncello) Veranstalter: Heinrich-Heine-Institut und Schumann-Haus
13.04.2024	Vernissage der Sonderausstellung „Dieter Fortes Lesewelten" Begrüßung: Dr. Sabine Brenner-Wilczek (Direktorin Heinrich-Heine- Institut und Schumann-Haus), Antje Contius (geschäftsführendes Vorstandsmitglied der S. Fischer Stiftung) Einführung aus dem Kuratorenteam: Sophia Rohan, M.A., Martin Willems, B.A. Musik: Jazz mit dem „Gute Nacht, Harry!"-Ensemble Veranstalter: Heinrich-Heine-Institut und Schumann-Haus
14.04.2024	Internationale Gitarrenmatineen (Gitarre Crossover) Musik: Wildes Holz Veranstalter: Heinrich-Heine-Institut und Schumann-Haus
17.04.2024	Rose Ausländer. Eine Dichterin aus Czernowitz Ein Gespräch mit Dr. Annkathrin Sonder Veranstalter: Heinrich-Heine-Institut und Schumann-Haus in Kooperation mit dem Institut für Germanistik und dem Institut „Moderne im Rheinland" der Heinrich-Heine Universität Düsseldorf
19.04.2024	Musik aus dem Schumann-Haus Werke für Violine und Klavier von Clara und Robert Schumann Begrüßung: Dr. Irmgard Knechtges-Obrecht Musik: Paolo Ghidoni (Violine), Marco Tezza (Klavier) Veranstalter: Heinrich-Heine-Institut und Schumann-Haus
21.04.2024	Das Symphonische Palais Musik: Michael Flock-Reisinger, Gilad Kaplansky, Inka Aurora Saavalainen, Nikolaus Trieb (Violoncello) Veranstalter: Heinrich-Heine-Institut und Schumann-Haus
27.04.2024	Düsseldorfer Nacht der Museen Programm: Multimedia-Lesung aus Christopher Taubers Graphic Novels zu „Die drei ???", Kabarett, Jannis-Verhoeven-Quartett Veranstalter: Heinrich-Heine-Institut und Schumann-Haus
11.05.2024	Literarischer Treff der Heinrich-Heine-Gesellschaft mit Kerstin Lange Moderation: Jan Michaelis Veranstalter: Heinrich-Heine-Gesellschaft
12.05.2024	Das Symphonische Palais Musik: Mitglieder der Orchesterakademie der Düsseldorfer Symphoniker Veranstalter: Heinrich-Heine-Institut und Schumann-Haus

13.05.2024	Rose Ausländer Rezitation und Musik mit Jasmin-Nevin Varul und Olena Kushpler (Klavier) Veranstalter: Heinrich-Heine-Institut und Schumann-Haus in Kooperation mit dem Institut für Germanistik und dem Institut „Moderne im Rheinland" der Heinrich-Heine-Universität Düsseldorf
15.05.2024	„Achsensprung und andere Verluste" Die TV-Spiele des Dieter Forte Vortrag von Dr. Enno Stahl Veranstalter: Heinrich-Heine-Institut und Schumann-Haus
16.05.2024– 20.05.2024	Bücherbummel auf der Kö Veranstalter: Heinrich-Heine-Institut und Schumann-Haus, Heinrich-Heine-Gesellschaft
19.05.2024	„Schönes habe ich auf dieser Reise gesehen" Yoga mit Heine Yoga: Petra Eßer Moderation: Louis Molitor, M.A. Veranstalter: Heinrich-Heine-Institut und Schumann-Haus
19.05.2024	Kuratorenführung durch die Sonderausstellung „Dieter Fortes Lesewelten" Mit Martin Willems, B.A. Veranstalter: Heinrich-Heine-Institut und Schumann-Haus
23.05.2024	Von Wandermenschen und Sofamenschen Judith Kuckart/Tanztheater Skoronel Reloaded Performance: Pau Aran, Noah Dahm, Anastasia Hamm, Frank Herfeld, Katharina Krauss, Judith Kuckart, Frida Stach, Sabina Stücker, Erika Winkler Moderation: Dr. Jasmin Grande (Heinrich-Heine-Universität) Veranstalter: Heinrich-Heine-Institut und Schumann-Haus Koproduziert mit dem Pina Bausch Zentrum under construction, der Heinrich-Heine-Universität Düsseldorf in Zusammenarbeit mit der Bergischen Universität Wuppertal Förderung: nrw landesbuero tanz e. V. zusammen mit Burg Hülshoff – Center for Literature (CfL) aus Mitteln des Ministeriums für Kultur und Wissenschaft des Landes Nordrhein-Westfalen
26.05.2024	Internationale Gitarrenmatineen Musik: Fried Dähn (Violoncello), Thomas Maos (Gitarre) Veranstalter: Heinrich-Heine-Institut und Schumann-Haus
01.06.2024	„Ich will ein Japaner werden" Führung zu Heines Bedeutung in Japan Führung: Louis Molitor, M.A. Veranstalter: Heinrich-Heine-Institut und Schumann-Haus
04.06.2024	Clara und Robert Schumann Werke für Cello und Klavier Musik: Anna Khomichko (Klavier), Roger Morelló Ros (Violoncello) Veranstalter: Heinrich-Heine-Institut und Schumann-Haus in Kooperation mit der Tonhalle Düsseldorf und der Clara Schumann Initiative Düsseldorf Förderung: Ministerium für Kultur und Wissenschaft des Landes NRW, Landeshauptstadt Düsseldorf
05.06.2024	Dieter-Forte-Abend Mit Dr. Enno Stahl (Einführung), Olaf Cless (Rezitation), Vera Forester (Zeitzeugin) Veranstalter: Heinrich-Heine-Institut und Schumann-Haus

08.06.2024	„Gute Nacht, Harry!" – „Die Worte klingen wie Musik" Rezitation: Victor Maria Diderich, Jasmin-Nevin Varul Musik: „Gute Nacht, Harry!"-Ensemble Moderation: Dr. Sabine Brenner-Wilczek Veranstalter: Heinrich-Heine-Institut und Schumann-Haus in Kooperation mit dem Lovebird Festival
12.06.2024	„Eine goldene Kette / Fesselt mich / An meine Urliebe Stadt" Zur Präsenz und Rezeption Rose Ausländers in ihrer Heimatstadt Czernowitz/ Tscherniwzi Mit Dr. Oxana Matychuk (Rose-Ausländer-Expertin) Veranstalter: Heinrich-Heine-Institut und Schumann-Haus in Kooperation mit dem Institut für Germanistik und dem Institut „Moderne im Rheinland" der Heinrich-Heine-Universität Düsseldorf
16.06.2024	Internationale Gitarrenmatineen
16.06.2024	Musik: Sönke Meinen, Philipp Wiechert (Gitarre) Veranstalter: Heinrich-Heine-Institut und Schumann-Haus Kuratorenführung durch die Sonderausstellung „Dieter Fortes Lesewelten" Mit Martin Willems, B.A. Veranstalter: Heinrich-Heine-Institut und Schumann-Haus
20.06.2024– 21.06.2024	Dieter Forte (1935–2019) Ein Autor des Erinnerns: „Denn in der Zeit lebt immer auch eine andere Zeit" Internationale Tagung mit Literaturwissenschaftlerinnen und Literaturwissen- schaftlern, u. a. Prof. Klaus-Michael Bogdal (Bielefeld), Prof. Leopoldo Dominguez (Sevilla), Prof. Birthe Hoffmann (Kopenhagen), Prof. Jürgen Ritte (Paris) Veranstalter: Heinrich-Heine-Institut und Schumann-Haus
20.06.2024	Dieter Fortes Bedeutung in der deutschen Literatur Kritikergespräch mit Gerrit Bartels und Dr. Lothar Schröder Moderation: Dr. Enno Stahl Veranstalter: Heinrich-Heine-Institut und Schumann-Haus
22.06.2024	„schreiben lesen lichtschein" Schreibperformance von Wolfgang Vetten Veranstalter: Heinrich-Heine-Institut und Schumann-Haus
30.06.2024	Text & Ton „Ein Triumph der Presse" – Heine als Journalist Rezitation: Falk Philippe Pognan Musik: Fietje Schlegelmilch (Klavier) Moderation: Nora Schön, M.A. Veranstalter: Heinrich-Heine-Institut und Schumann-Haus
04.07.2024	Kuratorinnenführung durch die Sonderausstellung „Dieter Fortes Lesewelten" Mit Sophia Rohan, M.A. Veranstalter: Heinrich-Heine-Institut und Schumann-Haus
06.07.2024	„Broken German" Lesung und Diskussion mit Tomer Gardi Literatur im interkulturellen Kontext Veranstalter: Heinrich-Heine-Institut und Schumann-Haus in Kooperation mit dem ASG-Bildungsforum Düsseldorf
11.07.2024	Öffentliche Führung „Willkommen bei den Schumanns" Veranstalter: Heinrich-Heine-Institut und Schumann-Haus

13.07.2024	„Welch Vergnügen gewährt das Reisen!" Heines Reisen in Frankreich Führung: Louis Molitor, M.A. Veranstalter: Heinrich-Heine-Institut und Schumann-Haus
17.07.2024	Der verschwundene Taktstock Musikalische Familien-Rallye Veranstalter: Heinrich-Heine-Institut und Schumann-Haus
20.07.2024	Literarischer Treff der Heinrich-Heine-Gesellschaft mit Marlies Blauth Moderation: Jan Michaelis Veranstalter: Heinrich-Heine-Gesellschaft
23.07.2024	In die Tasche gesteckt – Upcycling-Workshop Veranstalter: Heinrich-Heine-Institut und Schumann-Haus
27.07.2024 04.08.2024	„Die Seehunde lassen dich grüßen" Heinrich Heine und das Meer Führung: Jan von Holtum, M.A. Veranstalter: Heinrich-Heine-Institut und Schumann-Haus Kuratorinnenführung durch die Sonderausstellung „Dieter Fortes Lesewelten" Mit Sophia Rohan, M.A. Veranstalter: Heinrich-Heine-Institut und Schumann-Haus
11.08.2024	Dichtergarten für Musik VI „Ein Musikus wollt fröhlich sein" Musik: Judith Hoffmann (Gesang), Nare Karoyan (Klavier) Rezitation: Paula Götz Kommentar: Leah Biebert, M.A. Veranstalter: Heinrich-Heine-Instiut und Schumann-Haus
14.08.2024	In die Tasche gesteckt – Upcycling-Workshop Veranstalter: Heinrich-Heine-Institut und Schumann-Haus
17.08.2024	Öffentliche Führung „Willkommen bei den Schumanns" Veranstalter: Heinrich-Heine-Institut und Schumann-Haus
20.08.2024	Vernissage zur Sonderausstellung „Wolodymyr Ivasyuk & 30 Jahre Chrenova Ruta" Grußworte: Rajiv Strauß (Kulturamt), Dr. Sabine Brenner-Wilczek (Direktorin Heinrich-Heine-Institut und Schumann-Haus), Juri Andruchowytsch Veranstalter: Heinrich-Heine-Institut und Schumann-Haus in Kooperation mit der Jüdischen Gemeinde Düsseldorf
24.08.2024	„In dem Lande, wo die Zitronen und Orangen wachsen" Heinrich Heine in Italien Führung: Nora Schön, M.A. Veranstalter: Heinrich-Heine-Institut und Schumann-Haus
25.08.2024	Musikalische Romanzen – Düsseldorfer ToyPiano-Festival Musik: Friederike Möller Veranstalter: Heinrich-Heine-Institut und Schumann-Haus
01.09.2024	Wulf Noll Eine Feierstunde zum 80. Geburtstag Lesung: Wulf Noll Moderation: Jan Michaelis Veranstalter: Verband deutscher Schriftstellerinnen und Schriftsteller (VS) NRW

01.09.2024	Internationale Gitarrenmatineen Musik: Jhostin Misael Guzmán Veranstalter: Heinrich-Heine-Institut und Schumann-Haus
06.09.2024	„Eisernes Schweigen" Lesung mit Traudl Bünger Veranstalter: Heinrich-Heine-Institut und Schumann-Haus
12.09.2024	„Wohin mit dem ganzen Papier?" Vortrag: Christoph Peters Veranstalter: Heinrich-Heine-Institut und Schumann-Haus in Kooperation mit dem Fritz-Hüser-Institut Dortmund
14.09.2024	Literarischer Treff der Heinrich-Heine-Gesellschaft mit Hans-Martin Große-Oetringhaus Moderation: Jan Michaelis Veranstalter: Heinrich-Heine-Gesellschaft
22.09.2024	Finissage der Sonderausstellung „Wolodymyr Ivasyuk & 30 Jahre Chrenova Ruta" 75 Jahre Wolodymyr Iwasjuk Die Arbeit des Czernowitzer Museums im Jubiläumsjahr Vortrag: Natalia Moroz Veranstalter: Heinrich-Heine-Institut und Schumann-Haus in Kooperation mit dem Verein zur Förderung der Städtepartnerschaft Düsseldorf-Czernowitz e. V.
28.09.2024	„Sie nennen sie Clara Schumann" Klavierrecital von Isata Kanneh-Mason Veranstalter: Heinrich-Heine-Institut und Schumann-Haus in Kooperation mit der Clara Schumann Initiative Düsseldorf
06.10.2024	Internationale Gitarrenmatineen Musik: Lincoln Almada (Harfe), Evangelina Mascardi (Barockgitarre) Veranstalter: Heinrich-Heine-Institut und Schumann-Haus
05.10.2024	Vernissage der Sonderausstellung „Alles wie verzaubert" – 200 Jahre Heines Harzreise Grußwort: Dr. Sabine Brenner-Wilczek Einführung: Nora Schön, M.A., Jan von Holtum, M.A. Veranstalter: Heinrich-Heine-Institut und Schumann-Haus
11.10.2024	Literaturtage Düsseldorf Experimentale. Literatur und Medien Workshop-Leitung: Safiye Can (Schriftstellerin), Christoph Wenzel (Schriftsteller) Moderation: Dr. Enno Stahl Veranstalter: Heinrich-Heine-Institut und Schumann-Haus in Kooperation mit dem Literaturbüro NRW und dem zakk
13.10.2024	Dichtergarten für Musik VII „Noch einmal sing es!" Auf den Spuren der britischen Dichterin Felicia Hemans Veranstalter: Heinrich-Heine-Institut und Schumann-Haus
13.10.2024	Literaturtage Düsseldorf „Stille" – Performative Lesung mit Christiane Neudecker und Markus Hauke Begrüßung: Dr. Barbara Könches (ZERO foundation) Veranstalter: Heinrich-Heine-Institut und Schumann-Haus in Kooperation mit dem Literaturbüro NRW und dem zakk

14.10.2024	Literaturtage Düsseldorf Annett Gröschner, Peggy Mädler, Wenke Seemann: „Drei ostdeutsche Frauen betrinken sich und gründen den idealen Staat" Begrüßung: Maren Jungclaus (Literaturbüro NRW) Veranstalter: Heinrich-Heine-Institut und Schumann-Haus in Kooperation mit dem Literaturbüro NRW und dem zakk
15.10.2024	Literaturtage Düsseldorf Liquid Center: „Wir kommen" Lesung: Lene Albrecht, Verena Güntner Moderation: Leah Biebert, M.A., Emily Grunert (Literaturbüro NRW) Veranstalter: Heinrich-Heine-Institut und Schumann-Haus in Kooperation mit dem Literaturbüro NRW und dem zakk
15.10.2024	Literaturtage Düsseldorf Verleihung des Düsseldorfer Literaturpreises an Ronya Othmann Veranstalter: Heinrich-Heine-Institut und Schumann-Haus in Kooperation mit dem Literaturbüro NRW, dem zakk und der Kunst- und Kulturstiftung der Stadtsparkasse Düsseldorf
16.10.2024	Literaturtage Düsseldorf Thorsten Nagelschmidt liest „Soledad" Moderation: Emily Grunert (Literaturbüro NRW) Veranstalter: Heinrich-Heine-Institut und Schumann-Haus in Kooperation mit dem Literaturbüro NRW und dem zakk
17.10.2024 20.10.2024	Literaturtage Düsseldorf Luise Meier liest „Hyphen" Begrüßung: Dr. Enno Stahl Veranstalter: Heinrich-Heine-Institut und Schumann-Haus in Kooperation mit dem Literaturbüro NRW und dem zakk Text & Ton „Ein Prachtstück prima classa" – Heines Schwester Charlotte Gesang und Rezitation: Paula Götz Rezitation: Falk Philippe Pognan Klavier: Ani Ter-Martirosyan Moderation: Nora Schön, M.A., Tom Duven Veranstalter: Heinrich-Heine-Institut und Schumann-Haus
20.10.2024	Literaturtage Düsseldorf Enis Maci und Pascal Richmann lesen „Pando" Veranstalter: Heinrich-Heine-Institut und Schumann-Haus in Kooperation mit dem Literaturbüro NRW und dem zakk
21.10.2024	Literaturtage Düsseldorf Mithu Sanyal liest aus ihren Roman „Antichristie" Moderation: Maren Jungclaus (Literaturbüro NRW) Veranstalter: Heinrich-Heine-Institut und Schumann-Haus in Kooperation mit dem Literaturbüro NRW und dem zakk
21.10.2024	Literaturtage Düsseldorf Studio Rot live Performance: Anna Bartling, Jean-Philippe Kindler, Lensi Schmidt, Simon Slomma, Jan Vogt Veranstalter: Heinrich-Heine-Institut und Schumann-Haus in Kooperation mit dem Literaturbüro NRW und dem zakk
22.10.2024	Heines Buchbindewerkstatt Veranstalter: Heinrich-Heine-Institut und Schumann-Haus

22.10.2024	Literaturtage Düsseldorf Ein Abend mit Goldrand: Live.Bühne.Wort Moderation: Alex Burkhard, Aylin Celik, Bernard Hoffmeister, Frank Klötgen Veranstalter: Heinrich-Heine-Institut und Schumann-Haus in Kooperation mit dem Literaturbüro NRW und dem zakk
23.10.2024	Literaturtage Düsseldorf kurz & bündig – Literaturzeitschriften: Das Wetter, defrag zine und Die Kurze Moderation: Caro Baum (zakk), Maren Jungclaus (Literaturbüro NRW) Veranstalter: Heinrich-Heine-Institut und Schumann-Haus in Kooperation mit dem Literaturbüro NRW und dem zakk
24.10.2024	Literaturtage Düsseldorf Bookclub im localbook.shop mit Lisa Roy Veranstalter: Heinrich-Heine-Institut und Schumann-Haus in Kooperation mit dem Literaturbüro NRW, dem zakk und dem localbook.shop
25.10.2024	Heines „Loreley" zum 200. Geburtstag Musik: André Dolabella (Klavier), Falko Hönisch (Bariton), Caroline Montheit (Sopran) Moderation: Martin Wiemer Veranstalter: Heinrich-Heine-Institut und Schumann-Haus in Kooperation mit der Heinrich-Heine-Gesellschaft
27.10.2024	Gründungskonzert des Schumann-Trios CLAJOS Musik: Istvan-Alexander Gaal (Violoncello), Heike-Angela Moser (Klavier), Birgit Seibt (Violine) Veranstalter: Heinrich-Heine-Institut und Schumann-Haus
03.11.2024	Das Symphonische Palais Musik: Kathrin Braeme (Violine), Simón Julián Doggenweiler-Menkhaus (Viola), Dragos Manza (Violine), Jérôme Tétard (Violoncello) Veranstalter: Heinrich-Heine-Institut und Schumann-Haus
05.11.2024	Rose Ausländer in Amerika Schauspiel: Manuela Alphons, Ariella Hirshfeld Gesang: Viktoriia Vitrenko Regie: Friederike Felbeck Veranstalter: Heinrich-Heine-Institut und Schumann-Haus
07.11.2024	Führung durch die Sonderausstellung „Alles wie verzaubert" – 200 Jahre Heines Harzreise Führung: Nora Schön, M.A. Veranstalter: Heinrich-Heine-Institut und Schumann-Haus
09.11.2024	Öffentliche Führung „Willkommen bei den Schumanns" Veranstalter: Heinrich-Heine-Institut und Schumann-Haus
09.11.2024	Buchpräsentation: Edgar Allan Poe: „Der Rabe/The Raven" Mit Gaby von Borstel und Peter Eickmeyer Moderation: Jan von Holtum, M.A. Veranstalter: Heinrich-Heine-Institut und Schumann-Haus
10.11.2024	Konzert Jürg Baur zu Ehren Musik: Michael Bendetti (Sprecher), Rebecca Broberg (Sopran), Christoph Bruckmann (Flöte), Jong-Su Choi (Klarinette), Sebastian Klein (Bariton), Ulrich Leykam (Klavier), Ane Lore Ugarte Eizmendi (Oboe, Englischhorn), Ralf Zartmann (Pauken) Veranstalter: Heinrich-Heine-Institut und Schumann-Haus

12.11.2024	Das Erbe der Schumanns – Ein Fest für Clara und Robert Musik: Yannick Rafalimanana (Klavier), Olivier Robin (Violine), Tony Rymer (Violoncello) Veranstalter: Heinrich-Heine-Institut und Schumann-Haus
15.11.2024	Dana von Suffrin: „Nochmal von vorne" Moderation: Leah Biebert, M.A. Veranstalter: Heinrich-Heine-Institut und Schumann-Haus
16.11.2024	Führung durch die Sonderausstellung „Alles wie verzaubert" – 200 Jahre Heines Harzreise Führung: Lukas Pawlowsky, M.A. Veranstalter: Heinrich-Heine-Institut und Schumann-Haus
20.11.2024	Schumanns Klang-Salon I Der Schumann-Kreis, Freund*innen und Schüler*innen Moderation: Karsten Lehl Veranstalter: Heinrich-Heine-Institut und Schumann-Haus
21.11.2024	Öffentliche Führung „Willkommen bei den Schumanns" Veranstalter: Heinrich-Heine-Institut und Schumann-Haus
22.11.2024	Japanisches Buchbinden Veranstalter: Heinrich-Heine-Institut und Schumann-Haus
23.11.2024	Literarischer Treff der Heinrich-Heine-Gesellschaft mit Vera Vorneweg Moderation: Jan Michaelis Veranstalter: Heinrich-Heine-Gesellschaft
24.11.2024	Dichtergarten für Musik VIII „Ihr Töne, die den Schmerz bethören!" Rezitation: Andreas Durban Musik: Judith Hoffmann (Gesang), Nare Karoyan (Klavier) Kommentar: Leah Biebert, M.A. Veranstalter: Heinrich-Heine-Institut und Schumann-Haus
29.11.2024	Schnupperführung „Willkommen bei den Schumanns" Veranstalter: Heinrich-Heine-Institut und Schumann-Haus
29.11.2024	Jubiläumskonzert: 1 Jahr Schumann-Haus Düsseldorf Grußwort: Miriam Koch (Beigeordnete für Kultur und Integration), Herbert Hennig (Förderverein Schumann-Haus e. V.) Musik: Studierende der Robert Schumann Hochschule Düsseldorf Moderation: Prof. Dr. Gundela Bobeth Veranstalter: Heinrich-Heine-Institut und Schumann-Haus
30.11.2024	Maria Leitner: „Hotel Amerika" Die Kehrseite des amerikanischen Traums Lesung: Jasmin-Nevin Varul Vortrag: Anna Weber Moderation: Nora Schön, M.A. Veranstalter: Heinrich-Heine-Institut und Schumann-Haus
01.12.2024	Direktorinnenführung Führung: Dr. Sabine Brenner-Wilczek Rezitation: Jasmin-Nevin Varul Veranstalter: Heinrich-Heine-Institut und Schumann-Haus

05.12.2024	Führung durch die Sonderausstellung „Alles wie verzaubert" – 200 Jahre Heines Harzreise Führung: Jan von Holtum, M.A. Veranstalter: Heinrich-Heine-Institut und Schumann-Haus
07.12.2024	27. „Internationales Forum Junge Heine-Forschung" Begrüßung: Dr. Sabine Brenner-Wilczek (Heinrich-Heine-Institut und Schu-mann-Haus), Prof. Dr. Volker Dörr (Institut für Germanistik der Heinrich-Heine-Universität Düsseldorf), Felix Droste (Heinrich-Heine-Gesellschaft) Vorträge: Caroline Bleser, M.A., Moritz Jonas Michel, B.A., Dr. Malte Spitz, Sebastian Triebel, B.A., Jingdan Yang, M.A., Lihui She, M.A. Veranstalter: Heinrich-Heine-Institut und Schumann-Haus, Heinrich-Heine-Gesellschaft, Institut für Germanistik der Heinrich-Heine-Universität Düssel-dorf
14.12.2024	Verleihung des Heine-Preises 2024 an David Grossman Ehrung: Dr. Stephan Keller (Oberbürgermeister) Laudatio: Carolin Emcke Dankesrede: David Grossman Musik: Florence Millet Veranstalter: Landeshauptstadt Düsseldorf
15.12.2024	Öffentliche Führung „Willkommen bei den Schumanns" Veranstalter: Heinrich-Heine-Institut und Schumann-Haus
18.12.2024	Schumanns Klang-Salon II Pioniere des Schumann-Lieds Moderation: Karsten Lehl Veranstalter: Heinrich-Heine-Institut und Schumann-Haus

Ankündigung
29. Forum Junge Heine-Forschung
Heinrich-Heine-Institut, Düsseldorf
5. Dezember 2026

Gesucht werden neue Arbeiten und Forschungsansätze, die sich mit dem Werk des Dichters, Schriftstellers und Journalisten Heinrich Heine beschäftigen oder die Heine-Zeit thematisieren. Die Forschungsergebnisse können auf Bachelor- und Masterarbeiten, Dissertationen oder laufenden, nicht abgeschlossenen Studien basieren und im Rahmen halbstündiger Vorträge einem interessierten und einem fachkundigen Publikum präsentiert werden.

Das „Forum Junge Heine-Forschung" ist international und interdisziplinär; es weist eine mehr als zwanzigjährige Tradition auf. Am 5. Dezember 2026 laden das Heinrich-Heine-Institut der Landeshauptstadt Düsseldorf, die Heinrich-Heine-Gesellschaft e. V. und das Institut für Germanistik der Heinrich-Heine-Universität Düsseldorf zum 29. Mal zu diesem besonderen Kolloquium ein.

Die anfallenden Fahrt- und Übernachtungskosten werden für alle Referentinnen und Referenten übernommen. Die Heinrich-Heine-Gesellschaft lobt für das beste Referat einen Geldpreis aus. Die Auswahl erfolgt durch eine Fachjury. Der prämierte Vortrag wird im „Heine-Jahrbuch 2027" publiziert. Informationen zur Konzeption und Ausrichtung bieten die Berichte in den „Heine-Jahrbüchern" von 2001 bis 2025.

© Der/die Herausgeber bzw. der/die Autor(en), exklusiv lizenziert an Springer-Verlag GmbH, DE, ein Teil von Springer Nature 2026
S. Brenner-Wilczek (Hrsg.), *Heine-Jahrbuch 2025,* Heine-Jahrbuch,
https://doi.org/10.1007/978-3-662-72327-2

Für die Anmeldung eines Referats ist es erforderlich, ein kurzes Exposé (ca. 1 Seite) sowie ein Curriculum Vitae per E-Mail einzureichen. Stichtag ist der 1. Oktober 2026.

Heinrich-Heine-Institut und Schumann-Haus
Landeshauptstadt Düsseldorf
Bilker Straße 12–14
40213 Düsseldorf

Dr. Sabine Brenner-Wilczek, Direktorin
E-Mail: sabine.brennerwilczek@duesseldorf.de
Tel.: +49 211-8992902
https://www.duesseldorf.de/heineinstitut

Abbildungsnachweise

Hinweise für die Manuskriptgestaltung

Für unverlangt eingesandte Texte und Rezensionsexemplare wird keine Gewähr übernommen. Ein Honorar wird nicht gezahlt. Es gelten die Regeln der neuen deutschen Rechtschreibung.

Bei der Formatierung des Textes ist zu beachten: Schriftart Times New Roman 14 Punkt, linksbündig, einfacher Zeilenabstand, Absätze mit Einzug (erste Zeile um 0,5 cm); ansonsten bitte keine weiteren Formatierungen von Absätzen oder Zeichen vornehmen, auch keine Silbentrennung.

Zitate und Werktitel werden in doppelte Anführungszeichen gesetzt. Langzitate (mehr als drei Zeilen) und Verse stehen ohne Anführungszeichen und eingerückt in der Schriftgröße 12 Punkt. Auslassungen oder eigene Zusätze im Zitat werden durch eckige Klammern [] gekennzeichnet.

Außer bei Heine-Zitaten erfolgen die Quellennachweise in den fortlaufend nummerierten Anmerkungen. Die Anmerkungsziffer (Hochzahl ohne Klammer) steht vor Komma, Semikolon und Doppelpunkt, hinter Punkt und schließenden Anführungszeichen. Die Anmerkungen werden als Endnoten formatiert und stehen in der Schriftgröße 10 Punkt am Schluss des Manuskriptes. Literaturangaben haben die folgende Form:

- Monografien: Vorname Zuname des Verfassers: Titel. Ort Jahr, Band (römische Ziffer), Seite.
- Editionen: Vorname Zuname (Hrsg.): Titel. Ort Jahr, Seite.
- Artikel in Zeitschriften: Vorname Zuname des Verfassers: Titel. – In: Zeitschriftentitel Bandnummer (Jahr), Seite.
- Artikel in Sammelwerken: Vorname Zuname des Verfassers: Titel. – In: Titel des Sammelwerks. Hrsg. von Vorname Zuname. Ort Jahr, Band, Seite. Verlagsnamen werden nicht genannt.

S. Brenner-Wilczek (Hrsg.), *Heine-Jahrbuch 2025,* Heine-Jahrbuch,
https://doi.org/10.1007/978-3-662-72327-2

Bei wiederholter Zitierung desselben Werks wird in Kurzform auf die Anmerkung mit der ersten Nennung verwiesen: Zuname des Verfassers: Kurztitel [Anm. XX], Seite.

Bei Heine-Zitaten erfolgt der Nachweis im laufenden Text im Anschluss an das Zitat in runden Klammern unter Verwendung der Abkürzungen des Siglenverzeichnisses (hinter dem Inhaltsverzeichnis) mit Angabe von Band (römische Ziffer) und Seite (arabische Ziffer), aber ohne die Zusätze „Bd." oder „S.": (DHA I, 850) oder (HSA XXV, 120).

Der Verlag trägt die Kosten für die von der Druckerei nicht verschuldeten Korrekturen nur in beschränktem Maße und behält sich vor, den Verfasserinnen oder Verfassern die Mehrkosten für umfangreichere Autorkorrekturen in Rechnung zu stellen.

Das Manuskript sollte als „Word"-Dokument oder in einer mit „Word" kompatiblen Datei per E-Mail (an: sabine.brennerwilczek@duesseldorf.de) eingereicht werden.

Mitarbeiterinnen und Mitarbeiter des Heine-Jahrbuchs 2025

Leah Biebert, M.A., Heinrich-Heine-Institut und Schumann-Haus, Bilker Straße 12–14, 40213 Düsseldorf

Prof. Dr. Peter Brandes, Universität Hamburg, Institut für Germanistik, Von-Melle-Park 6, 20146 Hamburg

Elena Camaiani, Heinrich-Heine-Institut und Schumann-Haus, Bilker Straße 12–14, 40213 Düsseldorf

Dr. Hermann-Peter Eberlein, Universität Bonn, Evangelisch-theologische Fakultät, Rabinstraße 8, 53111 Bonn

Prof. Dr. Norbert Otto Eke, Universität Paderborn, Institut für Germanistik und Vergleichende Literaturwissenschaft, Warburger Straße 100, 33098 Paderborn

Prof. Dr. Lutz Ellrich, Institut für Medienkultur und Theater, Universität zu Köln, Meister-Ekkehart-Straße 11, 50937 Köln

Carolin Emcke, c/o Tesenfitz Kommunikation, Choriner Straße 20, 10435 Berlin

David Grossman, c/o Carl Hanser Verlag, Vilshofener Straße 10, 81679 München

Jan-Birger von Holtum, M.A., Heinrich-Heine-Institut und Schumann-Haus, Bilker Straße 12–14, 40213 Düsseldorf

Hon.-Prof. Dr. Stefan Lüddemann, Universität Osnabrück, Institut für Germanistik, Neuer Graben 40, 49074 Osnabrück

Prof. Dr. Eckart Pastor, rue de l'esplanade 12/43, B-4141 Banneux (Sprimont), Belgien

Nora Schön, M.A., Heinrich-Heine-Institut und Schumann-Haus, Bilker Straße 12–14, 40213 Düsseldorf

Dr. Zouheir Soukah, Himmelgeister Straße 72, 40225 Düsseldorf

Dr. Malte Spitz, Schweizerisches Literaturarchiv, Schweizerische Nationalbibliothek, Hallwylstraße 15, CH-3003 Bern, Schweiz

S. Brenner-Wilczek (Hrsg.), *Heine-Jahrbuch 2025,* Heine-Jahrbuch, https://doi.org/10.1007/978-3-662-72327-2

Prof. Dr. Peter Sprengel, Freie Universität Berlin, Institut für deutsche und niederländische Philologie, Habelschwerdter Allee 45, 14195 Berlin

Dr. Robert Steegers, Rheinische Friedrich-Wilhelms-Universität Bonn, Bonner Zentrum für Lehrerbildung, Poppelsdorfer Allee 15, 53115 Bonn

Frank Stückemann, Kirchstraße 2, 59494 Soest-Meiningsen

Sebastian Triebel, B.A., Deutsches Seminar, Albert-Ludwigs-Universität Freiburg, Platz der Universität 3, 79098 Freiburg

Maren Winterfeld, M.A., Heinrich-Heine-Institut und Schumann-Haus, Bilker Straße 12–14, 40213 Düsseldorf

GPSR Compliance

The European Union's (EU) General Product Safety Regulation (GPSR) is a set of rules that requires consumer products to be safe and our obligations to ensure this.

If you have any concerns about our products, you can contact us on ProductSafety@springernature.com

In case Publisher is established outside the EU, the EU authorized representative is:

Springer Nature Customer Service Center GmbH
Europaplatz 3
69115 Heidelberg, Germany

Printed by Wilco bv, the Netherlands